Bernd Halfar | Gabriele Moos | Klaus Schellberg

Controlling in der Sozialwirtschaft

Handbuch

 **Nomos**

Titelbild: © fotolia.com

Die Deutsche Nationalbibliothek lists this publication in the
Deutsche Nationalbibliografie; detailed bibliographic data
is available in the Internet at http://dnb.d-nb.de.

ISBN 978-3-8329-6327-9

1. Auflage 2014

Vorwort

Sozialwirtschaftliche Organisationen haben typische Fragestellungen, eigenartige Zielsetzungen, Besonderheiten in der Leistungsorganisation, merkwürdige Kundenbeziehungen und komplizierte Rechts- und Organisationsformen. Die Implikationen, die sich daraus für den Aufbau eines Controllings ergeben, sind vielfältig.

Der Wunsch nach der allgemeingültigen Lösung, dem berühmten Kochbuch, ist verständlich, aber leider nicht durchgehend erfüllbar. Dafür sind die Anforderungen und Rahmenbedingungen der unterschiedlichen Institutionen und Organisationen so heterogen, dass es kein Patentrezept geben kann und aus Sicht der Autoren auch nicht geben darf. Die Basis, mit der in den verschiedenen Bereichen des Sozialmarktes und der Non-Profits gearbeitet werden kann, weist eine relativ hohe Schnittmenge auf. Die Individualisierung muss allerdings jeder für seine Organisation selbständig durchführen.

Teil A des Buches setzt an den Besonderheiten sozialer Dienstleistungsunternehmen an und entwickelt auf Basis eines theoretischen Unterbaus Vorschläge für ein praxistaugliches, kennzahlenbasiertes Controlling, das über das übliche Finanzcontrolling hinausreicht. Dabei werden Besonderheiten der Kostenrechnung ebenso beachtet wie die Verortung des Controllings in der Organisation. Die Definition und Messung von Wirkungszielen wird als integraler Bestandteil eines umfassenden Controllings dargestellt.

Teil B stellt die Anwendung von Kennzahlen anhand praxisnaher, thematisch geordneter Fallstudien dar. Hier soll ein Verständnis für die Interpretation der Kennzahlen vermittelt werden.

Im Teil C findet der Leser ein nach Themen geordnetes, nicht abschließendes Kennzahlglossar, das beim Aufbau eines eigenen Kennzahlsystems helfen kann. Bei der Erstellung des Glossars haben wir versucht, möglichst viele Besonderheiten der verschiedenen Dienstleistungsbereiche zu berücksichtigen.

Besonderer Dank gilt Herrn Clemens Kirschner, B.A., und Herrn Christian Sieben, B.A., die durch ihre inhaltliche und redaktionelle Mitarbeit zum Gelingen dieses Buches beigetragen haben.

Eichstätt, Remagen und Nürnberg, Februar 2014

Bernd Halfar
Gabriele Moos
Klaus Schellberg

Inhaltsverzeichnis

Abbildungsverzeichnis

Tabellenverzeichnis

Abkürzungsverzeichnis

AAL	Ambient Assisted Living
AfA	Absetzung für Abnutzung
Anm.	Anmerkung
ASMK	Konferenz der Arbeits- und Sozialminister der Länder
AV	Anlagevermögen
BAB	Betriebsabrechnungsbogen
BSC	Balanced Scorecard
bspw.	beispielsweise
bzgl.	bezüglich
bzw.	beziehungsweise
ca.	circa
CF	cash-flow
DB	Deckungsbeitrag
d.h.	das heißt
DRS	Deutscher Rechnungslegungsstandard
DVFA/ SG	Deutsche Vereinigung für Finanzanalyse und Asset Management/ Schmalenbach Gesellschaft
EBIT	Earnings before interest and taxes
EBITA	Earnings before interest, taxes and amortization
EBITDA	Earnings before interest, taxes, depreciation and amortization
EDV	Elektronische Datenverarbeitung
e.G.	eingetragene Genossenschaft
EGT	Ergebnis der gewöhnlichen Geschäftstätigkeit
Erg.	Ergebnis
erw.	erweiterte
etc.	et cetera
e.V.	eingetragener Verein
f. (ff.)	folgende Seite(n)
gAG	gemeinnützige Aktiengesellschaft
gem.	gemäß
ges.	gesamte/r
GFB	Geringfügiges Beschäftigungsverhältnis
ggf.	gegebenenfalls
gGmbH	gemeinnützige Gesellschaft mit beschränkter Haftung
GJ	Geschäftsjahr

GmbH	Gesellschaft mit beschränkter Haftung
GuV	Gewinn- und Verlustrechnung
HBG	Hilfebedarfsgruppen
HGB	Handelsgesetzbuch
Hrsg.	Herausgeber
i. e. P.	in einer Periode
IGC	International Group of Controlling
inkl.	inklusive
ISO	International Organization for Standardization
IT	Informationstechnologie
kalk.	kalkulatorisch
Kita	Kindertagesstätte
Kunde	Patient, Klient, Nutzer, Werkstattgänger, Angehöriger, Kostenträger
MA	Mitarbeiter
MDK	Medizinischer Dienst der Krankenkassen
MP	Maßnahmenpauschale
NPO	Nonprofit Organisation
Organisation	Institution oder Einrichtung mit gemeinnütziger oder gewinnorientierter Ausrichtung
p.a.	per anno
päd.	pädagogisch
PT	Pflegetag
QM	Qualitätsmanagement
RM	Risikomanagement
ROI	Return on Investment
s.	siehe
Servqual	Standardisierendes Verfahren zur Messung der Qualität von Dienstleistungen und der daraus folgenden Kundenzufriedenheit (Neologismus aus Service und Qualität)
SGB V	Sozialgesetzbuch Fünf (Gesetzliche Krankenversicherung)
SGB XI	Sozialgesetzbuch Elf (Soziale Pflegeversicherung)
sog.	sogenannte(n)
SozL-Träger	Sozialleistungsträger
Std.	Stunde(n)
TZ	Teilzeit

u.a.	unter anderem
überarb.	überarbeitete
usw.	und so weiter
UV	Umlaufvermögen
vgl.	vergleiche
VK	Vollkraft/ Vollkräfte
VZÄ	Vollzeitäquivalent(e) (gleichbedeutend mit VK)
WACC	Weighted Average Cost of Capital
WB	Wirkungsbeitrag
WfbM	Werkstatt für behinderte Menschen
WG	Wohngruppe
z.B.	zum Beispiel
ZGAST	Zentrale Gehaltsabrechnungsstelle
z.T.	zum Teil
zzgl.	zuzüglich

Teil A: Controlling in sozialwirtschaftlichen Unternehmen: Funktionen – Spezifika – Aufbau

1. Besonderheiten des sozialwirtschaftlichen Controllings

1.1 Controlling als Kälteaggregat

Controlling klingt in sozialen Einrichtungen wie eine Attacke auf ein stabiles Immunsystem, das nun bösartige Fremdkörper in der Gestalt von Zahlen verarbeiten muss. Dort, wo früher die Sprache über Hilfebedarfe, über Nächstenliebe und Zumutbarkeitsniveaus die Oberfläche des Betriebssystem der Sozialarbeit bildete, tauchen jetzt andere Zeichen auf: Zahlen, mathematische Operationen, Kennziffern, statistische Maße.

Diese Zahlen transportieren eine gewichtige, fremde Logik, die wie ein Triumphwagen in die weichen Bedarfsdiskurse der sozialen Professionen hineinfährt. Die Wagenlenker des Triumphwagens scheinen vor argumentativer Kraft kaum laufen zu können und beanspruchen die Deutungshoheit. Die sozialen Professionen ihrerseits zeigen sich beeindruckt und bedroht zugleich. Sie führen als Antwortstrategie grundsätzliche, professionspolitische oder moralische Diskurse, um die Logik des Berechenbaren abzuwehren; eine konkrete Auseinandersetzung um die methodische Fruchtbarkeit des Controllings findet jedoch kaum statt.

„Zahlen dienen zur Illustration des Gesagten bzw. Geschriebenen. Doch die Formulierung von Zielen, die Überprüfung von Zielerreichungsgraden, die Ausschreibung von Sozialraumbudgets, die Darlegung von sozialen Interventionen, die Steuerung der Organisationsaufgaben: all das geschieht weitgehend in Texten und/oder Besprechungen... Diese Priorität weicher Texte gegenüber harten Daten ist kein Webfehler im Steuerungssystem sozialer Organisationen, sondern ein historisch geknüpftes Grundmuster. Organisationen im Sozialbereich wurden in aller Regel nicht gegründet, um wirtschaftliche Ziele zu erreichen, sondern um Menschen in Not zu helfen. Die Entscheidungen darüber, welche Arten sozialer Dienstleistungen und Einrichtungen für welches Klientel geplant wurden, welche Qualität, Quantität und räumliche Streuung als akzeptabel galt, wurden nach der politischen Logik der Sozialplanung getroffen – und eben nicht nach der ökonomischen Investitionslogik. Gradmesser für diese Entscheidungen bildete der politisch definierte Hilfebedarf, und nicht der wirtschaftliche Ertrag sozialer Tätigkeit." [1]

Die Schlüsselprozesse sozialer Unternehmen wie Hilfe in Not, pädagogische Interventionen oder die Schaffung von Angeboten, bekommen durch Controlling eine weitere Dimension, die ein sekundäres Ziel, eine immer wieder notwendige Nebenbedingung sozialer Organisationen darstellt, nämlich das wirtschaftliche Überleben.

---

1 Eisenreich, Halfar und Moos 2005, S. 18.

Das Controlling wird zur „Pumpstation" für den Fluss wichtiger Informationen. Doch dieser Informationsfluss ist kein Wärmestrom, sondern die Betriebstemperatur der Organisation wird durch das Controlling abgekühlt. Es zählt nur, was gezählt werden kann. Das Überhitzen des Sozialen wird durch diese Kühlung verhindert.

1.2 Controlling als Fremdsprache

Der Controller hat einen eigenen Blick und eine eigene Brille. Er scrollt meterlange Exceltabellen und zeigt wie ein mittelalterlicher Folterknecht den sozialen Berufen seine Werkzeuge: Kostenstellen, Deckungsbeiträge, Budgets, Personalquoten, Auslastungsquoten, Wirtschaftspläne. Die Welt der Sozialarbeit und Pflege wird in Tabellenform, in die strenge Grammatik der Zahlen gepresst – und alles, was nicht tabellarisch, quantifizierbar und berechenbar ist, zählt nicht. Zahlen wirken gegenüber Sprache überlegen, weil sie präzise und eindeutig sind, weil man über Zahlen nicht meditieren kann. 1 Mio. Umsatz ist weniger als 1,2 Mio. Umsatz. Allerdings bilden Zahlen eben nur dann ein informatives Betriebssystem, wenn sich Sachverhalte durch Standardisierbarkeit, Aggregierbarkeit und Skalierbarkeit auszeichnen. Diese „harten Daten" strukturieren die Welt des Controllers, der Sozialleistungsträger – und letztlich die der Steuerzahler, die Antwort auf die Frage erwarten, was mit ihren Steuergeldern passiert.

Man vereinbart und beobachtet Finanzdaten, Auslastungsquoten, zulässige Quadratmeter pro Klient, Mindestpersonalmengen, Tablettenzahlen, getrunkene Wassermengen und vermittelte Übergänge vom dritten in den zweiten und in den ersten Arbeitsmarkt. Die „harten Daten" bilden die Währung, mit der im Sozialkontor gerechnet und gezahlt wird.

Der Controller braucht demzufolge belastbare Daten mit einem guten Härtegrad. Der Controller braucht Zahlen, Kennziffern, Messgrößen, um seinen Beruf ausüben zu können, der Sozialarbeiter nicht. Sozialarbeit ist die professionelle Spezialisierung auf das „Besondere" in der Gesellschaft, nämlich auf das Kuriose, Exkludierte, Defekte, Kranke, Deprivierte, Nicht-Funktionierende, Zu-Sozialisierende; was gesellschaftlich funktioniert, „normal" – und deshalb standardisierbar – ist, ist sozialarbeiterisch nicht interessant. Der Sozialarbeiter erzählt dem Controller immer und immer wieder über die Komplexität, Individualität und Besonderheit seines Klientels. Er zeigt also Material, das der Controller nicht bearbeiten kann, und der Controller liefert dafür regelmäßig, meistens etwas zu spät, Zahlenkolonnen, mit denen der Sozialarbeiter auch nichts anfangen kann.

Der Eine schreibt lange Entwicklungsberichte in einer sozialpädagogischen Sprache, die vor Unpräzision und wolkigen Begriffen nur so strotzt, und der Andere dividiert Leistungstage durch VK-Stellen, und diese durch Stellenanteile.

Das Betriebssystem der Sozialarbeit mit seiner sprachlichen und textlichen Oberfläche nimmt Rechengrößen, mathematische Operationen, Kennziffern, statistische Maße als Botschaften einer fremden Logik wahr, weniger als Informationen, eher als kommunikatives Rauschen.[2] Das Controlling muss lernen, dass die Erfolgsdefinition eines Sozialunternehmens im Kern durch qualitative Ziele wie gesellschaftliche Teilhabe und personeller Kompetenzentwicklung geprägt ist, also durch eine starke Sachzieldominanz, und Wirtschaftlichkeits- und Renditeziele nur unterstützenden Charakter aufweisen.[3]

Wer als Werkzeug nur einen Hammer hat, der sieht in jedem Problem einen Nagel[4], für den Controller werden alle Sachverhalte zu Zahlen. Was man nicht messen und dann zählen kann, kann man im Controlling nicht beobachten. Eine Aufgabe eines Controllers im Sozialbereich wird daher sein, durch Verfahren der empirischen Sozialforschung, auch solche soziale Sachverhalte methodisch zu erfassen und zählbar zu verdichten, die auf Erzählungen, Berichte, Erfahrungen, auf Empathie, auf personales Verständnis angewiesen sind und wesensmäßig, sprich ontologisch, zum Informationstransport Sprache benötigt werden. Solch erzähltes, manchmal auch nur beobachtetes, Material fällt in der sozialen Anamnese und Diagnostik häufig an, und muss durch den Controller zu validen Informationen und Kennzahlen verdichtet werden. Fälschlicherweise werden solche Informationen prinzipiell der Kategorie der „weichen Daten" zugeordnet, während ökonomische Informationen als „harte Daten" bezeichnet werden. Aus Sicht des Controllers erklären hingegen die methodische Belastbarkeit, die Objektivität, Validität und Reliabilität der Daten den „Härtegrad" der Daten, nicht ihr Gegenstand.

1.3 Controlling als Zieltreiber

Wie aber kann der Controller den Zielerreichungsgrad einer Organisation verfolgen, wie kann er den Führungskräften Informationen über die Leistungsproduktivität des Sozialbetriebes zur Verfügung stellen, wenn er nur Daten hat, die das eigentliche Zielsystem des Unternehmens überhaupt nicht widerspiegeln? Aus Perspektive des Controllings ist es höchst unbefriedigend, wenn man zwar weiß, dass sich ein sozialer Betrieb im vereinbarten Kostenrahmen bewegt, aber wenn jegliche Informationen über den fachlichen Erfolg und über die Wirksamkeit fehlen. Wenn das Controlling nicht den Zielerreichungsgrad und somit den Organisationserfolg beobachten kann, weil schlichtweg keine operationalisierten fachlichen Ziele vorliegen, dann können auch die „Produktionsfaktoren" einer sozialen Einrichtung nicht auf ihren Beitrag zur Zielerreichung beurteilt werden.[5]

„Nun benötigt das Controlling für seine Operationen der Beobachtung und Informationsverdichtung aus den Entscheidungsebenen der Organisation Hinweise darauf, welche Zielstellungen formuliert sind, wie diese Ziele operationalisiert sind, welche Zielerreichungsgrade noch als akzeptabel gelten und mit welchen Arbeitsprozessen und Inputfaktoren man diese Ziele erreichen will. Um überhaupt als Sys-

---

2 Vgl. ebenda.
3 Einen ersten Einblick in den Stand des Controllings in sozialwirtschaftlichen Organisationen liefert die Studie von Moos, Konrad und Reichenbach 2011.
4 Vgl. Watzlawick 2013.
5 Vgl. Halfar und Wagner 2011.

tem funktionieren zu können, benötigt das Controlling somit präzise Angaben über die mittel- und kurzfristigen Ziele der Organisation.

Doch welche Angaben bekommt der Controller in der Regel von den Leitungen und mittleren Managementebenen in sozialen Einrichtungen über die Organisationsziele? Welche Zielerreichungsgrade und welche Prozesseffizienzen sollen in sozialen Organisationen systematisch beobachtet werden?" [6]

Die Antwort ist unbefriedigend: Sachziele werden oft ideell-normativ formuliert. Das Controlling in sozialwirtschaftlichen Organisationen wird dagegen fast ausschließlich mit klassischen Wirtschaftszielen versorgt. Controlling arbeitet also im Sozialbereich an den Überlebensbedingungen, nicht jedoch an der Zielerreichung. Wenn Ziele nicht formuliert sind, wirken sie nicht handlungsleitend.

Dementsprechend wird die Organisation dann entsprechend engspurig mit relevanten Finanzdaten über Auslastungsquoten, Personalquoten, Erlöse und Erträge, Kostenstrukturen, Deckungsbeiträge gesteuert.

Dem modernen Controlling wird als zentrale Funktion die Verbesserung der Rationalität der Managemententscheidungen durch aufbereitete Informationsversorgung unterstellt. Controlling setzt voraus, dass die Organisation Ziele hat: wirtschaftliche Ziele, fachliche Ziele, sozialpolitische Ziele, klientenbezogene Ziele (Lebensqualität, Kompetenz, Teilhabe, Selbständigkeit etc.) oder Ziele, die sich auf wahrgenommene Glaubwürdigkeit beziehen.

Controlling ist die organisationsinterne Reflexionsinstanz für zielorientiertes Management. Sozialwirtschaftliche Organisationen mit einem klaren Zielsystem können erfolgreich sein oder eben nicht. Das Controlling informiert die Organisation über den Grad ihrer Zielerreichung, es entwickelt Vorschläge für messbare Zielgrößen, es fragt nach Begründungen für Zielabweichungen, es produziert Transparenz in Wirkungszusammenhänge und unterstützt die Planung und Steuerung der Zielgrößen. Letztlich beobachtet Controlling die Produktivität des Unternehmens als Folge von Entscheidungsrationalität. Die Beobachtung der Produktivität wiederum setzt zumindest Wirkungsbeziehungen zwischen einzelnen Produktionsfaktoren voraus, und diese wiederum als Bezugsgrößen formulierte Ziele.

Wenn fachliche Ziele nicht, oder nur leitbildhaft verschwommen, formuliert sind, ist auch die Produktivität sozialwirtschaftlicher Unternehmen und Betriebe für das Controlling nicht validierbar. Und was macht ein Controller, wenn Unternehmensziele nicht klar formuliert und damit durch Kennzahlen überprüfbar sind? Er konzentriert sich auf diejenigen Kennzahlen, die vorliegen und findet diese im Rechnungswesen. In Organisationen, die allerdings ihren Erfolg nicht (nur) als wirtschaftliche Rentabilität definieren wollen und sollen und können, prägt die Verfügbarkeit der aus dem Rechnungswesen stammenden Daten die Erfolgsdefinition. Der Erfolg sozialwirtschaftlicher Unternehmen wird „datengetrieben" zu einer betriebswirtschaftlichen Größe, weil die

---

6 Vgl. Halfar 2011a.

(vermeintliche) Präzision von Finanzzahlen selbst andere Informationsquellen überlagert. Das Controlling benötigt Zielformulierungen des Managements; ohne diese besteht die Gefahr, dass der Controller die Organisation nur im Rückspiegel beobachtet, also ein vergangenheitsorientiertes Controlling aufbaut und auch Pläne als Fortschreibung von Vergangenheit begreift. Horak[7] erinnert diese Form des Controllings an ein Schiff, das man steuert, indem man sein Heckwasser betrachtet.

1.4 Controlling als Rationalitätstreiber und Informationsmaschine

Im Management sozialer Träger gibt es jede Menge interessante Fragestellungen, auf die man vom Controller gerne eine Antwort hätte: Wie viel kostet die Ambulantisierung wirklich? Sind personenzentrierte Leistungen teurer als pauschale Versorgung? Wie viel kosten Ehrenamtliche und was bringen sie? Welche Kosten entstehen durch das Qualitätsmanagement und welche Kosten werden dadurch vermieden? Produzieren Einrichtungen mit einer relativ hohen Fachkraftquote bessere qualitative Ergebnisse als Einrichtungen mit einer niedrigeren Fachkraftquote? Was sagen die Lebenszyklusanalysen der Immobilien über den Investitionsstau aus? Welche finanziellen Spielräume hätte die Organisation bei geteilten Diensten? Und welche Personalsuchkosten wären damit verbunden?

Der informationstheoretische Ansatz im Controlling bezog seine Berechtigung aus einer Organisationswelt, in der Entscheidungen häufig Bauchentscheidungen waren, Erfahrungswissen dominierte oder systematisches Wissen nur sprunghaft einbezogen wurde – eine Situation, die vielen Entscheidungssituationen in sozialen Organisationen ähnelt.

Auch wenn die Einstiegsdefinition in der wissenschaftlichen Literatur sich von einem bescheiden gedachten Ansatz der Informationsversorgung ausgehend erweitert hat[8], bleibt dieser informationstheoretische Sinn natürlich aktuell. Hier wird Controlling als ein Verfahren verstanden, das die Entscheidungsstellen der Organisation mit aufbereiteten Informationen, in der Regel mit intelligenten Zahlen, versorgt. Das Controlling deckt den Informationsbedarf der Organisation über Ist-Soll-Beobachtungen, die mit Kosten- und Investitionsrechnungen, Planungs- und Kontrollrechnungen und Kennzahlenanalysen vorgenommen werden. Die Informationen stammten weitgehend aus dem Rechnungswesen. Dieser Ansatz der Informationsversorgung mit Liquiditäts- und Wirtschaftlichkeitsdaten wird methodisch zunehmend durch Daten aus anderen Unternehmensbereichen ergänzt. So finden Resultate aus Befragungen der Kundenzufriedenheit oder Benchmarkingdaten über die Lauffähigkeit von IT-Konfigurationen oder Daten über die Prozessqualität aus dem Qualitätsmanagement in das Controlling Eingang.

Mit zunehmender Integration von kundenbezogenen oder qualitätsorientierten, innovationsmessenden oder imagebezogenen Daten in das Controlling wird die einge-

---

7 Vgl. Horak 1995, S. 253.
8 Zu Controllingkonzeptionen vgl. beispielhaft: Horak 1995; Horvath 1998; Horváth & Partners 2000; Küpper 2005; Schubert 2000; Weber 2004.

schränkte, aber präzise Rationalität des Rechnungswesens gesprengt. Controlling wird komplexer, die einzelnen verdichteten Informationen sind miteinander verwoben, stammen aus unterschiedlichen Datenquellen und integrieren unterschiedliche Datentypen. Und die einzelnen Funktionsbereiche des Unternehmens benötigen unterschiedlich komponierte Informationspakete, die sich wiederum nicht neutral zueinander verhalten. Komplexität ist zwar eine der „Leibspeisen" für den Controller, aber die notwendige Komplexitätsreduktion verläuft nun nicht mehr nur über Informationsversorgung der Entscheidungsstellen im Unternehmen, sondern auch über deren Koordination. Die unterschiedlichen Informationspakete müssen zueinander passen, sie müssen eine hohe Wahrscheinlichkeit transportieren, dass sich die Entscheidungsstellen der Organisation nicht widersprechen und in ihrem Wertbeitrag aufheben oder stören.

Verkompliziert wird dieser Sachverhalt zusätzlich noch durch eine Besonderheit bei sozialen Dienstleistungen, denn es gibt selten ein einheitliches und geschlossenes Zielsystem. Verschiedene „Kundengruppen" definieren das Ziel, den Nutzen, den „Ertrag" einer sozialen Organisation nicht nur unterschiedlich, sondern mitunter auch gegensätzlich. Klienten, Kostenträger, sozialpolitische Gremien, Angehörige und Aufsichtsbehörden definieren den „Output" eines sozialen Unternehmens jeweils durch die eigene (für andere Perspektiven oft kaum nachvollziehbare) Brille. Der Profit in der Nonprofit-Organisation wird in verschiedenen Währungen gemessen. Dieser für „sachzielorientierte Organisationen" typische Stakeholdermix lässt den Controller von einer Tätigkeit bei einer Profit-orientierten Organisation träumen, bei der eine einzige Kennzahl, nämlich die wirtschaftliche Rentabilität, die Eigentümer als Stakeholder so richtig interessiert.

Man könnte dazu neigen, die Arbeitsplatzbeschreibung des Controllers in einer sozialwirtschaftlichen Organisation zu übertreiben, das wäre das Gegenstück zur eher typischen Untertreibung und Reduzierung der Aufgabenbeschreibung auf das „Finanzcontrolling". Aber aus unserer Sicht liegt es nahe, Controlling in der Sozialwirtschaft als systematische Beobachtung von Dienstleistungsunternehmen aufzufassen. Der Controller versorgt die Organisation mit Informationen, er plant und koordiniert dadurch die Einzelpläne der Organisationseinheiten und misst letztendlich in einer laufenden Soll-Ist-Abweichung die Zielerreichungsgrade. Man könnte davon sprechen, dass Controlling die Vorbereitung und Kontrolle von Entscheidungen ist, nicht aber die Produktion von Entscheidungen. Die Entscheidungsproduktion ist Aufgabe des Managements, nicht des Controllings. Es wäre naiv anzunehmen, dass eine Organisation durch Informationsversorgung, Planung, Koordination und Kontrolle nicht auch beeinflusst würde, aber es ist eine sprachliche, gedankliche und letztlich praxisrelevante Unsauberkeit, wenn Controlling als Organisationssteuerung, und dadurch mit unsauberer Grenzziehung zum Entscheidungssystem, definiert wird. Controlling beeinflusst das Rationalitätsniveau der Entscheidungen, trifft aber selbst nur eine einzige Entscheidung: welches Wissen wird wem wie weitergegeben?

Wenn im „IT-Report Sozialwirtschaft"[9] nach Softwarewünschen gefragt wird, dann ertönt der einhellige Ruf nach Dokumentenmanagement-, Wissensmanagement- und Archivlösungen. Aus allen Quellen sprudeln die Datenflüsse, in sozialen Einrichtungen werden pausenlos Aktivitäten dokumentiert (und auch Nicht-Aktivitäten!), es werden Entwicklungsberichte geschrieben, klientenbezogene Diagnoseverfahren mit hunderten von Items werden gespeichert, die Treuhandkassen werden mit x-Unterschriften geführt, Mitarbeiterbefragungen, Angehörigenbefragungen, Klientenbefragungen produzieren enorme Datensätze, der MDK und Heimaufsicht produzieren Daten, die Mitarbeiterjahresgespräche werden protokolliert, aus dem Beschwerdemanagement kommen Listen und Tabellen, das Qualitätsmanagement schraubt ohne Unterlass an Standardverfahren, deren Einhaltung man dokumentieren und durch Rückmeldedaten abzeichnen muss, die Leitungskräfte studieren Zielvereinbarungsdaten und Balanced Scorecard Kennzahlen und wenn man durch die enorme Informationsmenge als Führungskraft nervlich zerrüttet ist, kommt das betriebliche Gesundheitsprogramm.

Und wenn dann eine kritische Entscheidung naht, dann wird der Ruf nach einer Analyse laut, die Entscheidungssicherheit verspricht. Nun mag es sein, dass durch eine zusätzliche Analyse gewisse Entscheidungsrisiken ausgeschaltet werden können. Das grundsätzliche Entscheidungsdilemma im Management, mit einer gewissen Unkenntnis der Ausgangslage in einer unsicheren Zukunft über Maßnahmen mit Unschärfen im Ursache-Wirkungs-Zusammenhang entscheiden zu müssen, bleibt bestehen.

Alle zusätzlichen Daten fordern Erhebungs- und Verarbeitungsaufwand. Sie kosten Zeit, sie müssen für das Management bewertet und interpretiert werden. Die gute, alte Grenznutzenregel gilt auch fürs Controlling: Irgendwann übersteigt der zusätzliche Aufwand für die Gewinnung von Daten den Grenznutzen dieser Daten. Der Erhebungsaufwand neuer Daten selbst wird unwirtschaftlich.

Controlling heißt daher auch, sich mit der Definition von Nicht-Wissen, von Informationsvermeidung und Informationskonzentration zu beschäftigen. Es geht um die Definition, was eine Organisation nicht wissen soll. In unseren Benchmarkingprojekten[10] wurden auch zehntausende Mitarbeiter in sozialen Einrichtungen befragt. Nach Jahren haben wir das Item „Fühlen Sie sich ausreichend informiert?" aus dem Befragungsinstrument gelöscht, weil fast alle Befragten mit „Nein" geantwortet hatten. Alle fühlten sich schlecht informiert. Stellt man das Item um und erkundigt sich in der Art „Haben Sie alle Informationen, die Sie für Ihre konkrete Arbeit benötigen?", dann sieht die Welt gleich anders aus.

Controlling ist in diesem Sinne nicht identisch mit Informationsmanagement, aber mit verdichteter Informationsversorgung.

Nun besteht an allen Organisationsecken ein ständiger Informationsbedarf, um Planungen, Kontrollen, Personalführung und Organisationprozesse vornehmen zu können. Das Controlling bekommt hierbei die Funktion, die Führungsteilsysteme aufein-

---

9 Vgl. Kreidenweis und Halfar 2012.
10 Vgl. hierzu eine Zusammenfassung: Halfar, Löwenhaupt und Rinklake 2010.

ander abzustimmen, widerspruchsfrei zu gestalten und zu koordinieren. Es reicht nicht mehr nur, verdichtete Informationen zu liefern und die Differenzen von Plan und Ist-Werten zu beobachten, sondern vom Controlling wird verlangt, die Koordination dieser Teilsysteme eines Unternehmens zu übernehmen. Das Controlling verliert in dieser Konzeption seine Unschuld, es wird selbst Teil der Unternehmensführung und bleibt nicht in dem Datenkeller der Organisation, aus dem Informationsmengen in die Organisationsteile gepumpt werden und dort als veredelte Kennzahlen ankommen. Dieser koordinationsorientierte Ansatz denkt ambitionierter und sieht Controlling als Koordination zwischen den Führungsteilsystemen (und in erweiterter Version: zwischen allen Teilen des Führungssystems) einer Organisation. Die Funktion des Controllings liegt „ [...] in der ergebnisorientierten Koordination von Planung und Kontrolle sowie Informationsversorgung."[11] Controlling sitzt in diesem Bild wie eine Spinne im Netz der Organisation und unterstützt und koordiniert das Planungssystem, das Kontrollsystem, das Informationssystem, das Personalführungssystem und das Organisationssystem. Dieser koordinationstheoretische Ansatz hat zu definitorischen Unschärfen geführt: was ist der Unterschied zwischen Management und Controlling? Gehört die Koordination von Teilsystemen einer Organisation nicht zu den klassischen Aufgaben des Managements? Hat Controlling auch eine Steuerungsfunktion, die über die gezielte Informationsversorgung hinausreicht? Ist Controlling dann auch Unternehmensplanung? Man sollte den Ball sprachlich flach halten und ein zum Management abgegrenztes Verständnis von Controlling bevorzugen. Horváth klärt dieses Missverständnis: „Da viele Autoren ohne methodologisches Rüstzeug sich mit Controlling begrifflich und konzeptionell auseinandersetzen, gibt es zahlreiche methodologisch unbefriedigende, widersprüchliche und den Leser verwirrende Controlling-Begriffe und –Konzeptionen. Der Modetrend hat dazu geführt, dass so ziemlich alle betrieblichen Funktionen, Methoden und Organisationsstrukturen mit dem Wort „Controlling" verbunden wurden und so eine Verwässerung der Problemstellung eingetreten ist."[12]

Controlling ist nicht identisch mit dem Management, der Controller ist nicht in die Entscheidungsprozesse des Managements einbezogen, sondern er liefert Vorleistungen, er unterstützt das Management bei dessen Grundfunktionen: Ziele setzen, Planen, Entscheiden, Steuern, Kontrollieren. Insofern versteht sich Controlling als Dienstleistung für das Management, das natürlich auch den Führungsbereich einer ausdifferenzierten Organisation zwischen den Managementfunktionen und den entsprechenden organisatorischen Teilsystemen koordinieren und aufeinander abstimmen muss.

Systemtheoretischer formuliert taucht das Controlling in der aktuellen wissenschaftlichen Literatur als rationalitätsorientiertes, systematisches Verfahren auf, mit dem eine Organisation sicherstellen will, dass nicht nur informierte Entscheidungen getroffen werden, sondern bessere Entscheidungen. Controlling verdoppelt somit die Zweckrationalität einer Organisation, so wie Planung im Habermas'schen Sinne, in dem es die einzelnen internen Prozesse der Entscheidungsvorbereitung strukturiert, unterstützt

---

11 Horváth 1998, S. 143.
12 Beck 1999, S. 65.

und zielgerichtet kanalisiert. Durch diese Rationalitätssicherung der entscheidungsproduzierenden Führung einer Organisation sorgt das Controlling auf allen Hierarchieebenen und in allen Bereichen dafür, dass rationale Folgeentscheidungen möglich sind. Entscheidungen prägen, wir bleiben systemtheoretisch, die Kontingenzräume von Folgeentscheidungen; und diese Folgeentscheidungen verengen oder erweitern wiederum den Spielraum für deren Folgeentscheidung. Das Rationalitätsniveau einer Entscheidung bezieht sich somit auf die Steuerung der nächsten Entscheidung; und das Controlling sorgt dafür, dass diese Entscheidungsketten so koordiniert und aufeinander abgestimmt verlaufen, dass die Organisation im Detail und in der Summe möglichst effizient und effektiv ist. In anderer Formulierungsweise des Führungszyklus bezieht sich Controlling auf die Phase der Willensbildung, die Phase der Willensdurchsetzung und die Phase der Kontrolle. Unabhängig davon, ob man sich Organisationen in systemtheoretischer Manier als Entscheidungsmaschinen vorstellt, deren Operationen nichts anderes als Entscheidungen sind, oder als Personengeflecht, dessen Entscheidungshandeln durch Intuition und Reflexion ausbalanciert wird, bleibt das Controlling die Methode zur Sicherstellung von Führungsrationalität. Führungsrationalität zeigt sich in reflektierten Entscheidungen, in der Kontingenzreflektion von Folgeentscheidungen, in der Entscheidungsgeschwindigkeit, in ex ante und ex post Ziel- Abweichungsanalysen, kurzum in der informativen Entlastung der Führung. Das Controlling ergänzt das Management durch den Einsatz spezifischer Fachmethoden und das Controlling begrenzt das Management durch systematische Erinnerung, sich an den strategischen Zielen der Organisation auszurichten.[13]

Nun soll man die Zumutungen an das Controlling auch nicht übertreiben, aber die Fragen zeigen doch zumindest, dass Controlling bei personellen Dienstleistungsunternehmen verzwickter und komplizierter ist als Controlling im Handel oder in der Fabrikation.

1.5 Controlling als Produktivitätstreiber

Ein verbessertes Rationalitätsniveau der Managemententscheidungen zeigt sich im realisierten Zielerreichungsgrad und bringt für das Controlling immer die Frage mit sich, ob die Organisation noch effektiver, noch effizienter sein könnte. Unter Beobachtung des Controllings steht demnach die Produktivität des sozialen Dienstleistungsunternehmens. Die üblichen Produktivitätskonzepte aus der Sachgüterindustrie sind für den personenbezogenen Dienstleistungsbereich nur bedingt geeignet. Das liegt an einem Tatbestand, der in der Wissenschaft als „Non-Constant Quality Assumption" diskutiert wird. Gemeint ist damit, dass in der Produktionsfunktion von Dienstleistungen, im Gegensatz zum produzierenden Gewerbe, die prozentuale Veränderung von Produktionsfaktoren nicht nur zu einer prozentualen, quantitativen Veränderung im Output führt, sondern auch zu einer Qualitätsveränderung der „Produktionsresultate". Das bedeutet, dass wir im Controlling über die Wirksamkeit und die Elastizität der

---

einzelnen Produktionsfaktoren nicht nur die Mengenkomponente kennen müssen, sondern auch deren Qualitätskomponente.

Verdeutlichen wir uns dies am Beispiel einer einfachen Produktionsfunktion. Auf der einen Seite stehen eine Reihe von Inputfaktoren, die wir für die Herstellung sozialer Dienstleistungen benötigen: Sozialarbeiter, Psychologen, Heilpädagogen, Verwaltungsmitarbeiter, Heilerziehungspfleger, Sozialassistenten, Logopäden, Pflegekräfte, Sozialmanager sowie Therapieräume, Reithallen, Delphinbecken für Autismustherapie, Schwimmhallen, Kapellen auf der Raumseite. In diesen Räumen gibt es Hebebadewannen, Treppenlifte, Delfine, Pferde, Medizinbälle, Betten, Hunde, Rollstühle, Computer, Drucker, Bildschirme, medizinische Technologien oder Spielzeug. Benötigt werden weiterhin Software, Dienstplanungsverfahren, Qualitätssicherungsverfahren, verschiedene Managementtools und jede Menge Wissen aller Art.

Einen zentralen Inputfaktor haben wir vergessen: die Mitwirkung der Klienten. Der Adressat der sozialen Dienstleistung steht sowohl als ein Inputfaktor auf der linken Seite unserer Produktionsfunktion, als auch auf der rechten Seite als Ergebnisfaktor der Dienstleistungsproduktion.

Aus diesen (und weiteren) „Inputfaktoren" die richtige Mischung zu finden, ist die Kunst des Managements. Doch welche Informationen über die richtige „Produktivitätsmischung" benötigt die Organisationsleitung aus dem Controlling?

Wenn Produktivität der Maßstab ist, geht es nicht nur um die zwei üblichen Betrachtungsweisen der Inputfaktoren: gibt es ein (Qualitäts-) Risiko, sanktioniert zu werden, wenn wir weniger als die vorgeschriebene oder verhandelte Faktormenge einsetzen? Und die andere Betrachtung fragt nach dem finanziellen Risiko, wenn wir zu viel an Faktormenge einsetzen.

Angetrieben wird dieses Controllingverständnis durch eine typische, rechtlich abgesicherte, Bedarfsorientierung im Sozialwesen. Es gibt eine ständige Systemaufmerksamkeit für Bedarfsmängel, für Zusatzbedarfe und für die Konstruktion neuer Bedarfstypen. Und dieser Bedarf wird in verhandlungsfähige Inputfaktoren transformiert. Die Leistungsvereinbarungen im Sozialwesen konzentrieren sich folgerichtig auf Merkmale der Strukturqualität, die in Rahmenverträgen und Leistungsvereinbarungen operationalisiert werden. Diese Strukturqualitätsmerkmale basieren aber nicht auf Wirkungsstudien und Produktivitätsbeweisen, sondern sind in den langjährigen Routinen der Verhandlungen zwischen Finanzierungsträgern und Leistungserbringern mehr oder weniger „gesetzt". Die „Produktionsfaktoren" sind sozusagen gewachsene Institutionen ohne empirisches Fundament. Hinter diesen Produktionsfaktoren stecken nach Jahrzehnten der Tradierung organisierte Interessen auf allen Seiten. Insofern ist auch die Branche der sozialen Dienstleistungen, im Vergleich zu anderen Dienstleistungsbranchen, mit einer vergleichsweise geringen Innovationsrate ausgestattet. Es lohnt sich nicht, die Dinge anders zu tun, wenn damit verbundene Effizienzeffekte vom Finanzierungsträger einkassiert werden, weil man mit geringeren Kosten auskommt. Oder es ist schlichtweg verboten, die Dinge anders zu tun.

Wenn Produktivitätssteigerung sich nicht lohnt oder gar riskant ist, wenn Innovationen nicht begünstigt werden, weil „Pioniergewinne" nicht realisiert werden können, bleibt das Controlling hinter seinen Möglichkeiten. Wenn es in erster Linie um Kontrolle, um Risikovermeidung, um die Steuerung der Organisation innerhalb des zugelassenen „Mengenkorridors" geht, wenn die Verbesserung der Wirkungsproduktivität nicht belohnt wird, kann sich das Controlling auch nicht um methodische Fragen nach der Substitutionalität und Elastizität der Inputfaktoren kümmern.

Der „Substitutionalitätstest" checkt die einzelnen Produktionsfaktoren danach durch, ob sie ganz oder teilweise durch andere Inputfaktoren ersetzt werden können. Technische Geräte aus dem Ambient Assisted Living (AAL)[14] Baukasten können manche Personalstunden, Sozialassistenten können an manchen Stellen des Dienstleistungsprozesses akademische Fachkräfte und Tiere können an anderen Stellen des Dienstleistungsprozesses Sozialassistenten ersetzen; IT-Lösungen können den Besprechungsaufwand bei der Dienstplanung reduzieren oder die Klienten selbst können bezahltes Personal teilweise substituieren. Oder eben nicht.

Der „Elastizitätstest" überprüft die Wirksamkeit der einzelnen Produktionsfaktoren auf das Gesamtergebnis. Mit der Fragestellung nach der prozentualen Veränderung des Ergebnisses durch die prozentuale Veränderung eines Produktionsfaktors wird der relative Produktivitätsbeitrag einzelner Produktionsfaktoren ermittelt. Die entsprechenden kausalen Wirkungsketten sind ohne Prozesskostenrechnung nur schwer zu ermitteln und darzustellen. Wie verändert sich die Produktivität einer sozialen Einrichtung, wenn die Supervisionsmenge halbiert wird? Positiv? Negativ? Und wenn ja, in welchem Ausmaß? Welche Produktivitätseffekte ergeben sich durch Hippo- oder Asinotherapie, und wie viele Pferde, Esel, Stallburschen und Reittherapeuten sind optimal? Ist es produktiver, in der Versorgung dementiell erkrankter Menschen ein Zehntel mehr Fachkräfte oder ein Viertel mehr Hilfskräfte einzusetzen? Und auch wenn die Wirkung einzelner Inputfaktoren in der Fachliteratur behauptet (und sogar nachgewiesen) wird, bedeutet das noch lange nicht, dass soziale Einrichtungen hierauf reagieren, um produktiver zu werden.

So ist es für Controller beispielsweise ein merkwürdiges Phänomen, dass die sozialpädagogische Fachliteratur voll von begeisterten Schilderungen über den Einsatz von Hunden, Kaninchen, Hängebauchschweinen, Delfinen, Pferden, Eseln, Katzen, Kühen und Hühnern als „Co-Therapeuten" ist, aber die meisten vergleichbaren Einrichtungen keine Tiere einsetzen. Wieso verzichten die Einrichtungsleitungen auf wirksame Produktionsfaktoren? Weil sie nicht wirksamer sind als ihre Kosten? Weil ihre Wirksamkeit nicht bewiesen ist? Weil das Wissen fehlt? Oder weil Produktivität, verstanden als Wirksamkeit, keine sonderliche Rolle spielt? Oder weil sie nicht bezahlte Kosten verursachen?

---

14   Ambient Assisted Living steht für technikgestützte Assistenzsysteme wie z.B. Notrufsysteme.

Wenn man Inputfaktoren nur als Kostenfaktoren wahrnimmt, und nicht nach deren Beitrag zur Produktivität des Unternehmens fragt, dann ist diese innovationsbremsende Haltung der Sozialmanager verständlich.

Sinnvoller wäre es, die Potenziale des Controllings für die Gewinnung einer technisch effizienten Produktionsfunktion einzusetzen. Darunter versteht man eine optimierte Kombination von Produktionsfaktoren, die nicht mehr verbessert werden kann. Es gibt eine Vielzahl von Möglichkeiten, die Dienstleistungsprozesse in einer sozialen Einrichtung zu organisieren – und entsprechend die Inputfaktoren zu kombinieren, – und wahrscheinlich gibt es einige unterschiedliche Kombinationen, mit denen man den maximalen Qualitätsertrag erzielen kann.[15]

Diese unterschiedlichen, aber gleich produktiven optimalen Kombinationsformen zu kennen und die Organisation auf Ineffizienzen aufmerksam zu machen, würde die Bedeutung des Controllings in der Sozialwirtschaft erheblich stärken.

1.6 Controlling als Kennzahlensystem

Das Controlling kommuniziert mit den Entscheidungsinstanzen einer Organisation in der Regel durch die Sprache der Zahlen. Die angestrebte Verbesserung der Entscheidungsrationalität hängt dabei maßgeblich von der Qualität der Zahlen, und nicht von der Menge der Zahlen ab. Kennzahlen sind verdichtete Zahlen, die nur in Ausnahmefällen den Charakter „normaler" Zahlen haben sollten. Verdeutlichen wir uns das am Beispiel der Fortbildungsplanung einer sozialen Organisation. Wie verbessern folgende Kennzahlen die Entscheidungsrationalität des Managements: Anzahl der Fortbildungstage im letzten Jahr oder Anzahl der Mitarbeiter, die an einer eintägigen Fortbildung im letzten Jahr teilgenommen haben oder Ausgaben für Fortbildung in Euro? Kann man sich jetzt besser entscheiden, welche Fortbildungsstrategie man im nächsten Jahr durchführen will? Die Zahlen wirken blutleer. Eigentlich will man doch wissen, ob sich die Investitionen in Fortbildungen lohnen, ob alle Mitarbeiter auf dem beruflichen Stand des Wissens sind, ob die eigene Organisation durch Fortbildungen besser geworden ist, ob die vielleicht durch Kontrollinstanzen festgestellten Mängel im Dienstleistungsbereich durch die Kurse abgestellt werden konnten oder ob die Dienstleistungsqualität gesteigert werden konnte. Die Ausgaben für Fortbildungen oder die Zeitinvestitionen in Fortbildungen müssten also in Beziehung zu einer Wirkung gesetzt werden, um eine Kennzahl zu erhalten, mit der man wirklich „entscheidungsmäßig" was anfangen kann. Ähnlich verhält es sich bei „Investitionen" in Supervision, Qualitätsmanagement oder EDV. Die Kenntnis der Ausgaben oder der Menge sind eher steuerungsirrelevant, dafür benötigt man kein Controlling, es reicht die Finanzbuchhaltung.

Aus dem Controlling gelieferte Kennzahlen sollten demnach zielorientiert, produktivitätstreibend, rationalitätssteigernd wirken und informativ verdichtet sowie quantifizierbar sein.

---

15 Vgl. grundlegend zur Dienstleistungsproduktivität und entsprechenden Produktionsfunktionen: Corsten 2001, S. 119-248.

Im Sinne von Jürgen Weber[16] lassen sich Kennzahlen im Controlling verschiedene Funktionen zuweisen:

- Die Vorgabefunktion: Mit Kennzahlen lassen sich für einzelne Unternehmensbereiche Zielgrößen ermitteln
- Die Impulsfunktion: Kennzahlen zeigen, wo und in welchen Problemfeldern Handlungsbedarf besteht
- Die Operationalisierungsfunktion: Kennzahlen helfen Ziele und Zielerreichungsgrade messbar zu machen
- Die Koordinationsfunktion: mit Hilfe von Kennzahlen lassen sich Unternehmensbereiche besser koordinieren
- Die Informationsfunktion: sie informieren als Frühwarnsystem über Risiken und taugen zur Berichterstattung
- Die Vergleichsfunktion : sie ermöglichen Betriebsvergleiche und Benchmarking
- Die Steuerungsfunktion: Kennzahlen ermöglichen, eindeutig und präzise zu steuern
- Die Kontrollfunktion : Kennzahlen ermöglichen eine laufende Erfassung von Soll-Ist-Abweichungen
- Die Anregungsfunktion: durch laufend erhobene Kennzahlen lassen sich Auffälligkeiten und Veränderungen beobachten.

In der Literatur findet man eine Vielzahl von Klassifikationsmöglichkeiten für Kennzahlen. Reichmann[17] unterscheidet die Informationsbasis, die statistische Form, die Zielorientierung, den Objektbereich und den Handlungsbezug von Kennzahlen.

Kennzahlen sind Zahlen, die sich auf bestimmte betriebliche Sachverhalte beziehen und eine besondere Aussagekraft beinhalten. Typischerweise ist der Begriff der Kennzahl mit der betriebswirtschaftlichen Steuerung eines Unternehmens im Allgemeinen verbunden. Jedoch werden auch in vielen anderen Bereichen des unternehmerischen Handelns Kennzahlen für die Planungs-, Steuerungs- und Überwachungstätigkeiten genutzt. In sozialen Organisationen ist die durchgehende Einbettung von Kennzahlen in die Managementaufgaben der Führungskräfte noch nicht realisiert, oftmals wird erst gerade damit begonnen. Ansatzweise werden die Kennzahlen der Bilanz und der Gewinn- und Verlustrechnung (GuV) sowie der Liquiditätssteuerung genutzt. Prospektive Kennzahlen zur Abbildung der quantitativen Leistungserbringung werden selten eingesetzt. Die Nutzung qualitativer Kennzahlen in der Pflege, Betreuung, Pädagogik und der Bildung steckt noch in den Kinderschuhen.

1.6.1 Kennzahlentypen

Wenn man über Kennzahlen, Indikatoren, Key Performance Indicators, Messgrößen oder Schlüsselzahlen spricht, entsteht die Verwirrung nicht in der begrifflichen Variation, sondern in der Verwechslung der Kennzahl mit ihrem Ergebnis. Kennzahlen sind dürre mathematische Gerippe, keine Ergebnisse. Kehren wir kurz zum Fortbildungs-

---

16 Vgl. Weber 1993, S. 203.
17 Vgl. Reichmann 2011.

beispiel zurück, so wäre eine Kennzahl: „Anzahl der umgesetzten Verbesserungsvorschläge pro zehn Fortbildungstage" oder „pro Fortbildungstag" oder „pro 10.000 € Fortbildungsausgaben" oder ähnliches.

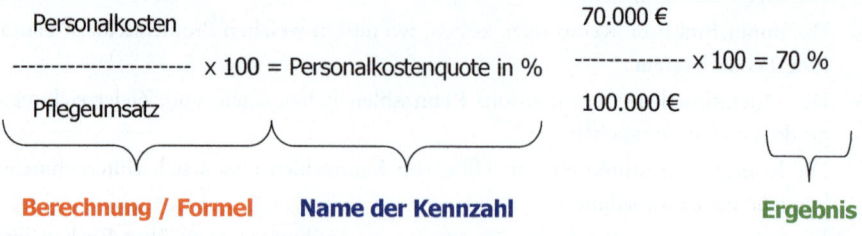

Abbildung 1: Bildung von Kennzahlen[18]

Eine andere Denkweise, die man häufig antrifft, nämlich „wirtschaftliche" und „fachliche" Kennzahlen zu unterscheiden, halten wir auch nicht für sinnvoll. Sicherlich gibt es Kennzahlen, die aus dem Rechnungswesen stammen und Kennzahlen, die aus dem Qualitätsmanagement stammen; aber das Controlling interessiert sich auch in den fachlichen, qualitätsbezogenen Dienstleistungsfeldern immer für den möglichst wirksamen und effizienten Einsatz der Ressourcen, für Zielerreichungsgrade, somit für die Dienstleistungsproduktivität.

Insofern wird die typische Sachzielorientierung einer NPO auch nicht verletzt, wenn wir das Controlling als Beobachtungs-, Informations- und Rationalitätsinstrument der Wirtschaftlichkeit einer Organisation sehen.

1.6.2 Systematisierung nach statistischen Aspekten

Kennzahlen lassen sich grob in Verhältniskennzahlen und absolute Zahlen unterscheiden. Absolute Zahlen beziehen sich auf absolute Größen (z.B. Umsatz, Personalkosten, Erlöse aus Pflege und Betreuung, Zahl der Mitarbeiter), die über wesentliche Strukturmerkmale und Ergebnisse einer Organisation Auskunft geben. Im Controlling sind solche absolute Größen fester Bestandteil im klassischen Berichtswesen, allerdings weniger geeignet für die Entscheidungsvorbereitung des Managements. Absolute Zahlen sind entweder Einzelzahlen (z.B. Kundenzahl) oder Summenzahlen (z.B. Umsatz, Personalkosten). Diese Abgrenzung spielt in der Praxis freilich keine große Rolle. Die Erlöse sind klar, die Differenz zwischen Ertrag und Aufwand weist den Gewinn aus, der ebenfalls als eine absolute Zahl dargestellt wird.

Solche absoluten Zahlen beziehen sich in der Regel auf einen festzulegenden Berichtszeitpunkt: Anzahl der Mitarbeiter oder Höhe des Eigenkapitals am Jahresende oder auf einen Berichtsraum: Anzahl der Kundenbeschwerden im ersten Quartal oder Anzahl der Fortbildungstage im letzten Jahr.

Um periodische Einflüsse zu bereinigen, helfen Mittelwerte und Durchschnittszahlen. Solche statistischen Maße bilden schon die Basis für eine erste Kennzahlenanalyse.

---

18 Quelle: eigene Darstellung.

Hier werden dann die durchschnittliche Mitarbeiterzahl, die durchschnittliche Klientenzahl, die durchschnittlichen Leistungstage oder die durchschnittliche Spendenhöhe wiedergegeben.

Bei der Kategorie der Verhältniszahlen werden mehrere Zahlen miteinander in Beziehung gesetzt, um die Aussagekraft der absoluten Einzelzahlen oder der addierten absoluten Summenzahlen zu verbessern. Die Gemeinsamkeit der relativen Kennzahlen besteht darin, dass die zu messende Größe im Zähler und der Bezugswert (das Maß) im Nenner des Bruches abgebildet werden.

Solche Verhältniszahlen treten in drei verschiedenen Formen auf:

- Beziehungszahlen
- Gliederungszahlen
- Indexzahlen

Beziehungszahlen stellen zwei unterschiedliche statistische Größen, zwischen denen einen kausaler Zusammenhang besteht, für einen gemeinsamen Zeitraum oder Zeitpunkt miteinander in ein Verhältnis. Im Zähler und im Nenner stehen somit unterschiedliche Bezugsgrößen.

Beispiel: Fortbildungswirkung als Beziehungszahl

$$Fortbildungswirkungsquote = \frac{Anzahl\ der\ umgesetzten\ Verbesserungsvorschläge}{Anzahl\ der\ Fortbildungstage\ im\ Zeitraum\ X} * 100$$

Gliederungskennzahlen sind solche Verhältniszahlen, bei denen im Zähler und im Nenner identische Bezugsgrößen stehen, um eine Struktur der miteinander in Beziehung gesetzten Größen abzubilden. Dabei ist die Zahl im Zähler immer eine Teilgröße der im Nenner eingesetzten Gesamtgröße.

Beispiel: Fortbildungsstruktur als Gliederungskennzahl

$$Fortbildungsstrukturquote = \frac{Anzahl\ der\ Fortbildungstage\ mit\ Qualitätsthemen}{Anzahl\ aller\ Fortbildungstage} * 100$$

Indexzahlen werden gebildet, um die zeitliche Entwicklung einer bestimmten Größe verfolgen zu können, ohne einen klassischen Zeitreihenvergleich durchführen zu müssen. Als Basisgröße (100) dient der zu betrachtende Wert im Ausgangsjahr. In den folgenden Jahren werden die Größen zu dieser Ausgangsgröße in Beziehung gesetzt.

Jahr	Fortbildungskosten in €	Indexzahl
2009	1.500.000	1,000
2010	1.580.000	1,053
2011	1.596.000	1,064

Jahr	Fortbildungskosten in €	Indexzahl
2012	1.645.000	1,097

Tabelle 1: Entwicklung der Fortbildungskosten[19]

Anhand dieses Beispiels lässt sich erkennen, dass zwar in Bezug auf das Ausgangsjahr eine relativ gute Darstellung der Entwicklung der Fortbildungskosten möglich ist, ein Vergleich zum jeweiligen Vorjahr ist jedoch deutlich problematischer. In der Praxis wählt man Indexvergleiche bei sehr langfristigen retrospektiven Betrachtungen.

1.6.3 Systematisierung nach Quellen

Kennzahlen können auch nach ihren Quellen systematisiert werden. Die Einzelwerte, mit denen die Kennzahlen gebildet werden, stammen häufig aus verschiedenen Quellen des Informationssystems. Traditionell sind Controlling und deren Kennzahlen eng mit der Buchhaltung, der Kostenrechnung, der GuV, der Bilanz sowie der Personalverwaltung verknüpft. Daten aus dem Qualitätsmanagement, dem Marketing, dem Beschwerdemanagement oder dem Dienstleistungsmanagement werden in der Sozialwirtschaft erst zögernd in das Controlling übernommen und gelten bestenfalls als betriebliche Sonderrechnungen. Und wenn, dann geschieht das häufig durch eine Gliederung des Berichtswesens nach der Systematik der Quellen. Aus jeder Datenquelle werden Berichte – und damit Kennzahlen – generiert, die jedoch weit von einem durchgängigen und schlüssigen Kennzahlensystem entfernt sind.

> *„Man nutzt die Systematisierung nach Quellen regelmäßig als Vorstufe für ein umfassendes Berichtswesen, um einen Überblick über das vorhandene Datenmaterial zu erhalten. Dabei fällt immer wieder auf, dass die Daten, die eigentlich den gleichen betrieblichen Sachverhalt abbilden sollen, sehr unterschiedlich sind."[20]*

Die Ergebnisse aus den Heimverwaltungsprogrammen und der Buchhaltung weichen häufig voneinander ab, die Daten aus der Personalverwaltung über den Krankenstand sind nicht deckungsgleich mit den einrichtungsbezogenen Fehlzeiten. Die Begründung liegt in fehlenden Schnittstellen, unzureichenden Prüfungen der manuell übertragenen Daten, in unterschiedlichen Definitionen, oder in unterschiedlichen Zeitpunkten der Datenerfassung.[21] Die Systematisierung nach Quellen als erster Schritt der Ermittlung vorhandener Bezugsgrößen dient somit auch als Qualitätskontrolle, um überhaupt den Realitätsbezug der Kennzahl sicherzustellen. Doch schon innerhalb der Unternehmen, zwischen Managementfunktionen und organisatorischen Einheiten gibt es in der Regel eine beeindruckende Vielfalt an Daten, an selbst konstruierten Datenlogiken und Interpretationen, so dass die Quellensortierung der Daten tatsächlich nur einen Einstieg in das Datenmanagement darstellen kann. Bleibt man in der Quellensystematik, so wird auch die Berichtsfunktion des Controllings erleichtert, die sich nun als Kosten- und Erfolgscontrolling, als Jahresabschlusscontrolling, als Investitionscontrolling, Finanzcon-

---

19 Quelle: eigene Darstellung.
20 Eisenreich, Halfar und Moos 2005, S. 24.
21 Vgl. ebenda.

trolling, Marketingcontrolling, Produktionscontrolling oder Beschaffungs- und Logistikcontrolling erstellen lässt.

1.6.4 Systematisierung nach Zeithorizont

Auch sozialwirtschaftliche Unternehmen beobachten sich durch das Controlling in unterschiedlichen Zeithorizonten. Ganz kurzfristig benötigt man Kennzahlen, die über Auslastung, Kassenbestand oder Krankenstand berichten. Andere kennzahlengestützte Informationen benötigt das Management vielleicht wöchentlich, monatlich oder quartalsbezogen. Und für strategische, langfristig angelegte Entscheidungen, reichen häufig jährlich erhobene Kennzahlen. Der Steuerungshorizont sortiert die Erhebungsfrequenz der Kennzahlen. Im strategischen Management braucht niemand in der Altenpflege die tägliche Erhebung der Angehörigenzufriedenheit oder des relativen Marktanteils in der Region. Im Sozialbereich fehlen häufig manche Datenquellen, um strategische Kennzahlen (z.b. Marktanteil einer Einrichtung der Behindertenhilfe) zu ermitteln. Die Datenlage als Ausgangspunkt für strategische Entscheidungen des Sozialmanagements, egal ob im Immobilienbereich, Personalbereich oder IT-Bereich, ist in den sozialwirtschaftlichen Unternehmen immer noch, Ausnahmen bestätigen die Regel, merkwürdig unterbelichtet.

Anders sieht es bei den operativen Daten aus. Hier hat man vielleicht nicht immer die (ganz) richtigen Daten, aber immerhin eine beeindruckende Datenmenge. Das Rechnungswesen produziert ständig Daten, der operative Leistungsbereich auch, das Qualitätsmanagement und das Personalmanagement tragen zur Datenflut bei, und im operativen Bereich scheint die Controllingaufgabe auch darin zu bestehen, die Entscheidungsträger vor Datenmengen zu schützen, um den Komplexitätsaufbau nicht zum Informationsberg zu gestalten. Besonders wertvoll wird das operative Controlling, wenn es den Ist-Zustand einer Organisation so abbilden kann, dass sich daraus Frühindikatoren für wahrscheinliche Entwicklungen ablesen lassen. Der Frühindikator wird dann zum Erfolgstreiber. Solche Frühindikatoren beziehen sich beispielsweise auf Qualitätskennzahlen, Fix- und Leerkapazitäten, Kapazitätsauslastungsgrößen oder Wartelisten.[22] Das Controlling entwickelt sich von einer reinen „feed-back-Kontrolle (Soll-Ist-Vergleich) zu einem „Soll-Wird-Vergleich" mit entsprechenden Früherkennungsinformationen.[23]

Aber wie schlau sind diese Entscheidungen? Die operative Steuerung basiert doch auf der strategischen Zielsetzung der Organisation. Daher liegt die Herausforderung bei der Planung und Steuerung mit Kennzahlen in der Abbildung beider Zeithorizonte und einer ineinandergreifenden Zielsetzung, deren Zielerreichungsgrade mittels der Kennzahlen abgebildet werden.

---

22 Vgl. Reichmann 2011, S. 32.
23 Ebenda, S. 42.

1.6.5 Systematisierung nach Planungs- oder Überwachungsaspekten

Das Controlling blickt in der Praxis zumeist in den Rückspiegel und misst Zustände der Vergangenheit, bestenfalls noch den aktuellen Ist-Zustand. Jede Controllingvorlesung beginnt mit dem Hinweis, dass Controlling sprachlich und gedanklich nicht von Kontrolle kommt. Der Controller betrachtet nicht die Wasserströmung hinter dem Boot, sondern den zu erwartenden Wind und informiert darüber den Kapitän und Steuermann. Auch wenn einzelne Organisationen solche Prognosekennzahlen und strategische Kennzahlen vorhalten, so ist doch nur unregelmäßig eine durchgehende, miteinander verknüpfte, kennzahlenbasierte Planung auf strategischer und operativer Ebene in den Organisationen anzutreffen. Die Grafik macht das Dilemma des Berichtswesens deutlich. Da viele Kennzahlen aus den Daten der Buchhaltung, der Bilanz und der Leistungsabrechnung automatisiert ermittelt werden können, beschränken sich viele Berichtswesen auf die Abbildung retrospektiver Kennzahlen. Dieser Focus auf die Vergangenheit hindert viele Führungskräfte an einer zukunftsorientierten Arbeit.

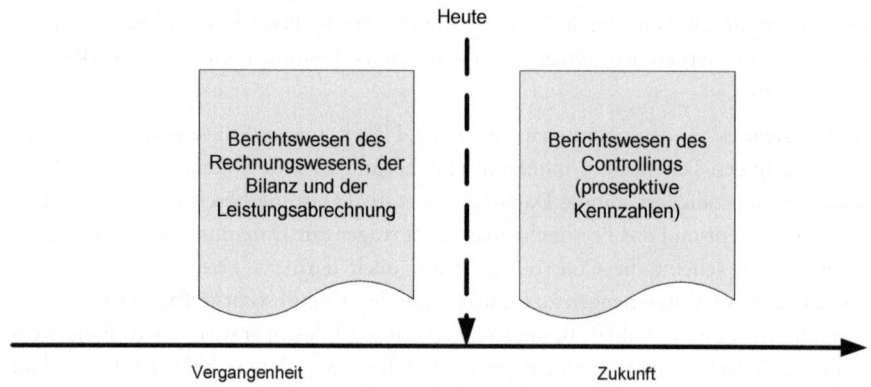

Abbildung 2: Vergangenheit und Zukunft im Berichtswesen[24]

2. Spezifika des Dienstleistungscontrollings in der Sozialwirtschaft

Der Controller in einem sozialen Unternehmen sieht sich ständigen Relativierungen ausgesetzt. Seine informativen Verdichtungen zur Rationalitätssteigerung der Entscheidungen, so der Tenor aus dem sozialpädagogischen Feld, passen nicht so ganz. Zum Beispiel, weil man ganz schwierige Klienten habe, weil man in dieser Region besonders große Probleme in der Auslastung habe oder weil man ein besonderes Konzept verfolge oder weil man ein einmaliges Mix von Leistungen nach SGB II, SGB V, SGB IX, SGB XI und SGB XII habe. Letztlich liefere das Controlling immer zu spät und immer fehlerhaft oder es konzentriere sich zu stark auf Fragen der Wirtschaftlichkeit und Liquidität, und zu wenig auf die Leistungsqualität.

Aus diesem großen Organisationsschnattern lassen sich auf jeden Fall zwei ernstzunehmende Anliegen heraushören. Zum einen muss das Controlling in sozialwirtschaftli-

---

24 Quelle: eigene Darstellung.

chen Unternehmen in der Lage sein, betriebswirtschaftliche Dimensionen und fachliche Dimensionen zu berücksichtigen. Und wenn die spezifische Produktivität sozialer Dienstleistungsunternehmen der eigentlich Beobachtungsgegenstand des Controllings ist, dann reicht es methodisch eben nicht aus, diese beiden Dimension nur abzubilden, sondern sie müssen auch miteinander so verknüpft werden, dass Aussagen über die spezifische Effizienz und Effektivität von Organisationen im Sozialbereich möglich werden. Bei diesem Abschied vom reinen Finanzcontrolling, das ja in vielen sozialwirtschaftlichen Unternehmen eher den Charakter einer Budgetüberprüfung mit Hilfe der Kostenstellenrechnung besitzt, taucht eine Problematik auf, die sich aus dem besonderen Charakter von Dienstleistungen ergibt. Nochmals methodisch erschwert wird dieser Zugriff auf Effizienz und Effektivität, weil es sich bei sozialwirtschaftlichen Unternehmen um Dienstleistungsunternehmen handelt. Es ist zu beachten, dass Dienstleistungen gegenüber Konsumgütern und Investitionsgütern einige Besonderheiten aufweisen, die auch für das Controlling bedeutsam sind. Es lohnt sich jedenfalls, ja es ist geradezu unverzichtbar, ein eigenes sozialwirtschaftliches Dienstleistungscontrolling zu erarbeiten, weil die spezifische Produktivitätsanalyse eines sozialen Unternehmens immer auf die Kenntnis der spezifischen Produktivität der erbrachten Dienstleistungen angewiesen ist.

Was sind aber nun die Besonderheiten von Dienstleistungen, die das Controlling in der Sozialarbeit und Pflege und Therapie so komplizieren?

2.1 Intangibilität und Immaterialität

Bei Dienstleistungen handelt es sich um immaterielle und intangible Güter, die zwar fast immer einen gewissen Sachgutanteil[25] aufweisen, aber deren Output immateriell und deren Herstellungsprozess intangibel ist. Der Kellner serviert, aber er tut das mit Tablett, Geschirr und Tisch. Der Friseur schneidet die Haare, aber er benutzt dazu Maschinen. Immateriell und intangibel bedeutet, dass man Dienstleistungen nicht anfassen, nicht physisch greifen kann. Allerdings bezieht sich die Nachfrage des Konsumenten fast immer auf Leistungsbündel, die sowohl immaterielle als auch materielle Bestandteile aufweisen.[26] Aus dieser Immaterialität ergibt sich für die Kunden ein subjektiv erhöhtes Kaufrisiko. Eigentlich müsste man die Dienstleistung erfahren, um die Qualität beurteilen zu können. Aber viele Dienstleistungen sind entweder einmalig, wie eine Blinddarmoperation, und können rein logisch nicht wiederholt werden oder sind so individuell konfiguriert, dass die Erfahrung des anderen nicht sehr informativ ist. Gerade personenbezogene soziale Dienstleistungen, das unterscheidet sie maßgeblich von standardisierbar-personalen Dienstleistungen wie dem Öffentlichen Nahverkehr oder sachbezogenen Dienstleistungen wie Reinigungsdiensten, sind in ihrer Qualität besonders schwer zu beurteilen. Das Beratungsgespräch oder die Spieltherapie oder die Familienhilfe bringen immer einen immateriellen Output, entstehen intangibel –

---

25 Stampfl 2011, S. 92 ff. verweist auf verschwimmende Grenzen zwischen Sachgut und Dienstleistung und Sachguthersteller und Problemlöser. Theoretische Bedenken zur Abgrenzung von Dienstleistungen bei: Kleinaltenkamp 2001.
26 Vgl. Engelhardt, Kleinaltenkamp und Reckenfelderbäumer 1993, S. 406.

ohne greifbare, festzuhaltende Produkte, und stehen in Folge dessen immer unter dem Eindruck einer unsicheren Qualität. Die Erfahrung einer konkreten Dienstleistung nutzt manchmal für weitere Nutzungsentscheidungen nichts, weil es keine mehr geben kann oder weil die mitgeteilte Dienstleistungsqualität notwendigerweise subjektiv ist. Und der intangible Charakter von Dienstleistungen verstärkt die Qualitätswahrnehmung nochmals dadurch, dass die Erfahrung der Dienstleistungsqualität durch den situativen Kontext stark geprägt wird – und die Objektivität der Erfahrung verzerrt. War der Rettungssanitäter bei Ihrem letzten Herzinfarkt gut? Und die Quelle der Erfahrung versiegt weitgehend auch bei der Beurteilung der Qualität solcher Dienstleistungen, die in ihrer Qualität vom Kunden gar nicht sinnvoll wahrgenommen werden können. Hier angesprochen sind Dienstleistungen, die durch eine starke Informationsasymmetrie zwischen dem Dienstleister und dem Dienstleistungskonsumenten charakterisiert sind. Hat der Arzt bei der Operation alle Metastasen entfernt? Viele Dienstleistungen sind in ihrer Qualität schwer objektiv zu beurteilen, sie haben häufig den Charakter von Vertrauensgütern oder von Erfahrungsgütern. Wenn Leistungsfähigkeiten der Organisation, die beim Klienten eine bestimmte qualitative Wirkung haben sollen, in ein physisch nicht greifbares Gut, dessen Qualität nicht oder nur schwer zu messen ist, transformiert werden, dann fehlt dem Controller natürlich auch die entsprechende Information darüber, ob Qualitätsmängel für Auslastungsprobleme und entsprechende wirtschaftliche Probleme verantwortlich sein könnten. Und schließlich verhindert der intangible Charakter auch, dass man personenbezogene Dienstleistungen präsentationsfähig oder patentierbar darstellen kann. Dienstleistungen sind so schwierig zu beurteilen und zu beschreiben, dass man Dienstleistungsprozesse nicht durch Patente schützen kann.[27] Geringe Transparenz beim Leistungsvergleich und bei der Leistungsbeurteilung, gerade weil der Output immateriellen Charakter besitzt, führen dazu, dass das Qualitätsurteil des Kunden zum wichtigsten Kriterium wird.

Was man nicht formal schützen kann, muss von den Konsumenten geschützt werden; insofern ist die erfahrene oder vermutete und weiter erzählte Qualität der einzige echte Patentschutz im Servicesektor. Gab es bei den Millionen Klienten sozialer Dienstleistungen, die in den letzten zehn Jahren auf der Suche nach einem Kindergartenplatz, einem Pflegeheimplatz, einer Arbeitstherapie oder einer Schuldnerberatung waren, schon jemals die Frage, ob eine Einrichtung zertifiziert ist?

2.2 Uno actu, Lagerfähigkeit und Kapazitätsproblematik

Dienstleistungen zeichnen sich weiterhin durch ihren „uno actu" Charakter aus. In dem Moment, in dem die Dienstleistung produziert wird, wird sie auch verbraucht. Diese Simultanität von Produktion und Konsum verlangt die Anwesenheit des Konsumenten oder des Dienstleistungsobjektes bei der Dienstleistungserstellung und führt dazu, dass Dienstleistungen nicht lagerfähig oder transportfähig sind. Man kann eben nicht Anzüge ohne vorhandenen Kundenkörper auf Vorrat maßschneidern, Mathematik ohne anwesende Schüler unterrichten oder Malariaschutzimpfungen ohne verfüg-

---

27 Vgl. Cowell 1984, S. 10 ff.

baren Oberarm verabreichen. Produktion und Absatz verlaufen bei Dienstleistungen nahezu simultan und müssen aus funktionalen Gründen Dauer und Zeitpunkt der Erbringung synchronisieren.[28]

Meyer spricht vor dem Hintergrund der Simultanität von Produktion und Nutzung von einer fehlenden Autonomie der Produktionsfunktion, wodurch der Produktionsprozess unmittelbar zum Marketingprozess wird. Dies stimmt allerdings nur unter der Annahme, dass sich „uno actu" nur auf das Endprodukt, also auf die Endabwicklung der Dienstleistung bezieht und nicht auf die Erstellung von Vorprodukten. Im Bereich der Vorproduktion, dort, wo der Kunde noch nicht mitmachen muss, nicht anwesend sein muss, besteht noch eine weitgehend autonome Produktionsfunktion mit substituierbaren Produktionsfaktoren und optimierbaren Faktorkombinationen.

Doch sobald das Endergebnis der Dienstleistung als Synchronisation von Angebot und Nachfrage, als Synchronisation von Produktion und Konsumption vorliegt, lässt sich das Ergebnis nicht mehr zurücknehmen. Der intangible output ist irreversibel erfolgt, Rückgabe und Umtausch sind ausgeschlossen, lediglich bei einigen Dienstleistungen sind Nachbesserungen begrenzt möglich.

Aus dem mit dem uno actu Prinzip verknüpften Merkmal der Nicht-Lagerfähigkeit entsteht eine zusätzliche Problematik der Kapazitätsplanung. Für die Unternehmen stellt sich eine ärgerliche Entscheidungssituation dar: Entweder akzeptiert man Warteschlangen oder Leerkosten. Wenn das Angebot mit der Nachfrage zeitlich synchronisiert werden muss, dann lauert die Gefahr, dass entweder zu wenig oder zu viel Dienstleistungskapazitäten vorgehalten werden. Im Sozial- und Gesundheitswesen lässt sich die Nachfrage aufgrund der dringlichen Bedarfsstruktur nur selten zeitlich beeinflussen, so dass in der Folge eine permanente Leistungsbereitschaft vorgehalten werden muss. Das soziale Dienstleistungsunternehmen ist einsatzbereit: das Personal ist da, die Einrichtung gebaut, die Beleuchtung an, das QM-System läuft auf Hochtouren, die Autos für ambulante Dienstleistungen stehen vollgetankt im Hof, die Betten sind frisch überzogen... Und die Kosten laufen.

Für Dienstleistungsunternehmen besteht die Notwendigkeit einer permanenten Leistungsbereitschaft. Die Leistungspotenziale können nicht auf Vorrat eingesetzt werden, weil man für einen Haarschnitt oder ein Beratungsgespräch eben die Anwesenheit des Kunden voraussetzen muss. Nicht ausgebuchte Kindergartenplätze können nicht für einen nächsten Jahrgang gelagert und dann genutzt werden. Und die Kosten ungenutzter Leistungspotenziale versinken.

Für das Controlling sind solche Leistungspotenziale, die nicht von Kunden abgerufen werden, ein Ärgernis, vornehm gesprochen: eine Effizienzreserve. Die Einrichtungsleitung im stationären Wohnen muss damit rechnen, dass ein Bewohner an einem Tag krankheitsbedingt nicht in die Werkstatt gehen kann. Wenn die Wohngruppe tagsüber „leer" ist, wird keine Personalkapazität benötigt. Aber im Krankheitsfall wird Personal benötigt. Wie viel? Mit welcher Wahrscheinlichkeit stimmt der Dienstplan? Bei

---

28 Vgl. Meyer 1991, S. 202.

schwankender Nachfrage, die in der Sozialarbeit normal ist, etwas weniger dringlich vielleicht im Bereich der stationären Pflege, taucht die Problematik der Effizienz des Personaleinsatzes auf. Für soziale Einrichtungen besteht eine latente Nachfrageunsicherheit. Soll sich das Unternehmen bei der Personaleinsatzplanung am Spitzenbedarf ausrichten? Oder am Durchschnittserwartungswert? Sind bei sozialen Dienstleistungen Wartezeiten akzeptabel? Für das Sozialmanagement verschränken sich hier das Kapazitätsproblem und das Leerkostenproblem. Beratungsleistungen oder Pflegehandlungen oder Therapiesitzungen können nicht auf Vorrat produziert werden. Orientiert man sich am Spitzenbedarf, so entstehen im Zweifel Leerkosten, orientiert man sich am Durchschnittsbedarf, entstehen im Zweifel Warteschlangen, die fachlich nicht akzeptabel sind oder die Marktposition verschlechtern. Für das Controlling wächst hier ein Dauerthema, die richtige Personalmenge zu definieren, um Kapazität und Nachfrage optimal koordinieren zu können. Da die Kapazitätsvorhaltung in der Regel im sozialen Dienstleistungsunternehmen auf Zeiten der Spitzenlast ausgerichtet ist, ergeben sich nur geringe Möglichkeiten, Leerkosten in Nutzkosten zu verwandeln. Die ausgehandelten Personalquoten und Fachkraftquoten schleppen ständig die Gefahr sprungfixer Kosten mit sich. Jeder Klient über der „Personalquote" produziert die Kosten für die Betreuung mehrerer Klienten. Jeder fehlende Klient senkt prozentual die Produktivität der eingesetzten Personalmenge. Die an sich schon beschränkte Substitutionalität des Produktionsfaktors „Arbeit" im Sozialbereich führt zu einer stabilen Personalmenge mit negativen Preisstruktureffekten zu Lasten des Sozialsystems. Und zu spezifischen Beobachtungsproblemen für das Controlling.

2.3 Fixkostenproblematik/Gemeinkostenproblematik

Aus dieser Kapazitätsproblematik nicht lagerfähiger Dienstleistungen erkennt das Controlling, dass Dienstleistungsunternehmen einen relativ hohen Fixkostenanteil und einen entsprechend relativ geringen Anteil variabler Kosten aufweisen. Die Kosten der Leistungsbereitschaft, im Sozialbereich insbesondere Vorhaltekosten für Personal, sind aufgrund der drohenden Verwandlung in Leerkosten und aufgrund ihres Fixkostencharakters riskant. Reckenfelderbäumer[29] weist darauf hin, dass große Teile dieser Fixkosten zudem im Hinblick auf die Leistungen Gemeinkostencharakter haben, da die sie verursachenden Produktionsfaktoren für eine Vielzahl von Leistungen unterschiedlicher Art eingesetzt werden. Das Fix- und Gemeinkostenproblem führen aus Sicht des Controllings dazu, dass große Teile der Kosten des Unternehmens einzelnen Leistungen nicht zugeordnet werden können. Diese Problematik der Kostenzurechnung ist für das Controlling eine harte Nuss. Denn damit schließt sich eine Argumentationskette: die mangelnde Lagerfähigkeit von Dienstleistungen führt zu einer ständigen Leistungsbereitschaft, die wiederum zu einem hohen Fixkosten- und Gemeinkostenanteil, wodurch sich die Kosten der einzelnen Dienstleistung nur höchst kompliziert, oder eben gar nicht, berechnen lassen. „Die Möglichkeit, Nachfrageschwankungen mittels Vorrats- beziehungsweise Lagerproduktion zu nivellieren, ist bei der

---

29 Vgl. Reckenfelderbäumer 2006; 2009.

Dienstleistungsproduktion nicht gegeben, so dass Schwankungen der Nachfrage sich unmittelbar in Beschäftigungsschwankungen niederschlagen."[30] Diese Beschäftigungsschwankungen sind im Sozialbereich eigentlich nur in eine Richtung denkbar: nach oben. Das Problem der sprungfixen Kosten durch minimale Klientenzuwächse wurde bereits angesprochen. Das im Sozialgesetzbuch verankerte Bedarfsdeckungsprinzip sowie politisch gegebene Leistungszusagen verengen die Spielräume zur flexiblen Personalanpassung zusätzlich. Das Controlling, auch angetrieben durch entsprechende politische Planungen[31], wird sich auf eine Flexibilisierung und Individualisierung der refinanzierten Personalmengen einstellen, und eine neue Komplexität im Datenkreislauf in Kauf nehmen müssen. Die Personalmenge, und auch die Personalqualität, werden sich nur noch in der Basisausstattung an der Anzahl der Klienten, aber nicht mehr an der Zusammensetzung nach Pflegestufen oder Hilfebedarfsgruppen, ausrichten, sondern am individuellen Bedarf. Hierdurch wird ein Teil der Personalkosten variabilisiert und mit den persönlichen Hilfeplänen begründet, für das Controlling aber auch datenmäßig verknüpft.

2.4 Integration des externen Faktors

Der hohe Fix- und Gemeinkostenanteil entsteht bei Dienstleistungsunternehmen durch die Phase der Leistungsbereitstellung, der Vorproduktion. Erst wenn aus den bereitstehenden Leistungspotenzialen tatsächlich eine Dienstleistung wird, wird das Unternehmen produktiv. Dieser Wechsel von der Vorproduktion in die Endproduktion entsteht durch die Einbeziehung des „externen Faktor" in die Dienstleistungsherstellung. In der Sozialarbeit und Pflege ist der Klient der externe Faktor, von seiner Mitwirkung hängt für den Dienstleister „alles" ab: die Qualität, die Dauer, der Aufwand und die Kosten der Dienstleistung. Sowohl die Herstellungskosten als auch die Qualität des Herstellungsergebnisses werden bei Dienstleistungen durch das Klientenverhalten beeinflusst. Externe Faktoren sind solche Faktoren, …"die zeitlich begrenzt in den Verfügungsbereich eines Dienstleistungsanbieters gelangen und mit den internen Produktionsfaktoren in einen Verarbeitungsprozess integriert werden."[32]

Diese Integration des Kunden in die Dienstleistungserstellung variiert je nach Art der Dienstleistung räumlich, zeitlich, inhaltlich und nach Form der Interaktion mit dem Dienstleister. Ein hoher Grad an Mitwirkung bei der Dienstleistungserstellung wird bei solchen Fällen verlangt, die in der Sozialarbeit oder Pflege typisch sind. Notwendig ist hier eine persönliche Interaktion, eine Mitwirkung des Patienten im Sinne von coping und compliance, eine Mitwirkung an der Krankengymnastik, Gesprächstherapie, Anti-Aggressionstraining oder eine aktive Koproduktion in der Suchttherapie.[33] Dienstleistungen, darauf verweisen Wall und Schröder, haben immer einen zweifachen Prozes-

---

30 Maleri 2001, S. 145.
31 Siehe die Überlegungen der Sozialministerkonferenz, den stationären Bereich teilweise auf Finanzierung durch Fachleistungsstunden umzustellen. Vgl. etwa die Beschlüsse der 87. Konferenz der Arbeits- und Sozialminister der Länder (ASMK) vom 24./25.11.2010 sowie die Beschlüsse in den Folgejahren.
32 Engelhardt, Kleinaltenkamp und Reckenfelderbäumer 1993, S. 401.
33 Vgl. hierzu Krey und Nerdinger 2006, S. 138.

scharakter: den unternehmerischen Erstellungsprozess und den kundenseitigen Nutzungsprozess.[34] Der Erfolg der Dienstleistung hängt maßgeblich von der Mitwirkung und der Konstellation des externen Faktors ab.

Die Integration des Klienten in den Dienstleistungsprozess dient unterschiedlichen Funktionen: der Klient kann als Koproduzent unmittelbar an der Herstellung der Dienstleistung mitwirken. Die Eltern übernehmen das Management des Kindergartens, entwerfen und beschließen pädagogische Konzepte und setzen diese, zusammen mit dem hauptamtlichen Personal, um. Diese Rolle des Koproduzenten dient dazu, die qualitative Wertschöpfung der Dienstleistung zu verbessern, indem der Kunde Steuerungsmöglichkeiten im Dienstleistungsprozess erhält.

Der Klient kann sich auch auf die Rolle des Informanten beschränken. Der Bauherr muss den Architekten darüber informieren, wie die Pflegeeinrichtung genutzt werden soll, welche Hobbys die Bewohner haben, ob man lieber mit Gas oder Elektro kocht, ob es Haustiere gibt, ob AAL-Technik eingebaut werden soll und man muss exakt über das Finanzbudget des sozialen Trägers informieren. Der behinderte Fahrgast der Deutschen Bahn muss in die Herstellung der Transportleistung nicht einbezogen werden, wohl aber bei Gelegenheit in die Qualitätsprüfung der Dienstleistung. Wo waren im Dienstleistungsprozess kritische Punkte, Barrieren, mangelnde Serviceorientierung? Eng mit dieser Funktion der Qualitätsprüfung verknüpft könnte eine weitere Funktion des Dienstleistungskunden sein. Angesprochen ist die Funktion des Innovators. Woher kommen im Dienstleistungssektor die neuen Ideen? Bleiben wir in der Sozialarbeit, einem besonders innovationsskeptischem Dienstleistungsgebilde. Die Klienten haben auf die qualitativ hochwertigen Leistungsstandards im SGB XI mit der (innovativen) Nachfrage nach anderen Dienstleistungen, nämlich der preiswerten Rund um die Uhr – Betreuung durch ausländische Hilfskräfte reagiert. Ist die Behauptung falsch, dass in den letzten 30 Jahren alle Innovationen im Kindergartenbereich nicht durch die professionellen Erzieher, sondern durch die „Elternkunden" entstanden sind? Und wer kommt auf neue Ideen, social media im Marketing von Jugendfreizeitstätten einzusetzen? Die Sozialarbeiter oder die Jugendlichen? In anderen Situationen wird vom Dienstleistungskunden keine Innovationsidee erwartet, sondern lediglich die Übernahme von Serviceleistungen aus Kostengründen. Der Kunde soll sich als unbezahlter Mitarbeiter engagieren: in der Bildungsstätte sein Bett überziehen, an der Tankstelle selbst tanken, im Hotel das Frühstück an den Tisch tragen, im Jugendzentrum nach der Party den Saal aufräumen.

Zur Erstellung von Dienstleistungen ist die Integration des Kunden notwendig. Diese kann sich auf die Leistungsnachfrage und Leistungsnutzung, auf die Miterstellung, auf die Mitplanung, auf die innovative Weiterentwicklung, auf die Qualitätsprüfung, oder auf die Werbung beziehen. Aber der Kunde kann auch als Konkurrent auftreten. Damit ist üblicherweise die Haushaltsproduktion gemeint, man verzichtet auf Restaurantbesuche und kocht selbst, wir fahren unsere Autos selbst, buchen unsere Flüge, tragen

---

34 Vgl. Wall und Schröder 2006, S. 115.

unser Gepäck in den Zug und putzen unsere Schuhe. Aber wir pflegen auch unsere Angehörigen, erziehen unsere Kinder.

Ob also der Kunde eine Dienstleistung in Anspruch nimmt, die vollständig ohne seine Mitwirkung hergestellt wird –, und der Kunde lediglich anwesend sein muss, wie beim Öffentlichen Nahverkehr beispielsweise, – oder ob der Kunde die gesamte oder Teile der Dienstleistung physisch oder intellektuell selbst erbringen muss; es stellt sich für das Controlling immer die Frage, welches Maß und welche Art der Kundenintegration für die Produktivität der jeweiligen Dienstleistung optimal ist.

Bei der Konfiguration der Dienstleistung ist der Anspruch der Kundenintegration mit dem beliebten Schlagwort „partizipativ" also nur nebulös erfasst; es geht um die Präzisierung der Eingriffstiefe, der Eingriffsintensität, der Eingriffshäufigkeit, der Eingriffsdauer und der Eingriffszeitpunkte der Kundenintegration sowie um die Definition des Standardisierungs- bzw. Individualisierungsgrades der Klientenmitwirkung. Es geht um die Funktionalität von Partizipation. Können Dienstleistungen durch die Integration des externen Faktors effizienter erbracht werden oder ertragreicher? Die Sozialarbeit kennt viele Mitwirkungsmöglichkeiten der Klienten: Den Lebensmitteleinkauf oder das Kochen in der Wohngruppe, die Organisation der Jugendfreizeit, die Mitwirkung im Heimbeirat, die selbständige Fahrt zum Arzt, die gegenseitige Unterstützung von Klienten. In der Regel ist das Motiv ethisch oder sozialpädagogisch gespeist, selten wirtschaftlich. Welche wirtschaftlichen Produktivitätsreserven soziale Einrichtungen durch die Beteiligung der Klienten noch nützen können, ist erst ansatzweise untersucht worden.

Für den Controller ist es wichtig zu wissen, welche Produktivitätssteigerung bei Dienstleistungsprozessen durch die Integration des externen Faktors möglich ist; oder welcher Produktivitätsverlust durch die Klientenintegration bewusst in Kauf genommen werden soll.

Die Klientenintegration in Dienstleistungsprozesse begründet sich zwar funktional, hängt aber in ihrer Wirksamkeit, in ihrer zusätzlichen Wertschöpfung maßgeblich davon ab, ob die Sozialarbeit ihre Dienstleistungsprozesse so genau kennt und steuert, dass die Klienten an der richtigen Stelle des Prozesses, in der richtigen Art und Weise und Intensität und Dauer ihren Beitrag zur Leistungsherstellung einbringen können.

Diese Klientenfunktionen können nach Intensitätsstufen unterschieden werden.

	Klient als passiver Auftraggeber	Klient als aktiver Auftraggeber	Klient als Teilproduzent	Klient als Koproduzent	Klient als Produzent
	Dienstleistung entsteht unabhängig von der Mitwirkung und Steuerung des Klienten	Dienstleistung entsteht unabhängig von der Mitwirkung, aber durch Steuerung des Klienten	Klient erbringt kooperativ Teilprozesse der Dienstleistung	Dienstleistung entsteht interaktiv zwischen Klient und Dienstleister	Klienten erbringen Dienstleistung selbständig auf Plattform des Dienstleisters
	Beispiel: Betreuung Sterbender im Hospiz	Beispiel: Persönliche Assistenz stark körperbehinderter Menschen	Beispiel: Suchtpatient dokumentiert sein Trinkverhalten als Basis für professionelle Diagnose	Beispiel: Hilfeplangespräche	Beispiel: Virtuelle Communities oder Selbsthilfegruppen
Wichtige Klientenrollen					
Nachfrager	✓	✓	■	■	■
Qualitätsprüfer	✓	✓	■	✓	■
Informant	✓	✓	✓	✓	■
Ertragsfaktor	✓	■	✓	■	✓
Kostenfaktor	✓	■	■	■	■
Employer	■	✓	✓	✓	✓
Employee	■	■	■	✓	✓
Innovator	✓	✓	✓	✓	✓
Marktforscher	■	■	■	■	■
Marketingkommunikator	■	■	✓	■	■
Konkurrent	■	■	■	✓	✓
Produktionsreserve	■	■	✓	■	■
Integrationsmaß					
Wertschöpfungstiefe	■	■	■	■	■
Intensität	■	■	■	■	■
Häufigkeit	■	■	■	■	■
Dauer	■	■	■	■	■
Zeitpunkt	■	■	■	■	■

Tabelle 2: Kundenintegration und Dienstleistungsproduktivität
Quelle: eigene Darstellung

Es besteht im Dienstleistungsunternehmen insofern durch die Kundenintegration immer das Risiko, dass der Kunde sich zu wenig oder zu viel, zu früh oder zu spät, falsch oder richtig, engagiert oder missmutig, kompetent oder dilettantisch einbringt. Für das Controlling wird es dadurch schwierig, Kosten- und Qualitätsunterschiede erklären zu können, weil eine relativ geringe Transparenz über die spezifische Klientenfunktionalität besteht.

Und selbst diese eher prinzipielle Fragestellung des Controllers, welche Funktionen der Klient im Dienstleistungsprozess übernehmen soll[35], wird durch einen anderen Tatbestand, der in sozialen Organisationen sehr ausgeprägt ist, verkompliziert.

Sowohl in der Entstehung als auch in der Interpretation des Kundennutzens ist der Leistungserfolg personaler Dienstleistungen stark individualisiert. Beim Klienten besteht typischerweise Unsicherheit über den Nettonutzen und seine Opportunitäten.[36] Lohnt es sich überhaupt, sich bei der Erstellung der Dienstleistung so oder so zu engagieren? Und wären manche Sozialarbeiter nicht schon froh, wenn ihre Klienten überhaupt eine solche reflexive Überlegung anstellen würden? Denn Unternehmen in der Sozialwirtschaft haben ja nicht nur einen zwingend hohen Integrationsgrad des externen Faktors in ihre Dienstleistungsprozesse und nicht nur einen hohen Individualisierungsgrad der Dienstleistung, sondern obendrein noch das Phänomen, dass die Klienten typischerweise „irgendwie" schwierig sind.

Mit der Notwendigkeit der Klientenintegration besteht auch die Gefahr, dass der Klient die Dienstleistungsqualität in einer Art beeinflussen kann, welche die soziale Einrichtung aus professioneller und/oder wirtschaftlicher Sicht schlecht steuern und kaum kontrollieren kann.

2.5 Heterogenität

Der Klient muss sich als „part time employee" am Dienstleistungsprozess beteiligen, aber er kann nicht normiert, vereinheitlicht und dadurch berechenbar gemacht werden. Dadurch wird der Klient zu einem Unsicherheitsfaktor, der die Berechenbarkeit des Dienstleistungsergebnisses erschwert. Aus der Heterogenität der bestehenden Leistungspotenziale des Anbieters und Nachfragers, der eben auch noch mitmachen muss, und der gleichzeitig sowohl bei der Herstellung als auch beim Konsum der Dienstleistung mitwirkt, ist es für das Unternehmen schwierig, ein konstantes Leistungsniveau zu garantieren. Der Charakter einer interaktiven Wertschöpfung[37] zwischen Klient und Dienstleistungsunternehmen ergibt selbst ein Produktionsrisiko, das in der Sozialarbeit schon bei der Informationsbereitstellung durch den Klienten zur notwendigen Spezifizierung des Bedarfs beginnt und dann über unterschiedliche Formen und Grade der Co-Produktion weiterläuft. Die Primärleistungen sozialer Einrichtungen, die zur

---

35 Beim Hotelfrühstück erbringen die Gäste einen erheblichen Teil der Dienstleistungen selbst: Auswahl am Buffet, Trägerdienste, Kaffee einschenken, Reste in Tischbehälter stecken etc. Auch an Tankstellen erbringen Autofahrer fast alle Dienstleistungen selbst; und bei IKEA fehlen auch nicht mehr viele Arbeitsschritte in der Dienstleistungskette, die nicht komplett vom Kunden übernommen werden.

36 Vgl. Freiling und Gersch 2007, S. 73f.

37 Vgl. Reichwald, Piller, Ihl und Seifert 2009.

Statusveränderung, Statusstabilisierung, Kompetenzveränderung oder Lebensqualität beitragen, sind weitgehend immateriell und entziehen sich auf den ersten Blick einem transparenten Leistungsvergleich und einer Leistungsbeurteilung.

Für das Controlling wird durch die individualisierten, heterogenen Konstellationen die Beobachtungsmöglichkeit der betrieblichen Produktivität erschwert. Es gehört ja zu den Beschwörungsformeln der Branche, dass man die Qualität und Produktivität sozialer Arbeit nicht messen könne, weil man schließlich mit Menschen arbeiten würde, und die seien nun mal individuell. Das Problem aus Dienstleistungssicht ist nicht die Individualität der Bedürfnisse und Konstellationen (auf die könnte man sich professionell einstellen). Es ist der „Produktionsfaktor Individualität", der für das Ergebnis Chance und Risiko zugleich ist. Umso wichtiger ist es, die standardisierbaren, in Prozesse übersetzbaren Teile der sozialen Dienstleistung in ihrer Beurteilung von den individualisierten Problemlösungszonen, die durchaus einzelne Prozessschritte sein können, zu unterscheiden.

2.6 Akzeptierte Ineffizienzen

Für das effizienzverliebte Controlling öffnet sich in sozialwirtschaftlichen Unternehmen eine neue „Zwickmühle", die für Controller schwer zu verstehen und schwer zu schließen ist. Alle Analysen kümmern sich um Produktivitätsgewinne, jeder Prozessschritt wird auf Effizienzreserven überprüft, die Klientenintegration soll sich betriebswirtschaftlich rechnen und bessere Leistungsqualität bringen. Was aber soll das Controlling in seine Effizienzmessung aufnehmen, wenn Organisationen bewusst und gezielt gewisse Ineffizienzen akzeptieren und herstellen, wenn sie somit Effizienz bewusst relativieren?

Angesprochen wird hier die Problematik der „gewollten Ineffizienzen" im Sozialbereich. Soziale Organisationen wollen ihre Produktivität, verstanden als das optimierte Verhältnis von Input zu Output, nicht ausschöpfen.

> *„Bewusster Effizienzverzicht im Detail ist etwas anderes als ein Effizienzverlust, der unbeabsichtigt geschieht. Beide Formen, der „bewusste Effizienzverzicht" auf der einen Seite und die „ungeplante Ineffizienz" auf der anderen Seite führen aus Sicht des Controllings möglicherweise zu einem identischen Abschmelzen der Wirtschaftlichkeit, sollten jedoch unterschiedlich beobachtet und behandelt werden."[38]*

Bewusst in Kauf genommene oder gar bewusst hergestellte „Ineffizienzen" können aus Leitbildern und Organisationstraditionen stammen oder aus einer ökonomisch absurden, menschlich aber schönen Integration von höchst komplizierten, sehr leistungsschwachen oder extrem unzuverlässigen Klienten in die Dienstleistungsproduktion. Bei einigen Klienten führt der durch Leistungsintegration entstehende Effizienzverlust im weiteren Verlauf zu einer fachlichen Zielerreichung, bei anderen Klienten heilt der ethische Anspruch der Beteiligung den Effizienzverlust dauerhaft, weil nicht der Erfolg, sondern der Bedarf die Daseinsberechtigung für soziale Operationen ist. Der im

---

38 Halfar 2011, S. 190.

Dienstleistungsmanagement analysierte „unproduktive Kunde" bleibt im Leitbild der sozialen Organisation weiterhin als hilfsbedürftiger Mensch erkennbar, der auch dann Hilfeleistungen erhält, wenn er nicht kooperiert, wenn er sich nicht beteiligt, wenn er nicht mal basale Informationen zur Verfügung stellt.

Auch bei der Integration von Ehrenamtlichen in Entscheidungsstrukturen gemeinnütziger Organisationen gilt nicht immer das Prinzip, dass der Aufwand den Organisationsnutzen nicht übertreffen darf. Was soll ein Controller dazu sagen, wenn in der Arbeitszeit gebetet wird? In der Telefonzentrale sitzt ein Kollege mit Sprachbehinderung, im kirchlichen Archiv finden leistungsgeminderte Mitarbeiter einen Arbeitsplatz und das Rote Kreuz übernimmt unterfinanzierte Einsätze der Katastrophenhilfe, um nur einige Beispiele zu nennen. Beim Einkauf von Lebensmitteln gilt nicht zwingend der Grundsatz der Wirtschaftlichkeit, sondern man verzichtet ganz bewusst auf preisgünstige Beschaffungsalternativen und Mengen, weil die Beschaffungsform präferiert wird, wonach der mobilitätseingeschränkte Mensch lieber kleinere Mengen beim teureren Laden, den er erreichen kann, selbst einkaufen soll. Bei der Versorgung von Patienten wird ganz bewusst auf Sedierung und Segregation verzichtet, obwohl dadurch eine Vielzahl höchst anstrengender und personalintensiver Aktivitätenketten ausgelöst wird.

Wir können einer gewissen Paradoxie nicht ausweichen, die darin besteht, dass wir manche Ziele nur dann gut erreichen, wenn wir „ineffizient" arbeiten. Solche „organisationsgetriebene Ineffizienzen" werden durch „missionsgetriebene Ineffizienzen" ergänzt. Mit Entscheidungen für „bewusste Effizienzverluste" wird die Produktivitätseinbuße kalkulierbar. Aus Perspektive des Controllings müssen solche Reduktionen der technisch-formalen Effizienz einer Organisation als genehmigte Kosten von anderen Kosten der Ineffizienz unterschieden werden. Technische Effizienz meint: es gibt keine andere, effizientere Kombinationsform der Inputfaktoren.

Nicht alle zeitraubenden, lieb gewonnenen Traditionen können unter dem „Leitbildrettungsschirm" Platz finden. So die „berufskulturell getriebene Ineffizienzen", die bewusst akzeptiert werden, obwohl sie, zumindest scheinbar, nicht zwingend einer technischen Produktionseffizienz entsprechen. Angesprochen werden hier die unglaublichen Mengen an Supervision, Findungszeiten und Konfliktvermeidungskosten, aber auch die vielen kleinen alltäglichen Liebenswürdigkeiten im Berufsalltag, die Zeit in Anspruch nehmen.

Das Controlling muss Effizienzverluste aller Art messen, ausrechnen und der Kultur der Organisation in Rechnung stellen. Das Management der Sozialorganisation kann die Entscheidung treffen, ob es diese festgestellten Ineffizienzen will und sich leisten kann.

2.7 Rentseeking, X-Effizienz und Finanzierungskalküle

Mit der Unterscheidung von akzeptierten und nicht akzeptierten Ineffizienzen bewegt sich das Controlling im Feld einzelner betrieblicher Prozesse. Mit der Anzeige suboptimaler Prozesse durch das Controlling liegt die Ineffizienz als Entscheidungsproblem wieder beim Management. Nicht jeder suboptimale Prozess muss allerdings verbessert werden; so wenn der Optimierungsaufwand sich nicht lohnt oder wenn dieses Maß an Suboptimalität eben gewünscht ist.

Nun verweist Seibel auf eine dritte Erscheinungsform von Ineffizienz. Eine Ineffizienz, die sich nicht in methodischen Mängeln der Prozessorganisation zeigt, sondern prinzipiell als rationalitätsdefizitäre Funktionsweise in Organisationen.

Doch der dialektische Witz in der Seibelschen Beobachtung liegt darin, dass es Organisationen gibt, die, mehr oder minder bewusst, einen (Groß-)Teil ihrer Funktionen dilettierend „organisiert" haben – und deshalb, nicht „trotzdem", erfolgreich sind.[39]

Für das Controlling zeigt sich hier ein Schema paradoxer Rationalität. Man beobachtet ineffiziente Prozesse und dysfunktionale Strukturen auf der einen Seite und Erfolg auf der anderen Seite des Produktionsprozesses. Beobachtet wird eine Spannung zwischen mehr oder minder kulturell geprägten Managementtypen „grauer Löwe", „schlauer Fuchs" und „Sozialmanager", einem entsprechend typischen nicht-modernem Organisationsklima und aus diesem cultural lag resultierenden Effizienzverlusten. Diese in der Organisationsliteratur[40] bekannte Spannung kann in Sozialunternehmen auch zum Erfolg führen.

Die Erfolgsbedingung hierfür liegt in einem Weiterleben von Traditionen, die zwar manchmal skurril erscheinen, aber organisationssoziologisch dafür sorgen, dass im organisatorischen Codesystem Spielräume bleiben. Spielräume, die Mitarbeiter nützen können, weil sie eingeübte, erfolgreiche Verhaltensweisen in einem organisatorischem Codesystem, das seine Modernität selbst zumindest partiell suspendiert, weitertreiben können. Sozialwirtschaftliche, dilettierende, Organisationen bieten somit eine hinreichend verlässliche Verfügbarkeit von Spielräumen für nicht standardisierte Eigenproduktionen. Wir finden in sozialen Organisationen sozusagen verschiedene historische Zeitschichten mit eigenen kulturellen Rationalitätsmustern. Die „unmodernen" Organisationsteile funktionieren offensichtlich, weil sie nicht durchorganisiert sind.[41]

Schon bei Herbert A. Simon[42] tauchen diese Spielräume als Relativierungen von Verfahrungsbindungen im Sinne einer begrenzten, aber dadurch funktionalen Organisationsrationalität als „loose Coupling" auf. In der Folge der Organisationstheorie wurde von Ouchi[43] mit dem „Organisationstyp Z" ein weiteres Erklärungsmuster für Rationalitätsrelativierung vorgestellt. Geschildert werden hier Organisationen, die zwar nicht absolut effizient, wohl aber relativ optimal effizient arbeiten. Man findet in diesen Organisationen zwar Effizienzpotenziale, deren Nutzung jedoch die relative optimale Effizienz beeinträchtigen würde.[44]

---

39 Vgl. Seibel 1992, S. 92.
40 Siehe hierzu insbesondere die Arbeit von Crozier und Friedberg 1979, S. 214.
41 Vgl. Halfar 2011b, S. 2f.
42 Vgl. Simon 1981, S. 218.
43 Vgl. Ouchi 1980.
44 Vgl. Halfar 2011b, S 5.

Für das Controlling entsteht hier ein kleines Geheimnis, wie sich solche Befunde in das Berichtswesen übersetzen lassen.

Davon zu unterscheiden ist der Befund, wonach immer wieder Unternehmen am Markt überleben, obwohl sie betriebswirtschaftlich ineffizient sind und eigentlich laut Markttheorie durch die Markteffizienz vom Markt ausgeschlossen werden müssten. Wir sprechen hier also nicht über eine paradoxe Effektivität einer spezifischen Ineffizienz, sondern von einer tatsächlichen Ineffizienz, die eigentlich das Ergebnis bedroht. Im systemtheoretischen Blick gibt es in Organisationen, und Organisationen sind ja nichts anderes als Entscheidungen auf Entscheidungen auf Entscheidungen[45], immer wieder gewisse Entscheidungsunsicherheiten, die durch Kalkulationsunsicherheiten geprägt sind. Die Kalkulationsunsicherheit bezieht sich auf den ungewissen zusätzlichen Nutzen, der durch eine Verhaltensänderung zu erwarten ist. Wenn dieser Nutzenzuwachs unbekannt ist, oder nur schwer ermittelbar, dann bildet sich im Unternehmen eine gewisse Trägheitszone des Entscheidens, die von Leibenstein als „inert areas" bezeichnet werden.[46] Aus dieser Trägheitszone heraus findet eine Stabilisierung der organisatorischen Ineffizienz statt. Es besteht also ein „organizational slack".

Organizational slack als Trägheitsprodukt risikoaverser Unternehmen wird in solchen „inert areas" gelagert, in denen dann das Gesetz der Allokationseffizienz partiell aufgehoben ist. Diese „effizienzfreien" Räume verschlingen unnötigerweise Produktionsressourcen und sind somit für den Unternehmenserfolg bedrohlich. Die sozialwirtschaftlichen Unternehmen und Organisationen verteidigen ihre „inert areas" bislang dadurch erfolgreich, in dem sie Teile ihrer erzielten Erlöse in Politikbeeinflussung investieren und dadurch ihre Traditionen, weltanschaulichen Leitbilder und kulturellen Besonderheiten abrechenbar machen. Dieser als „rent seeking" bekannte Mechanismus, außerökonomische Mittel einzusetzen, um wettbewerbsabgegrenzte Organisationsteile zu schaffen, verschleiert jedoch den Trägheitsimpuls der Sozialwirtschaft, mildert den Wettbewerbsdruck und führt letztlich zu einem Innovationsstau im Sozialbereich.[47]

Die dadurch verbundenen Einbußen an Qualität, Geschwindigkeit, Präzision, Fehlerfreiheit, Kundennutzen und Mitarbeiterzufriedenheit werden einerseits in Kauf genommen, andererseits als Leistungsdruck an das Personal weitergereicht – und tauchen somit in der Erfolgsrechnung der Organisation beim Management nicht auf.

Soziale Organisationen können also solange dilettieren, solange sie den Marktmechanismus beeinflussen können. Vornehmer formuliert Jäger, wenn er nicht von dilettierenden Organisationen, sondern von Organisationen „funktionierender Solidarität" spricht.[48]

---

45 Vgl. Luhmann 2000.
46 Vgl. Leibenstein 1978, S. 222.
47 Vgl. Seibel 1992, S. 220-223.
48 Vgl. Jäger 2010.

3. Methodischer Aufbau eines Controllingsystems für sozialwirtschaftliche Organisationen

3.1 Organisation und Verortung des Controlling

„Controlling ist – funktional gesehen – dasjenige Subsystem der Führung, das Planung und Kontrolle sowie Informationsversorgung systembildend und systemkoppelnd ergebniszielorientiert koordiniert und so die Adaption und Koordination des Gesamtsystems unterstützt."[49]

Das „Subsystem" der Führung kann dabei in zwei Formen verortet sein, als unmittelbare Managementaufgabe oder als Unterstützer und Gegenüber des Managements.

3.1.1 Controlling als Managementaufgabe

Controlling ist direkt Aufgabe des Managements. Die Führungskräfte in Unternehmen sind selber „ihre eigenen" Controller, sie vereinen Entscheider und Controller in einem. Eine Entscheidung – etwa über eine Neueinstellung – erfolgt durch selbst gewonnene Daten: Sie greifen auf Stellenpläne, Buchhaltung, Belegungsdaten, Normkosten, Nettoarbeitszeiten zu, um die Entscheidung zu treffen. Controlling bedeutet also eher eine Denkhaltung des Managements: Die Entscheidung besteht in einer systematischen, daten- und informationsgeleiteten Analyse der Situation, aus der sich die Entscheidung fast wie von selbst ergibt. Controlling ist also Management.

Ein solches Controllingsystem bedeutet, dass Führungskräfte betriebswirtschaftliche und fachliche Experten sein müssen: Die Führungskraft muss sich mit den verschiedenen Formen der Kostenrechnung, mit Personalbedarfsrechnung, Eckwerten der Sozialversicherung, Wegen zur Budgetsteuerung auskennen und gleichzeitig die fachlich-inhaltliche Wirkung der Entscheidung – etwa auf die Qualität der Arbeit im eigenen Haus – beurteilen können.

Um Controlling in dieser Form zu verankern, bedarf es zunächst einmal einer entsprechenden Qualifikation von Führungskräften: Führungskräfte müssen in jedem Fall über entsprechende Controllingqualifikationen verfügen. Dies werden in der Regel betriebswirtschaftliche Qualifikationen sein, und hierbei eben die eher quantitativen Techniken wie Kostenrechnung, Finanzierung, Prozess- und Personalplanung. Wenn nun zusätzlich eine fachliche Qualifikation als sinnvoll angesehen wird – oder aber die Führungskräfte im Rahmen der Personalentwicklung aus den eigenen Reihen gewonnen werden sollen, bedeutet dies letztlich eine Doppelqualifikation.

Dies ist aus unserer Erfahrung nicht realistisch auf allen Führungsebenen leistbar. Vielmehr werden eine Qualifikation und damit eine Denkweise im Vordergrund stehen. Entweder wird also die betriebswirtschaftliche Qualifikation zurücktreten und die Führung letztlich nur ein eher homöopathisch dosiertes Controllingprogramm fahren oder die fachliche und möglicherweise auch ideelle Motivation tritt zurück gegenüber den „harten Daten", wodurch das Sozialunternehmen viel von seinem selbst gesetzten Anspruch verliert.

---

49 Vgl. Horváth 2009, S. 141.

Notwendig für eine solche Etablierung des Controllings ist eine gut verfügbare und zugängliche Datenbasis. Da die Führungskräfte nicht mit der Gewinnung und Aufbereitung der Daten an sich beschäftigt sein sollten, bedarf es einer guten IT-Unterstützung, um möglichst umfassend Daten zu gewinnen und in einem Datawarehouse vorrätig zu halten, die dann abgerufen werden können. Der Datenabruf und die Aufbereitung müssen einfach möglich sein; es bedarf also eines geeigneten Informationsmanagements.

3.1.2 Controlling als eigenständige Funktion

Die zweite Möglichkeit der Verortung ist die Etablierung einer eigenen Organisationseinheit oder zumindest Stelle für Controlling. Controlling wird als Stabsfunktion mit einer direkten Anbindung ans Management, jedoch ohne eigene Weisungsbefugnisse etabliert.

Aufgabe dieser Stelle ist es, die Informationsbedürfnisse des Managements aufzugreifen und diese Informationen dann im Unternehmen zu suchen, systematisch aufzubereiten und bereit zu stellen. Aufgabe dieser Stelle ist dann aber auch, das Unternehmen laufend auf systematisch verfügbare Informationen zu durchsuchen, sie auf ihre notwendige Managementrelevanz zu prüfen (also nicht nur möglichst viele Zahlenfriedhöfe zu schaffen) und dann dem Management in geeigneten Entscheidungssituationen anzubieten. Controlling erfolgt durch das Zusammenwirken von Managern und Controllern[50], Controlling ist also Unterstützer und Gegenüber des Managements.

Das Bild vom „Kälteaggregat" bekommt so eine besondere Wendung: Aufgabe des Managements ist es, die Organisation zu erhitzen, Ziele zu verfolgen, Visionen und Ideale zu schaffen, für Organisationskultur und Motivation zu sorgen. Dem steht das Controlling gegenüber, das systematisch Möglichkeiten und Gefahren sondiert, nüchterne Ergebnisse der Entscheidungen und Aktivitäten präsentiert. Der Controller ist insofern nicht der Bremser, sondern derjenige, der auch in Zeiten der Euphorie und Krise nüchtern bleiben muss. Um nüchtern zu bleiben, wird der Controller stets seine Tabellenkalkulation im Kopf haben und überlegen, ob denn mittlerweile Entscheidungen getroffen wurden, die das Unternehmen dem Ziel näher bringen, ob denn hierfür Liquidität, Personal, verfügbare Immobilien reichen.

Es empfiehlt sich eine Ansiedlung des Controllings als Stabsfunktion bei der jeweiligen Unternehmensleitung. Diese eigenständige Ansiedlung – nicht innerhalb der Verwaltung oder Buchhaltung – gibt dem Controlling eine von allen Beteiligten als unabhängiger wahrgenommene Funktion. Der Unterstützungscharakter für das Management wird dadurch deutlich. Nachteilig bei dieser Ansiedlung ist, dass die Wege zum wohl wichtigsten „Datenlieferanten", der Buchhaltung, weiter sind. Die inhaltlichen Schnittstellen zwischen Buchhaltung, Rechnungswesen und Controlling sind fließend, so dass eine Zusammenlegung durchaus Sinn macht.

---

50 Vgl. Gänßlen et al. 2012, S. 4.

Andererseits geht Controlling inhaltlich über die reinen Buchhaltungsdaten hinaus. Es müssen verschiedenste Daten gewonnen und bereitgestellt werden – eben nicht nur die reinen Buchhaltungsdaten. Ein Controlling, das bei der Buchhaltung angesiedelt ist – womöglich vom Buchhalter nebenbei mit erledigt wird – könnte zu einem sehr eindimensionalen Controlling neigen.

Bei einer Organisation mit ausgeprägten Abteilungsegoismen erhält durch die Ansiedlung des Controllings eine Abteilung eine höhere Macht durch Verfügbarkeit von Information. Die Akzeptanz des Controllings in einer eigenständigen Stabsstelle wird daher höher sein.

Ab einer Größenordnung von 500 Mitarbeitern wird diese Stabsstelle wohl auch eigenständig wahrgenommen werden. Bei kleineren Organisationen bietet sich die Zusammenlegung mit anderen Funktionen (Assistenz der Geschäftsführung, Qualitätsmanagement, Buchhaltung) an. Eine Gefahr besteht in einer Vermischung der Aufgaben – Controlling ist eben nicht Qualitätsmanagement oder Buchhaltung, sondern hat eine andere Perspektive. Auch bei einer Stellenteilung sollte bedacht werden: Lieber einen Anteil an einem guten, professionellen Controller zusammen mit einer anderen Organisation als einen eigenen Teilzeitcontroller mit geringerer Professionalität.

Durch die Ansiedlung bei der Geschäftsführung wird auch die Loyalität des Controllings für die Geschäftsführung deutlich. Gleichzeitig erhält das Controlling Einblick in die aktuellen Diskussionslinien der Geschäftsführung, was wiederum die Koordinationsfunktion und strategische Perspektive verbessert.

Eine weitere Möglichkeit besteht in der Nutzung des externen Controllings, d.h. der Beauftragung eines externen Dienstleisters, der Controllingaufgaben für die Organisation wahrnimmt. Ein externer Dienstleister bereitet Informationen auf, bewertet sie und stellt sie dem Management schriftlich und mündlich (z.B. im Rahmen monatlicher Auswertungsgespräche) wieder zur Verfügung.

Durch diese Lösung kann ein externer Dienstleister mit hoher Spezialisierung und guter IT-Ausstattung eingesetzt werden. Allerdings müssen dann auch die Datenschnittstellen gut aufeinander abgestimmt werden und es stellen sich die üblichen Probleme des Outsourcings: fehlende spontane Verfügbarkeit, höhere Standardisierungs- und Abstimmungserfordernisse, Steuerungs- und Loyalitätsfragen.

Kleinere Organisationen werden das Controlling oftmals an den eigenen Verband abgeben, mit dem Vorteil einer verbandseinheitlichen Software und entsprechendem Service. Wenn mit dem Controlling auch die Einflussnahme des Verbands auf eine Organisation verbunden wird, kann dies problematisch werden: wenn etwa auf der Basis der Controllingdaten der Verband Druck in Richtung Fusionen o.ä. ausübt. Auch wenn dies inhaltlich in die richtige Richtung gehen mag – in solchen Fällen würde das Controlling die Managementmacht auf die übergeordnete Ebene verschieben. Bei verbandlichem Controlling sollte daher hierüber eine Vereinbarung getroffen werden. Im Idealfall gibt es im Verband eine eigene Servicestelle Controlling, die nicht unmittelbar den anderen Fachabteilungen zugeordnet ist.

3.1.3 Anforderungen an den Controller

Nach der organisatorischen Ansiedlung des Controllings stellt sich die Frage, wie denn eine solche Stelle besetzt werden kann, also die Frage nach den zentralen Qualifikationsanforderungen an einen Controller oder eine Controllerin.

1. Betriebswirtschaftliche Qualifikation

Controlling ist eine Aufgabe, die eng mit dem Rechnungswesen und der Finanzierung, zwei Kernaufgaben der Betriebswirtschaft, zusammenhängt. Die Grundperspektive des Controllings ist stets, Plan-Ist-Vergleiche anzustellen und Ziel-Mittel-Relationen zu beurteilen. Dies hängt eng mit der primären Codierung wirtschaftswissenschaftlicher Studiengänge, dem wirtschaftlichen Umgang mit knappen Gütern, zusammen. In der Regel wird daher eine betriebswirtschaftliche Grundqualifikation eine gute Ausgangsbasis für das Controlling sein. Ausbildungs- bzw. Studienschwerpunkte wie Controlling, Rechnungswesen, Finanzierung, Unternehmensplanung etc., die eine stark quantitative Ausrichtung haben, sind von Vorteil.

2. Kenntnisse des Sozialbereichs und der sozialen Arbeit

Sozialunternehmen haben nicht nur wirtschaftliche Ziele und die soziale Arbeit folgt sehr eigenen „Produktionsbedingungen". Für einen Controller in Sozialunternehmen ist es daher sinnvoll, Kenntnisse der sozialen Organisationen, der Finanzierungsbedingungen, der Zielgruppen und der Methoden, also der „Produktionstechnologien" der sozialen Arbeit, Pädagogik oder der Pflege zu haben. Im Idealfall kennt der Controller oder die Controllerin soziale Arbeit (den „Produktionsbetrieb") auch aus eigener Erfahrung – aus Praktika, Projekten oder beruflicher Praxis.

Diese Kenntnisse erleichtern die Adaption des Controllings auf die eigenen Bedingungen und vermeiden ein schematisches Überstülpen von Konzepten und Instrumenten, etwa von IT-Verfahren, die eher einer Wertkettenkonfiguration als einer Wertshopkonfiguration entstammen. Gleichzeitig wird hierdurch die Akzeptanz bei den Fachabteilungen erhöht.

3. Zahlenaffinität

Controller benötigen eine gewisse Zahlenaffinität für ihre Aufgaben. Gute Controller lieben es, die Probleme der Welt zu modellieren und berechenbar zu machen und sie in zweidimensionale Tabellenkalkulationsblätter zu packen. Sie suchen die Bewertbarkeit der unscharfen Informationen oder qualitativen Argumente. Dies bedeutet nicht etwa, nur Zahlen als Wahrheit zu sehen, jedoch die Messbarkeit des Qualitativen und die Aggregierbarkeit des Einzelfalls zu suchen.

Bei der Auswahl des Controllers für Sozialunternehmen sollte daher sehr genau geprüft werden, ob im Mittelpunkt der beruflichen Motivation nun das „Controlling für den sozialen Zweck" oder ein „soziales (weil weniger mathematisches) Controlling" steht. In Sozialunternehmen gibt es oftmals genügend Menschen, die ideell begeistert und sozial motiviert sind. Der Controller ist daher mit seiner Herangehensweise oft allein gelassen: Er ist möglicherweise der Einzige in der Organisation mit quantitativer Herangehensweise. Diese sollte er daher auch beherrschen und davon überzeugt sein. Hier ist der empirische Sozialwissenschaftler oftmals näher am Controlling als der NPO-orientierte Volkswirt.

4. Kommunikationsfähigkeit

Die reinen „Techniken" des Controllings sind viel schlichter als sie im ersten Moment vermuten lassen. Controlling ist keine Forschungsaufgabe. Vielmehr beruht Controlling darauf, Zahlen so aufzubereiten, dass über sie diskutiert und entschieden werden kann. Hierzu muss der Controller in der Lage sein, mit verschiedensten Abteilungen und Organisationseinheiten zu kommunizieren und hierbei Transparenz und gemeinsames Verständnis von Daten, Bereitschaft zu Datenlieferung, Akzeptanz von Berichten usw. herbei zu führen. Kommunikationsfähigkeit im weitesten Sinne ist also erforderlich, ein Einlassen auf und Verständnis für die Situation der jeweiligen Gesprächspartner. Der Schaffung einer gemeinsamen Sprache kommt dabei eine besondere Rolle zu. Hierzu müssen die betriebswirtschaftlichen Fachtermini übersetzt, verwässert und oftmals auch verlassen werden – Gewinne werden zu positiven wirtschaftlichen Ergebnissen, Umsätze zu Leistungserträgen, Stückkosten zu Selbstkosten pro Tag, produktive Zeiten zu abrechenbaren Zeiten.

5. Offenheit und Entwicklungsfähigkeit

Der zahlenaffine Controller liebt es, seine Aussagen in Kennzahlen zu bringen, mit denen die Wirklichkeit dargestellt werden kann. Nun sind diese Zahlen abstrakt und bleiben für viele Gesprächspartner „blutleer". Ist 40 viel oder wenig schlechter als 42? Dies gilt umso mehr in Organisationen, in denen die meisten anderen Mitarbeiter eben keine quantitativ geprägten Ausbildungsgänge absolviert haben. Manchmal wird die Verwendung von Zahlen an sich als Bedrohung der eigenen Profession oder der beruflichen Freiheit angesehen.

Controller müssen also übersetzen können, plastisch werden und dadurch das Management befruchten können. Sie müssen die Zahlen kreativ darstellen können und das eigene Controlling sinnvoll weiter entwickeln. Hierzu ist es sicherlich sinnvoll, wenn das Controlling den Bezug zur Organisation sucht – warum sollte nicht auch mal „Rollentausch" zwischen Controlling und Sozialdienst in einer Organisation stattfinden? Zugleich muss sich der Controller aber auch abgrenzen können – geht er zu weit mit der Organisation mit, verliert er den nüchternen Blick und wird betriebsblind.

3.1.4 Erste Aufgaben

Die Aufgaben des Controllings können kaum abschließend beschrieben werden. Sie hängen von den Informationsbedürfnissen des Managements und den Managementsituationen sowie der Aufgabenverteilung in der Organisation ab. Daher soll hier eine

Beschränkung auf die „ersten Aufgaben eines neu angesetzten Controllers" gelegt werden.

Controlling hat eine enge Schnittstelle zur Kostenrechnung – die Kostenrechnung ist primärer Lieferant von Daten. Daher wird jeder neu angesetzte Controller zunächst einmal sicherstellen, dass die Kostenrechnung den üblichen Controllinganforderungen genügt. Hierzu wird sich der Controller dem Kontenrahmen, der Kostenartengliederung und der Kostenstellenrechnung widmen. Dabei wird die Gliederung der Kostenstellen möglicherweise stärker an den Verantwortungs- und Steuerungsbereichen und den Arbeitszusammenhang ausgerichtet werden müssen. Bei der Kostenartengliederung wird die Kompatibilität zwischen internem Berichtswesen und Vorbereitung von Entgeltverhandlungen oder Verwendungsnachweisen gesucht werden müssen.

Es ist also bereits hier eine intensive Auseinandersetzung mit den Informationsbedürfnissen der Organisation erforderlich. Hierzu wird der neu angesetzte Controller sich mit dem existierenden betriebswirtschaftlichen Berichtswesen auseinander setzen. Der Prüfstein der Auseinandersetzung wird dabei das Management sein – die Frage „was müssten Sie von der Kostenrechnung wissen, um die Organisation gut zu führen?" wird wohl zum Ceterum-censeo des Controllers in dieser ersten Phase.

Parallel dazu wird sich der neu angesetzte Controller mit der IT-Infrastruktur der Organisation im Hinblick auf das Controlling auseinander setzen. Welche Daten können aus der IT gewonnen werden? Sind die gewünschten Gliederungen der Kostenarten, der Kostenstellen abgebildet? Wie benutzerfreundlich sind die Daten aufbereitet, können sie weiter verarbeitet werden? Gibt es parallele, redundante Informationssysteme? Wie werden Leistungsdaten und andere verfügbare Daten der Dokumentation integriert?

Bei der folgenden Grundsatzfrage wird nun jeder Controller in einem Sozialunternehmen auf sich selber geworfen sein: Folgt die IT dem Controlling oder das Controlling der IT?

Die Theorie beantwortet die Frage klar: Die Informationsbedürfnisse des Managements und damit die Controllinganforderungen bestimmen die Struktur der Informationstechnik. In der Praxis bedeutet aber die Anpassung von Standardsoftware oder gar die Schaffung von Individuallösungen einen hohen finanziellen Aufwand, oftmals unter Verlust von vorhandenem Know-how, das bereits in Standard-Software steckt. Dieser finanzielle Aufwand übersteigt oftmals die Möglichkeiten der Sozialunternehmen – im schlimmsten Fall wird auf halbem Wege das Projekt abgebrochen.

Daher wird das Controlling sehr sparsam mit individuellen Anpassungen umgehen, möglicherweise Standardlösungen bevorzugen sowie auf manche spezialisierte Auswertung verzichten oder diese eben händisch aufbereiten. Andererseits kann die Einführung einer mächtigen, umfassenden Standardlösung eine Organisation zumindest zeitweilig lahmlegen, da Umstellungen von Prozessen und Verfahrensweisen notwendig werden. Die Organisationsveränderung mag durchaus auch sinnvoll sein – doch muss der damit verbundene Aufwand und die organisationsentwicklerische Begleitung berücksichtigt werden.

Erst wenn die Schnittstelle zum Rechnungswesen funktioniert, wird sich der Controller einem ganzheitlichen Controllingsystem, wie es in diesem Buch beschrieben ist, widmen können.

3.2 Methodische Schritte

3.2.1 Klärung der Mission, des Selbstverständnisses und Definition der Stakeholder[51]

Mit der Kenntnis der Wirtschaftlichkeit durch Kostenrechnung und Finanzcontrolling bleibt bei sachzielorientierten Unternehmen die Beurteilung des Erfolgs noch im Ungewissen. Wenn das eigentliche Ziel nicht mit dem Grad der Wirtschaftlichkeit beschrieben werden kann, dann müssen die Ziele der Organisation aus ihrem Selbstverständnis gewonnen werden. Die Mission ist in der Sozialwirtschaft immer auf Stakeholder bezogen. Solche Anspruchsgruppen sind in unserer Branche Klienten, welche Dienstleistungen beziehen, Angehörige, welche durch die Dienstleistungen entlastet werden, Kostenträger, welche die Dienstleistungen finanzieren, gesellschaftliche Segmente, welche im Nebeneffekt von sozialen Dienstleistungen profitieren, Aufsichts- und Kontrollinstitutionen, welche die Qualität der Dienstleistung sichern wollen und interne Stakeholder wie Vorstände und Mitglieder, die sich für die Umsetzung der Mission der Organisation verantwortlich fühlen. In einem gewissen Gegensatz zu den oft überflüssigen, weil auf wohlklingende, widerspruchsfreie und dadurch langweilige Formulierungsübungen ausgerichteten Leitbildtexten, sollte das Management die Perspektiven der Stakeholder formulieren. Der Existenzsinn einer sozialwirtschaftlichen Organisation liegt immer im Nutzen eines anderen. Die Aufgaben, den Auftrag, die erwünschten Wirkungen und Ergebnisse aus der eigenen Mission heraus, aber auch aus Sicht der anderen zu formulieren, bringt Widersprüche und Zielkonflikte mit sich. „Die Erwartungen der Anspruchsgruppen entstammen eigenen Logiken, die sich zum Teil widersprechen oder nicht miteinander in Beziehung gesetzt werden können, weil sie auf unterschiedlichen Nutzenskalen liegen."[52] Diese Widersprüchlichkeit sollte durchaus im Mission Statement ausgedrückt werden und somit als Balance-Aufgabe des Managements begriffen werden. Im Sozialbereich wimmelt es von unterschiedlichen Interessen, kognitiven Dissonanzen, Restriktionen und Zielwidersprüchen; das darf nicht als Ärgernis, sondern als Normalzustand begriffen werden und muss insofern ins Controlling integriert werden. Beim Perspektivenwechsel in die Köpfe der Stakeholder reicht es, deren zentralen Erwartungen an das sozialwirtschaftliche Unternehmen zu verstehen und in die Formulierung der eigenen Mission zu übersetzen. Missionen sind Konzentrate.

3.2.2 Verpflichtung des Managements, operationalisierbare Ziele für Stakeholder zu formulieren

Ohne formulierte Ziele gibt es kein Controlling. Die Formulierung von Unternehmenszielen ist Aufgabe des Managements, nicht des Controllings. Ziele dienen dem Con-

---

51 Eine ausgezeichnete, praxisorientierte Arbeit über die Verknüpfung des NPO-Controllings mit NPO-Management: Bauer, Sander und v. Arx 2010.
52 Halfar et al. 2010, S. 18.

trolling als Referenzgröße, den Unternehmenserfolg zu beobachten – und letztlich auch die Qualität des Sozialmanagements.[53] Für das sozialwirtschaftliche Controlling gilt es, auf Basis der Stakeholderanalyse, von Vorstand und Geschäftsführung konkrete Zielformulierungen abzufordern. Hierbei kann es hilfreich sein, die Zielformulierungen nach Zieldimensionen zu unterscheiden, wie sie von der International Group of Controlling vorgeschlagen wurden.[54]

- **Output:** quantitative Leistungsmenge, die letztlich die Basis für qualitative Wirkungseffekte (Impact, Outcome, Effect) darstellt. Der Output ist das mengenmäßige Produktionsergebnis der Organisation. Output ist eigentlich ein begrifflicher Zwitter: er bezeichnet sowohl eine Seite der (quantitativen) Wirkung und gibt gleichfalls, in Bezug auf die Inputs, einen Hinweis auf die interne Effizienz der Organisation.

- **Outcome:** gesellschaftliche Wirkungen und Nutzen (objektive kollektive Effektivität), den die von der Organisation erstellten Güter oder Dienstleistungen haben. Die Leistungen der Organisation wirken sich bei verschiedensten Adressatengruppen, bei Dritten, in der Gesellschaft, allgemein: im Gemeinwohl, aus. Outcome bezieht sich somit auf die „wider effects".

- **Effect:** unmittelbare, objektiv ersichtliche und nachweisbare Wirkung (objektive Effektivität) für einzelne Stakeholder. Abgebildet werden hier zielgruppenspezifische, intendierte, von der Wahrnehmung und Deutung der Zielgruppen unabhängig bestehende Wirkungen.

- **Impact:** subjektiv erlebte Wirkung des Leistungsempfängers bzw. der Stakeholder (subjektive Effektivität) und somit eine Reaktion der Zielgruppen auf Leistungen (Output) und/oder auf die (objektiven) Wirkungen (Effects) der Leistungen. Impacts als subjektive Reaktionen sind Einstellungen, Urteile, Zufriedenheitsäußerungen, aber auch die Änderung bzw. Stabilisierung von Verhaltensweisen.

---

53 Anknüpfungspunkte zwischen NPO-Wirkungscontrolling und dem Finanzcontrolling bietet Meyer 2011.
54 Vgl. Halfar et al. 2010, S. 47-50.

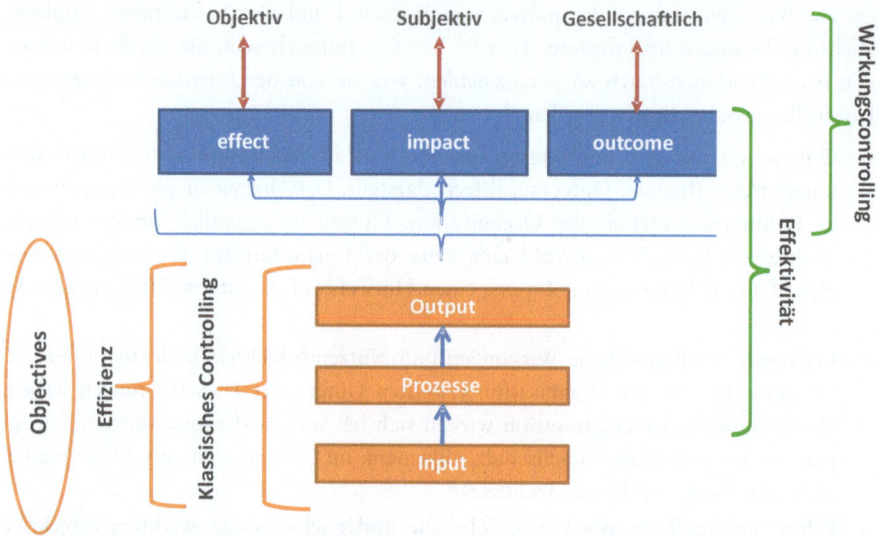

Abbildung 3: NPO Wirkungsmodell der IGC[55]

Ein besonderes Controllingproblem im Sozialbereich liegt darin, dass sozialwirtschaftliche Organisationen typischerweise auch gesellschaftliche Nebenwirkungen mit sich bringen, für die keine „Zielvereinbarungen" abgeschlossen werden können, weil „die Gesellschaft" als Vertragspartner nicht unterschreiben kann. Die wichtigsten positiven, gesellschaftlichen „Side-Effects" im Controlling einzufangen und zu dokumentieren, ist methodisch kompliziert, aber ein Wesensmerkmal des sozialwirtschaftlichen Controllings.

3.2.3 Übersetzung der Ziele in eine Stakeholder-Wirkungsmatrix

Die vorgenannten vier Zieldimensionen gilt es zu konkretisieren. Für jede definierte Stakeholdergruppe sollten die vier wichtigsten Output-, Outcome-, Impact- und Effect-Ziele formuliert werden. Für jedes dieser sprachlich formulierten Ziele sucht der Controller nun einen Indikator, der geeignet ist, den Zielerreichungsgrad zu dokumentieren. Die Indikatoren sollten mit möglichst geringem Aufwand zu erheben sein, valide und reliabel sein und eine gute Treiberwirkung besitzen. Diese Indikatoren werden dem Management vorgeschlagen, dort akzeptiert oder zur Überarbeitung an das Controlling zurückgegeben, und dann schließlich dem Management mit der Aufforderung, konkrete Zielwerte festzulegen, vorgelegt.

---

55   Quelle: ebenda, S. 47.

Direkter Wirkungsemp-fänger Primary Customer	Politische Stakeholder Gesellschaft Umwelt	Finanziers	Mitglieder/interne Stakeholder
Ziele mit Mengenbezug (Output)			
Wirkungsdefinition Indikator Messung	Wirkungsdefinition Indikator Messung	Wirkungsdefinition Indikator Messung	Wirkungsdefinition Indikator Messung
Ziele mit gesellschaftlicher Wirkung (Outcome)			
Wirkungsdefinition Indikator Messung	...	...	...
Ziele mit subjektiven Wirkungen (Impact)			
Wirkungsdefinition Indikator Messung	...	...	...
Ziele mit objektiver Wirkung im Adressatenkreis (Effect)			
Wirkungsdefinition Indikator Messung	...	...	...

Tabelle 3: Wirkungsmatrix (Modell)[56]

Mit dieser Wirkungsmatrix gewinnt das Controlling an Aussagekraft. Die Organisation zeigt, dass sie zielgerichtet und wirkungsorientiert tätig ist, die Stakeholder sehen ihre zentralen Erwartungen berücksichtigt und der Controller verfügt, neben den klassischen Kennzahlen zur Überprüfung der Rentabilität und Liquidität, nun über „kundenbezogene", messbare Wirkungsziele.

„Erschwert wird diese Aufgabe für NPOs dadurch, dass die Abgrenzung der Kunden von anderen Stakeholdern, und der Kundenbegriff selbst, nicht klar gefasst sind. Der Kunde als ein rationaler, zahlungsbereiter, zahlungsfähiger, über eine stabile Präferenzskala verfügender Nachfrager und potenzieller Nutzer der Dienstleistung bzw. des Gutes taucht in NPOs nur in Ausnahmefällen auf. Nutzer, Nachfrager und Zahler sind im sozialen Bereich häufig getrennt, Kunden verfügen in vielen Fällen entweder über mangelnde Rationalität, mangelnde Zahlungsfähigkeit, mangelnde Präferenzmuster oder mangelnde Zahlungsbereitschaft. Ob Kirche, psychiatrisches Krankenhaus, Schule oder Museumspädagogik; manche NPOs leben geradezu von der Tatsache, dass ein Großteil ihrer „Kunden" desinteressiert ist. Neben desinteressierten Kunden (als wichtige Stakeholdergruppe des NPO-Sektors) müssen sich NPOs auch an Stakeholdern orientieren, deren Interesse und Erwar-

---

56 Quelle: eigene Darstellung.

tungen sich sprunghaft verändern (können). Gerade die Ansprüche des politischen Systems an NPOs sind im zeitlichen Verlauf tendenziell instabil."[57]

Direkter Wirkungsempfänger Primary Customer	Politische Stakeholder Gesellschaft Umwelt	Finanziers	Mitglieder/interne Stakeholder
Ziele mit Mengenbezug (output)			
Wirkungsdefinition	**Wirkungsdefinition**	**Wirkungsdefinition**	**Wirkungsdefinition**
Zeitlich klar definierte und stabile Serviceangebote	Hohe Angebotsdichte mit Resonanz im Zielbereich	Einhaltung von Kostenbudgets	Zeitlich klar definierte und stabile Angebotslandschaft
Indikator	**Indikator**	**Indikator**	**Indikator**
% von Kirchenmitgliedern in Stichproben, die Angebotsstruktur kennen	Durchschnittlicher Zielerreichungsgrad im Kundensegment	% der Budgets, die eingehalten werden	% der Angebote, die auch ohne eigene Präsenz laufen würden
Messung	**Messung**	**Messung**	**Messung**
Gestützte und ungestützte standardisierte Marktforschung	Gestützte und ungestützte standardisierte Marktforschung	Haushaltsstatistik	Testverfahren in Versuchsgebieten
Ziele mit gesellschaftlicher Wirkung (Outcome)			
Wirkungsdefinition	**Wirkungsdefinition**	**Wirkungsdefinition**	**Wirkungsdefinition**
Aktive Mission durch Gläubige strahlt in der Kommune aus und beeinflusst Handlungen	„Funktionierende Kirchen" führen zu neuen Gruppen von Ehrenamtlichen, zu neuen sozialen Angeboten und zu erhöhtem Spendenaufkommen für Erhaltung der Kirchengebäude	Übernahme von kunsthistorischen Renovierungsaufgaben durch Firmenpatenschaften	Mehr „Apostel"
Indikator	**Indikator**	**Indikator**	**Indikator**
Teilnahme an kirchlichen Veranstaltungen und deren Anzahl	Anzahl der neuen Ehrenamtlichen pro Jahr	Anzahl der Zustiftungen und Patenschaften	% der Schulabgänger, die sich für einen kirchlichen Beruf entscheiden. Anzahl Eintritte ins Priesterseminar
Messung	**Messung**	**Messung**	**Messung**
Kirchenstatistik	Befragung der Gemeindeleitungen	Auswertung der Buchhaltung Kirchenverwaltung	Standardisierte Befragung der Abschlussklassen. Kirchenstatistik
Ziele mit subjektiven Wirkungen (impact)			
Wirkungsdefinition	**Wirkungsdefinition**	**Wirkungsdefinition**	**Wirkungsdefinition**
Mitglieder haben ihre Lieblingskirche gefunden, deren Architektur, Atmosphäre und/ oder Angebote individuell als passend erlebt werden	Leben wird als erfüllt und sinnvoll wahrgenommen	Bistum empfindet das Dekanat als förderungswürdiges Pilotmodell	Mitarbeiter verspüren Rückenwind und individuelle Entfaltungsmöglichkeit durch plurale Angebotslandschaft
Indikator	**Indikator**	**Indikator**	**Indikator**
% der positiven Rückmeldungen	Zustimmungsquote zu „Sinn - Items"	% der Förderanträge, die bewilligt werden	% der Kündigungen und Versetzungsgesuche wegen beruflicher Unzufriedenheit
Messung	**Messung**	**Messung**	**Messung**
Telefonische Befragung mit teilstandardisiertem Fragebogen	Rückmeldungen aus befragten Fokusgruppen	Experteninterviews mit Finanzdirektoren	Leitfadengestützte Interviews mit ehemaligen Mitarbeitern

---

57 Halfar et al. 2010, S. 19.

Direkter Wirkungsempfänger Primary Customer	Politische Stakeholder Gesellschaft Umwelt	Finanziers	Mitglieder/interne Stakeholder
Ziele mit objektiver Wirkung im Adressatenkreis (effect)			
Wirkungsdefinition Plurale Gottesdienstlandschaft mit ausreichenden Angeboten für unterschiedliche religiöse Milieus vorhanden	**Wirkungsdefinition** „Funktionierende Kirche" führt zu neuen Gruppen von Ehrenamtlichen, zu neuen sozialen Angeboten und zur finanziellen Entlastung des Haushaltes der Kommune	**Wirkungsdefinition** Sinkende „liturgische Stückkosten" durch steigende Besucherzahlen in Gottesdiensten	**Wirkungsdefinition** Neue inhaltliche Impulse für kirchliches Leben durch aktivierte religiöse Milieus
Indikator Anzahl wöchentlicher Gottesdienste mit liturgischer Spezialität	**Indikator** Kirchliche Angebote, die dem städtischen Sozialatlas gemeldet werden im Jahresvergleich	**Indikator** Besucherzahlen an „Zählsonntagen"	**Indikator** Milieuspezifische Gottesdienstqualität
Messung Inhaltsanalyse des Gottesdienstspiegels	**Messung** Anzahl der Clicks auf der Homepage	**Messung** Zählen	**Messung** Likertskalierte Bewertung von Gottesdiensten durch Besucher

Tabelle 4: Darstellung der Wirkungsmatrix am Beispiel Kirche[58]

Die Wirkungsmatrix liest sich somit nicht als ein widerspruchsfreies Zielsystem aus einem Guss, sondern eher als eine „Kompromisscharta" mit eingebauter Bestandsgarantie: Wenn wir das schaffen, sind alle (ziemlich) zufrieden.

3.2.4 Definition der Kernprozesse und Organisationsmerkmale, die zur Zielerreichung notwendig sind

Aus jedem definierten „Stakeholderziel" resultiert nun die Überlegung, wie die Geschäftsprozesse aussehen müssen, die zur Zielerreichung führen. Prozesse sind Aktivitätenketten, die zielgerichtet auf das gewünschte Stakeholderergebnis hinlaufen. Definiert werden die einzelnen Prozessschritte durch die Kriterien der benötigten Zeit, Kosten und der Qualität. Jeder Prozessschritt wird operationalisiert nach Kosten (in der Regel bei Dienstleistungsunternehmen: Lohnkosten), nach Zeiten (Wartezeiten, Transaktions- bzw. Bearbeitungszeiten, Transportzeiten, Liegezeiten) und nach Qualitätsmerkmalen (z.B. akzeptable Fehlerquote, Zufriedenheitswerte, Abbruchquote etc.). Abgesichert werden die Kernprozesse durch Managementprozesse und durch Unterstützungsprozesse. Grafisch lassen sich die Kernprozesse mit den typischen Icons des Prozessmanagements darstellen. Die Unterstützungs- bzw. Managementprozesse lassen sich durch sogenannte Schwimmbahnen darstellen, in denen für jeden Prozessschritt definiert wird, welche Organisationsstellen informiert sein müssen, und welche aktiv mitwirken müssen, wessen Entscheidung notwendig ist, wer die Verantwortung für die Qualität des Prozessschrittes trägt oder welche Dokumente angelegt werden müssen.

---

58 Quelle: eigene Darstellung.

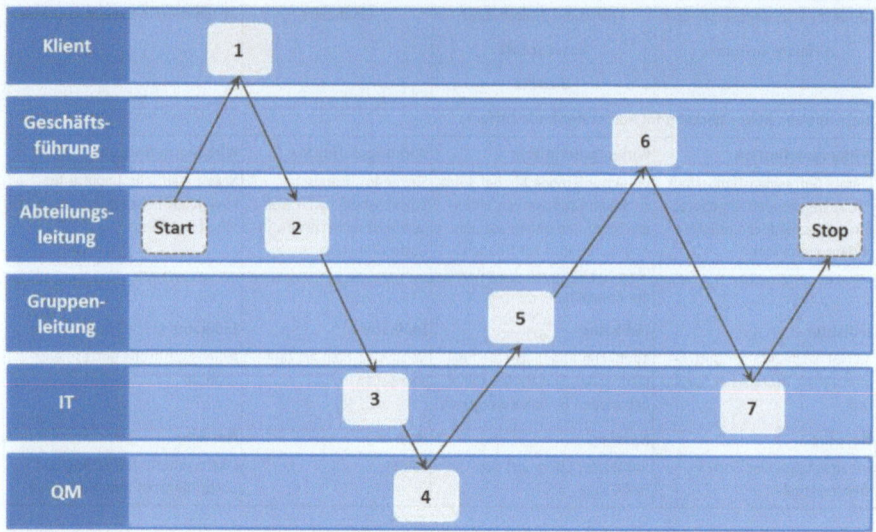

Abbildung 4: Prozessmodell / Schwimmbahnen[59]

Mit den Kernprozessen entsteht das Bild einer Prozesslandkarte einer Organisation. Alles, was die Organisation in Gang setzt, läuft systematisch auf die Erreichung eines stakeholderbezogenen Zieles hin.

3.2.5 Klärung der akzeptierten und gewollten Ineffizienzen

Im Prozessmanagement gilt es, die Prozessarchitektur so zu gestalten, dass die Prozesse möglichst schnell, möglichst gut und möglichst kostengünstig ablaufen. Ob man im „Drive In" einen Hamburger kauft oder eine Urlaubsreise mit der Bahn durchführt oder zum Haareschneiden in den Friseursalon geht: wir erwarten optimierte Prozesse. Im Sozialbereich auch? Wir akzeptieren bei sozialen Dienstleistungen ganz bewusst gewisse Ineffizienzen.[60]

Sozialwirtschaftliche Organisationen, so spricht der Controller, müssen diese akzeptierten Ineffizienzen ausweisen –, durch das Controlling quantifizierbar machen, und müssen akzeptierte Ineffizienzen von nicht akzeptablen Ineffizienzen unterscheiden. Letztlich wird definiert, auf welches Maß an Rentabilität verzichtet wird, weil man einzelne Geschäftsprozesse nicht wirtschaftlich optimiert, sondern „sozial optimiert".

Als Methode zur internen Verständigung über die gewünschten Arbeitsweisen, Organisationsmerkmale und über „akzeptierte Ineffizienzen" wird das „Spinnenmodell" eingesetzt[61], mit dem im NPO-Controlling die Differenz zwischen den „Soll-Werten" des Selbstverständnisses der einzelnen NPO und den „Ist-Werten" beobachtet werden kann.

---

59 Quelle: eigene Darstellung.
60 Siehe hierzu das Kapitel 2.
61 Vgl. Halfar et al. 2010, S. 25 ff.

Das Spinnenmodell soll verdeutlichen, dass die sozialwirtschaftliche Organisation in ihrer empirischen Organisation durch andere Akzentuierungen, andere Gewichtungen, andere Mischungen gekennzeichnet ist als eine reine Profitorganisation, mit anderen Effizienzmustern und anderen – in Kauf genommenen – Rentabilitätsgraden.

Mit diesen Spinnen-Dimensionen lassen sich Organisationen nach ihrem Anspruch empirisch typisieren und beschreiben, und auch in ihrer Zielorientierung charakterisieren. Die Art und Weise der Organisation und der Prozessgestaltung ist selbst schon in der Sozialwirtschaft häufig ein Ziel und gehört deshalb in die Beobachtungssphäre des Controllings. Auch bei diesem „internen" bzw. „anspruchsorientierten" Controlling bleibt die Funktion bescheiden: Es geht um die Beobachtung der Differenz zwischen der von der Organisation gewünschten Arbeitsstruktur, Organisationsform und Prozessgestaltung und den empirisch tatsächlichen Ausprägungen.

Die folgenden Abbildungen zeigen die einzelnen Spinnen-Dimensionen sowie das Modell in seiner Grundausprägung. Weiterhin wird die Anwendung dieses Modells an einem Beispiel dargestellt.

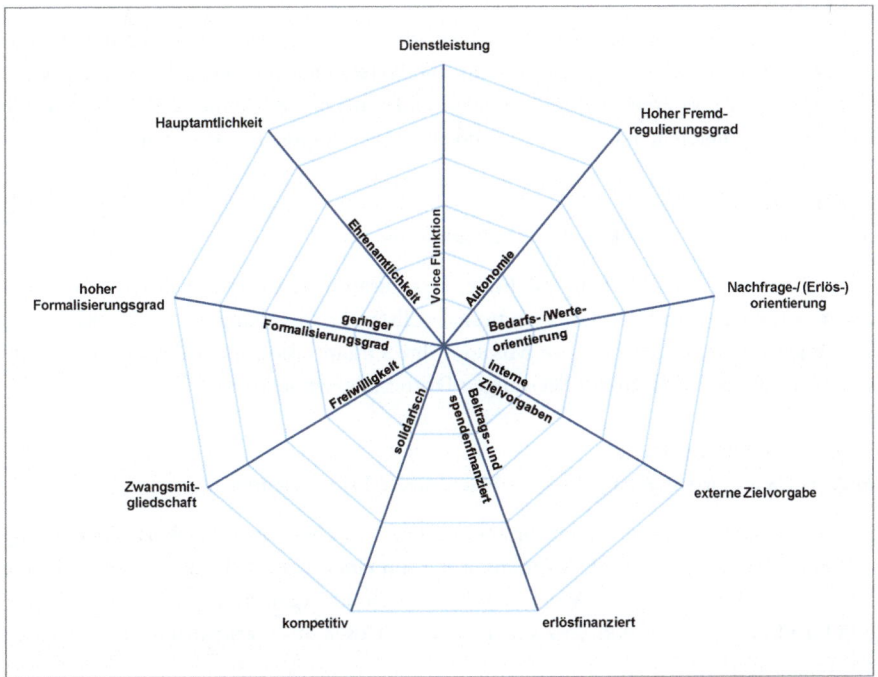

Abbildung 5: Grundmodell NPO-Spinne[62]

---

62 Quelle: ebenda, S. 33.

Die Organisationen definieren sich auf folgenden Dimensionen:

Dimension 1: Voice Funktion ----------------------- Dienstleistung

Dimension 2: Autonomie -------------- Hoher Fremdregulierungsgrad

Dimension 3: Bedarfs-/Werteorientierung ------- Nachfrage-/(Erlös-)orientierung

Dimension 4: interne Zielvorgaben ------------- externe Zielvorgaben

Dimension 5: Beitrags- und spendenfinanziert ---------- erlösfinanziert

Dimension 6: solidarisch ----------------------- kompetitiv

Dimension 7: Freiwilligkeit -------------- Zwangsmitgliedschaft

Dimension 8: Geringer Formalisierungsgrad – hoher Formalisierungsgrad

Dimension 9: Ehrenamtlichkeit -------------------- Hauptamtlichkeit

---

Abbildung 6: Die Dimensionen der NPO-Spinne[63]

Erläuterung Dimension 1:
Voice Funktion ----------------------- Dienstleistung

NPOs können ihr Aufgabenfeld unterschiedlich definieren. Denkbar sind am einen Ende der Skala Organisationen, die sich auf die Herstellung und Verteilung von Dienstleistungen konzentrieren, während wir am anderen Ende der Skala NPOs finden, die nichts anderes herstellen als Aufmerksamkeit für ein besonderes Anliegen.

Erläuterung Dimension 2:
Autonomie ----------------- Hoher Fremdregulierungsgrad

NPOs können in ihrer Aufgabenstellung, Organisationsform und in ihren Tätigkeiten von Vorstellungen anderer Organisationen vollständig unabhängig sein. Denkbar sind aber auch NPOs, die weder ihre Mission, ihre Organisation noch ihr Tun selbst bestimmen können, sondern auf Weisungen Dritter angewiesen sind.

Erläuterung Dimension 3:
Bedarfs-/Werteorientierung ----------- Nachfrage-/(Erlös)orientierung

NPOs orientieren sich in einem Spannungsfeld zwischen Bedarfs-/Werteorientierung und einer Nachfrage- bzw. Erlösorientierung. Im einen Fall ist denkbar, dass sich eine NPO vollständig aus ihrem Wertekanon erklärt und organisiert, während auch eine NPO denkbar ist, deren Existenz komplett von Erlösen aus marktförmigen Tätigkeiten abhängig ist.

---

63 Quelle: ebenda, S. 34 ff.

Erläuterung Dimension 4:
interne Zielvorgaben -------------- externe Zielvorgaben

Das Selbstverständnis als NPO kann ebenso mit zwei konträren Freiheitgraden in der Formulierung von Organisationszielen verknüpft sein. So werden NPOs in großer Zahl vorhanden sein, die ihre Ziele und Zieloperationalisierungen in Eigenregie definieren, aber ebenso treten NPOs auf, die bei der Zielformulierung kaum eigene Spielräume besitzen.

Erläuterung Dimension 5:
Beitrags- und spendenfinanziert ------------- erlösfinanziert

Die NPO-Welt kennt eine Vielfalt von Finanzierungsformen und Finanzierungsmixes. Die Spannweite reicht von Organisationen, die sich „aus sich heraus" durch Spenden und Mitgliedsbeiträge finanzieren bis zu Organisationen, deren gesamtes Budget durch Kundenzahlungen zustande kommt.

Erläuterung Dimension 6:
solidarisch ----------------- kompetitiv

Auch hinsichtlich der Solidaritäts- und Wettbewerbsorientierung zeigt der NPO-Sektor ein breites Spektrum. Manche NPOs konkurrieren in ihrem Handlungsfeld mit anderen NPOs, mit staatlichen Regiebetrieben, öffentlichen Einrichtungen und Profit-Unternehmen um Kunden, Aufträge und Einnahmen, andere NPOs hingegen sind geradezu wettbewerbsavers und betont solidarisch hinsichtlich „potenzieller Marktteilnehmer".

Erläuterung Dimension 7:
Freiwilligkeit ------------- Zwangsmitgliedschaft

Zwischen der völlig freiwilligen Mitgliedschaft in einer NPO, die man jederzeit durch Austritt beenden kann und der Zwangsmitgliedschaft, die in der Regel an eine berufsständische oder durch wirtschaftliche Aktivität verknüpfte Kammer verbunden ist, existieren weitere Bindungsgrade von Mitgliedschaften. Auch wenn die Mitgliedschaft in den allermeisten NPOs rechtlich freiwillig ist, bestehen doch kulturelle Unterschiede in dem normativen Kohäsionsgrad. Wir finden eine Vielzahl von NPOs, deren Mitglieder einem gewissen kulturellen, sozialem oder religiösem Zwang unterliegen, einer spezifischen NPO anzugehören.

Erläuterung Dimension 8:
Geringer Formalisierungsgrad ---------------- hoher Formalisierungsgrad

Aus dem Non-for-Profit-Charakter einer Organisation lässt sich noch kein entsprechender Formalisierungsgrad ableiten. Im Gegensatz zum „Profitsektor" tummeln sich alle möglichen Rechtsformen, Selbst- und Fremdbindungen der Verfahren, formelle und informelle Regelungen, definierte und undefinierte Arbeitsweisen.

Erläuterung Dimension 9:
Ehrenamtlichkeit ------------- Hauptamtlichkeit

Ein wichtiges Unterscheidungsmerkmal zum Profitsektor, aber nicht für alle NPOs typisch, ist die Tätigkeit von ehrenamtlichen Mitarbeitern. Es lassen sich NPOs finden, deren personelle Ressourcen ganz auf ehrenamtliche Kapazitäten abgestellt sind und NPOs, die ohne einen einzigen Ehrenamtlichen funktionieren. Und neben diesen „Reinformen" existieren die meisten NPOs als entsprechende Personalmischungen aus Hauptamtlichen und Nebenamtlichen.

„Dieses Modell darf nicht so interpretiert werden, dass eher außen angesiedelte Punkte vom „eigentlichen" NPO-Gedanken weiter entfernt sind als Punkte, die eher „nach innen" orientiert sind. Die Pole der Dimensionen sind neutral; nicht der Abstand zur Mitte, sondern der Abstand zwischen „Soll-Punkt" und „Ist-Punkt" ist für das Controlling relevant. Und dieses Modell darf auch nicht so interpretiert werden, als müsste zu jeder Dimension ein exakter „Soll-Punkt" gefunden werden. Realistischer ist es, in Bandbreiten, in Korridoren zu denken."[64]

Beispiel : Das sozialpädagogische Kinderheim

Mission: Das auf die hoch qualifizierte, sozialpädagogische Betreuung von Kindern, die in ihren Herkunftsfamilien Opfer von Gewalt, sexuellem Missbrauch und Vernachlässigung wurden, spezialisierte Kinderheim wird über Leistungsverträge mit dem Jugendamt finanziert, lediglich die Delphintherapie wird aus Spenden finanziert. Das Kinderheim unterliegt den strengen Qualitätsrichtlinien des Gesetzes und muss regelmäßig Entwicklungsberichte und Maßnahmenreports an das Jugendamt liefern. Die Direktiven des Jugendamtes reichen teilweise bis in den Gestaltungsraum pädagogischer Leistungsprozesse hinein.

---

64 Ebenda, S. 40.

Diese Charakterisierung führt zu folgender Einstufung der Ist-Situation (rot) und der Soll-Situation (blau) in die Dimensionen:

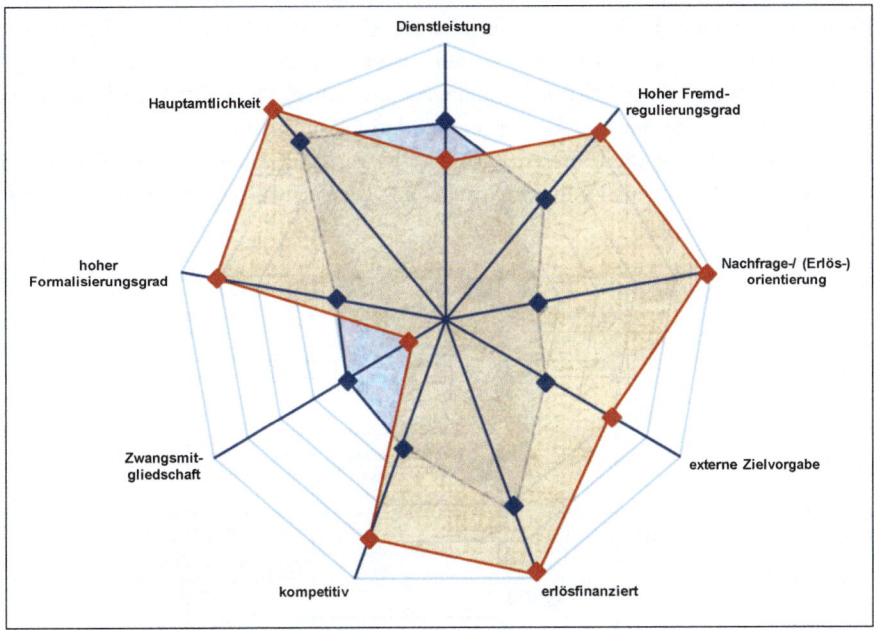

Abbildung 7: Das sozialpädagogische Kinderheim (Spinnenmodell)[65]

3.2.6 Überprüfung des Zielmodells der Organisation durch GAP-Analyse

Die Prozesse sind definiert – und im „Spinnenmodell" relativiert. Die Geschwindigkeit, Kostenstrukturen und Qualitätsstandards der einzelnen Prozessschritte sind optimiert, oder ganz bewusst etwas langsamer, etwas teurer oder etwas weniger anspruchsvoll skizziert. Die Architektur der Prozesslandschaft passt für die Organisation. In den „Prozessschwimmbahnen" sind die organisatorischen Zuständigkeiten eingetragen. Die Geschäftsprozesse des Servicemotors laufen. Nicht klar ist lediglich, ob diese Prozesslandschaft nicht einige typische „Lücken" zwischen Kundenerwartung und wahrgenommener Dienstleistung oder zwischen den Kundenbedürfnissen und den vom Anbieter wahrgenommenen Kundenbedürfnissen oder zwischen der in Dienstleistung-Spezifikationen umgesetzten wahrgenommenen Kundenerwartung und der konkreten Dienstleistungserstellung oder zwischen dem wahrgenommenen Kundenbedürfnis und der umgesetzten Dienstleistungskonfiguration bestehen. Das GAP-Modell[66] der Dienstleistungsqualität verweist auf die typischen Widersprüche im Servicesektor. Welche Bedürfnisse haben denn zu Hause lebende pflegebedürftige Menschen und wie setzen unsere professionellen Dienste diese Erwartungen in Dienstleistungen um? Haben die hilfsbedürftigen Menschen den gleichen Qualitätsbegriff wie ISO-zertifizierte, ak-

---

65 Quelle: ebenda, S. 41.
66 Vgl. Parasuraman, Zeithaml und Berry 1985.

kreditierte, durch MDK und Heimaufsicht getestete Dienste? Warum wächst dann der „graue Pflegemarkt" so schnell? Dienstleistungsunternehmen, gerade, wenn sie professionell auf personenbezogene Dienste spezialisiert sind, neigen dazu, den Bedarf des Klienten zu definieren, die daraus folgenden Angebote zu definieren, deren Umsetzung in professionelle Raster vorzunehmen und entsprechend zu kommunizieren, obwohl die Bedürfnisse des Dienstleistungsempfängers abweichen. Das GAP-Modell weist auf solche Widersprüche hin und knüpft an eine Einsicht aus dem Dienstleistungsmarketing an, wonach nur die Differenz zwischen erwartetem Dienstleistungsniveau und wahrgenommenen Dienstleistungsniveau vom Dienstleistungskunden als Qualität wahrgenommen wird.[67]

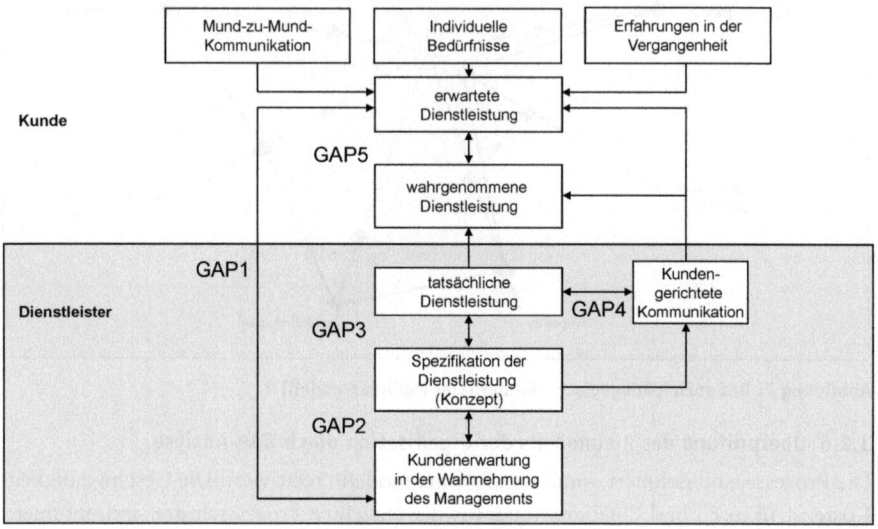

Abbildung 8: Das Gap-Modell der Dienstleistungsqualität[68]

Es ist an dieser Stelle im Dienstleistungscontrolling hilfreich, die definierten Prozesse nochmals mit einer „GAP-Lupe" zu untersuchen und entsprechend zu konfigurieren.

3.2.7 Service Blueprint- Modell

Wenn man GAPs schließen will, muss man diejenigen Prozessteile kennen, die für die Qualitätsbeurteilung durch den Dienstleistungskunden besonders wichtig sind. Die Prozesse, die in chronologischer Reihenfolge definiert sind, werden nun zusätzlich in einer anderen Logik systematisiert. Die Logik der Prozessdarstellung im Service Blueprint sieht den Prozess aus der Perspektive der Klienten. Welche Prozessschritte erledigt der Klient, welche Prozessschritte geschehen interaktiv zwischen Klient und Dienstleister, welche Prozessschritte werden vom Dienstleister erledigt, sind aber für den Klienten sichtbar, welche sind unsichtbar, welche Aktivitäten sind backstage, wel-

---

67 Vgl. Bruhn 2003, S. 59 ff.
68 Quelle: in Anlehnung an Zeithaml, Berry und Parasuraman 2000.

che onstage, welche Prozessaktivitäten sind primär, also unmittelbar kundeninduziert, und welche sekundär? Die Logik des Service Blueprints hilft der Dienstleistungsorganisation, die Formen und Grade der Kundenintegration präzise zu definieren. Kriterien hierfür sind die klassischen Kriterien für die Prozessoptimierung: Verbesserung der Qualität, der Kostenstruktur und der Geschwindigkeit.

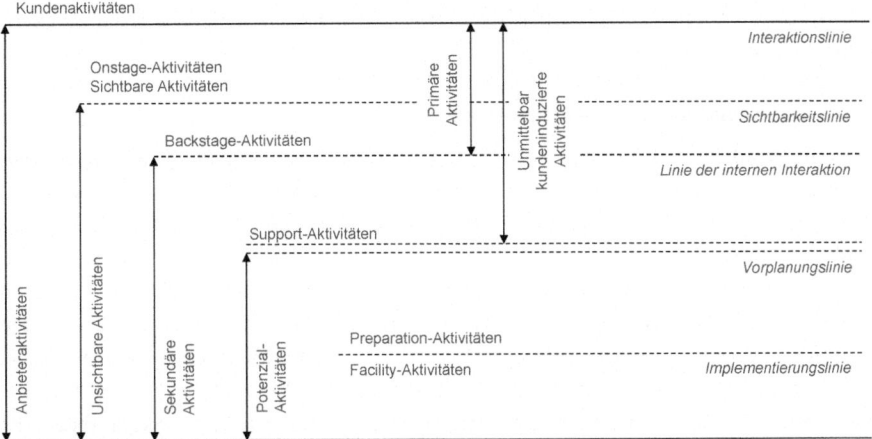

Abbildung 9: Service Blueprint[69]

Oberhalb der Interaktionslinie werden die Prozessaktivitäten vom Klienten selbst wahrgenommen. Die Eltern des behinderten Kindes führen, nach Schulung durch die Frühförderungsstelle, Übungen mit ihrem Kind in der häuslichen Wohnung durch. Auf der Interaktionslinie werden die Aktivitäten eingezeichnet, bei denen sowohl Klienten als auch Heilpädagogen mitwirken. Ein Beispiel hierfür sind Beratungsgespräche. Die Sichtbarkeitslinie trennt die für den Klienten sichtbaren von den für ihn unsichtbaren Aktivitäten. Sichtbar könnte der Entwicklungsbericht sein, der von den Dienstleistern angefertigt wird und den Eltern zur Kenntnis gegeben wird, unsichtbar für den Klienten sind wahrscheinlich die Übungen in den Trainingsstunden, die ohne Eltern durchgeführt werden. Mit der Linie der internen Interaktion werden die Supportaktivitäten von den kundenbezogenen, aber „unsichtbaren" Aktionen unterschieden. Fallbesprechungen im heilpädagogischen Team werden von den Sozialarbeitern mit Klientenbezug durchgeführt, bleiben allerdings für den Klienten unsichtbar, davon getrennt ist aber die von der Sekretärin dann vorgenommene Abschrift des Besprechungsprotokolls. All diese bislang skizzierten Aktivitäten geschehen im Leistungsprozess mit direktem Kundenbezug. Unabhängig von diesen kundenbezogenen Tätigkeiten halten Dienstleistungsorganisationen gewisse Leistungspotenziale vorrätig, die für alle potenziellen Klienten vorplanbar sind und unterhalb der Vorplanungslinie eingezeichnet werden. Hier werden wiederum Facility-Aktivitäten mit der Implementierungslinie von Preparation-Aktvitäten unterschieden. Preparation-Aktivitäten sind Vereinbarungen

---

69   Quelle: Fließ 2006, S. 65 zit. nach Fließ 2001, S. 45.

mit dem Kostenträger, die Schulung von heilpädagogischen Diagnose- und Therapie-methoden oder Supervisionssitzungen für das Personal. Facility-Aktivitäten sind diesen als „Ermöglicherfaktoren" vorgelagert, wie die Gestaltung der Therapieräume, die In-stallation von Softwareprogrammen oder die Einstellung von Mitarbeitern. Gerade bei sozialen, personenbezogenen Dienstleistungen bietet das Blueprint-Modell gute Mög-lichkeiten, den Anspruch der Klientenbeteiligung zu präzisieren, entsprechende Inter- und Intrarollenkonflikte zu thematisieren und letztlich zu zeigen, wie sozialarbeiteri-sches Handeln funktioniert.

3.2.8 Servicequalität und Lobmanagement

Im GAP-Modell wird auf widersprüchliche Qualitätsbegriffe und Qualitätswahrneh-mungen bei Dienstleistungen hingewiesen. Im Blueprint-Modell werden Dienstleis-tungsprozesse aus der Klientenperspektive strukturiert, um durch das richtige Maß und die richtige Form der Kundenintegration in die Dienstleistungserstellung zumin-dest die Voraussetzungen für ein optimiertes Bild der jeweiligen Dienstleistung zu schaffen. Im GAP-Modell spielt das GAP 5, das die Lücke zwischen der erwarteten und der erfahrenen Dienstleistungsqualität aufzeigt, die herausragende, zentrale Rolle. Methodisch übersetzt wird dieses GAP mit der Servqual-Methode, in der auf fünf Di-mensionen, die durch insgesamt 22 Items auf einer 7-stelligen Likert-Skala abgebildet werden, die Dienstleistungsqualität gemessen wird.

Die Dimensionen beziehen sich auf das tangible, physische Umfeld (Räume, Einrich-tung, Erscheinungsbild der Mitarbeiter), auf die Verlässlichkeit („reliability") und Zu-verlässigkeit der Dienstleistung, auf die Reagiblität (responsivness) als Reaktions-schnelligkeit, dem Klienten bei der Problemlösung zu helfen, auf die Leistungskompe-tenz (assurance) als Wissen, Höflichkeit und Vertrauenswürdigkeit der Mitarbeiter und als Einführungsvermögen (empathy) als Bereitschaft, sich auf den individuellen Klienten einzustellen. Jedes der 22 Items taucht in zwei Variationen auf: einmal als Er-wartung des Klienten „So sollte es sein" und einmal als reale Erfahrung „So war es". Die Extrempositionen sind mit „lehne ich entschieden ab" und „stimme ich völlig zu" markiert. Bei Dienstleistungen wird nur die positive Differenz zwischen Erwartung und Wahrnehmung als Qualität wahrgenommen, so dass die SERVQUAL-Skala im besten Falle für jedes Item einen positiven Wert von +6, und im ungünstigsten Fall einen Wert von -6 ausweist.

1. **Annehmlichkeit des tangiblen Umfeldes**
   - Äußeres Erscheinungsbild
   - Erscheinungsbild des Personals
   - gut und ansprechend gestaltetes Informationsmaterial
2. **Zuverlässigkeit**
   - Erfüllung der versprochenen Leistung zum versprochen Termin
   - Aufrichtiges Interesse, die Probleme des Kunden zu lösen
3. **Reaktionsfähigkeit / Entgegenkommen**
   - Die Kunden werden prompt bedient
   - Die Mitarbeiter sind auch kurzfristig bereit, auf den spezifischen Bedarf und die individuellen Wünsche der Kunden einzugehen
4. **Leistungskompetenz / Souveränität**
   - Fach-, Sozial- und Methodenkompetenz der Mitarbeiter
   - Handlungen der Mitarbeiter erfolgen sicher, Service/Kundenfreundlichkeit ist gleich bleibend gut
5. **Einfühlungsvermögen**
   - Jedem Kunden wird individuelle Aufmerksamkeit geschenkt
   - Die Mitarbeiter widmen sich persönlich den Kunden

Abbildung 10: Dimensionen der SERVQUAL-Skala[70]

Mit dieser Qualitätsmessung erhält die Organisation noch keine präzisen Hinweise, an welchen Stellen der Dienstleistungsprozesse und Dienstleistungsorganisation sich die Qualitätsurteile konkret festmachen. Mit Blick auf das Service Blueprint fehlt dem Qualitätsmanagement nach Lektüre der SERVQUAL-Ergebnisse noch die Idee, was im Einzelnen zu optimieren ist. Die Themenfelder, auf denen Qualitätsmerkmale liegen, sind zwar jetzt bekannt, aber aus der Auswertung der einzelnen Items ist es eben nicht immer möglich, sofort den Schlüssel zum Qualitätstreiber zu finden. Für das Controlling zeigt die SERVQUAL-Skala dimensionsspezifische Qualitätswerte. Doch welche Erlebnisse, welche Ereignisse, welche Erfahrungen in welchem Dienstleistungsprozess die Qualitätswahrnehmung produziert haben, möchte der Controller gerne von den „Process-Ownern" wissen, um Hinweise für Prozessoptimierungen zu gewinnen. Eine Alternative liefert das Beschwerdemanagement, eine andere Alternative liefert das Lobmanagement.

	Methoden	Literaturhinweis	Praxisbeispiel
Sozialökonomische Verfahren der Wirkungsanalyse	Kosten-Wirksamkeits-Analyse (Kosten-Effektivitäts-Analyse)	Schöffski und v.d. Schulenburg 2002	Was kostet die Senkung der Säuglingssterblichkeit um 10 %?
	Nutzwert-Analyse (cost-utility-analysis)	Schöffski und v.d. Schulenburg 2002	Welcher der alternativen Standorte ist für eine Moschee am besten geeignet?
	QUALY-Konzept	Schöffski und v.d. Schulenburg 2002	Lohnt sich Chemotherapie aus Sicht der qualitätsbereinigten Jahre?

---

70 Quelle: eigene Darstellung.

	Methoden	Literaturhinweis	Praxisbeispiel
	Social Return on Invest Berechnung	Wagner und Halfar 2011	Welche sozial-ökonomische Wertschöpfung ist einer Behindertenwerkstatt zuzurechnen?
	Zahlungsbereitschaftsmessung	Schöffski und v.d. Schulenburg 2002	Wie hoch wäre der maximal akzeptierte Preis für perfekte Sauberkeit im Wohnumfeld?
Servicequalitätsbezogene Wirkungsmessung	Ereignisorientierte Verfahren → Die Beschwerdeanalyse → Die Critical Incident Technique → Die sequentielle Ereignismethode	Bruhn und Stauss 2000	Welche Erfahrungen, wann?, wo?, mit wem?, wie bedeutsam?, machen Mieter, wenn sie in ihrer Wohnungsgesellschaft einen Antrag stellen?
	Merkmalsorientierte Verfahren → Das Servqual Modell → Die Vignette Methode → Das Penalty Reward Verfahren → Die Frequenz-Relevanz-Analyse	Bruhn und Stauss 2000	Wie zufrieden sind Studenten mit der Studienqualität an ihrer Hochschule? Welche Dimensionen sind für die Qualitätsbeurteilung zentral?
Benchmarking-Verfahren	Datenbankgestütztes, multidimensionales Benchmarking	Zdrowomyslaw und Kasch 2002	Warum wurden mehr Nobelpreise nach Harvard vergeben als nach Hollywood?
	Fallaggregiertes Benchmarking	Tornow 2005	Warum sind finnische Schüler besser in Mathematik?
Lebensqualitätsmessungen	→ Die nutzentheoretische Lebensqualitätsmessung → Rating-Scale-Verfahren → Standard Gamble Verfahren → Die psychometrische Lebensqualitätsmessung	Schöffski und v.d. Schulenburg 2002	Wie relativ behindert fühlt sich ein blinder Mensch im Vergleich zum medizinischen Behinderungsgrad?
Soziologische Verfahren der Ergebnismessung	→ Leistungstests → Teilnehmende und nicht-teilnehmende Beobachtungsverfahren → Akten- und Dokumentenanalyse → Qualitative, inhaltsanalytische Textanalyse → Psychophysiologische Messungen → Soziometrische Messungen → Standardisierte Befragung → Teilstandardisierte Befragung → Gruppendiskussionen → Narratives Interview	Schnell, Hill und Esser 2008	Singen Opernabonnenten in der Badewanne emphatischer als die Kontrollgruppe?

Tabelle 5: Dienstleistungs-Servicemessung – Methoden[71]

Beide Verfahren suchen nach den besonders wirksamen Klientenerfahrungen im Dienstleistungsprozess. An welcher Stelle, bei welcher Begegnung mit dem Dienstleister hat der Klient Erfahrungen gemacht, die er weitererzählt? Für das Qualitätscontrolling sind Rückmeldungen über gute und schlechte Erfahrungen von Interesse. Fruchtbarer für die Überarbeitung der Dienstleistungen scheint aber das „Lobmanagement"

---

71 Quelle: eigene Darstellung.

zu sein, das nach denjenigen „touchpoints" sucht, in denen für beide Seiten des Dienstleistungsprozesses, für Klienten und Anbieter, „moments of truth" berichtet werden. Mit den bislang dargestellten Controllinginstrumenten wird die klientenbezogene Wertschöpfung deutlich subjektiviert und durch die Erkundigung nach den Dienstleistungserlebnissen, die zu einem Lob des Klienten geführt haben, nochmals feinjustiert. An denjenigen touchpoints, die beim Klienten die Erwartung an Dienstleistungsqualität so übertroffen haben, dass dieser spontan lobt, scheinen die Wettbewerbsvorteile der Organisation auf.

4. Betriebswirtschaftliches Controlling in der Sozialwirtschaft

Die Betriebswirtschaft versteht sich als eine Wissenschaft, deren Modelle und Konzepte unabhängig vom Wirtschaftszweig und Unternehmen einsetzbar sind. Die Übertragung von zentralen Denkweisen und Instrumenten der Betriebswirtschaft auf Sozialeinrichtungen unterstützte in den letzten Jahren den Professionalisierungsschub des Managements in der Sozialwirtschaft.

Bei der Anwendung der Betriebswirtschaft ist allerdings zu unterscheiden, welche Bereiche wirklich unabhängig vom Wirtschaftszweig sind und daher problemlos in die Sozialwirtschaft übertragen werden können, und welche Bereiche eben doch einer gewissen Adaption bedürfen. Im Folgenden sollen Empfehlungen für das betriebswirtschaftliche Controlling abgeleitet werden.

Dabei soll der Fokus auf das finanzwirtschaftliche Controlling gelegt werden. Dies ist der Bereich, der auf den Daten des Rechnungswesens aufsetzt und primär die monetären, finanziellen Aspekte des Unternehmens in den Blick nimmt. Das Rechnungswesen bildet die leistungswirtschaftlichen Aspekte eines Unternehmens in monetären Größen ab. Durch die Bewertung in Geldeinheiten gehen einerseits zentrale Informationen verloren, etwa über den „sozialen Mehrwert" einer Leistung, andererseits wird hierdurch eine einheitliche, klare Bezugsgrundlage geschaffen.

Auf den ersten Blick sind Finanzdaten abstrakt und völlig unabhängig vom Unternehmen und dem Wirtschaftsbereich – ein Euro ist eben ein Euro.

■ Hier setzt die erste Frage an: Gibt es in der Sozialwirtschaft Gründe, weshalb die Daten des Rechnungswesens eben anders gestaltet werden als in anderen Wirtschaftsbereichen?

■ Hieran schließt sich die zweite Frage an: Haben die finanzwirtschaftlichen Controllingdaten die gleiche Bedeutung in der Sozialwirtschaft wie anderswo?

Die erste Frage zielt also auf die Besonderheiten der Datenbasis, z.B. auf die dem Eigenkapital oder den Kosten zuzurechnenden Größen. Die zweite Frage zielt auf die Frage der Interpretation und der Steuerungskonsequenz aus den gewonnenen Daten, also z.B. die Frage, wie eine niedrige Umsatzrendite zu beurteilen ist. Beide Fragen entstehen unabhängig voneinander.

4.1 Finanzwirtschaftliches Gleichgewicht als einheitliche Basis des betriebswirtschaftlichen Controllings

Aus Sicht des finanzwirtschaftlichen Controllings ist die zentrale gemeinsame Grundanforderung für alle Unternehmen das finanzwirtschaftliche Gleichgewicht, also dass kein Unternehmen langfristig mehr Auszahlungen als Einzahlungen haben kann. Sozialunternehmen sind ebenso wie alle anderen Unternehmen auf finanzielle Mittel angewiesen. Diese Mittel kommen oftmals nicht direkt vom Kunden, sondern vom Sozialleistungsträger, vielleicht auch von Spendern oder als „Eigenmittel" von Eigentümern (Trägern), Verbänden oder Kirchensteuern – aber sie müssen generiert werden.[72]

Damit sind zunächst die Aufgaben der Liquiditätssicherung angesprochen, die sich in allen Unternehmen gleich gestalten. Die üblichen betriebswirtschaftlichen Liquiditätskennziffern können daher ohne Modifikationen in das Controlling von Sozialunternehmen übernommen werden – und sie haben auch die gleiche Steuerungskonsequenz.[73]

Die Liquidität ist allerdings auch nur die kurzfristige Perspektive des finanzwirtschaftlichen Gleichgewichts. In längerfristiger und struktureller Perspektive bildet sich das finanzwirtschaftliche Gleichgewicht in den betriebswirtschaftlichen Wirtschaftlichkeitskennziffern und den Kapitalkennziffern ab. Das finanzwirtschaftliche Gleichgewicht fordert hier langfristig mindestens ein ausgeglichenes Ergebnis (nicht zwingend Gewinn) und langfristigen Kapitalerhalt. Dadurch kann das Unternehmen seine Existenz und Aufgabenerfüllung nachhaltig sichern. Hier finden sich jedoch die wichtigsten Unterschiede der Sozialunternehmen von anderen Wirtschaftsbereichen. Sie ergeben sich wie zuvor gezeigt aus

- dem Unternehmensgegenstand „Dienstleistungen",

- der Dienstleistung „Soziale Arbeit" als eine besondere Form von Dienstleistungen,

- den spezifischen Bedingungen des Sozialmarkts mit einem öffentlichen Sozialleistungsträger und einem damit nicht identischen Leistungsnehmer sowie der hohen Abhängigkeit vom politischen System.[74]

Diese Unterschiede finden sich wieder in den verschiedenen Teilbereichen des finanzwirtschaftlichen Controllings.

4.2 Investitionen

Das notwendige Investitionsvolumen eines Unternehmens ist eine zentrale betriebswirtschaftliche Größe. Aus ihr ergibt sich der Kapitalbedarf des Unternehmens und, über Abschreibungen und Zinsbelastung, auch ein Einfluss auf die Wirtschaftlichkeit des Unternehmens. Keine nennenswerten Besonderheiten von Sozialunternehmen ergeben sich im Umlaufvermögen.

---

72 Vgl. Schellberg 2011a, S. 34.
73 Vgl. dazu das Kennzahlglossar am Ende dieses Buches.
74 Vgl. Schellberg 2011a, S. 46 ff.

4.2.1 Vergessene Anlagegüter

Bei der Bemessung des Anlagevermögens von Sozialunternehmen ist stets die Frage nach kostenlosen Grundstücken oder Gebäuden zu stellen, die nicht in einer Bilanz auftauchen. So werden etwa von kirchlicher oder öffentlicher Seite manchmal kostenlose Grundstücke oder Gebäude zur Verfügung gestellt, die möglicherweise ins betriebsnotwendige Anlagevermögen übergehen, jedoch manchmal nicht bilanziert werden. Die „kostenlose Überlassung" kann durch eine Eigentumsübertragung oder durch eine kostenlose Nutzungsmöglichkeit erfolgen. Da in beiden Fällen auch keine Miete gezahlt wird, tauchen sie auch nicht als Aufwandsposition auf – es besteht die Gefahr, dass sie schlichtweg betriebswirtschaftlich „vergessen" werden.

Eine ähnliche Situation findet sich immer wieder bei nicht-bilanzierenden Organisationen (die also noch keine Bewertung ihrer Anlagen vorgenommen hat) und die über Anlagen aus einer Phase der Objektförderungen verfügen. Sind Gebäude über Investitionszuschüsse oder ähnlichem gefördert, tauchen sie betriebswirtschaftlich zwar in der Nutzung, nicht jedoch in der Anschaffung auf. Da die Kosten dieser Objekte bei Entgeltkalkulationen oder Zuschussanträgen regelmäßig nicht angesetzt werden können, werden auch sie leicht übersehen.

Als Lösung empfiehlt sich, bei über Objektförderung finanzierten Immobilien oder bei kostenloser Eigentumsübertragung, die betreffenden Objekte zu bewerten und in der Bilanz mit dem Zeitwert anzusetzen. Da es sich oftmals um Spezialobjekte handelt (etwa das Schloss am Land, das dem Sozialunternehmen zur Verfügung steht), sollte als Referenz ein auf die spezifische Nutzung ausgerichteter Zweckbau dienen. Bei kostenloser Nutzung ohne Eigentumsübertragung kann dies über eine kalkulatorische Miete abgebildet werden.

4.2.2 Fehlende Abschreibungen

Manche Sozialunternehmen, insbesondere in Trägerschaft der öffentlichen oder kirchlichen Hand, haben das Rechnungswesen noch nicht vollständig auf die kaufmännische Buchführung umgestellt. Es können dann Situationen entstehen, in denen zwar ein Teil der Anlagegüter in einer Bilanz aufgenommen sind, andere aber nicht. Und in manchen Fällen werden Anlagegüter zwar in einer bilanzähnlichen Darstellung aufgeführt, jedoch nicht abgeschrieben. Stattdessen werden auf der Passivseite der Bilanz Rücklagen für Abschreibungen gebildet. Ob die Abschreibungen den üblichen Werten entsprechen, ist ebenfalls zu hinterfragen.

Es sollten hier realistische Abschreibungen angesetzt werden und die Anlagegüter um die gebildete Abschreibungsrücklage bereinigt werden.

4.2.3 Kennzahlen zu Investitionen und zum Vermögen

Neben den üblichen Kennzahlen zur Investition und zur Vermögenslage gibt es einzelne Kennzahlen, die von besonderem Interesse für Sozialunternehmen sind. Im Einzelnen handelt es sich um

- die Anlagenintensität,
- den Förderanteil Objektförderung,
- die Investitionsquote,
- den Anteil der öffentlichen Investitionsfinanzierung sowie
- den Anlagenabnutzungsgrad.

Diese sind ausführlich im Kennzahlglossar am Ende dieses Buches dargestellt.

4.3 Kapitalkennzahlen

Die Passivseite der Bilanz bildet die Struktur der Kapitalfinanzierung ab. Hier können die finanzielle Stabilität und die Struktur der Kapitalquellen abgelesen werden. Sozialunternehmen weisen hier aufgrund der spezifischen Vereins- und Verbandsstrukturen, der öffentlichen Förderung und des Gemeinnützigkeitsrechts eine Reihe Besonderheiten auf.

4.3.1 Kapitaleinlage

Die meisten Sozialunternehmen werden als nicht gewinnorientierte Unternehmen geführt. Dementsprechend hat das Eigenkapital nicht die Bedeutung als Bezugsgröße für die Gewinnbeurteilung oder Gewinnverteilung wie in anderen Wirtschaftszweigen. Bei Investitionsvorhaben oder Gründungen werden oftmals von verbundenen Trägern oder Verbänden „Eigenmittel" zur Verfügung gestellt. Abhängig von der Intention des Eigenmittelgebers sollten diese in das Stammkapital (als Gesellschaftsbeteiligung), die Kapitalrücklage oder als Sonderposten (zweckgebundener Zuschuss) aufgenommen werden. Manchmal werden sich diese Eigenmittel auch als Kredit wiederfinden. Insbesondere in den Fällen, in denen die Träger auch maßgeblichen Einfluss auf die Geschäftsführung haben und in die Haftung kommen können, haben diese Positionen eher Eigenkapitalcharakter. Oftmals werden für diese Kredite keine Sicherheiten gefordert und es besteht eine nur sehr wenig spezifische und verbindliche Rückzahlungsverpflichtung.

Bei Vereinen gibt es aufgrund der Struktur generell keine Kapitaleinlage. Hier muss ein erforderliches Gründungskapital ausschließlich über solche Hilfskonstruktionen abgebildet werden.

Es empfiehlt sich daher, die diversen Positionen der Bilanz zu untersuchen, ob sich hier ein Substitut für eine Kapitaleinlage verbirgt. Dabei sollte die Frage nach der Haftung und dem Einfluss auf die Geschäftsführung im Mittelpunkt stehen. Weiterhin sollte die Frage gestellt werden, welchen Einfluss eine Änderung oder gar Einstellung der Geschäftstätigkeit auf den Fortbestand der Kapitaleinlage hat. Besteht hier eine Rückzahlungsverpflichtung, so ist dieses Kapital nur unter der Annahme der Fortführung des Betriebs als Eigenkapital zu betrachten (Going-Concern-Prinzip), nicht aber unter Verwertungsgesichtspunkten im Insolvenzfall.

Der Einfluss auf die Geschäftsführung ist bei Sozialunternehmen oftmals auch nicht so eindeutig wie es die „reine Lehre" sieht. Durch gemeinsame Leitbilder, Dachverbände,

Fachberatung, Vorstandsmitglieder aus Politik, Kirche, Verwaltung, Fachverbänden o.ä. verwässert der Einfluss des Eigenkapitals auf die Geschäftsführung manchmal und es kann nicht davon ausgegangen werden, dass umfangreiches Eigenkapital auch gleichzeitig bedeutet, „Herr im eigenen Haus" zu sein.

Wurden bei den Vermögenspositionen kostenlose Anlagen mit angesetzt, so sollten diese auch auf der Kapitalseite angesetzt werden. Auch wenn dies betriebswirtschaftlich konsequent ist und für Controllingzwecke die handelsrechtlichen Bewertungsvorschriften nicht zwingend sind, so ist eben doch zu berücksichtigen, dass die Bewertung hierdurch weniger konservativ und vorsichtig ist.

4.3.2 Behandlung von Sonderposten

Erhaltene Investitionszuschüsse der öffentlichen Hand oder auch Schenkungen und Erbschaften mit Zweckbindung können nicht dem Eigenkapital zugeführt werden, sondern werden als Sonderposten geführt. Damit wird abgebildet, dass dieses Kapital dem Unternehmen dauerhaft zur Verfügung steht, dem jedoch eine Verpflichtung auf den Geschäftszweck gegenübersteht. Bei Wegfall kann eine (kreditähnliche) Rückzahlungsverpflichtung entstehen.

Dementsprechend haben diese Sonderposten Eigenkapital- und Fremdkapitalcharakter: Bei Fortführung des Betriebs kann der Sonderposten als Eigenkapital betrachtet werden, bei der Auflösung des Unternehmens als Fremdkapital.

In der Regel wird sich das Controlling auf die Fortführung des Betriebs konzentrieren. Daher empfiehlt sich die Zurechnung zum (wirtschaftlichen) Eigenkapital bei den Wirtschaftlichkeitskennziffern. Bei Risiko- und Finanzierungskennziffern ist eine differenzierte Betrachtung notwendig: Einerseits stellen die Sonderposten gewissermaßen einen garantierten, kapitalisierten Zufluss in der Zukunft dar. Andererseits bestehen eben keine freien Verfügungsrechte über diese Kapitalposition. Dies wird bei der Beurteilung durch Kreditgeber eine wichtige Rolle spielen, weshalb hier auf eine Zurechnung zum wirtschaftlichen Eigenkapital aus Vorsichtsgründen verzichtet werden sollte.

4.3.3 Rücklagen

Die meisten Sozialunternehmen sind gemeinnützige Unternehmen und unterliegen damit dem Gebot der zeitnahen Mittelverwendung im Sinne der Abgabenordnung. Dies hat zur Folge, dass die Bildung von Rücklagen nur in einem bestimmten gesetzlichen Rahmen erfolgen kann. Im Falle der Einstellung des Geschäftsbetriebs kann über diese Rücklagen nicht frei verfügt werden, sondern sie sind im gemeinnützigen Zweck gebunden.[75] Im Hinblick auf die Selbstfinanzierungsfähigkeit eines Unternehmens sind diese Rücklagen in der Sozialwirtschaft ebenso wie anderswo zu beurteilen. Im Hinblick auf den Unternehmenswert oder die Verfügungsrechte sind die zweckgebundenen Rücklagen eben geringer zu bewerten.

---

75 Vgl. Buchna 2010, 231 ff.

In Sozialunternehmen gibt es immer wieder Konstellationen, in denen nicht ausreichend Abschreibungen gebildet werden bzw. wurden. Ein typischer Fall ist eine nicht vollständige Umstellung von der Kameralistik zum kaufmännischen Rechnungswesen. Es finden sich dann manchmal Vermögensgegenstände, die nicht aktiviert wurden und/oder die nicht abgeschrieben werden. Es müssen dann Rücklagen vorgesehen werden, um einen Ersatz des Vermögensgegenstands vorzusehen bzw. die fehlenden Abschreibungen abzubilden. Die Rücklagen sollten dann um diese „Rücklagen für Wiederbeschaffung" (gewissermaßen kapitalisierte Abschreibungen) korrigiert werden.

Ebenso können sich solche Verzerrungen aus der Investitionsförderung ergeben. Die Investitionsförderung sieht häufig lange Fristen bis zur erneuten Förderung eines Investitionsobjekts vor. Die tatsächliche wirtschaftliche Nutzungsdauer ist oftmals kürzer. Es müssen dann entweder zusätzliche Abschreibungen getätigt oder zusätzliche Rücklagen gebildet werden. Auch diese sollten vom Rücklagenstand abgezogen werden. Eine ähnliche Konstellation entsteht bei der Umstellung von (einmaligen) Investitionszuschüssen auf Entgeltfinanzierung mit entsprechenden Investitionsbeträgen.

4.3.4 Kennzahlen zur Passivseite und Kapitalfinanzierung

Die üblichen Kennzahlen zur Kapitalfinanzierung können in Sozialunternehmen nach der entsprechenden Datenbereinigung gut angewendet werden. Es handelt sich hier um

■ die Eigenkapitalquote und
■ die Gesamtkapitalrentabilität.

Beide Kennzahlen können ebenfalls dem Kennzahlglossar entnommen werden.

4.4 Empfehlungen für die Kostenrechnung in sozialwirtschaftlichen Organisationen

Für das Verständnis der im weiteren Verlauf aufgezeigten Empfehlungen zur Gestaltung der Kostenrechnung und zur Vermeidung terminologischer Unklarheiten ist eine klare begrifflich-definitorische Abgrenzung der betrieblichen Stromgrößen eine unerlässliche Grundlage. Die folgende stark verkürzte und um Erläuterungen ergänzte Darstellung soll zu dieser Abgrenzung beitragen. Für ausführliche Darstellungen sei allerdings schon jetzt auf einschlägige Fachliteratur aus dem Bereich der Kostenrechnung verwiesen.

Ebene	Stromgrößen	Relevanter Vermögensbestand	Begriff	Merkmal
I	Auszahlung/ Einzahlung (Investitions-, Finanz- und Liquiditätsplanung)	**Liquide Mittel** (Bargeld und Sichtguthaben bzw. Giralgeld)	Abfluss/ Zufluss von Zahlungsmitteln, der Entstehungsgrund ist irrelevant (also auch z.B. falsche Überweisungen)	Geld verlässt oder betritt die Sphäre des Unternehmens
II	Ausgabe/ Einnahme (Investitions-, Finanz- und Liquiditätsplanung)	Liquide Mittel (siehe oben) + Forderungen ./. Verbindlichkeiten = **Geldvermögen**	Wert aller **zugegangenen** (Beschaffungswerte) und veräußerten (Umsätze, Erlöse) Dienstleistungen und Güter pro Periode	Entstehungsgrund und Zahlungsvorgang können in unterschiedlichen Perioden sein. Dies wird durch die Berücksichtigung von Forderungen und Verbindlichkeiten abgebildet.
III	Aufwand/ Ertrag (Finanzbuchhaltung und Jahresabschluss)	Geldvermögen (siehe oben) + Sachvermögen (buchhalterisch bewertet) = **Bilanzielles Vermögen**	Wert aller **verbrauchten** Dienstleistungen und Güter (z.B. von Material und Personal, aber auch Abschreibungen) und aller erbrachten Leistungen der Periode	Beschränkung auf Minderungen und Erhöhungen des bilanziellen Vermögens, die durch Wertverbrauch (Material, Abschreibungen usw.) oder -schaffung (Fertigwarenproduktion, Bewertungserträge usw.) entstehen. Ausgabe und Verbrauch bzw. Abnutzung eines Vermögensgegenstandes können auseinanderfallen (z.B. langfristige Investitionen). Rein finanzwirtschaftliche Vorgänge bleiben unbeachtet (z.B. Kreditaufnahme).
IV	Kosten/Leistung (Kosten- und Leistungsrechnung)	Gesamtvermögen (kostenrechnerisch bewertet) ./. nicht betriebsnotwendiges Vermögen + bilanziell nicht aktivierungsfähiges betriebsnotwendiges Vermögen = **Kalkulatorisches Vermögen**	Wert aller verbrauchten Dienstleistungen und Güter pro Periode für die Erstellung der betrieblichen Kernleistung sowie aller erbrachten Leistungen im Rahmen der betrieblichen Kerntätigkeit	Betriebsfremder, außerordentlicher, periodenfremder Aufwand und Ertrag wird ausgegliedert und fließt nicht mehr in diese Berechnung mit ein (Ausgliederung neutraler Aufwendungen und Erträge). Weiterhin werden Zusatz- (z.B. kalkulatorische Zinsen) und Anderskosten (z.B. kalkulatorische Abschreibungen) bzw. -leistungen neben den verbleibenden nicht neutralen Aufwands- und Ertragsgrößen angesetzt. Die Kostenrechnung entspricht damit einer unter Betriebsnotwendigkeitsaspekten modifizierten Finanzbuchhaltung, die zudem den eingeschränkten Aussagegehalt handelsrechtlicher Regelwerke erhöht.

Abbildung 11: Stromgrößen des betrieblichen Rechnungswesens[76]

Im Alltagswissen haben Kosten, Aufwand, Ausgabe und Auszahlung stets etwas mit „weniger Geld" zu tun, während Leistungen, Erträge, Einnahmen und Einzahlungen in irgendeiner Weise mit einem Zugewinn an Geld assoziiert sind. Die Steuerungsrelevanz aller Stromgrößenebenen ist jedoch nicht für alle Entscheidungsträger gleich, wenngleich dieses oft schwammige Begriffsverständnis dies suggeriert.

So konzentriert sich das Denken im öffentlichen Haushalt (und damit verbunden in zahlreichen Haushaltsplänen von Vereinen, Stiftungen etc.) auf Einnahmen und Ausgaben, d.h. auf den Zeitpunkt des Zuflusses oder Abflusses an Geldmitteln. So sind eine Investition in ein neues Gebäude oder Tilgung von Schulden „Ausgaben". Die

---

76 Quelle: in Anlehnung an Graumann 2008, S. 15 zit. nach Haberstock 1998, S. 16 f.

Aufnahme von Krediten oder Verkauf einer Investition sind hingegen „Einnahmen". Diese reduzierte Betrachtung ist verständlich, wenn man bedenkt, dass die öffentlichen Haushalte ihre Mittelherkunft und -verwendung einem politischen Gremium und der Öffentlichkeit darlegen müssen.

Das kaufmännische Denken legt eine andere, umfassendere Perspektive an: Hier stellt sich die Frage, wann Wertschöpfung oder Wertverluste passieren. Die Investition ist beispielsweise kein Verlust an Werten, sondern nur z.b. der Tausch „Geld gegen Gebäude". Der Wertverlust setzt erst mit der Abnutzung des Gebäudes ein. Dementsprechend konzentriert sich das betriebswirtschaftliche Denken auf den „wertmäßigen Kostenbegriff". Dies sind Erträge und Aufwendungen bzw. im einem weiteren Schritt Leistungen und Kosten.

Für Zwecke einer Rechnungslegung der öffentlichen Hand kann eine Einnahme-Ausgabe-Betrachtung begrenzt sinnvoll sein, wobei auch hier Kosten und Leistungen (also z.b. auch Abschreibungen, Rückstellungen) im Rahmen der Einführung der Kosten- und Leistungsrechnung in der Verwaltung in den Mittelpunkt rücken.

Für die Controllingzwecke eines Sozialunternehmens wird in der Regel der betriebswirtschaftliche, wertmäßige Kostenbegriff der Ebene IV im Mittelpunkt stehen.

4.4.1 Kostenartenrechnung

Reine Ausgaben und Einnahmen isolieren

Im Folgenden sollen neuralgische Punkte in der Kostenartenrechnung von Sozialunternehmen nebst Gestaltungsempfehlungen gezeigt werden. Die Beherrschung der kostenrechnerischen Methodik bzw. der einschlägigen Subsysteme Kostenartenrechnung, Kostenstellenrechnung und Kostenträgerrechnung wird vorausgesetzt.

Der erste Schritt der Kostenrechnung ist die Kostenartenrechnung. Hier geht es darum, die Kosten- und Ertragsarten vollständig zu erfassen und so zu gliedern, dass sie sinnvoll weiter verarbeitet werden können.

Viele Sozialunternehmen kommen aus einer eher kameralistisch geprägten Struktur und führen diese auch in Zeiten der kaufmännischen Buchführung zumindest teilweise fort. Es ist also zunächst einmal die „Basisarbeit" der kaufmännischen Kostenrechnung zu verrichten. Dies ist im Wesentlichen eine Aufbereitung bzw. Modifikation des Materials aus dem Rechnungswesen. Aufwand ist somit zu Kosten, Ertrag zu Leistungen zu transformieren. Ferner sind kalkulatorische Kosten (wie z.B. Wagnisse) und Erträge (z.B. Differenzen aus der Beständebewertung zu kostenrechnerischen Zwecken) zu bestimmen, die aus dem vorgelagerten System der Gewinn- und Verlustrechnung nicht ableitbar sind.[77]

Kostengliederung des Sozialleistungsträgers hinterfragen

Viele Sozialunternehmen lehnen sich in der Kostenartengliederung an die Gliederungsvorgaben des Sozialleistungsträgers an, die etwa in Rahmenverträgen zu Entgeltverein-

---

[77] Vgl. Graumann 2008, S. 13 ff.

barungen vereinbart sein können. Dies ist an sich sinnvoll – doch besteht die Gefahr, die Kostenarten, die gegenüber dem Sozialleistungsträger nicht abgerechnet werden können, dann auch in der Kostenrechnung „zu vergessen" und als Gemeinkosten oder anderweitig nicht zuordenbare Kosten zu behandeln.

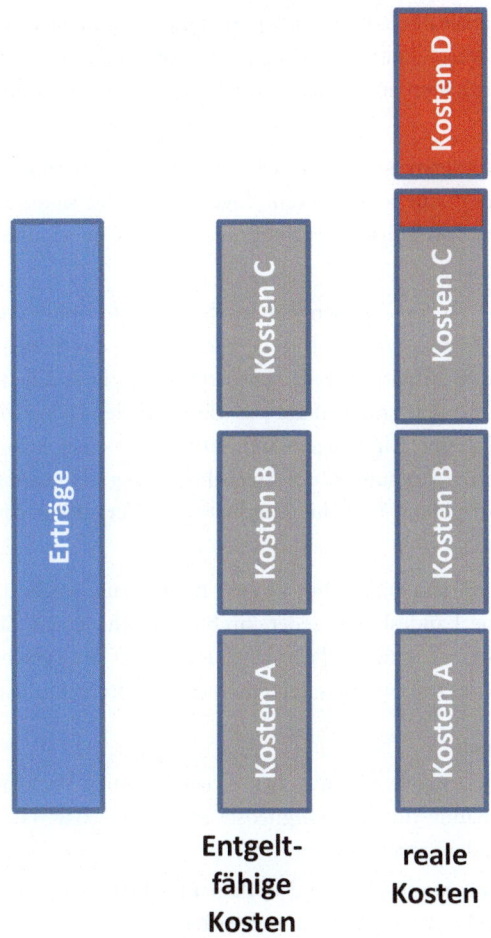

Abbildung 12: Entgeltfähige und reale Kosten[78]

Typische nicht berücksichtigte Kostenarten sind Verwaltungskosten (die oft nur mit einem bestimmten Prozentsatz eingerechnet werden können), Gebäudekosten, Abschreibungen bzw. Rücklagen für Gebäude für schnellere Wiederbeschaffungsintervalle, Kosten der Kapitalbeschaffung und Kosten des Eigenkapitaleinsatzes.

Es empfiehlt sich, bereits frühzeitig in der Kostenrechnung alle Kosten aufzuführen und den nicht-entgeltfähigen Anteil als eigene Kostenarten aufzulisten. Es ist dann spä-

---

78 Quelle: eigene Darstellung.

ter möglich, stets auf die realen Kosten einer Kostenstelle oder einer Leistung zurück-zugreifen.

Verrechnungen zwischen Trägern und Unternehmen

Schwieriger zu isolieren sind die verschiedenen Verrechnungen zwischen Trägern und Unternehmen. In kameralistisch geprägten Sozialunternehmen finden sich regelmäßig Umbuchungen und Verrechnungen zwischen Haushalten, etwa Zuführungen von und zu ordentlichen Haushalten an Sonder- oder Teilhaushalte. Sie sind keine Erträge oder Aufwendungen.

In kaufmännisch geprägten Sozialunternehmen finden sich dann „Zuschüsse des Trägers (oder Verbänden)", die sogenannten „Eigenmittel". Sie sind faktisch eine Vorweg-nahme von Defiziten durch den Eigentümer des Unternehmens und sind ebenfalls keine Erträge.

Es könnte bei einer entsprechenden Unternehmensphilosophie Ausnahmen von der „reinen Lehre" der Betriebswirtschaft geben: Zuschüsse des Trägers könnten eine Er-tragsart sein, wenn sie unmittelbar die Dienstleistung zur ideellen Verpflichtung des Trägers darstellen und der Träger diese als „Einkauf der Dienstleistung" ansieht. So könnte beispielsweise eine Kirchengemeinde als Träger einer Sozialstation die (nicht ausreichend vergüteten) Leistungen der Sterbebegleitung als „caritative oder diakoni-sche Leistungen" betrachten und die Zuschüsse als Vergütung des ideellen Auftrags ansehen.

Auch bei fehlender unternehmerischer Einheit könnte eine solche Betrachtung legitim sein, etwa wenn eine Landeskirche jeder kirchlichen Kita einen Zuschuss leistet. Die Landeskirche ist zwar letztendlich Träger der Kita (über die verschiedenen Zwischen-stufen), jedoch so weit entfernt, dass keine unternehmerische Einheit mehr besteht.

Leistungen der Verbände

Eine besondere Schwierigkeit stellen stets die verschiedenen Verbandsumlagen und die Leistungen der Verbände für ihre Mitgliedseinrichtungen dar. Hier gibt es eigentlich keine Konstellation, die es nicht gibt:

- In manchen Fällen werden Verbandsumlagen für klar umschriebene Leistungen der Verwaltung und der Außenvertretung geleistet;
- In manchen Fällen werden die Umlagen nur als ideelle Unterstützung ohne Gegen-leistung geleistet;
- In seltenen Fällen werden die Verbandsumlagen für klar umschriebene Leistungen erbracht, aber es müssen dann dennoch die entsprechenden Verwaltungsleistungen im eigenen Unternehmen dupliziert werden (aus welchem Grund auch immer); oder
- Verbände können auch aus anderen Quellen finanziert oder quersubventioniert werden und erbringen ihre Leistungen kostenlos.

Es empfiehlt sich, für eine realistische Kostendarstellung die zur Leistungserbringung notwendigen Verwaltungsaufgaben und Aufgaben der Außenvertretung wie z.B. Entgeltverhandlungen, Lobbyarbeit, Öffentlichkeitsarbeit usw. zu bemessen und dann als eigene Kostenart einzuführen. Sie können dann entweder kalkulatorisch geführt werden oder durch die realen Kosten der Verbandsumlage ersetzt werden.

Manche Verbände erleichtern dies, indem sie Entgelte für Serviceleistungen und Verbandsumlagen getrennt erheben.

Spenden und ehrenamtliche Mitarbeit

Eine letzte Frage ist die Behandlung der Spendenerträge, der ehrenamtlichen Mitarbeit oder anderer philanthropischer Leistungen. Eindeutig sind Spenden eine Ertragsart – hier findet eine Wertschöpfung des Unternehmens statt. Sie sollten aus Vorsichtsgründen eher den außerordentlichen Erträgen zugeordnet werden. Sie können der Höhe nach genau nach den zugeflossenen Beträgen bemessen werden.

Häufig wird dann auch eine Erfassung der in manchen sozialwirtschaftlichen Unternehmen nicht unerheblichen ehrenamtlichen Arbeit diskutiert. Diese ist insofern schwierig, weil ihr Beitrag zur Leistung oftmals nicht eindeutig ist. Nur in seltenen Fällen wird ehrenamtliche Arbeit in einer (öffentlich) finanzierten sozialen Dienstleistung erbracht. Sie erfolgt meistens in zusätzlichen ideellen Leistungen ohne Refinanzierung oder im Vorstands- und Leitungsbereich, der einer refinanzierten Leistung nur schwer zugeordnet werden kann.

Wenn daher eine Erfassung angestrebt wird, so sollte sie auf der Kostenseite als eigene Kostenart und auf der Leistungsseite als fiktive Ertragsart verbucht werden und in der späteren Kostenstellenrechnung einer wie auch immer zu bezeichnenden ideellen Leistung zugeordnet werden. Aus pragmatischen Gründen könnte vorerst eine monetäre Bewertung der ideellen Leistung unterbleiben und diese eher verbal erläutert werden. Eine monetäre Bewertung der Leistung als (fiktive, kalkulatorische) Ertragsart könnte über das Konzept des Social Returns on Investment erfolgen.[79]

Kennziffern zu den Kostenarten

Bei der Auswertung der Kostendaten in Form von Kennzahlensystemen empfehlen sich neben den üblichen Kennzahlen bei Sozialunternehmen speziell folgende Kennzahlen:

- Personalkosten pro Vollzeitäquivalent,
- Erlös je Vollzeitäquivalent,
- Anteil öffentlicher Sozialleistungserträge.

Ihre Berechnungsformel kann nebst Beschreibung dem Kennzahlglossar entnommen werden.

4.4.2 Kostenstellenrechnung

Eine zentrale Controllingaufgabe in Sozialunternehmen wird die Einführung einer geeigneten Kostenstellenrechnung sein. Sozialunternehmen sind typischerweise nicht sehr stark gegliedert und die gefundene Organisationsstruktur wird im Sinne des Leistungs-

---

79 Vgl. Schellberg 2011b.

empfängers im Einzelfall auch leicht wieder außer Kraft gesetzt. Die geeignete Bildung von Kostenstellen und die Einführung einer Kostenstellenrechnung wird daher eine der ersten Aufgaben eines neu aufgebauten Controllings sein.

Kostenstellengliederung

Bei der Bildung von Kostenstellen wird zunächst zwischen Verwaltungsbereich und operativem (Betreuungs-)Bereich unterschieden. Bei der Abgrenzung wird sich immer wieder das Problem stellen, dass die meisten Sozialleistungsträger in ihrer Entgeltlogik einen sehr engen Verwaltungsbereich vorsehen, aber dafür den Mitarbeitern im operativen Betreuungsbereich sehr hohe indirekte Zeiten zubilligen, die auch (betreuungsnahe) Verwaltungsaufgaben beinhalten (etwa Abrechnungen vorbereiten, Kostenklärung, Dokumentation, Qualitätsmanagement). Oftmals finden sich im Betreuungsbereich Mitarbeiter, die einen Teil Leitungsaufgaben und einen Teil operative Aufgaben wahrnehmen.

Abbildung 13: Beispiel für eine organisatorische Gliederung und die zugehörigen Stellenschlüssel (angelehnt an eine beispielhafte Entgeltvereinbarung)[80]

Bei kleinen und mittleren Sozialunternehmen dürfte es am einfachsten sein, diese Gliederungslogik in die Kostenstellenlogik mit zu übernehmen und die „gemischte Tätigkeit" im Betreuungsbereich aus pragmatischen Gründen zu akzeptieren. Bei größeren Sozialunternehmen, die Verwaltungsaufgaben zentralisieren und mit EDV-Unterstützung arbeiten, könnte der Verwaltungsanteil im Betreuungsbereich erfasst und einer gesonderten Kostenstelle zugerechnet werden.

Diese übliche Kostenstellenlogik wird bei durchlässigen Hilfesystemen, die Dienstleistungen über Angebotsformen und möglicherweise sogar Leistungsgesetze hinweg ermöglichen, in Frage gestellt. Dies ist beispielsweise der Fall, wenn ein Sozialunternehmen stationäre und ambulante Angebote vernetzt erbringt und ein Leistungsempfänger beim Wechsel vom stationären in betreutes Wohnen von den gleichen Mitarbeitern betreut wird.

Die Umstellung auf eine kundenbezogene Kostenstellengliederung wäre grundsätzlich denkbar, würde dann jedoch künftige Entgeltverhandlungen und auch die interne Steuerung erschweren. Hier scheint eine interne Verrechnung über Stunden-/Minutensätze sinnvoller. Aufgrund der ohnehin notwendigen Dokumentationspflichten ist auch keine gesonderte Erfassung notwendig.

---

80 Quelle: eigene Darstellung.

Vorstände und Verbände

Insbesondere in kleinen Sozialunternehmen werden manche Leitungs- und Verwaltungsaufgaben, teilweise sogar Hausmeistertätigkeiten, von ehrenamtlichen Vorständen und Mitarbeitern oder aber durch Verbände und ihre Geschäftsstellen wahrgenommen. Diese tauchen dann in der Kostenstellengliederung des jeweiligen Sozialunternehmens nicht auf.

Durch eine Zuordnung von Prozessen und Aufgaben zu einer Kostenstelle können die entstehenden Kosten als Bezug von externen oder ehrenamtlichen Leistungen erfasst werden.

Administrierte Umlageschlüssel

Bei Entgeltverhandlungen oder Förderanträgen werden oftmals auch Verteilerschlüssel oder Zuschlagssätze für Gemeinkosten definiert. Es muss dann eine Kostenstellenrechnung oder Trennungsrechnung durchgeführt werden, um Kalkulationsgrundlagen zu erhalten oder Verwendungsnachweise zu führen. Manchmal werden Pauschalsätze angesetzt, die mit der intern gewünschten Umlage nicht abgedeckt werden können.

Diese Kostenstellenrechnung bildet dann die Vorgabe des Sozialleistungsträgers nach, nicht jedoch die tatsächliche Kostenentstehung im Unternehmen. Für Controllingzwecke darf diese Verteilung nicht mit der betrieblichen Realität verwechselt werden. Managemententscheidungen, die auf den Kostenzurechnungen der Sozialleistungsträger beruhen, können Fehlentscheidungen sein: Eine Sozialleistung, die durch eine zu niedrige Sachkostenumlage „billig" gerechnet wird, erwirtschaftet für das Unternehmen möglicherweise in Wirklichkeit Defizite.

Eine ähnliche Situation kann nicht nur bei Umlageverfahren, sondern auch bei Gemeinkostenpauschalen oder Zuschlagskalkulationen auftreten.

Es ist denkbar, nach der primären Gemeinkostenverrechnung, die den Bedingungen des Sozialleistungsträgers entspricht, eine zweite Gemeinkostenverrechnung durchzuführen, die dann für interne Zwecke eine Korrekturumlage vorsieht. Werden über die Verrechnung nach Vorgaben des Sozialleistungsträgers nicht alle Gemeinkosten gedeckt, so kann so eine Umlage der nicht verrechneten Gemeinkosten erfolgen.

	Vorkosten-stelle	Endkostenstellen			
	A	B	C	D	Summe
Kosten	1.000 €				- €
interner Verteilerschlüssel		3	4	3	10
interne gewünschte Vertei-lung		300 €	400 €	300 €	1.000 €
Verteilerschlüssel lt. SozL Träger		5	3	2	10
Umlage		500 €	300 €	200 €	
Gesamtkosten		**500 €**	**300 €**	**200 €**	**1.000 €**
Sekundärschlüssel		- 2	1	1	
Sekundärverrechnung		**- 200 €**	**100 €**	**100 €**	
Gesamtkosten nach sekun-därer Verteilung		**300 €**	**400 €**	**300 €**	**1.000 €**

Tabelle 6: Sekundärverrechnung bei administrierten Umlagen[81]

Eine solche Sekundärverrechnung sollte stets eine inhaltliche Begründung haben und nicht zur „Kostenkorrektur" aus politischen Gründen dienen.

4.4.3 Kostenträgerrechnung

Der letzte Schritt der Kostenrechnung ist die Kostenträgerrechnung. Eine Voraussetzung für eine erfolgreiche Kostenträgerrechnung ist, das eigene Produkt bzw. die eigene Leistung zu definieren, um Erträge und Kosten auf diese Leistung verrechnen zu können.

Hilfebedarf, direkte Leistung oder abrechenbare Leistung

In Sozialunternehmen ist es manchmal notwendig, diese Leistung erst noch eindeutig zu definieren. So finden sich in der Regel drei Konzepte:

a) Die Leistung ist der soziale Bedarf, der beim Kunden/Klienten entsteht, also etwa der Hilfebedarf in Stunden;

b) Die Leistung ist die direkte Leistung beim Kunden/Klienten, also die Leistung, die „face-to-face" am Kunden/Klienten erbracht wird – ohne Organisations- und Verwaltungsanteile;

c) Die Leistung ist die abrechenbare Leistung beim Sozialleistungsträger, also der sozialrechtlich gewährte Leistungsumfang (z.B. in Stunden).

---

81 Quelle: eigene Darstellung.

Die Definition des sozialen Bedarfs in Stunden Hilfebedarf des Klienten geht grundsätzlich von einem Unternehmen aus, das den Bedarf des Kunden in den Mittelpunkt stellt. Es ist dann möglich, die Kosten dem einzelnen Kunden zuzuordnen. Sie stehen jedoch nur „zufällig", nicht betrieblich in einem Zusammenhang mit Erträgen. Es sind also keine sinnvollen Kennzahlen möglich, die Erträge und Kosten in einen Zusammenhang bringen. Eine betriebliche Steuerung ist dann durch Kundenselektion oder Rationierung von Leistungen bei spezifischen Kunden möglich.

Die Definition der „direkten Leistungen" als „face-to-face-Leistung" versucht die sozialarbeiterische und pädagogische Leistung von Verwaltungs- und Organisationsleistungen abzugrenzen. Die direkte Leistung wird dann als eigentliches Leistungsziel angesehen, die indirekte Leistung als Effizienzverluste. Es sind dann Aussagen über die Verhältnisse von direkten und indirekten Leistungen möglich. Sofern die direkten Leistungen auch seitens des Sozialleistungsträgers als vergütungsrelevant angesehen werden, können hieraus durchaus sinnvolle Annäherungen erzielt werden.

Aus betriebswirtschaftlicher, wie auch aus fachlicher Sicht ist der Hauptkritikpunkt an diesem Konzept die Gleichsetzung von „direkter Leistung" als zielentsprechend abrechenbar und dem Klienten dienend. Beides trifft nicht notwendigerweise zu – es gibt direkte, nicht abrechenbare Leistungen und es gibt indirekte Leistungen, die dem Klienten dienen (Beispiel: die „stellvertretende Übernahme" eines Gesprächs mit einer Behörde für einen Menschen mit Behinderung) und möglicherweise auch abrechenbar sind.

Aus betriebswirtschaftlicher Sicht ist daher die Konzentration auf mit dem Sozialleistungsträger abrechenbaren Leistungen sinnvoll. Hier können Erträge und Kosten exakt zugeordnet werden. Jeder abrechenbaren Leistung werden Vor-, Nacharbeit, Organisations- und Verwaltungskosten anteilig zugeordnet. Werden aus ideellen Gründen darüber hinausgehende kundenbezogene Leistungen erbracht, die nicht abrechenbar sind, so könnten diesen ebenfalls Kosten zugeordnet werden (jedoch keine Erträge). Sie könnten dann in einer späteren Umlage den übrigen Kostenstellen zugeordnet werden.

	Kostenträger Fachleistungsstunde abrechenbar	Fachleistungsstunde nicht abrechenbar	zusätzliche Begleitung nicht abrechenbar
Anzahl	100	6	5
Ertrag je h	50	0	0
Erträge	5000	0	0
Kosten je h	45	45	45
Kosten	-4500	-270	-225
Ergebnis I	500	-270	-225
Restkosten		-495	
Verteilung	-495		
Ergebnis II	5		

Tabelle 7: Umgang mit nicht abrechenbaren Zeiten[82]

Diese Behandlung von nichtabrechenbaren Zeiten macht nur Sinn, wenn die nichtabrechenbaren Zeiten ideell intendiert sind. Entstehen sie etwa in Form von Wartezeiten oder als Ineffizienz, so sollten sie den abrechenbaren Zeiten zugeordnet werden oder eben abgebaut werden.

Infrastruktur oder Leistung

Üblicherweise geht die Kostenrechnung von einer Vollkostenrechnung pro Stück aus. Dies sehen auch die meisten Entgeltsysteme vor. Dabei werden die beschäftigungsunabhängigen, fixen Kosten auf die Menge an Produkten durch eine Divisionskalkulation verteilt. Dies ist insofern schlüssig, da bei einer üblichen Produktion davon ausgegangen wird, dass die Maschinen stets ausgelastet werden können und im Zweifelsfall auf Lager produziert wird. Eine ungünstige Fixkostenverteilung ist also ein Steuerungsproblem.

Es wurde gezeigt, dass die Leistungserbringung im Dienstleistungsbereich von dem nur bedingt steuerbaren Auftreten des externen Faktors, des Kunden, abhängt. Zu den reinen fixen Sachkosten kommen also Zeiten, in denen im Prinzip Dienstleistungsbereitschaft besteht, jedoch der Kunde ausbleibt.[83]

Um die Kostensteuerung und das Auftreten des Kunden bzw. die Kundensteuerung als Effekte voneinander zu trennen, könnte eine eigene Größe der Leerlauf- bzw. Wartekosten eingeführt werden, etwa wie folgt:

---

82 Quelle: eigene Darstellung.
83 Vgl. zu dieser Problematik Kapitel 2 dieses Buches.

Sachkosten pro Monat		2.000 €
Besetzung der Organisationseinheit	160 h	
Kosten pro h		40 €
Personalkosten der Besetzung		6.400 €
Summe		8.400 €
Kosten pro h bei Vollauslastung		52,50 €
abrechenbare Stunden	120 h	6.300 €
Leerlaufkosten	40 h	2.100 €

Tabelle 8: Ermittlung von Leerlaufkosten[84]

Diese Leerlaufkosten können als Anteilswert auch als Kennzahl ermittelt werden.[85]

Deckungsbeitragsrechnung oder Vollkostenrechnung

Bei der Entscheidung zwischen Deckungsbeitrags- und Vollkostenrechnung ist in Sozialunternehmen zusätzlich zu bedenken, dass Entgeltkalkulationen oder Verwendungsnachweise in aller Regel nur Vollkostenrechnungen (also „Kosten pro Leistungstag" usw.) vorsehen. Eine Deckungsbeitragsrechnung alleine wird daher nicht genügen. Weiterhin dürfen bei einer stufenweisen Deckungsbeitragsrechnung die bereichs- oder unternehmensbezogenen Fixkosten bei der Rückführung in eine Vollkostenrechnung für Entgeltkalkulationen nicht vergessen werden.

Die Deckungsbeitragsrechnung spiegelt jedoch oftmals die betriebliche Realität eines Sozialunternehmens besser wider: Personalkosten sind aufgrund der Personalpolitik oftmals auch Fixkosten (keine Freisetzungen), Standort- oder Sortimentsentscheidungen werden oft politisch oder ideell getroffen. Es existiert daher eine Reihe dem Management nicht zugänglicher Entscheidungen (‚versunkene Kosten'), weshalb Deckungsbeiträge die genauere Entscheidungsinformation liefert. Beispiel: In einer streng katholischen Gegend entscheidet sich die Diakonie, ein evangelisches Beratungsangebot vorzuhalten. Es kommt ein Kunde pro Jahr. Er trägt aus Vollkostsicht die Gesamtkosten des Beratungsangebots – aber verursacht wurden die Kosten durch die kirchenpolitische Entscheidung.

4.4.4 Zielsetzung

Gliederung der Ergebnisrechnung

Bei der Ergebnisdarstellung empfiehlt sich eine Gliederung entsprechend der stufenweisen Deckungsbeitragsrechnungsrechnung. Auf der Ebene des stückbezogenen Deckungsbeitrags (DB 1) könnte eine Zwischenstufe eingeführt werden für die abrechenbaren Kosten und die Leerlaufkosten.

Auf Unternehmensebene (DB 3) ist zu berücksichtigen, dass Träger (Gesellschafter) und/oder Verbände oftmals auch unternehmerische Dienstleistungen erbringen, die

---

84 Quelle: eigene Darstellung.
85 Vgl. dazu die Ausführungen zu den Leerlaufkosten und der Leerlaufkostenquote im Glossar.

über kalkulatorische Kosten in den Unternehmensdeckungsbeitrag einbezogen werden sollten.

Gewinn oder Punktlandung?

Nach einer erfolgreichen Kostenrechnung wird am Ende ein betriebswirtschaftliches Ergebnis stehen. Die Frage, die sich in Sozialunternehmen stellt, ist dann manchmal die Frage, ob überhaupt ein Gewinn erwünscht ist. Welche Aussagekraft haben also die üblichen betriebswirtschaftlichen Kennzahlen, wenn am Ende Gewinn nicht das Ziel ist?

Zunächst einmal ist der Verzicht auf Gewinn in einer Nonprofit-Organisation nicht mit der Wünschbarkeit von Verlusten zu verwechseln. Vielmehr wird eine Punktlandung bei einer „schwarzen Null", im Idealfall unter Berücksichtigung kalkulatorischer Risiken und Eigenkapitalerhalt das Ziel sein. Weiterhin ist ja nicht der Verzicht auf Gewinn an sich das Ziel, sondern die Schaffung eines hohen sozialen Mehrwerts. Die Kennzahlen zum sozialen Ziel des Unternehmens und der Gewinn sollten also stets gegenüber gestellt werden, woraus sich verschiedene Konstellationen ergeben können. Die Technik gleicht dabei der aus dem strategischen Controlling bekannten Portfolio-Analyse.

Sozialer Mehrwert		
Hoch	(1) Prüfstein	(2) Nirwana
Niedrig	(3) Arme Hunde	(4) Cash Cow
Gewinn	Niedrig oder negativ	Hoch

Abbildung 14: NPO-Portfolio[86]

Beim Vergleich der Gewinnkennzahlen mit den sozialen Kennzahlen wird die Idealsituation eines hohen sozialen Mehrwerts und eines hohen Gewinns (2), gewissermaßen eines „Nirwana-Geschäftsfelds" unschädlich sein.

Wirklich entscheidend wird ein „Prüfstein" (1) sein, bei dem die Gewinnkennzahlen niedrig oder gar negativ sind, während der soziale Mehrwert hoch ist. Hier könnten Relationen zwischen den beiden Kennzahlarten hergestellt werden, um die finanziellen Folgen der ideellen Zielerreichung deutlich zu machen. Es könnten darauf aufbauend Aussagen folgender Art getroffen werden: „Eine Erhöhung der sozialen Kennzahl S führt zu einem Rückgang der Gewinnkennzahl G um x Prozent". Ein solcher Ansatz entspricht mithin der Logik vernetzter Kennzahlsysteme wie z.B. der Balanced Scorecard. So könnte der soziale Mehrwert in der Kundenkarte und der Gewinn in der Finanzkarte abgebildet werden. Oder es werden aus den gewinn- und damit cashträchtigen Geschäftsfeldern, den Nirwana- und Cash-Cow-Geschäftsfeldern (2) und (4) Budgets gebildet, mit denen die Prüfsteine gesteuert bzw. subventioniert werden können.

---

86 Quelle: eigene Darstellung.

Produktivitäts- und Wirtschaftlichkeitskennziffern

Die Relativierung des Gewinnziels setzt nicht die Produktivitäts- und Wirtschaftlich-keitsziele außer Kraft. Die beiden Zielbereiche sind Unterziele, die dazu dienen, die letztlichen sozialen Ziele oder finanziellen Ziele zu erreichen.

Die Grundform der Produktivitätskennziffer ist

$$Produktivität = \frac{Arbeitsergebnis}{Einsatzmenge\ von\ Produktionsfaktoren}$$

Die wichtigsten Produktivitätskennziffern im Sozialbereich beziehen sich auf das Personal als wichtigsten Produktionsfaktor und zentralen Steuerungsbereich. Einschlägige Kennzahlen sind hier

■ die abrechenbare Zeit pro Mitarbeiter,

■ der Leistungsertrag pro Mitarbeiter sowie

■ der Leistungsertragskoeffizient, die im Glossar beschrieben sind.

Das im Rahmen dieses Abschnittes zur Kostenrechnung erläuterte Vorgehen wird im Fallstudienteil dieses Buches ausführlich dargestellt.

Teil B: Fallstudien

1. Problemfeld: Strategie und strategisches Controlling – Der Prozess der strategischen Planung aus Sicht des Controllings

„Den Kern der strategischen Unternehmensplanung bildet die marktorientierte Tätigkeitsplanung bzw. Geschäftsfeldplanung und damit die langfristige Produktprogrammplanung."[87] Im Folgenden soll der Ablauf der strategischen Unternehmensplanung unter der (in der Praxis obligatorischen) Anwendung von Kennzahlen bzw. Kennzahlsystemen dargestellt werden.

Dies geschieht zur prägnanteren Darstellung anhand des strategischen Geschäftsfeldes „Altenhilfe" eines Komplexträgers der Sozialwirtschaft, der St. Martin gGmbH. Der Ablauf der strategischen Geschäftsfeldplanung entspricht den strategischen Planungsprozessen auf Ebene des Gesamtunternehmens. Die Methodik kann somit in der Praxis ohne weiteres auf Unternehmen ohne separate Geschäftsfelder übertragen werden und ist damit nicht auf Komplexträger beschränkt.

Der Prozess der strategischen Geschäftsfeldplanung lässt sich vereinfacht in drei Teilschritte untergliedern:

1. Strategische Kontrolle des Ist-Zustandes („Welche Strategien verfolgen wir derzeit in unseren einzelnen Geschäftsfeldern bzw. im Gesamtunternehmen?") bzw. Formulierung des Leitbildes;[88]

2. Konstruktion eines Norm- bzw. Soll-Zustandes durch Berücksichtigung von Umwelt- und Wettbewerbsaspekten mittels einschlägiger kennzahlbasierter Analyseinstrumente („Was sollten wir angesichts von Unternehmensumwelt und Wettbewerb für Strategien verfolgen?");

    i. Analyse der Umweltbedingungen z.B. durch die PEST-Analyse;[89]

    ii. Analyse der relativen Wettbewerbsstärke z.B. durch die SWOT-Analyse;[90]

---

87 Graumann 2011, S. 44.
88 Bei der erstmaligen Strategieentwicklung für ein Geschäftsfeld bzw. erstmaligen Planungsprozessen auf Gesamtunternehmensebene ist im ersten Schritt anstelle der strategischen Kontrolle des Ist-Zustandes die Leitbildentwicklung bzw. die Formulierung allgemeiner Unternehmensziele vorzunehmen. Diese werden dann später mit den Ergebnissen von PEST- und SWOT-Analyse verglichen, da noch keine Strategierealisation stattgefunden hat, die eine strategische Kontrolle rechtfertigen würde. Die Kontrolle bildet das Ende eines jeden strategischen Planungszyklus bzw. liefert Ausgangsdaten für den jeweils folgenden, sodass hier angenommen wird, dass bereits eine teilweise realisierte Strategie (!) im Beispielunternehmen besteht. Gleichsam ist auf Veränderungsbedarf in den allgemeinen Unternehmenszielen bei jedem strategischen Planungsdurchlauf zu prüfen. Dies gilt besonders nach Erhalt der Ergebnisse aus den Analysen von Umwelt und Wettbewerb. Vgl. Graumann 2011, S. 47.
89 Die PEST-Analyse ist ein Instrument, das der kennzahlgestützten Analyse der strategisch relevanten Einflussfaktoren dient. Ziel ist die Beurteilung des Marktumfeldes. Sie wird im Rahmen der Strategieentwicklung in den folgenden Fallstudien anwendungsorientiert erläutert. Vgl. zu weiteren theoretischen Überlegungen Graumann 2011, S. 61 ff.
90 Die SWOT-Analyse ermöglicht einen kennzahlgestützten Abgleich zwischen internen Stärken und Schwächen eines Unternehmens und den marktseitigen Erfordernissen an die Organisation zur Ableitung der relativen Wettbewerbsstärke. Sie wird ebenfalls in den nun folgenden Fallstudien im Anwendungsbezug dargestellt. Vgl. weiterhin Graumann 2011, S. 71 ff.

3. Vergleich von Soll- und Ist-Zustand zur Ableitung spezifischer, noch unscharf for-
mulierter Unternehmensziele für das entsprechende Geschäftsfeld bzw. das Gesamtunternehmen. Diese sind einer Operationalisierung und Präzisierung zugänglich zu machen, um die Zielerreichung in Zukunft quantifizieren und im Abwei-
chungsfall steuern zu können. Ist diese Voraussetzung erfüllt, spricht man von strategischen Unternehmenszielen, die durch Managementinstrumente wie die Balanced Scorecard differenziert, fortlaufend überwacht und neu formuliert werden können.

Zur Visualisierung der Sachverhalte ist der beschriebene Planungsprozess nachfolgend
in einer Abbildung zusammengefasst.

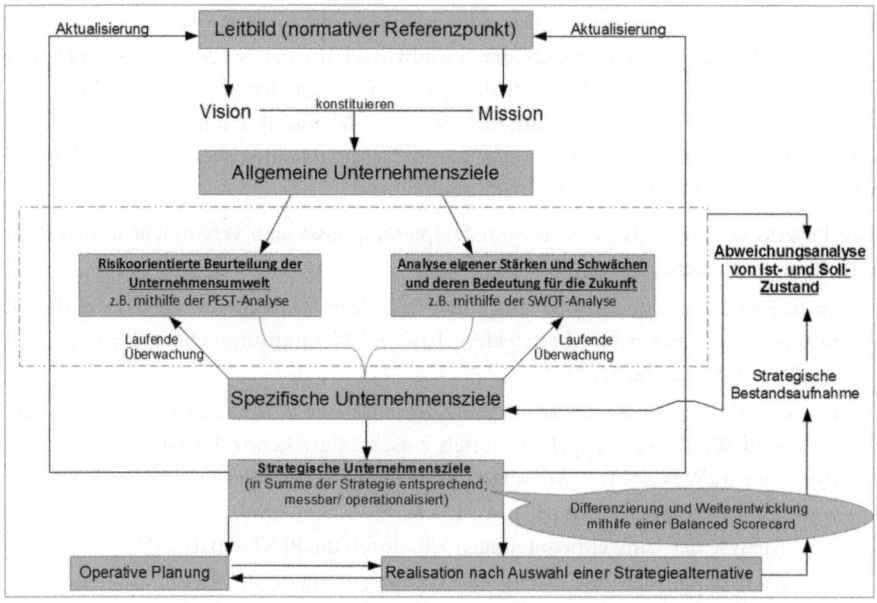

Abbildung 15: Schnittstellen und Ablauf der strategischen Unternehmensplanung[91]

Die drei genannten Teilschritte und ihre praktische Durchführung werden nun im
Rahmen von jeweils vier separaten Fallstudien erörtert. Dabei kommen auf allen Ebe-
nen der Planung kennzahlbasierte Instrumente bzw. Kennzahlsysteme zum Einsatz.
Die Konstruktion des Norm-Zustandes wird aufgrund der Verschiedenheit der Analy-
sen von Umweltbedingungen und Wettbewerbsstärke sowie deren enormer praktischer
Relevanz mit zwei Fallstudien bedacht. Die Operationalisierung und Formulierung von

---

91 Quelle: eigene Darstellung in Anlehnung an Graumann 2011, S. 22.

strategischen Zielen wird unter Zuhilfenahme einer Balanced Scorecard[92] vorgenommen.

1.1 Strategische Planung und Kontrolle auf der Ebene von Segmenten

1.1.1 Fallbeispiel

Die St. Martin gGmbH ist ein frei-gemeinnütziger Komplexträger mit den schwerpunktmäßigen Leistungsbereichen Jugend-, Alten- und Behindertenhilfe. Innerhalb dieser Bereiche werden sowohl ambulante als auch stationäre Betreuungs- und Dienstleistungen verschiedener Art angeboten. Aufgrund sich verändernder Rahmenbedingungen in der Sozialwirtschaft als solches, aber auch in den einzelnen Teilbereichen der Sozialgesetzgebung, wird eine strategische Planung auf Ebene des Gesamtträgers zu grob und bildet die Besonderheiten[93] der bedienten Teilmärkte nicht ab. Daher ist die Leitung der St. Martin gGmbH zu einer strategischen Planung gezwungen, die eben diese Teilmärkte, auch Marktsegmente[94] genannt, ins Zentrum der Betrachtungen stellt, um schneller auf Veränderungen reagieren zu können.

Grundlage der strategischen Planung bzw. Strategiebildung auf Segmentebene ist eine Analyse des strategischen Ist-Zustandes der Segmente, die einer strategischen Kontrolle gleichkommt. Ziel ist die Beantwortung der Frage nach der Zweckmäßigkeit des bisherigen Vorgehens, um eine Segmentstrategie für künftige Perioden entwickeln zu können.

Die Analyse wird durch die Segmentberichterstattung nach dem Deutschen Rechnungslegungs Standard 3[95] möglich, welche in dieser Fallstudie dargestellt wird. Dabei werden neben einfach generierbaren Kenngrößen wie Umsätzen sogenannte Pro-For-

---

92 Die Balanced Scorecard ist ein Instrument, das zur Formulierung, Weiterentwicklung und Kontrolle von Strategien eingesetzt wird. Die Besonderheit liegt dabei im ausdrücklichen Einbezug qualitativer und zukunftsgerichteter Einflussfaktoren auf den Unternehmenserfolg, die regelmäßig nicht durch monetäre Größen ausgedrückt werden können. Zudem wird das strategische Zielsystem durch die Bildung sogenannter Perspektiven konkretisiert. Im Kern steht sodann die Operationalisierung des Zielerreichungsgrades der realisierten Strategie. Vgl. zu weiteren Ausführungen Graumann 2011, S. 169 ff.

93 Hierunter sind insbesondere sich ergebende Chancen- und Risikoprofile in den Teilmärkten zu verstehen. Dies wird im weiteren Verlauf der Fallstudie noch vertieft.

94 Unter dem Segmentbegriff ist die Untergliederung der Produkte und Dienstleistungen eines Unternehmens nach zuvor festgelegten Kriterien zu verstehen. Die Kriterien sind dabei im Einzelfall zu bestimmen. So kann z.B. nach geografischen Märkten, Kundengruppen, Technologien, Produkthomogenität usw. untergliedert werden. Wichtig ist jedoch, dass den in einem Segment zusammengefassten Produkten/Dienstleistungen ein ähnliches Chancen- und Risikoprofil sowie ähnliche Zukunftsaussichten in Bezug auf ihren Absatzmarkt innewohnen. Intersegmentär ist folglich von heterogenen Chancen- und Risikoprofilen auszugehen. Vgl. hierzu Graumann 2011, S. 102.

95 Die Deutschen Rechnungslegungsstandards werden vom Deutschen Rechnungslegungs Standards Committee erarbeitet, das mithilfe dieser Verlautbarungen die Aufgabe hat, die nationalen Rechnungslegungsvorschriften an die internationalen anzugleichen, um einen wettbewerbsfähigen europäischen Kapitalmarkt herzustellen. Grundlage dafür ist die Rechnungslegungsstrategie der EU-Kommission aus dem Jahre 1995. Vgl. weiterhin http://www.drsc.de. Für alle Mutterunternehmen, die einen Konzernabschluss gemäß § 297 Abs. 1 Satz 2 HGB um eine Segmentberichterstattung erweitern, ist dieser Standard zwingend anzuwenden. Sollte die Segmentberichterstattung freiwillig erstellt werden, kann dieser Standard ebenfalls als Handlungsorientierung dienen. Vgl. dazu http://www.drsc.de/service/drs/standards/index.php?ixstds_do=show_details&entry_id=4.

ma-Kennzahlen aus der Jahresabschlussanalyse ermittelt. Es handelt sich dabei um den EBIT und den EBITDA[96], die ebenfalls im Rahmen dieser Fallstudie behandelt werden.

1.1.2 Analyseverfahren

Die Untergliederung von Produkten und Leistungen in Segmente als solches ist ein wichtiger Aspekt, der ausreichend Beachtung finden sollte, um eine sachgerechte Segmentstrategiebildung zu ermöglichen. Idealerweise ist die qualitative Beschreibung der Segmente zur gegenseitigen Abgrenzung in entsprechenden Unterlagen hinterlegt.

Es wird zur Vereinfachung an dieser Stelle angenommen, dass die St. Martin gGmbH die Segmentierung ihrer Dienstleistungen nach Kundengruppen bzw. Hilfeempfängern vornimmt. Die Segmente ergeben sich somit analog zu den oben genannten Leistungsbereichen Jugend-, Alten- und Behindertenhilfe.

Für die Segmente der St. Martin gGmbH sind sodann jeweils nachstehende Kennzahlen[97] perioden- bzw. stichtagsbezogen zu ermitteln. Um zu veranschaulichen, wie sich die bis dato verfolgten Segmentstrategien im Zeitablauf verhielten, sollten die Kennzahlen wenn möglich auch für andere Perioden als die aktuelle ermittelt werden. Hier werden somit zwei Perioden herangezogen (n und n-1). Im Einzelnen sind zu erheben bzw. zu berechnen:[98]

- Umsatzerlöse eines Segmentes,
- Bilanzieller Jahresüberschuss eines Segmentes,
- EBIT eines Segmentes (Jahresüberschuss zzgl. ergebnismindernde Fremdkapitalzinsen und Steuern),
- EBITDA eines Segmentes (EBIT zzgl. ergebnismindernde Abschreibungen auf immaterielles und Sachanlagevermögen sowie auf aktivierte Geschäfts- oder Firmenwerte),
- Abschreibungen auf im Segment gebundenes Anlagevermögen,
- Gesamtvermögen des Segmentes (sowohl materiell als auch immateriell),
- Summe der in der Referenzperiode getätigten Investitionen in das langfristige Vermögen des Segmentes,
- Segmentschulden am Erhebungsstichtag.

---

96 Der EBIT und der EBITDA dienen einer transparenteren Darstellung des Unternehmensergebnisses, indem vom Management beeinflussbare und ergebnisverändernde Faktoren wie Standortwahl, Kapitalstruktur und Investitionspolitik durch Korrekturrechnungen eliminiert werden. Abschnitt 4 dieser Fallstudie zeigt im Einzelnen das Vorgehen.

97 Die Verfasser wissen um eventuelle Zuordnungsschwierigkeiten in der Praxis. Voraussetzung für die Segmentberichterstattung ist daher eine die Segmente abbildende Kostenstellenstruktur bzw. Rechnungslegung. Diese kann ggf. durch die Bildung von Profit-Centern erreicht werden. Für die vorliegende Fallstudie ist ein dahingehender Exkurs der Übersichtlichkeit wenig zuträglich und bleibt daher aus. Vgl. dazu Jung, Bruck und Quarg 2011, S. 407 f.

98 In der Praxis tauchen neben diesen grundlegenden Kennzahlen weitere wie z.B. der cash-flow auf. Aus Gründen der Übersichtlichkeit bleibt es an dieser Stelle jedoch bei dieser Grundauswahl.

Es ergibt sich für die St. Martin gGmbH folgendes Tableau:

	Altenhilfe		Behindertenhilfe		Jugendhilfe		Gesamt	
	n	n-1	n	n-1	n	n-1	n	n-1
Umsatzerlöse:	5200 T €	4400 T €	7300 T €	7230 T €	2000 T €	2200 T €	14500 T €	13830 T €
Ergebniskennzahlen:								
Jahresüberschuss	500 T €	200 T €	350 T €	340 T €	50 T €	60 T €	900 T €	600 T €
EBIT	800 T €	380 T €	410 T €	420 T €	55 T €	62 T €	1265 T €	862 T €
EBITDA	900 T €	490 T €	750 T €	770 T €	140 T €	145 T €	1790 T €	1405 T €
Abschreibungen:	100 T €	110 T €	340 T €	350 T €	85 T €	83 T €	525 T €	543 T €
Segmentvermögen (sowohl materiell als auch immateriell):	3500 T €	1200 T €	1950 T €	1900 T €	197 T €	230 T €	5647 T €	3330 T €
Summe der in der Referenzperiode getätigten Investitionen in das langfristige Vermögen:	6500 T €	2400 T €	340 T €	350 T €	25 T €	50 T €	6865 T €	2800 T €
Segmentschulden am Erhebungsstichtag:	5600 T €	1910 T €	190 T €	200 T €	0 T €	0 T €	5790 T €	2110 T €

Tabelle 9: Stammdaten Segmentberichterstattung (Alle Werte in Tausend Euro)

Nun können die Daten einem **intersegmentären** und einem **Zeitreihenvergleich** unterzogen werden, um die bisher verfolgten Segmentstrategien analysieren zu können.[99]

Im **Zeitreihenvergleich** (Vergleich von zwei Perioden innerhalb eines Segmentes; Spaltenweise) lassen bezüglich Umsatz, EBITDA und Vermögen folgende Tendenzaussagen treffen:

Im Segment Altenhilfe ist der Umsatz stark gewachsen. Von *n-1* zu *n* wuchs er um 18%, dabei konnte der EBITDA um 84 % gesteigert werden. Dies ist insbesondere auf eine im Verhältnis zum Umsatz überproportionale Steigerung des Jahresüberschusses zurückzuführen. Die Vermögenssubstanz des Segments Altenhilfe verdoppelte sich zudem fast (+192%).

Der Bereich Behindertenhilfe verzeichnete zum Jahreswechsel ein leichtes Umsatzwachstum um 1%. Der EBITDA fiel leicht um 3 Prozentpunkte. Dabei wurde Vermögen allenfalls marginal aufgebaut (Wachstum um 3%).

Im Segment Jugendhilfe ging der Umsatz von *n-1* zu *n* um 9% zurück, dabei verlor der EBITDA 3 Prozentpunkte. Im gleichen Zeitraum wurde das Segmentvermögen stark abgebaut, so erfuhr die Vermögenssubstanz einen Rückgang um 50%.

Aufbauend auf diesen Tendenzaussagen wird nun ein **intersegmentärer Vergleich** durchgeführt. Dazu werden die Zeilensummen einer Kennzahl gebildet und auf 100% indexiert. Sodann sind die Anteile der einzelnen Summenbestandteile zu bilden. Man

---

99 Vgl. Graumann 2011, S. 108.

bezeichnet diesen Vorgang auch als Konzentrationsanalyse, das folgende Tableau illustriert das Vorgehen.

	Altenhilfe		Behindertenhilfe		Jugendhilfe		Gesamt	
	n	n-1	n	n-1	n	n-1	n	n-1
Umsatzerlöse:	36%	32%	50%	52%	14%	16%	100%	100%
Ergebniskennzahlen:								
Jahresüberschuss	56%	33%	39%	57%	6%	10%	100%	100%
EBIT	63%	44%	32%	49%	4%	7%	100%	100%
EBITDA	50%	35%	42%	55%	8%	10%	100%	100%
Abschreibungen:	19%	20%	65%	64%	16%	15%	100%	100%
Segmentvermögen (sowohl materiell als auch immateriell):	62%	36%	35%	57%	3%	7%	100%	100%
Summe der in der Referenzperiode getätigten Investitionen in das langfristige Vermögen:	95%	86%	5%	13%	0%	2%	100%	100%
Segmentschulden am Erhebungsstichtag:	97%	91%	3%	9%	0%	0%	100%	100%

Tabelle 10: Konzentrationsanalyse im Rahmen der Segmentberichterstattung

Die Werte lassen sich nun hinsichtlich bestimmter Schwerpunkte auswerten. Hier sollen besonders die Rentabilität[100] und die Vermögenssubstanz der Segmente betrachtet werden.[101] Schlussendlich wird es möglich, die bisher verfolgten Segmentstrategien sowie die Segmentsituationen zu beschreiben und zu vergleichen.

Altenhilfe:

Der Anteil an den Gesamtumsatzerlösen ist in beiden Jahren unter dem am Gesamt-EBITDA, wobei der Anteil am Gesamt-EBITDA steigt. Damit ist das Segment von herausragender Rentabilität gegenüber dem Gesamtunternehmen, es ist ein Unternehmenswerttreiber und erwirtschaftet de facto eine Überrendite. Dies wird auch dadurch bestätigt, dass der Anteil am Gesamt-EBIT über dem am Gesamt-EBITDA liegt. Auf dieses Segment entfallen damit unterdurchschnittlich hohe Abschreibungen, was auf einen dynamischen Markt hindeutet, der entsprechend Investitionen und Expansionen nach sich zieht.[102]

In beiden Jahren ist der Anteil an den Gesamtinvestitionen weit über dem an den Gesamtabschreibungen. Im Segment Altenhilfe findet somit ein massiver Vermögensauf-

---

100 Die (Umsatz-)Rentabilität wird dabei als Quotient von EBITDA und Umsatz definiert.
101 Die Analyse kann in der Praxis sehr komplex und detailliert gestaltet werden. An dieser Stelle erfolgt jedoch eine Beschränkung auf die grundlegenden Parameter, um die Grundmechanik der Segmentberichterstattung zu verdeutlichen.
102 Ausschlaggebend sind dabei rechnerische Besonderheiten bei der Herleitung des EBITDA. Siehe dazu Abschnitt 4 dieser Fallstudie.

bau statt. Da der Anteil an den Gesamtschulden mit 97 bzw. 91% weit über dem Anteil am Gesamtvermögen liegt (62 bzw. 36%), ist zudem ersichtlich, dass das dortige Vermögen überdurchschnittlich stark fremdfinanziert ist.

Behindertenhilfe:

Für die Behindertenhilfe stellt sich die Situation anders dar. Ihr Anteil am Gesamt-EBITDA liegt im Jahr n erstmals unter dem Segmentanteil an den Gesamtumsätzen. Dies deutet auf eine nachlassende Rentabilität hin.

Dennoch ist das Segment Hauptumsatzträger der St. Martin gGmbH. Da der Anteil am Gesamt-EBITDA in beiden Jahren über dem am Gesamt-EBIT liegt, ist von überdurchschnittlich hohen Abschreibungen in diesem Segment auszugehen. Dies deutet auf einen reifen Markt hin, in dem kein Marktpotenzialwachstum mehr auftritt, sodass Expansion und Investition ausbleiben. Korrespondierend dazu ist erkennbar, dass in beiden Jahren Ersatzinvestitionen in Höhe der Abschreibungen getätigt wurden. Es findet somit kein Substanzaufbau mehr statt, lediglich Instandhaltung wird weiterhin betrieben. Gleichzeitig zeichnet sich durch die Reduktion der Segmentschulden eine Konsolidierung ab.

Jugendhilfe:

In beiden Jahren liegt der Anteil dieses Segmentes am Gesamtumsatz weit über dem am Gesamt-EBITDA, was auf eine schwache Rentabilität hindeutet. Dies wird nicht zuletzt dadurch bestätigt, dass der absolute Jahresüberschuss stärker fällt als der Segmentumsatz.

Auffällig ist, dass im Segment Jugendhilfe massiv Vermögen abgebaut wird. Dies spiegelt sich in der absoluten Nettoinvestition wieder. De facto wird eine Desinvestitionspolitik betrieben, da die Abschreibungen weit über den Investitionen liegen, im Jahr n finden sogar gar keine Investitionen mehr statt, was die Jugendhilfe zu einem wichtigen Zahlungsmittellieferant für den Gesamtträger macht. Letztlich wurden die Schulden in diesem Segment vollständig getilgt.

1.1.3 Management und Controlling

Der Vergleich der Segmente Alten-, Behinderten und Jugendhilfe zeigt sehr verschiedene Strategien und Situationen in den jeweiligen Teilmärkten. Diese sollen nun gewürdigt und auf Ebene des Gesamtträgers interpretiert werden.

Die Altenhilfe wird vom Management als für die Zukunft wegweisender Markt begriffen. Dies zieht in großem Maße Investitionen nach sich, die zudem mehrheitlich fremdfinanziert sind. Die St. Martin gGmbH verfolgt eine Wachstumsstrategie.[103] Der cashflow dieses Segmentes, der hier nicht dargestellt ist, dürfte stark negativ sein. Das Umsatzwachstum rechtfertigt diese Strategie, zudem ist eine merkliche Produktivitätsstei-

---

103 Wie aggressiv die Wachstumsstrategie tatsächlich ist, vermag eine Betrachtung des cash-flows zu klären.

gerung ursächlich für das überproportionale[104] Wachstum des Jahresüberschusses im Segment Altenhilfe. Damit deutet die St. Martin gGmbH eine gewisse Wettbewerbsstärke bei hoher Marktattraktivität an. Dennoch sollte das Management darauf achten, nicht zu viele Kapazitäten aufzubauen, da dies in Zeiten ausbleibenden Umsatzwachstums ein Fixkostenrisiko induziert.

Man spricht in diesem Zusammenhang in der Portfolioanalyse auch von „Fragezeichen."[105] Sie binden aufgrund positiver Zukunftsaussichten mehr Zahlungsmittel als durch Einzahlungen bereitgestellt werden, da Investitionen nötig sind, um an diesen partizipieren zu können. Dabei ist die Amortisation der getätigten Investitionen noch nicht gewiss, da der Markt (hier: für Leistungen im Rahmen der Altenhilfe) zwar überaus attraktiv ist, aber ausreichende Marktanteile fehlen. Können Wettbewerbsvorteile (z.B. in Form von Produktivität) in Marktanteilszuwächse transformiert werden, so spricht man von einem „Star".

Die Behindertenhilfe ist als Hauptumsatzträger für das Unternehmen von herausragender Bedeutung. Es handelt sich um einen ausgereiften Markt, der mit den vorhandenen Ressourcen bedient wird, Neuinvestitionen bleiben aus. Gleichzeitig werden Schulden abgebaut. Die Umsatzerlöse wachsen nur noch marginal, zudem ist das Segment zunehmend unrentabel. Die St. Martin gGmbH nutzt offenbar das noch vorhandene Marktpotenzial sowie zunehmend älteres Vermögen, um Zahlungsmittel zu generieren. Dies geschieht offenbar vornehmlich aus Abschreibungen.[106] Alles in allem hat es den Anschein, dass die St. Martin gGmbH das Marktpotenzial „abmelkt". Sie rechnet nicht mit einer nennenswerten Verbesserung der Chancen im Bereich Behindertenhilfe. Allerdings sind die Risiken noch nicht so groß, dass ein drastischer Vermögensabbau oder gar ein Marktaustritt erforderlich wäre. In der Portfolioanalyse werden diese Segmente auch als „Cash-Kühe" bezeichnet. Sie dienen allein der Generierung von Zahlungsmitteln.

Im Segment Jugendhilfe deuten schwache Rentabilitäten und schrumpfende Umsätze auf einen gesättigten bzw. schrumpfenden Markt bei gleichzeitig rückläufigen Marktanteilen hin. Die St. Martin gGmbH reagiert mit einem massiven Vermögensabbau bzw. einem Investitionsstopp. Diese Kombination aus hohen Abschreibungen und fehlenden bzw. stark rückläufigen Investitionen führt auch hier zur Generierung enormer Zahlungsmittelreserven. Das Segment ist zudem nicht mehr mit Schulden belastet.

Die St. Martin gGmbH bereitet offenbar einen Marktaustritt vor. Es handelt sich hier somit ebenso um eine „Cash-Kuh" die auf dem Weg dahin ist, ein sog. „armer Hund" zu werden. Sie sind von einer schwachen Wettbewerbsposition bei gleichzeitig geringem Marktpotenzial gekennzeichnet.

---

104 Proportionalität bezieht sich hier auf den Vergleich zum Wachstum des Jahresüberschusses des Gesamtträgers. Dieser wuchs mit +150% weniger stark als der Jahresüberschuss der Altenhilfe (+250%).

105 Zu diesem und weiteren Begriffen aus der Portfolioanalyse (Armer Hund, Cash-Kuh,...) vgl. Graumann 2011, S. 134 ff.

106 Annahme: Die ergebnismindernde Wirkung von Abschreibungen führt zu einem wachsenden Zahlungsmittelfonds, mithin einem steigenden cash-flow.

Schlussendlich kann gesagt werden, dass der Träger eine risikobehaftete Gesamtstrategie verfolgt. Der enorme fremdfinanzierte Kapazitätsaufbau in der Altenhilfe kann in Zukunft zu einem Amortisations- und Fixkostenproblem führen. Sollten die in diesem Segment generierten Zahlungsmittel dann nicht ausreichen, um den Kapitaldienst und weitere laufende Kosten zu bewältigen, droht die Zahlungsunfähigkeit des gesamten Trägers.[107] Hier kann eine PEST-Analyse[108] helfen, die Erwartungen an den Markt zu validieren, bevor weitere strategische Schritte eingeleitet werden.

Es wird deutlich, wie ungenau eine strategische Planung allein auf Trägereben wäre. Berechnet man die Umsatzrentabilität des Gesamtträgers für beide Jahre auf EBITDA-Ebene erhält man mit 12,3% bzw. 10,2% zunächst zufriedenstellende Werte, jedoch ohne ihren Ursprung bzw. segmentspezifische Problemfelder ausmachen zu können, was die Aussagekraft von Kennzahlen für den Gesamtträger einschränkt. Die Segmentberichterstattung vermag diese Lücke im Rahmen einer strategischen IST-Analyse zu schließen.

1.1.4 Kennzahlen

Kennzahl Name	EBIT (Earnings before interests and taxes)/Betriebserfolg
Beschreibung	Gibt an, wie hoch der Jahresüberschuss, korrigiert um ergebniswirksame Zins- und Steueraufwendungen, ist.
Formel	*Jahresüberschuss gem. GuV + Zinsaufwand der Periode* *+ Steuern vom Einkommen und Ertrag der Periode*
Darstellung des Ergebnisses	Darstellung des Ergebnisses in Geldeinheiten (€)
Bedeutung/Interpretation	Durch das Hinzuaddieren von Zins- und Steueraufwendungen wird der Jahresüberschuss laut Gewinn- und Verlustrechnung um wesentliche, vom Management manipulierbare, Faktoren bereinigt. Denn das Ergebnis wird nicht mehr durch Standortentscheidungen (beeinflussen die Steuerlast) und die Kapitalstruktur (hoher Fremdkapitalanteil induziert hohe Zinszahlungen, was den Jahresüberschuss mindert) des Unternehmens verzerrt. Dadurch wird ein authentischeres Bild des operativen Ergebnisses erzeugt.
mögliche Ergebnisse	-n bis n

---

107 Dahinter steckt die Annahme, dass ein „Star" seine Auszahlungen aus eigenen Einzahlungen bzw. cash-flows bestreiten können muss. Vgl. dazu: Graumann 2011, S. 134 ff.

108 Die PEST-Analyse ist ein Instrument, das der kennzahlgestützten Analyse der strategisch relevanten Einflussfaktoren dient. Ziel ist die Beurteilung des Marktumfeldes. Sie wird im Rahmen der Strategieentwicklung in den folgenden Fallstudien anwendungsorientiert erläutert. Vgl. zu weiteren theoretischen Überlegungen Graumann 2011, S. 61 ff.

Kennzahl Name	EBITDA (Earnings before interest, taxes, depreciation and amortization)/Betriebserfolg vor Abschreibungen
Beschreibung	Gibt an, wie hoch der Jahresüberschuss, korrigiert um ergebniswirksame Zins-, Steuer- und Abschreibungsaufwendungen ist.
Formel	$EBIT + Abschreibungen\ auf\ aktivierte\ Geschäfts\text{-}\ bzw.\ Firmenwerte$ $+ Abschreibungen\ auf\ immaterielles\ und\ Sachanlagevermögen$
Darstellung des Ergebnisses	Darstellung des Ergebnisses in Geldeinheiten (€)
Bedeutung/Interpretation	Neben den aus dem EBIT bekannten Korrekturen werden beim EBITDA noch vom Management beeinflussbare Abschreibungsaufwendungen hinzuaddiert, um ihren ergebniswirksamen Effekt rückgängig zu machen. Sie machen regelmäßig den größten Teil der nicht auszahlungswirksamen Aufwendungen aus und haben damit den größten Einfluss auf den Jahresüberschuss. Die Aussagefähigkeit dieser Ergebniskennzahl ist gegenüber der des EBIT höher, da eine größere Annäherung an das tatsächliche operative Ergebnis möglich ist. Die Liquiditätssituation eines Unternehmens lässt sich indes aus dieser Kennzahl nicht ableiten.
mögliche Ergebnisse	-n bis n

1.2 Durchführung einer PEST-Analyse zur Analyse der strategisch relevanten Rahmenbedingungen

1.2.1 Fallbeispiel

Die St. Martin gGmbH möchte ihre bisher verfolgte offensive Expansionsstrategie im Segment Altenhilfe auf Plausibilität überprüfen.[109] Es handelt sich bei den Investitionsprojekten fast vollständig um den Neubau von vollstationären Wohneinrichtungen, vorrangiges Angebot soll die Dauerpflege sein.

Somit ist eine Analyse des Marktes für vollstationäre Altenwohnheime unter Risikogesichtspunkten für den Träger durchzuführen, die in der Praxis oftmals mithilfe der nun vorgestellten PEST-Analyse vorgenommen wird. Ziel ist die Beantwortung der Frage, welche Einflüsse den Zielmarkt in Zukunft wesentlich determinieren werden, wie stark der Träger von ihnen betroffen ist und ob sie Chance oder Risiko für den Träger und die verfolgte Strategie darstellen.

1.2.2 Analyseverfahren

Die vier grundlegenden Analysefelder der PEST-Analyse sind politische, wirtschaftliche, sozio-kulturelle und technische Einflüsse auf die Unternehmensumwelt. Sie werden mittels Kennzahlbildung mess- und interpretierbar gemacht.

Da branchen- und unternehmensspezifische Sachverhalte in den Mittelpunkt rücken müssen, sind nicht für alle Handlungsfelder zwingend in gleichem Umfang Kennzahlen zu bilden. Sozialwirtschaftliche Unternehmen werden z.B. die politische Perspektive in größerem Umfang würdigen als die technische Dimension. Auch die Entwicklung eigener Kennzahlen oder Interpretation von Sekundärkennzahlen z.B. aus volkswirtschaftlichen Gesamtbetrachtungen ist möglich und auch oft nötig. Wichtig ist allein eine zwingende Redundanz- und Widerspruchsfreiheit zwischen den Kennzahlen. Zudem sollte eine Vollständigkeit in dem Sinne garantiert sein, dass die Unternehmensumwelt

---

109 Die PEST-Analyse ist bereits vor solchen Investitionsentscheidungen zwingend durchzuführen. Hier wird angenommen, dass dies geschehen ist.

möglichst umfassend abgebildet wird.[110] Hier soll sich jedoch auf einige wenige Kennzahlen beschränkt werden, um das Instrument verständlich darzustellen.

Die Kennzahlen dienen der zuverlässigen Messung und Beurteilung von Einflussfaktoren auf den Zielmarkt.[111] Auf Basis der Überlegungen zu zukünftigen Einflussfaktoren sind sodann Kennzahlen nach obigen Maßstäben zu entwickeln.

Bei den hier verwendeten Kennzahlen handelt es sich im Einzelnen um den realen Erlössteigerungsindex, den regionalen Auslastungsgrad, den realen Lohnsteigerungsindex und die absolute Anzahl der Bundesbürger im typischerweise mit vollstationärer Aufnahme einhergehenden Alter.

Den Dimensionen der PEST-Analyse folgend, werden die Kennzahlen in nachstehender Tabelle den identifizierten Einflüssen zugeordnet:

PEST-Dimension	Mögliche Einflüsse auf die Strategie	Kennzahl
Politische Einflüsse (P)	Die Erlöshöhe wird in Verhandlungen zwischen Pflegekassen und Leistungserbringern festgelegt und ist somit nicht marktbestimmt.	Realer Erlössteigerungsindex
Wirtschaftliche Einflüsse (E)	Die Wettbewerbsintensität ist ein zentrales Feld der Analyse der wirtschaftlichen Rahmenbedingungen und wird umso wichtiger, je größer der Anteil der Eigenbeteiligungen der privaten Haushalte an den Kosten für die stationäre Heimunterbringung wird. Auch die zunehmende Konkurrenz ambulanter Versorgungsformen nimmt Einfluss auf die Auslastung.	Regionaler Auslastungsgrad
	Das Lohniveau der Mitarbeiter bestimmt in der personalintensiven Sozialwirtschaft einen Großteil der Cash-wirksamen Ausgaben und damit die Zahlungsfähigkeit eines Trägers.	Realer Lohnsteigerungsindex
Sozio-kulturelle Einflüsse (S)	Die demografische Entwicklung einer Gesellschaft nimmt maßgeblichen Einfluss auf das Marktvolumen für stationäre Altenhilfeleistungen.	Absolute Anzahl der Menschen in Deutschland, die älter als z Jahre sind
Technische Einflüsse (T)	-	-

Tabelle 11: Zuordnung der verwendeten Kennzahlen zu Analysefeldern der PEST-Analyse

Zunächst sind zur Kennzahlberechnung und Interpretation Rohdaten bzw. Sekundärkennzahlen zu erheben. Auf ihre gesammelte Darstellung wird an dieser Stelle verzichtet, sie werden für eine bessere Lesbarkeit im Zuge der einzelnen Kennzahlanalysen und -berechnungen jeweils aufgezeigt. **Vergangenheitsdaten werden im Rahmen der zukunftsgerichteten PEST-Analyse lediglich für eine verbesserte Ableitung von Progno-**

---

110 Der Analyst hat bezüglich der Anzahl der gewählten Kennzahlen völlige Wahlfreiheit. Letztlich obliegt es praktischen Überlegungen, wie mit dem Trade-Off aus Kosten und Nutzen einer solchen Analyse umgegangen wird.

111 Diese sollten vor der eigentlichen Kennzahlenentwicklung bestenfalls durch interdisziplinäre Teams beschrieben werden.

sen über künftige Rahmenbedingungen erhoben. Für das vorliegende Beispiel werden folgende Daten benötigt:

■ Absolute (Landes-)Pflegesätze der sozialen Pflegeversicherungen der letzten x Jahre, differenziert nach Pflegestufen (im Beispiel werden die Jahre n bis n-4 herangezogen);[112]

■ Verbraucherpreisindex der letzten x Jahre (auch hier sind die Jahre n bis n-4 maßgeblich);[113]

■ Durchschnittliche Auslastungsgrade von vollstationären Einrichtungen der Altenhilfe in der Zielregion (Landkreis, Bundesland etc.);[114]

■ Die absolute Anzahl der Menschen in der Zielregion (Landkreis, Bundesland etc.), die gegenwärtig und in y Jahren älter als z Jahre sind;[115]

■ Absolute Bruttolöhne im stationären Sozialbereich in den letzten x Jahren (maßgeblich sind die Jahre n bis n-4).[116]

Für die Entwicklung der Pflegesätze/der **Erlöse** im Bereich der stationären Altenhilfe kann folgende Entwicklung konstatiert werden.

	Pflegestufe					
	1		2		3	
Jahr	Absolut	Prozentuale Veränderung zum Vorjahr	Absolut	Prozentuale Veränderung zum Vorjahr	Absolut	Prozentuale Veränderung zum Vorjahr
n-4	1.023,00 €	-	1.279,00 €	-	1.451,00 €	-
n-3	1.023,00 €	0%	1.279,00 €	0%	1.470,00 €	1,3%
n-2	1.023,00 €	0%	1.279,00 €	0%	1.510,00 €	2,7%
n-1	1.023,00 €	0%	1.279,00 €	0%	1.510,00 €	0%
n	1.023,00 €	0%	1.279,00 €	0%	1.550,00 €	2,7%

Tabelle 12: Entwicklung der nominalen Pflegesätze nach Pflegestufen in Euro (Pflegestufe 3 ohne Härtefälle)

---

112 Diese sind z.B. auf den Internetseiten des Bundesministeriums für Gesundheit in Gestalt der bundesweit höchsten Werte angegeben (http://www.bundesgesundheitsministerium.de/fileadmin/redaktion/pdf_statistike n/pflege/Leistungsansprueche-3-09-2008.pdf). In der Praxis sollten die geltenden Landeswerte herangezogen werden.

113 Diese können auf den Seiten des statistischen Bundesamtes eingesehen werden (https://www.destatis.de/DE/P ublikationen/Thematisch/Preise/Verbraucherpreise/VerbraucherpreisindexLangeReihenPDF_5611103.pdf?__ blob=publicationFile). Alternativ kann auch direkt die Inflationsrate herangezogen werden, dann muss für Zeitraumbetrachtungen jedoch das geometrische Mittel der Inflationsraten berechnet und auf den Betrachtungszeitraum bezogen werden.

114 Die Auslastungsgrade können z.B. aus der Pflegestatistik des Bundes entnommen werden, die diese nach Landkreisen geordnet wiedergibt. Dabei werden Bewohner mit der „Pflegestufe 0" und Kurzzeitpflegepatienten nicht mit berücksichtigt (https://www.destatis.de/DE/Publikationen/Thematisch/Gesundheit/Pflege/Pfle geKreisvergleich5224103099004.pdf?__blob=publicationFile).

115 Hier kann z.B. auf das Statistische Bundesamt verwiesen werden (https://www.destatis.de/DE/Publikationen/ Thematisch/Bevoelkerung/VorausberechnungBevoelkerung/BevoelkerungDeutschland2060Presse512420409 9004.pdf?__blob=publicationFile).

116 In der Praxis werden an dieser Stelle idealerweise Tarifabschlüsse, die für das jeweilige Haus bindend sind, zeitreihig aufbereitet.

Es wird bereits ersichtlich, dass die absoluten Pflegesätze kaum Veränderung erfahren haben. Lediglich bei den Pflegesätzen für Bedürftige in der Pflegestufe 3 fand über den gesamten Zeitraum eine Anhebung um 6,82% statt. Dies ist jedoch lediglich die nominale Entwicklung. Zur Berechnung des realen Erlössteigerungsindexes ist eine Gegenüberstellung mit der Inflation im gleichen Zeitraum vorzunehmen. Diese gestaltete sich für die Jahre *n-4* bis *n* folgendermaßen:

	Verbraucherpreisindex	Inflationsrate p.a.
n-4	103,9	-
n-3	106,6	2,6%
n-2	107	0,4%
n-1	108,2	1,1%
n	110,7	2,3%

Tabelle 13: Verbraucherpreisindex und Inflationsrate pro Jahr (Das Indexjahr mit dem Faktor 100 liegt außerhalb des Betrachtungszeitraumes)

Die Geldentwertungsrate, die auf Basis des Verbraucherpreisindexes berechnet wird, liegt im Betrachtungszeitraum somit bei $\left(\frac{110,7}{103,9}*100\right) - 100 = 6,54\%$.

Die Pflegesätze haben somit für die Pflegestufen 1 und 2 einen Realverlust um 6,54% erfahren, da keine Anpassung an die Inflation vorgenommen wurde. Es ergibt sich ein negativer realer Erlössteigerungsindex. Für die Entgelte der Pflegestufe 3 fällt der Erlössteigerungsindex dagegen schwach positiv aus (6,82%-6,54%=0,28%). Damit liegt ein marginaler Realanstieg dieser Erlöse vor. Über alle Pflegestufen hinweg ergibt sich somit ein durchschnittlicher realer Erlössteigerungsindex im gesamten Betrachtungszeitraum von $\left(\frac{-6,54 - 6,54 + 0,28}{3}\right) = -4,27\%$.

Nun gilt es den **regionalen Auslastungsgrad** im Bereich der vollstationären Altenpflege zu untersuchen. Dabei steht weniger die betriebswirtschaftliche Kapazitätsauslastung des einzelnen Heimes als die Erfassung eines regionalen Potenzials im Vordergrund, indem das Verhältnis aus Pflegebedürftigen und zur Verfügung stehenden Heimplätzen berechnet wird. Die Auslastung sollte alleine schon aufgrund regional bedingt großer Unterschiede in der Altersstruktur der Bevölkerung auf Basis regionaler Werte erfolgen. Es empfehlen sich auch hier mehrjährige Betrachtungen, um Tendenzen für die Zukunft und somit Implikationen für die Strategiefindung erkennen zu können. Für die Zielregion der St. Martin gGmbH ergibt sich folgende Auslastungssituation gemäß amtlicher Statistik:

Jahr	Auslastungsgrade	Prozentuale Veränderung zum Vorjahr
n-4	93,11%	-
n-3	92,50%	-0,66%
n-2	90,40%	-2,27%
n-1	89,70%	-0,77%
n	86,90%	-3,12%

Tabelle 14: Auslastungsgrade des Landkreises der St. Martin gGmbH im Zeitverlauf (exklusive Kurzzeitpflege und Bewohner der „Pflegestufe 0")

Es wird schnell deutlich, dass sich die Auslastungssituation im Zielgebiet der St. Martin gGmbH im Bereich der vollstationären Altenhilfe dramatisch verschlechtert hat. Dies kann unabhängig vom Träger zu großen Fix- bzw. Leerkostenrisiken führen. Es wird zu prüfen sein, inwieweit die St. Martin gGmbH in der Lage ist, ein solches Risiko durch eigene Stärken zu kompensieren.

Nun soll eine zukunftsgerichtete Betrachtung des **Lohnniveaus** in der Pflege erfolgen. Auch hier wird die bisherige Entwicklung der Vergangenheit als Ausgangspunkt der Hypothesenbildung für die Zukunft verwendet. Es ergibt sich folgende Konstellation:

Jahr	Durchschnittlicher Bruttolohn (ohne Sonderzahlungen)	Prozentuale Veränderung zum Vorjahr
n-4	1.824,00 €	-
n-3	1.860,00 €	2,0%
n-2	1.910,00 €	2,7%
n-1	1.987,00 €	4,0%
n	2.028,29 €	2,1%

Tabelle 15: Entwicklung der durchschnittlichen Bruttomonatslöhne (ohne Sonderzahlungen) im Bereich der stationären Altenhilfe

Damit lag im Betrachtungszeitraum im gesamten Wirtschaftszweig eine nominale Bruttolohnsteigerung von rund 11% vor. Bei der Berechnung des realen Lohnsteigerungsindexes zeigt sich, dass die Löhne in den Jahren n-4 bis n stärker gestiegen sind, als Geldwert inflationär vernichtet wurde. Der reale Lohnsteigerungsindex liegt somit bei 11%-6,54%=4,46%, was einer realen Lohnsteigerung entspricht.

Zur Ableitung des künftigen Marktvolumens kann mittels Bevölkerungsvorausberechnungen die voraussichtliche **Anzahl von Menschen des typischerweise stationäre Unterbringung erfordernden Alters** herangezogen werden. In diesem Fall soll angenommen werden, dass eine vollstationäre Unterbringung meist erst im Alter von 80 Jahren erforderlich wird. Es ist somit zu klären, wie hoch der Anteil der über 80-jährigen in Zukunft sein wird. Zwischen den Jahren n und n+60 wird hier mehr als eine Verdoppelung der Personenzahl von 4,1 auf 9 Millionen Menschen angenommen.

Die Daten sollen nun vor dem Hintergrund der verfolgten Strategie gewürdigt werden, was die PEST-Analyse im engeren Sinne darstellt.

Das Instrument bedient sich dazu eines Scoring-Verfahrens, das der Nutzwertanalyse ähnelt.[117] Es werden Hypothesen über die zukünftige Entwicklung der Kennzahlen innerhalb eines festgelegten Zeitraumes gebildet (hier: n bis $n+5$). Dies findet Konkretisierung in der Festlegung eines Erwartungswertes sowie einer Bandbreite (jeweils markiert durch den besten und den ungünstigsten Fall), innerhalb der die Kennzahlausprägung bzw. der Erwartungswert künftig vermutlich schwanken wird.[118]

Sodann erfolgt eine Beurteilung dieser Ausprägungen mit Blick auf die eigene Strategie mittels ordinaler Skalierung („Ist eine Entwicklung Chance oder Risiko für den Träger?").

Schlussendlich erfolgt eine Gewichtung zur Ableitung der eigenen Betroffenheit (Je größer das relative Gewicht eines Einflussfaktors, desto wichtiger ist er für künftige strategische Vorhaben).

Im letzten Schritt werden Gewichtungsfaktor und Bewertungspunkte miteinander multipliziert. Je höher der Zeilenwert eines Einflussfaktors ist, desto günstiger sind die identifizierten Rahmenbedingungen mit Blick auf die eigene Strategie einzuschätzen. Dies gilt analog für die Spaltensumme der Punktwerte.

Einflussgröße	Kennzahl	Aktueller Wert (n)	Erwartungswert in n+5	Geschätzte Bandbreite	Bewertung der Entwicklung*	Gewichtung (Σ=1)	Punkt-wert[119]
Nicht marktbestimmte Erlöshöhe	Realer Erlössteige-rungsindex	-4,27% (5 Jahre)	-7%	-6% bis -8%	0	0,3	0
Zunehmende Angebotskonkurrenz	Auslastungsgrad	86,90%	82,50%	80%-85%	1	0,35	0,35
Entwicklung der Lohnkosten	Realer Lohnsteige-rungsindex	4,46% (5 Jahre)	6,50%	5%-8%	1	0,2	0,2
Demografische Entwicklung in Deutschland	Absolute Anzahl der Menschen in der BRD, die älter als z Jahre sind	4,1 Millionen	4,6 Millionen	4,5-4,7 Millionen	3	0,15	0,45

* 0 = hohes Risiko, 1 = mittleres Risiko, 2 = wenig Änderungen, 3 = mittlere Chance

Tabelle 16: Durchführung der PEST-Analyse zur Plausibilisierung der Expansionen in der stationären Altenhilfe durch die St. Martin gGmbH (Prognosezeitraum: n bis $n+5$)

1.2.3 Management und Controlling

Nun sollen die zukünftigen strategischen Implikationen für die St. Martin gGmbH herausgearbeitet werden, die sich aus den Ergebnissen der PEST-Analyse bereits ableiten lassen. Dabei werden die wichtigsten Einflussfaktoren gesondert behandelt, bevor ein Gesamturteil über die strategisch relevanten Rahmenbedingungen formuliert wird.

---

117 Vgl. zu diesem Instrument Jung, Bruck und Quarg 2011, S. 148 f.
118 Vgl. zum Erwartungswert und der Bandbreite Graumann 2011, S. 55.
119 Bewertung * Gewichtungsfaktor.

Es ist zu erwarten, dass der reale Erlösverlust im Bereich der Altenhilfe weiterhin Bestand haben wird. Dies stellt das größte Risiko für den Träger dar. Angesichts leerer öffentlicher Kassen ist es kaum möglich, diese immer größer werdende Lücke durch Zuschüsse außerhalb der Leistungsentgelte zu schließen. Es kann daher für die Zukunft ratsam sein, sich auf Schwerstpflegebedürftige oder sogenannte Härtefalle zu spezialisieren, da die Erlöse dort weniger unter Druck geraten sind und immerhin einen Inflationsausgleich erfahren haben. Kommt es zu höheren Selbstbeteiligungen der Pflegebedürftigen (und damit zu einer höheren Preissensibilität) ist jedoch auch hier von einem steigenden Angebotswettbewerb auszugehen.

Ebenso werden die regionalen Auslastungsgrade weiterhin sinken. Dies ist nicht zuletzt dadurch begründet, dass es ein Überangebot an Heimplätzen gibt. Gleichzeitig geraten stationäre Versorgungsformen zunehmend durch ambulante Angebote unter Druck. Keine andere Kennzahl legt das Amortisations- bzw. Fixkostenrisiko so offen, wie der regionale Auslastungsgrad.[120] Angesichts der schlechten Prognose sollte, wenn keine anderen Möglichkeiten zur Kapazitätsauslastung (bspw. durch Tages- oder Kurzzeitpflege) bestehen, über einen Kapazitätsrückbau oder –verkauf durch den Träger nachgedacht werden. Die Frage, ob es weitere Angebote bei der St. Martin gGmbH gibt, die die Kapazitätsauslastung steigern würden, ist Gegenstand der SWOT-Analyse.

Die reale Steigerung der Lohnkosten für Pflegekräfte würde die St. Martin gGmbH zusätzlich in Bedrängnis bringen. Auch hier wird mit einer Verschärfung der Lage gerechnet. Strategische Implikationen liegen hier besonders in einer möglichst flexiblen Dienstplangestaltung. Ebenso kann der teilweise Einsatz von geringfügig Beschäftigten angedacht werden. Dies sollte jedoch unter Qualitätsaspekten mit Vorsicht umgesetzt werden.

Schlussendlich lässt sich für das Engagement der St. Martin gGmbH im Bereich der stationären Altenhilfe aus Umwelt- bzw. Marktsicht ein gemischtes Bild zeichnen. Während es offenbar einen Markt für diese Leistungen gibt, nehmen der dortige Wettbewerb sowie eine gegenläufige Entwicklung von Kosten und Erlösen an Schärfe zu. Es bleibt abzuwarten, inwieweit der Träger Potenziale (insbesondere im Bereich der Kapazitätsauslastung) mobilisieren kann, mit denen er den teils beträchtlichen Umweltrisiken begegnet. Dies ist im Wege einer SWOT-Analyse zu klären.

---

120 Der einrichtungsbezogene Auslastungsgrad wird analog berechnet.

1.2.4 Kennzahlen

Kennzahl Name	Regionaler Auslastungsgrad
Beschreibung	Gibt an, wie das Verhältnis von Pflegebedürftigen (im Sinne des Pflegebedürftigkeitsbegriffes des SGB XI) in einer Region zu den dortigen Heimplätzen ist. Diese Kennzahl wird von der Bundesregierung in der regelmäßig erscheinenden Pflegestatistik verwendet und eignet sich daher besonders für die Betrachtung regionaler Märkte, wie es in der PEST-Analyse mithin der Fall ist.
Formel	$$\frac{\textit{Pflegebedürftige in der Zielregion}}{\textit{Verfügbare Heimplätze in der Zielregion}} * 100$$
Darstellung des Ergebnisses	Darstellung des Ergebnisses in Prozent
Bedeutung/Interpretation	Die Kennzahl dient zur Bestimmung des regionalen Potenzials an Pflegebedürftigen in einer Region und ist daher besonders bei geplanten Markteintritten von großer Bedeutung. Da diese Kennzahl jedoch nur Menschen einbezieht, die einer Pflegestufe zugeordnet sind, sollten parallel demografische Kennzahlen zur Altersstruktur der örtlichen Bevölkerung herangezogen werden. Beides liefert ein hinreichend fundiertes Bild für die künftige Entwicklung des Marktvolumens. Neben einer Potenzialanalyse ist durch diese Kennzahl eine Urteilsbildung über die Konkurrenz in der Zielregion möglich. Dabei wird angenommen, dass eine niedrige Auslastung einen enormen Konkurrenzdruck impliziert.
mögliche Ergebnisse	0 bis n (Ein Ergebnis größer 100% ist im Falle eines Unterangebotes an stationären Plätzen hypothetisch möglich)

Kennzahl Name	Realer Erlössteigerungsindex
Beschreibung	Gibt an, wie sich die Erlöse im Vergleich zur Inflation in einem festgelegten Zeitraum entwickelt haben.
Formel	$$\left(\left(\frac{\textit{Erlös im Jahr n}}{\textit{Erlös im Jahr n - x}} * 100\right) - 100\right) - \left(\left(\frac{\textit{Verbraucherpreisindex im Jahr n}}{\textit{Verbraucherpreisindex im Jahr n - x}} * 100\right) - 100\right)$$
Darstellung des Ergebnisses	Darstellung des Ergebnisses in Prozent
Bedeutung/Interpretation	Die Kennzahl hilft, ausgehandelte Pflegesätze vor dem Hintergrund einer fortschreitenden Geldentwertung beurteilen zu können, indem sie sowohl Geldentwertung als auch Erlösentwicklung durch Subtraktion zueinander in Beziehung setzt. Letztlich wird sichtbar, was von nominalen Erlöszuwächsen „noch übrig ist". Ist das Ergebnis negativ, so ist die Geldentwertung im Betrachtungszeitraum stärker vorangeschritten, als die Erhöhung der (administrierten) Erlöse. Es liegt ein Realverlust vor. Ist das Ergebnis jedoch positiv, sind die Erlöse stärker gestiegen als Geld entwertet wurde. Dann ist der Nominalzuwachs auch ein Realzuwachs.
mögliche Ergebnisse	-n bis +n

Kennzahl Name	Realer Lohnsteigerungsindex
Beschreibung	Gibt an, wie sich die ausgabenwirksamen Bruttopersonalkosten im Vergleich zur Geldentwertung in einem ausgesuchten Betrachtungszeitraum verhalten haben.
Formel	$$\left(\left(\frac{\textit{Durchschnittlicher Bruttolohn im Jahr n}}{\textit{Durchschnittlicher Bruttolohn im Jahr n - x}} * 100\right) - 100\right) - \left(\left(\frac{\textit{Verbraucherpreisindex im Jahr n}}{\textit{Verbraucherpreisindex im Jahr n - x}} * 100\right) - 100\right)$$
Darstellung des Ergebnisses	Darstellung des Ergebnisses in Prozent
Bedeutung/Interpretation	Hier werden die Entwicklungen von Bruttolöhnen und Geldentwertung in einer Kennzahl verdichtet. Dies ist deshalb von enormer Bedeutung, da Personalkosten tendenziell den größten Ausgabenposten in sozialwirtschaftlichen Unternehmen darstellen. Hier ist die Interpretation genau umgekehrt. Liegt ein positives Ergebnis vor, so sind die Bruttolöhne stärker gestiegen, als durch Geldentwertung bei ihnen „gespart" wurde. Ein negatives Ergebnis suggeriert hingegen, dass mehr Geldwert vernichtet wurde, als durch eine nominale Erhöhung der Bruttolöhne kompensiert wurde. Dies entspricht auf Arbeitnehmerseite einem Reallohnverlust.
mögliche Ergebnisse	-n bis +n

1.3 Durchführung einer SWOT-Analyse zur Bestimmung der relativen Wettbewerbsstärke

1.3.1 Fallbeispiel

Das Top-Management der St. Martin gGmbH führt in Zusammenarbeit mit dem Controlling eine SWOT-Analyse zur strategischen Planung der weiteren Tätigkeiten auf dem Markt für stationäre Altenhilfeleistungen durch.

Ziel der SWOT-Analyse ist die Identifikation von, aus dem Geschäftsmodell resultierenden, kritischen Aspekten bzw. Voraussetzungen[121] für einen erfolgreichen Marktauftritt. Folgende Fragen stehen im Zentrum der Analyse:

- „Was müssen wir als Träger für den Wettbewerb mitbringen?"
- „Wie gut oder weniger gut sind wir darin?"

Es handelt sich somit um eine Analyse interner Stärken (Strengths) und Schwächen (Weaknesses), wobei die Unternehmensumwelt zunächst unbeachtet bleibt. Der Zielmarkt als solches ist damit kein Gegenstand der Analyse.

Diese reine Analyse der Stärken und Schwächen wird zudem um einen prognostischen Blickwinkel erweitert, indem ihre Bedeutung für die Zukunft beleuchtet wird. Dann wird von Chancen (Opportunities) und Risiken (Risks) gesprochen, die aus Stärken und Schwächen resultieren, womit die vier Analysedimensionen vollständig sind. Analog zur PEST-Analyse sollte auch hier operatoren- bzw. kennzahlgestützt vorgegangen werden.

Die St. Martin gGmbH stützt sich bei ihrer Analyse auf aggregierte Daten ihrer schon betriebenen stationären Altenpflegeheime. Da trägerweit standardisierte Sachverhalte analysiert werden, ist die Übertragbarkeit der Daten gewährleistet, wobei in der Praxis auf eine strukturelle Vergleichbarkeit der Standorte der Einrichtungen geachtet werden sollte.

1.3.2 Analyseverfahren

Die SWOT-Analyse sollte zur möglichst vollständigen Erfassung von für die Marktteilnahme kritischen Erfolgsfaktoren zwingend an der betrieblichen Wertschöpfung ausgerichtet werden. Dies mag trivialer klingen, als es tatsächlich ist. In der Praxis ist im Idealfall eine prozessanalytische Aufbereitung aller Abläufe im Unternehmen die Folge, um entscheidende Prozesse und Ressourcen als solche erkennen und wiederum auf Stärken und Schwächen untersuchen zu können. Dies ist keineswegs nur auf direkte Pflege- und Betreuungstätigkeiten beschränkt, wie sich später zeigen wird. Hier sei zur Vereinfachung angenommen, dass die St. Martin gGmbH über ein trägerweites Prozessmanagement verfügt, das diese Aufbereitung ermöglicht. Sie hat damit eine stan-

---

121 Man spricht in diesem Zusammenhang auch häufig von kritischen Erfolgsfaktoren.

dardisierte „Wertschöpfungskette"[122] im Bereich der stationären Altenhilfe[123] etabliert. In der Praxis steigert dieser Schritt die Qualität der Analyseergebnisse enorm, da die formale Ausgestaltung von Prozessen von Träger zu Träger unterschiedlich bzw. individuell ist.

Die Beurteilung der Prozesse und Ressourcen erfolgt unter der Anwendung von Kennzahlen. Namentlich handelt es sich um die Fachkraftquote, die Kundenfluktuationsrate, die Cross-Selling-Quote, die durchschnittliche Verweildauer und den Casemix.[124]

Aus der prozessanalytischen Betrachtung einer stationären Einrichtung der Altenhilfe lassen sich aus Sicht der St. Martin gGmbH folgende kritische Erfolgsfaktoren für die Marktteilnahme ableiten. Sie selbst sind nebst Begründung der folgenden Tabelle zu entnehmen. Zusätzlich werden die Kennzahlen in die Übersicht eingepasst, die zur fortlaufenden Überwachung[125] der Einhaltung der kritischen Erfolgsfaktoren herangezogen werden sollten.

Kritischer Erfolgsfaktor	Begründung	Kennzahl(en)
Personalmanagement /-entwicklung	Pflegerische Leistungen bedingen unmittelbare Nähe zwischen Klient und Mitarbeiter. Damit erlangt das Personal eine Schlüsselstellung im Rahmen der Leistungsqualität, ebenso wie das gesamte Personalwesen, das z.B. die Rekrutierung und Weiterentwicklung des Personals verantwortet.	Fachkraftquote
Absatz: Neukundengewinnung und Kundenbindung	Unbesetzte Heimplätze führen zu Leer- und damit mehrheitlich zu Fixkosten. Dieses Auslastungsrisiko, das durch steigenden Angebotswettbewerb vergrößert wird, kann durch eine planvolle Markenpolitik gemindert werden. Auch Verbundangebote können bei Komplexträgern eine wichtige Rolle spielen. So werden Klienten später in den stationären Bereich übernommen.	Kundenfluktuationsrate Durchschnittliche Verweildauer Cross-Selling-Quote

---

122 Den Autoren ist die bestreitbare Anwendbarkeit dieses Begriffes an dieser Stelle bewusst. Gleichsam bildet das Wertketten-Modell nach Porter die theoretische Grundlage jeder SWOT-Analyse. Vgl. dazu Hungenberg 2004, S. 144 ff.
123 Dabei wurden standardisierte Prozessbeschreibungen erarbeitet.
124 Die Begriffe Casemix und Casemix-Index werden an dieser Stelle synonym verwendet.
125 Darunter ist z.B. der Einbezug in ein Reporting oder eine Balanced Scorecard zu verstehen.

Kritischer Erfolgsfaktor	Begründung	Kennzahl(en)
Belegungs- und Fallstruktursteuerung	Die Eingruppierung eines Bewohners in eine Pflegestufe determiniert die Höhe der Pauschalvergütung. Bei konstanter Auslastung (und damit konstanten Kosten) verändert sich somit je nach Fallstruktur nur die Erlösseite. Häufig ist eine Quersubventionierung von Pflegestufen mit verhältnismäßig hohem Pflegesatz zu denen mit niedrigem Pflegesatz zu beobachten. Dies ist nur durch eine entsprechende Fallstruktur zu gewährleisten.	Casemix

Tabelle 17: Kritische (unternehmensinterne) Erfolgsfaktoren für das Geschäftsmodell „Stationäre Altenhilfe" aus Sicht der St. Martin gGmbH[126]

Im Einzelnen werden folgende, stichtagsbezogene Daten zur Kennzahlberechnung bzw. -interpretation benötigt:[127]

■ Anzahl der Pflegefachkräfte[128] in Vollzeitäquivalenten (VZÄ) (z.B. examinierte Pflegekräfte) in den bisher betriebenen stationären Altenhilfeeinrichtungen;

■ Anzahl aller Pflegemitarbeiter in Vollzeitäquivalenten in den bisher betriebenen stationären Altenhilfeeinrichtungen;[129]

■ Anzahl der Neukunden (vollstationär aufgenommen) in allen Einrichtungen in der aktuellen Periode;

■ Anzahl aller Kunden der aktuellen Periode;

■ Anzahl der Neukunden der aktuellen Periode aller stationären Einrichtungen, die weitere Angebote des Trägers neben der stationären Dauerpflege in den vergangenen x Jahren genutzt haben;[130]

■ Gesamtdauer der Heimunterbringung der fluktuierten (ausgeschiedenen) Kunden am Tag des Ausscheidens;

■ Anzahl der Bewohner pro Pflegestufe in allen Einrichtungen;

■ Anzahl der Abrechnungstage pro Pflegestufe in allen Einrichtungen.

Zunächst soll das **Personalmanagement** des Trägers betrachtet werden. Dies geschieht mit Hilfe der Fachkraftquote. Am Analysestichtag gestalten sich die Rohdaten folgendermaßen.

---

126 An dieser Stelle ist zu Zwecken der Überschaubarkeit nur eine kleine Auswahl angegeben.
127 Wenn bereits etablierte, einzelne Einrichtungen analysiert werden sollen, ist die Übertragung von Daten selbstverständlich abzulehnen. In diesem Fall sind die dortigen Daten (wie z.B. eine individuelle Fachkraftquote) maßgeblich. Da es jedoch um die Prüfung der eigenen Kompetenzen im Rahmen eines zu realisierenden Investitionsprojektes geht, ist dieses Vorgehen aufgrund der Standardisierung der Abläufe wie beschrieben gerechtfertigt.
128 Hier wird die Definition von § 6 Satz 2 der Heimpersonalverordnung zugrunde gelegt. Pflegehelfer und Krankenpflegehelfer sowie sonstige Hilfskräfte fallen demnach nicht unter den Fachkräftebegriff.
129 Ohne Praktikanten, Helfer aus dem freiwilligen sozialen Jahr, Zivildienstleistende und Auszubildende.
130 Hier ist denkbar je nach Erkenntnisziel nur bestimmte Angebote einzubeziehen (bspw. die Kunden, die ambulant betreut wurden etc.). Hier sollen jedoch alle Kunden unabhängig von der Leistung berücksichtigt werden.

Pflegemitarbeiter insgesamt (in VZÄ)	500
Davon: Pflegefachkräfte (in VZÄ)	420

Tabelle 18: Beschäftigtenstruktur des pflegerischen Dienstes im Bereich der stationären Altenhilfe der St. Martin gGmbH

Die Fachkraftquote im Bereich der stationären Altenhilfe liegt damit bei 84%, was weit über der gesetzlich geforderten Untergrenze von 50% (ab einer Grenze von vier pflegebedürftigen Bewohnern) ist. Spannend wäre an dieser Stelle sicherlich eine weitere Analyse der Beschäftigtenstruktur z.B. im Hinblick auf das Alter, um Strategien zum Halten dieses Niveaus ausarbeiten zu können.[131] Auch die Simulation von absoluten Personalkostenhöhen in Abhängigkeit von der Personalstruktur könnte hier von Interesse sein.

Nun soll die kennzahlgestützte Analyse des **Absatzes** durchgeführt werden. Wichtig sind vor Allem Fragen der Neukundenakquise und der Kundenbindung, um die Auslastung einer stationären Einrichtung langfristig zu sichern.

Die Rohdaten zur Berechnung der hier verwendeten Kennzahlen (siehe Tabelle 17) sind:

Anzahl aller Kunden/Klienten der aktuellen Periode	1.200
Davon: Anzahl der Neukunden (vollstationär aufgenommen) in allen Einrichtungen in der aktuellen Periode	240
Davon: Anzahl der Neukunden der aktuellen Periode aller stationären Einrichtungen, die weitere Angebote des Trägers neben der stationären Dauerpflege in den vergangenen *x* Jahren genutzt haben	133

Tabelle 19: Kundenstruktur im Bereich der stationären Altenhilfe der St. Martin gGmbH (alle Angaben in Personen)

Auf dieser Grundlage lässt sich die Kundenfluktuationsrate berechnen. Sie liegt am Analysestichtag bei 20%. Somit sind 20% der Gesamtbewohnerschaft auf aktuelle Neukunden zurückzuführen. Ein mehrjähriges Reporting dieser Kennzahlen erhöht ihre Aussagekraft und ihre Einsatzmöglichkeiten als Frühwarnindikatoren.

Die durchschnittliche Verweildauer lässt sich ebenso auf dieser Grundlage berechnen. Bei unterstellter Vollauslastung wurde eine Nachbelegung von 240 vakanten Plätzen mit 240 Neukunden vorgenommen.

---

131 Dies wird im Rahmen dieses Buches in den Fallstudien zum Personalcontrolling hinreichend vertieft.

Die fluktuierten, also abgewanderten Kunden hatten eine Gesamtverweildauer von 8640 Monaten. Damit hatte jeder Fluktuationskunde eine durchschnittliche Verweildauer von 36 Monaten bzw. drei Jahren.

Die Cross-Selling-Quote weist mit knapp 56% einen hohen Wert auf. Mehr als die Hälfte der aktuellen Neukunden der stationären Wohnangebote haben demnach in Vergangenheit bereits andere Angebote des Trägers (sei es ambulante oder teilstationäre Angebote) in Anspruch genommen.

Nun soll die Fallstruktur der Einrichtungen analysiert werden, um die **Belegungssteuerung** des Trägers beurteilen können. Dies ist aus Gründen der höchst unterschiedlichen Erlösentwicklung innerhalb der Pflegestufen geboten, um eventuell defizitär refinanzierte Angebote weiterhin ermöglichen zu können. Dazu bedarf es einiger Rohdaten, die in der folgenden Tabelle dargestellt sind.[132]

	Pflegestufe			Summe
	1	2	3	
Bewohner	250	250	700	1.200
Abrechnungstage[133]	91.250	91.250	255.500	438.000

Tabelle 20: Bewohner der stationären Altenpflegeeinrichtungen der St. Martin gGmbH nach Pflegestufen inklusive Abrechnungstage

Aufgrund der dargestellten Daten ergibt sich für alle Einrichtungen des Trägers ein Casemix von $\dfrac{1*91.250 + 2*91.250 + 3*255.500}{438.000} = 2{,}375$, was den Durchschnittswert aller im Betrachtungsjahr abgerechneten Pflegestufen darstellt. Die Steuerungs- und Interpretationsmöglichkeiten, die diese Kennzahl bietet, werden am Ende dieser Fallstudie besprochen.

Schlussendlich ist ein grundsätzlicher Bestandteil der SWOT-Analyse die Beurteilung der Kennzahlausprägungen in ordinalen Bewertungsstufen. Die den Bewertungen zugrundeliegenden Kennzahlinterpretationen können dem dritten Abschnitt dieser Fallstudie entnommen werden. Weiterhin werden die eigenen Kennzahlen mit denen des wichtigsten Konkurrenten verglichen, wobei eine Schwäche vorliegt, wenn die eigene Kennzahl einen schlechteren Wert aufweist als die des Konkurrenten und umgekehrt. Chancen oder Risiken ergeben sich dann aus einer Tendenzaussage über die wesentlichen Einflüsse auf die Kennzahlausprägung in der Zukunft.

Aufgrund der mangelnden Verfügbarkeit von Konkurrenzdaten ist in der Praxis oft die Einrichtung von Netzwerken zum Zwecke des Benchmarkings zu beobachten. So gleichen z.B. Pflegeheime, die aufgrund örtlicher Entfernung in keinem Konkurrenzverhältnis zueinander stehen, ihre Kennzahlen regelmäßig ab. Hier soll angenommen werden, dass die St. Martin gGmbH einen sollen Benchmarking-Partner in einem anderen

---

132 Es können durchschnittliche Jahres- oder gemittelte Monatswerte bei Pflegetagen und Auslastung herangezogen werden, das Ergebnis ist das gleiche.
133 Es seien 100% abrechnungsfähige Auslastung bei einem Jahr mit 365 Tagen unterstellt.

Teil des Landes hat. Seine Kennzahlwerte sind somit ebenfalls im folgenden ordinals-kalierten Tableau zu den Kennzahlausprägungen berücksichtigt.

Kritischer Erfolgsfaktor	Kennzahl	Aktuelle Stärken/Schwächen im Benchmarking schlecht / mittel / gut (-3 -2 -1 0 1 2 3)	Anmerkungen	In Zukunft resultierende Chancen und Risiken (Zeithorizont: y Jahre) Chance	Gleichbleibend	Risiko
Personal-management/ -entwicklung	Fachkraftquote		Hohe Betroffenheit von Tariflohnsteige-rungen bei fixem Personalkosten-anfall			X
Absatz: Neukunden-gewinnung und Kundebindung	Kunden-fluktuationsrate		Nachbelegung freier Plätze bisher vollumfänglich möglich	X		
	Durchschnittliche Verweildauer		Bewohner werden bei Aufnahme durchgehend älter			X
	Cross-Selling-Quote		Etablierte, verzahnte Angebotspalette	X		
Belegungs- und Fallstruktur-steuerung	Casemix		Effektive, standardisierte Belegungs-steuerung	X		

Ordinale Bewertungsskala (Zuordnung zu Kennzahlausprägungen im Vorfeld)

o = Wertungen der Kennzahlausprägungen der St. Martin gGmbH
x = Wertungen der Kennzahlausprägungen des fiktiven Benchmarking-Partners

Tabelle 21: Ergebnisse der SWOT-Analyse

1.3.3 Management und Controlling

Die Interpretation der Analyseergebnisse aus Management- bzw. Controllingsicht erfolgt zunächst gegliedert nach den kritischen Erfolgsfaktoren für die Marktteilnahme bevor die relative Wettbewerbsstärke der St. Martin gGmbH integrierend gewürdigt wird.

Die Fachkraftquote des Trägers ist in seinen stationären Altenpflegeeinrichtungen mit im Durchschnitt 84% hoch, was auf ein intaktes Personalmanagement insbesondere im Bereich der Personalrekrutierung schließen lässt. Dies ist unter Qualitätsaspekten definitiv zu begrüßen und sollte öffentlichkeitswirksam kommuniziert werden, um ein Alleinstellungsmerkmal zu erlangen.

Jedoch führt ein hoher Fachkräfteanteil unbestritten zu einer höheren Betroffenheit von Tariflohnsteigerungen und damit zu spürbaren Erhöhungen der Personalkosten. Solange also die implizit hohe Fachlichkeit der Leistungen (zumal in Zeiten des Fachkräftemangels) als Wettbewerbsvorteil genutzt werden kann und die Refinanzierung (insbesondere durch eine adäquate Auslastung) gesichert ist, sollte an diesem Fachkraftniveau festgehalten werden. Werden kritische Erlös- oder Auslastungshöhen nicht erreicht, birgt eine hohe Fachkraftquote enorme (Fix-)Kostenrisiken. Da unter Qualitätsaspekten eine Personalflexibilisierung durch z.b. geringfügig Beschäftigte oder Pflegehelfer nur in überschaubarem Maße wünschenswert ist, um die aktuell vorhandene Fachlichkeit zu sichern, erhöhen sich die Anforderungen an eine ressourcenorientierte Dienstplangestaltung.[134]

Langfristig überwiegen angesichts steigender Personalkosten die Risiken bezüglich des kritischen Erfolgsfaktors Personalmanagement. Dies wird sich durch Druck auf die Fachkraftquote äußern.

Der kritische Erfolgsfaktor Absatz bedarf mit Blick auf die Wettbewerbsstärke einiger Diskussion, da die verwendeten Kennzahlen Ambivalenzen aufdecken: Kundenfluktuationsrate und Verweildauer stehen in einem unmittelbaren Zusammenhang zueinander. Demnach muss eine geringere durchschnittliche Verweildauer der Klienten zu einer höheren Fluktuationsrate führen, um die kritische Auslastung eines Hauses zu gewährleisten. Eine hohe Fluktuation unter den Bewohnern birgt jedoch stets das Risiko von fehlender Auslastung und Vergütung, was nachstehend verdeutlicht wird:

Die St. Martin gGmbH hat mit ihren 1200 Plätzen bei 20%iger Bewohnerfluktuation wie berechnet 240 Fluktuationsplätze. Unterstellt man modellhaft eine durchschnittliche Wiederbelegungsdauer von 4 Tagen pro Platz ergeben sich 960 nicht abrechnungsfähige Tage per anno. Daher kann eine Fluktuationsrate in Höhe von 20% als relativ hoch bezeichnet werden. Insofern zeugen Neukunden (in Verbindung mit hoher bzw. mit Vollauslastung) angesichts eines bundesweiten Überangebotes von Heimplätzen zwar von einer guten Markenpolitik und Akquisearbeit des Trägers. Die Ursachen für Kundenfluktuation sind jedoch weiter zu untersuchen, um Risiken frühzeitig erkennen zu können.[135, 136]

Bei der Betrachtung der durchschnittlichen Verweildauer bewegt sich der Träger im Branchendurchschnitt, wonach eine geschätzte Verweildauer von 2,5-3,3 Jahren üblich ist. Damit ist der Träger gegenwärtig kaum in der Lage, bereits potenzielle Kunden vor

---

134 Die weiteren möglichen Analyseverfahren bezüglich Personalstruktur und –kosten zur Ableitung von Handlungsempfehlungen wurden bereits kurz thematisiert und sind Gegenstand des Personalcontrollings.

135 Z.B. durch Strukturkennzahlen (Anteil der Todesfälle und der Auszüge an allen ausgeschiedenen Bewohnern etc.) oder Kundenbefragungen.

136 Zur Überprüfung der trägerweiten Situation können neben einrichtungs- oder geschäftsfeldspezifischen Fluktuationsraten auch Trägerfluktuationsraten erhoben werden, um zu ergründen, ob Klienten dem Träger zur Gänze verloren gehen.

dem Eintritt eines gewissen Alters und der Schwerstpflegebedürftigkeit für die stationäre Dauerpflege zu gewinnen. Eventuell sinkende branchenweite Verweildauern werden die St. Martin gGmbH damit unmittelbar treffen.

Für die Zukunft stellt die bisherige Fähigkeit des Trägers, vakante Plätze mit Neukunden restlos nachzubelegen eine große Chance dar, da somit Auslastung gesichert wird. Jedoch kann sich die St. Martin gGmbH nicht vom Rest der Branche abheben, indem sie durch frühzeitige Akquise die durchschnittliche Verweildauer ihrer Bewohner steigert und damit das Auslastungsrisiko minimiert.

Die Cross-Selling-Quote fällt mit über 50% nur auf den ersten Blick positiv aus. Zwar ist die St. Martin gGmbH offenbar in der Lage, die Neukunden für den stationären Dauerpflegebereich aus dem Potenzial bereits anderweitig betreuter Klienten abzuschöpfen, also Kunden zu binden. Nichtsdestotrotz bedeutet eine Steigerung dieser Kennzahl unter Annahme eines steigenden Marktvolumens (Vgl. die Ergebnisse der PEST-Analyse) eine relative Abnahme des Anteils der Kunden, die erstmalig mit dem Träger „in Berührung kommen". Die Kennzahl sollte daher zwingend im Zeitreihenvergleich unter Hinzuziehung des Marktvolumens für die jeweilige Zielregion beobachtet werden.

Angesichts der etablierten und vom Markt akzeptierten Angebotspalette des Trägers liegt hier eine Chance für die Zukunft, die Herausforderungen im Bereich der stationären Altenhilfe zu bestehen.

Die Belegungssteuerung der St. Martin gGmbH wird mithilfe des Casemixes beurteilt. Dieser liegt mit rund 2,4 relativ hoch. Bei konstanter Auslastung (hier war Vollauslastung unterstellt) bestimmt der Casemix die Höhe der Erlöse und ihre Struktur bei gleichen Strukturkosten.[137] Unter der Annahme einer Quersubventionierung von hohen zu niedrigen Pflegestufen ist in diesem Szenario eine günstige Fallstruktur zu attestieren. Betrachtet man die reale Erlösentwicklung, die in der PEST-Analyse skizziert wurde, ist die Annahme der Quersubventionierung gerechtfertigt. In letzter Konsequenz versetzt ein günstiger Casemix Träger in die Lage, defizitär refinanzierte Angebote weiterhin aufrecht zu erhalten, ein Aspekt der unter ideellen Gesichtspunkten insbesondere für frei-gemeinnützige Organisationen von Bedeutung ist. Der Casemix ist somit neben der Auslastung als zentrale Erfolgskennzahl zu sehen. Die offenbar effektive Belegungssteuerung des Trägers ist für die Zukunft als Chance zu begreifen.

Unter Hinzuziehung der Bewertungen der Kennzahlausprägungen des fiktiven Benchmarking-Partners ist die St. Martin gGmbH für den Wettbewerb in der Altenhilfe gut aufgestellt und sollte damit die Expansionsbemühungen weiterführen.[138] Sie sollte jedoch auf Basis vertiefender Analysen das Ausmaß nochmals überdenken.

Personalmanagement, Absatz und Belegungssteuerung sind so ausgestaltet, dass sie helfen können, die marktseitig begründeten Auslastungsrisiken für den Träger wesent-

---

137 Bei einem hohen Fixkostenanteil ist diese Prämisse unter der Annahme einer konstanten Auslastung einleuchtend.
138 Die Stärken überwiegen zahlenmäßig die Schwächen.

lich zu minimieren. Die Pacht von Gebäuden kann hier anstelle eines Neubaus in Eigenregie zusätzlich risikomindernd wirken, da die Kapitalbindung geringer ist.

Die erhobenen Kennzahlen sollten zur laufenden strategischen Überwachung Gegenstand eines regelmäßigen Reportings bzw. eines Kennzahlsystems für das Management werden. Die Einbettung in eine Balanced Scorecard bietet sich dabei an.

1.3.4 Kennzahlen

Kennzahl Name	Cross-Selling-Quote
Beschreibung	Gibt an, wie viel Prozent der Neukunden einer Periode auf solche Kunden entfallen, die bereits andere Angebote des Trägers in Anspruch genommen haben.
Formel	$$\frac{Bereits\ in\ den\ letzten\ x\ Jahren\ mit\ anderen\ Angeboten\ versorgte\ Neukunden\ einer\ Leistung\ in\ der\ Periode}{Gesamte\ Neukunden\ einer\ Leistung\ in\ der\ Periode} * 100$$
Darstellung des Ergebnisses	Darstellung des Ergebnisses in Prozent
Bedeutung/Interpretation	Diese Kennzahl gibt Aufschluss darüber wie breit ein (Komplex-)Träger das Kundenpotenzial ausschöpfen kann, dass er bereits hat. Dies geschieht durch die Analyse des aktuellen Neukundenpools auf dessen Struktur. Ein hoher Kennzahlwert lässt demnach auf Zufriedenheit bei den Kunden mit den anderen (z.B. ambulanten) Angeboten schließen, was wiederum besonders im stationären Bereich das Auslastungsrisiko mindert (der Träger wird im stationären Bereich sein eigener Zuweiser). Dennoch ist auch Vorsicht geboten, da eine hohe Abhängigkeit von Bestandskunden entstehen kann, die kaum wünschenswert ist. Daher ist eine integrierende Betrachtung mit Ergebnissen einer PEST-Analyse zwingend vorzunehmen. Bei konstantem oder steigendem Marktvolumen suggeriert ein Anstieg dieser Kennzahl somit einen Rückgang des Anteils von Neukunden, die zum ersten Mal Leistungen des Trägers abrufen. Diese sollte Anlass zur Überprüfung der Marketingstrategie sein. Umgekehrt kann im Falle eines Rückganges des Marktvolumens durch Cross-Selling „Luft zum Atmen" gewonnen werden, um strategische Schritte z.B. im Kapazitätsabbau einzuleiten. Ausgehend von dieser Kennzahl können in einer vertiefenden Darstellung Kundendeckungsbeiträge oder ABC-Analysen auf Kundenebene durchgeführt werden, um die Abhängigkeit von einzelnen Kunden darstellen zu können. Zudem ist eine weitere Untergliederung nach Angeboten möglich, indem im Zähler nur bestimmte Kundengruppen mit einbezogen werden (z.B. Anzahl der Kunden, die bereits vom ambulanten Pflegedienst betreut wurden).
mögliche Ergebnisse	0 bis n

Kennzahl Name	Fachkraftquote
Beschreibung	Gibt an, wie groß der Anteil der Fachkräfte an der gesamten Mitarbeiterschaft ist.
Formel	$$\frac{Anzahl\ der\ Pflegefachkräfte\ in\ VZÄ}{Anzahl\ aller\ Mitarbeiter\ in\ VZÄ} * 100$$ Welche Arbeitsverhältnisse jeweils in Nenner und Zähler einbezogen werden, obliegt dem Analyst. Die in dieser Fallstudie bei der Berechnung gemachten Annahmen können als Hilfestellung dienen.
Darstellung des Ergebnisses	Darstellung des Ergebnisses in Prozent
Bedeutung/Interpretation	Eine hohe Fachkraftquote ist in erster Linie Indiz für eine hohe Fachlichkeit und damit Qualität der angebotenen Leistungen. Dennoch birgt eine hohe Fachkraftquote immer auch das Risiko von Fixkostenremanenzen und Inflexibilitäten im Personaleinsatz. In der Praxis ist daher das Finden eines Kompromisses aus Flexibilität und Qualität eine große Herausforderung.
mögliche Ergebnisse	0 bis n

Kennzahl Name	Kundenfluktuationsrate
Beschreibung	Gibt an, wie hoch der Anteil der Neukunden am aktuellen Kundenstamm ist.
Formel	$$\frac{Zahl\ der\ Neukunden}{Gesamtkundenzahl}*100$$
Darstellung des Ergebnisses	Darstellung des Ergebnisses in Prozent
Bedeutung/Interpretation	Die Kundenfluktuation ist in erster Linie ein Maßstab zur Bewertung des Risikos nicht belegter bzw. abrechnungsfähiger Plätze, da sie immer das Risiko einer nicht fristgerechten Nachbelegung eines Platzes begründet. Besonders in der stationären Altenhilfe macht es Sinn, begleitend zu dieser Kennzahl die Abwanderungen der Bewohner auf ihre Struktur hin zu untersuchen, da die meiste Fluktuation in der Regel auf die Bewohnersterblichkeit zurückzuführen ist. Eine Fluktuation als Folge mangelnder Zufriedenheit mit dem Angebot ist damit besser zu isolieren und zu vermeiden. Zudem beschreibt die Kundenfluktuation die Arbeitsbelastung der Mitarbeiter, da Aufnahme- und Entlassungsprozesse sehr zeitintensiv sind. Bei steigender Kundenfluktuation sinkt somit die zur Verfügung stehende Betreuungszeit je Bestandskunde.
mögliche Ergebnisse	0 bis n

Kennzahl Name	Casemix oder Casemix-Index
Beschreibung	Gibt den Durchschnittswert aller in einer Periode abgerechneten Leistungsgruppen (HBG oder Pflegestufen) an.
Formel	$$\frac{\Sigma\,(Abrechnungstage*Leistungsgruppe\,1\ bis\ n)}{Gesamtzahl\ der\ Abrechnungstage}$$
Darstellung des Ergebnisses	Darstellung des Ergebnisses in einer Dezimalzahl. Dimension ist das entsprechend verwendete Maß zur Klassifizierung der Leistungstypen (Hilfebedarfsgruppen bzw. Pflegestufen).
Bedeutung/Interpretation	Da in der Praxis häufig eine Korrelation von Leistungsgruppen/-typen und Entgelthöhen vorliegt, gibt diese Kennzahl Aufschluss über die Erlösstruktur einer Einrichtung. Damit ist der Casemix eine zentrale Steuerungskennzahl neben der Auslastung und gehört ebenso in jedes regelmäßige Berichtswesen.
mögliche Ergebnisse	0 bis n

Kennzahl Name	Durchschnittliche Verweildauer
Beschreibung	Gibt an, wie lange ein Bewohner/Klient im Durchschnitt in der Organisation verbleibt.
Formel	$$\frac{\Sigma\,Einzeldauern\ der\ Unterbringung\ in\ Monaten,\ \ Wochen,\ \ Tagen}{Anzahl\ der\ Fluktuationskunden}$$
Darstellung des Ergebnisses	Darstellung des Ergebnisses in der im Zähler gewählten Einheit (Monate, Wochen, Tage)
Bedeutung/Interpretation	Diese Kennzahl steht in einem negativen Zusammenhang zur Kundenfluktuationsrate. Bei sinkender Verweildauer ist somit eine steigende Fluktuationsrate nötig, um die Auslastung auf einem konstanten Niveau zu halten, was wiederum die betrieblichen Funktionen der Kundengewinnung und -bindung betrifft. Letztlich deuten auch Verweildauern je nach ihrer Entwicklung auf eine hohe oder niedrige Arbeitsbelastung des Personals hin, da Entlassungs- und Aufnahmeprozesse wie beschrieben zeit- und arbeitsintensiv sind. Zeichnen sich Tendenzen einer sinkenden Verweildauer bei steigender Fluktuationsrate ab, so sind die Aufnahme- und Entlassungsprozesse auf ihre Effektivität und Effizienz hin zu überprüfen (Stichwort Prozessmanagement). Weiterhin ist in diesem Szenario abzustecken, wie die Angebotspalette des Trägers dazu beiträgt, Kunden anderen Einrichtungen der Organisation zu halten (auch hier kann die Cross-Selling-Quote für andere Einrichtungen und Leistungsbereiche erhoben werden).
mögliche Ergebnisse	0 bis n

1.4 Entwicklung einer Balanced Scorecard (BSC)

1.4.1 Fallbeispiel

Der Geschäftsführer der St. Martin gGmbH möchte strategische Unternehmensziele für das Geschäftsfeld Altenhilfe aufbauend auf den Analysen der strategisch relevanten Rahmenbedingungen (Umwelt und Wettbewerbsstärke) formulieren und diese in die operativen Unternehmensbereiche kommunizieren. Zudem soll die Erfolgswirksamkeit der Strategien in diesem Geschäftsfeld zukünftig regelmäßig überprüft werden. Folgende drei Fragen stehen im Mittelpunkt:

- Sind wir mit unserer Strategie erfolgreich?
- Erfolgt ihre Umsetzung plangemäß?
- Sind unsere Entscheidungen tatsächlich an einer Strategie ausgerichtet?

Nach Abstimmung mit dem Controlling kommt man zu dem Ergebnis, dass die Balanced Scorecard (BSC) ein geeignetes Instrument zur fortlaufenden Überprüfung der Strategien ist.

Die BSC baut auf einer Vision für die Organisation auf. Es wird davon ausgegangen, dass aus der Vision klar formulierte und messbare strategische Ziele abgeleitet werden und diese – in den erfolgsbestimmenden Perspektiven „ausbalanciert" – dem Management, aber auch den Mitarbeitern die Richtung weisen. Für die St. Martin gGmbH ist der Ansatz insbesondere interessant, weil finanzielle mit nicht-finanziellen Erfolgsgrößen verknüpft werden. Mit der BSC möchte der Geschäftsführer die Führung seiner Organisation durch die Konzentration auf die wichtigsten Zielgrößen unterstützen. Zusammen mit dem Controlling und den Leitungskräften seiner Organisation soll eine BSC entwickelt werden.

1.4.2 Analyseverfahren

Bevor mit der eigentlichen Entwicklung der BSC begonnen wird, ist es sinnvoll, sich die bis dato erkennbaren spezifischen Unternehmensziele zu vergegenwärtigen, um die strategische Grundlage für die BSC des Segmentes zu klären, da eben diese einer Plausibilitätskontrolle unterzogen wurde:

Die spezifischen Unternehmensziele stellen die „Lücke" zwischen Ist- und Soll-Zustand dar.[139] Folgende, beispielhafte strategische Schwerpunkte lassen sich im Nachgang der strategischen Kontrolle und der Analyse der strategisch relevanten Rahmenbedingungen identifizieren:

1. Der massive fremdverschuldete Kapazitätsaufbau setzt für die Zukunft hohe Hürden bei der Mindestauslastung der Einrichtungen. Diese gilt es durch geeignete Maßnahmen sicherzustellen.

2. Das vergleichsweise gut qualifizierte Personal könnte in Zukunft bei ausbleibenden Umsätzen Fixkostenrisiken verursachen. Gleichsam ist eine hohe Fachlichkeit der Leistungen ein Leistungstreiber, den es im Wettbewerb zu behaupten gilt. Daher

---

139 Zur Erinnerung: Der Ist-Zustand wurde im Rahmen der Segmentberichterstattung erhoben, währen der Soll-Zustand mithilfe von PEST- und SWOT-Analyse konstruiert wurde.

sollten das Arbeitgeberimage und die Zufriedenheit der Mitarbeiter gefördert werden. Dabei ist auf einen Einklang mit den finanziellen Zielen der Organisation zu achten.

3. Im zunehmenden Wettbewerb ist die Neukundengewinnung und die Bindung von Bestandskunden ein zentraler Erfolgsfaktor. Bei nicht beeinflussbaren Erlösen sollten beide Aspekte optimiert werden.

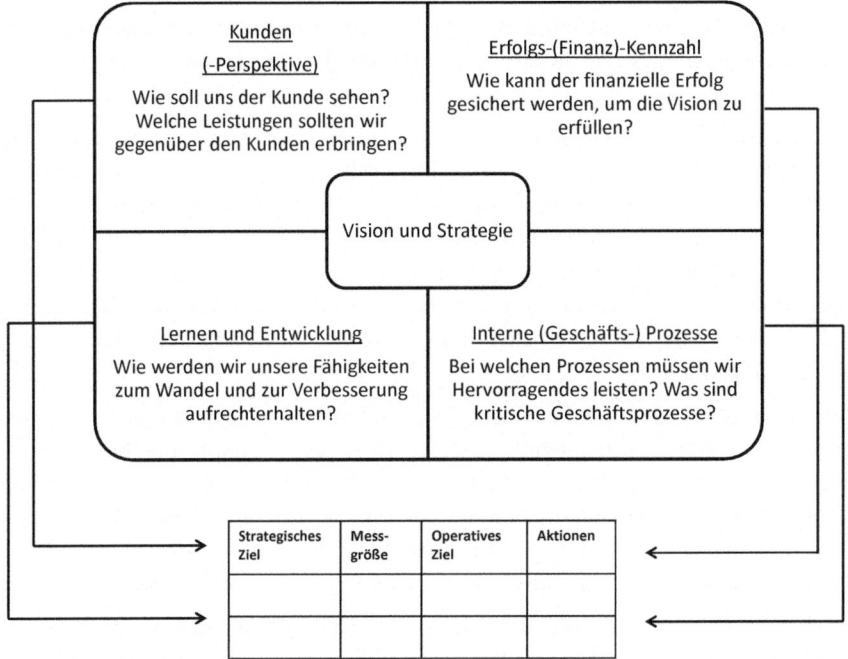

Abbildung 16: Die Balanced Scorecard[140]

Es wurde von Geschäftsführung und Aufsichtsrat beschlossen, dass die St. Martin gGmbH ihre bereits teilweise realisierte Strategie der Expansion im Altenhilfebereich weiterhin verfolgen kann. Ausschlaggebend waren die positiven Ergebnisse der strategischen Analyse.[141] Insofern ergibt sich für das bisher in der Vision festgehaltene Ziel, ein führender Anbieter von Altenhilfeleistungen zu sein, kein Änderungsbedarf, womit die strategische Grundlage bzw. die Strategie feststeht.[142]

Man beschäftigt sich zunächst mit den zentralen Kennzeichen des Instrumentes. Die BSC unterscheidet vier Perspektiven:

- Finanzen
- Kunden

---

140 Quelle: eigene Darstellung.
141 Demnach ist der Träger in der Lage, marktseitige Fehlentwicklungen durch interne Stärken zu meistern.
142 Gleichsam sind die obigen, grob formulierten, strategische Schwerpunkte als Nebenbedingungen bzw. Leitplanken bei der Festlegung strategischer Ziele zu beachten.

- Interne Prozesse
- Lernen und Entwicklung

Die Finanzperspektive beschreibt typischerweise die Steigerung des Unternehmenswertes, d.h. die für das jeweilige Geschäft relevanten Erfolgsgrößen. Die Kundenperspektive stellt die Frage, welche Kundenerwartungen zu erfüllen sind, um die finanziellen Ziele zu erreichen. Auf der Ebene der Kundenperspektive werden somit die zentralen Erwartungen der Kundensegmente abgetragen und durch Kennzahlen operationalisiert. Für die St. Martin gGmbH bzw. ihr Segment Altenhilfe werden die Bewohner, die Angehörigen und die Pflegekassen als relevante Kundengruppen identifiziert. Welche Ziele setzt sich die Organisation, um deren Erwartungen zu befriedigen?

Hier tauchen allgemeine Größen wie Kundenbindung, Marktanteile sowie Kundenzufriedenheit auf. Die Interne Prozessperspektive soll beantworten, bei welchen Prozessen Hervorragendes geleistet werden muss, um die Kunden zu begeistern. Voraussetzung ist dabei, die erfolgskritischen Prozesse in der Organisation zu identifizieren.[143] Die Lern- und Entwicklungsperspektive ist die langfristige Quelle des Unternehmenserfolges. Hier steht die Frage im Vordergrund, wie Flexibilität und Fähigkeiten zur laufenden Verbesserung aufrechterhalten werden können, z.B. über Mitarbeiterzufriedenheit und Motivation.

Im Rahmen der Analyse wird deutlich, dass die Kennzahlen nicht nur eine Zieldimension messen, sondern auch mit anderen Zieldimensionen verknüpft sind. Beispielsweise werden auf der Finanzperspektive die Kundenerwartungen mit Kennzahlen verknüpft, die über entsprechende Umsätze, Erlöse, Kosten, Finanzierungsgrößen etc. Auskunft geben. Insofern steuert die Finanzperspektive die Ertrags- und Kostensituation der St. Martin gGmbH vor dem Hintergrund entsprechender Markt- und Kundenziele.

Daneben sind die Zufriedenheit der Kunden und eine zufriedenstellende betriebswirtschaftliche Situation auch mit der Prozessperspektive verknüpft. Die Kennzahlen auf der Prozessebene helfen dabei vor allem bei der Überprüfung und Verbesserung von Verfahren in der internen Ablauforganisation.

---

143 Dies wird in der Praxis regelmäßig mittels einer SWOT-Analyse durchgeführt, die Kennzahlen für die Prozessperspektive liefern kann. Ihre Anwendung wird im Rahmen dieses Buches ebenfalls vertieft.

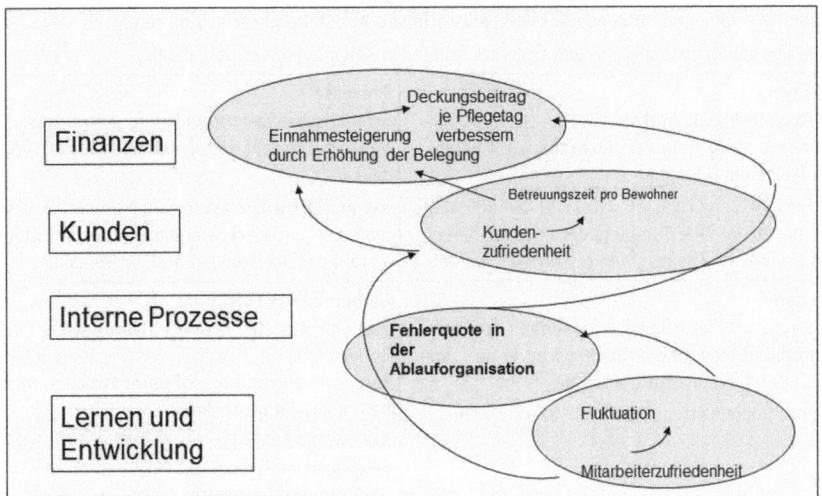

Abbildung 17: Ursache-Wirkungsketten[144]

Die interne Prozessperspektive identifiziert somit die kritischen internen Prozesse, welche den größten Einfluss auf die Kundenzufriedenheit und die Unternehmenszielerreichung haben.

Doch die Optimierung interner Prozesse setzt Kompetenzen voraus, die auf der vierten Ebene als Lern- und Entwicklungsperspektive beleuchtet werden. Im Mittelpunkt steht die Frage: Welche Mitarbeiterkompetenzen und welche Entwicklungsschritte sind zur Optimierung der Prozesse, und damit zur Erreichung der langfristigen Ziele der Organisation notwendig? Auf der Ebene der Lern- und Entwicklungsperspektive können beispielsweise die Mitarbeiterzufriedenheit oder die Managementkompetenzen der Leitung verdeutlicht werden.

Das Konzept der BSC bleibt nicht auf der Stufe der Zielformulierung stehen, sondern verlangt weiterhin festzulegen, anhand welcher Messgrößen und welcher Zielwerte der Zielerreichungsgrad bewertet werden soll. Darüber hinaus ist festzulegen, mit welchen Maßnahmen (Aktionen) die Ziele erreicht werden sollen. Es ergeben sich folgende strategische Ziele für die St. Martin gGmbH.

---

144   Quelle: eigene Darstellung.

Vision: Wir wollen der führende Anbieter vollstationäre Altenhilfe in der Region sein. Alle Ziele sollen erstmalig bis zum Ende des folgenden Kalenderjahres erreicht sein.	
Finanzen Strategisches Ziel: Wachstum Kennzahl: Steigerung der durchschnittlich belegten Plätze um 0,5% p.a. Aktion: Die Vergütung ist schwer zu beeinflussen. Von daher soll eine Erhöhung der Platzzahl über den Neubau von Heimstandorten erreicht werden.	**Prozesse** Strategisches Ziel: Optimierung der Abläufe Kennzahl: Anzahl der Überstunden um 10% p.a. senken. Aktion: Effizienzreserven sollen durch Prozessanalysen aufgedeckt werden. Hierdurch soll die Anzahl der Überstunden gesenkt werden.
Kunden Strategisches Ziel: Kundenzufriedenheit erhöhen Kennzahl: Pflege- und Betreuungszeit je Bewohner um 10% im Durchschnitt steigern. Aktion: Implementierung einer Prozesskostenrechnung.	**Lernen und Entwicklung** Strategisches Ziel: Mitarbeiterzufriedenheit erhöhen. Kennzahl: Fluktuation auf unter 10% p.a. innerhalb eines Jahres senken. Aktion: Die Zufriedenheit der Mitarbeiter ist von existenzieller Bedeutung. Existierende Führungsstile sollen mit Hilfe einer externen Beratungsfirma beleuchtet und verbessert werden.

Abbildung 18: Beispiele für strategische Ziele und Kennzahlen[145]

1.4.3 Management und Controlling

In einem ersten Schritt sollen nur relativ wenige Kennzahlen ausgewählt werden, damit eine zielgerichtete Steuerung nicht durch einen „Kennzahlenfriedhof" verhindert wird.

Es wird zudem eine klare Top-Down-Umsetzung gewählt, d.h. die strategischen Ziele, Maßnahmen und die Kennzahlen werden von der Geschäftsführung vorgegeben und auf die einzelnen Unternehmensebenen heruntergebrochen. Durch die aktive Kommunikation und durch das Herunterbrechen der Scorecards auf alle Ebenen des Unternehmens, müssen sich alle verantwortlichen Mitarbeiter in der Organisation mit den Zielen auseinandersetzen. Die Kennzahlen werden so gewählt, dass sie nicht nur ihre „eigene" Zieldimension messen, sondern auch mit zumindest einer anderen Zieldimension einer anderen Perspektive systematisch verknüpft sind. Die Veränderung eines durch eine Kennzahl gemessenen Zielwertes muss insofern zumindest zusätzlich für eine andere Kennzahl einer anderen Perspektive relevant sein. Es werden nur solche Kennzahlen ausgewählt, die durch die Organisation auch beeinflusst werden können.

In Abstimmung mit den Leitungskräften legt man folgende Schritte zur Einführung einer BSC fest:

- **Schritt 1:** Präzisierung der Unternehmensvision, die dann als Grundlage für die Strategie des Unternehmens dient.[146] Im Falle einer Strategieüberprüfung oder einer fehlenden Strategie ist die strategische Grundlage zuerst mittels einschlägiger Analyseinstrumente zu klären;[147]

---

145 Quelle: eigene Darstellung.
146 Die formulierte Strategie unterscheidet sich maßgeblich von Leitbildern dadurch, dass auch die strategischen Ziele (z.B. Marktanteil, relative Marktstärke, Portfolio etc.) schon in Kennzahlen formulierbar sind.
147 Vgl. Graumann 2011, S. 189.

- **Schritt 2:** Formulierung der strategischen Ziele differenziert nach den 4 Perspektiven und Herunterbrechen der Ziele auf operationale Erfolgsgrößen;
- **Schritt 3:** Durchführung einer Ursache-Wirkungs-Analyse und Bezug auf die Zielgrößen;
- **Schritt 4:** Ableitung von Messgrößen (Kennzahlen) zur Überprüfung der Strategie;
- **Schritt 5:** Festlegung von Maßnahmen/Aktionen zur Erreichung der formulierten Ziele;
- **Schritt 6:** Feedback und Initiierung von Lernprozessen.

Die St. Martin gGmbH beobachtet, kontrolliert und steuert sich nun über die Kennzahlen aus der BSC. Sie überprüft sowohl die Erreichung einzelner Unternehmensziele, als auch die empirische Balance zwischen Zielebenen der einzelnen Perspektiven.

Aus gemessenen Abweichungen zu definierten Zielwerten entsteht für die Organisation ein Warnsignal, das unterschiedliche Unternehmensbereiche betreffen kann. Solche Warnsignale können Hinweise für das Prozessmanagement, für das Personalmanagement, für das Qualitätsmanagement oder auch für den Aufsichtsrat geben.[148]

1.4.4 Kennzahlen

Kennzahl Name	Durchschnittlich belegte Plätze
Beschreibung	Kennzahl für die Finanzperspektive
Formel	$$\frac{Summe\ Pflegetage}{365}$$
Darstellung des Ergebnisses	Angaben in Plätzen
Bedeutung/Interpretation	Die Auslastung ist von zentraler Relevanz für die Erlösseite. Auch der Deckungsbeitrag je Pflegetag wird von der Summe der Pflegetage bestimmt. $$\frac{(Umsatzerlöse - Personalkosten)}{Summe\ Pflegetage}$$
Mögliche Ergebnisse	0 bis n

Kennzahl Name	Pflege-/Betreuungszeit je Bewohner
Beschreibung	Kennzahl für die Kundenperspektive
Formel	Gesamtarbeitszeit des Pflegepersonals einer Einrichtung – Arbeitszeit für bewohnerfremde Tätigkeit = Betreuungszeit (brutto) – Arbeitszeit für bewohnerbezogene, indirekte Tätigkeiten = Betreuungszeit (netto) $$Betreuungszeit\ brutto/netto = \frac{(Netto/Brutto)\ Betreuungszeit}{Bewohnerzahl}$$
Darstellung des Ergebnisses	Angaben in Stunden
Bedeutung/Interpretation	Gibt die durchschnittliche Betreuungszeit an und hat Einfluss auf die Qualität der Arbeit. Je höher, desto höher ist die Betreuungszeit pro Klient.
mögliche Ergebnisse	0 bis n

---

148 Damit wird deutlich, dass das Vorgehen keinesfalls einmalig ist. Vielmehr werden alle Schritte nach erstmaliger Implementierung im Sinne eins kontinuierlichen Verbesserungsprozesses iterativ durchlaufen, was im sechsten Schritt mit dem Begriff der Lernprozesse implizit angenommen wird.

Kennzahl Name	Überstundenquote
Beschreibung	Kennzahl für die Prozessperspektive oder Lern- und Entwicklungsperspektive
Formel	$\dfrac{Ist\text{-}Arbeitszeit\text{-}Soll\text{-}Arbeitszeit}{Soll\text{-}Arbeitszeit}*100$
Darstellung des Ergebnisses	Angaben in Prozent
Bedeutung/Interpretation	Setzt die effektiv erfasste Arbeitszeit mit der Soll-Arbeitszeit in Beziehung und gibt den prozentualen Wert der geleisteten Überstunden bzw. sogar einen negativen Saldo an. Die Kennzahl ist ein Indikator für die Risiken Krankheit und Unfall. Permanente Mehrarbeit verkürzt die Erholungsphase der Mitarbeitenden und erhöht das Unfall- und Krankheitsrisiko.
mögliche Ergebnisse	-n bis +n

Kennzahl Name	Fluktuationsrate
Beschreibung	Kennzahl für die Lern- und Entwicklungsperspektive
Formel	$\dfrac{Summe\ neu\ eingesetzte\ Mitarbeiter\ in\ einer\ Periode}{Gesamtzahl\ der\ Mitarbeiter\ in\ einer\ Periode}*100$
Darstellung des Ergebnisses	Angaben in Prozent
Bedeutung/Interpretation	Die Fluktuationsrate korreliert mit der direkten durchschnittlichen Betriebszugehörigkeitsdauer. Besonders kritisch ist es zu bewerten, wenn die Fluktuationsrate in einem engen Zeitraum (6-8 Monate) deutlich ansteigt.
mögliche Ergebnisse	0 bis n

2. Problemfeld: Kostenanalyse, Kostenmanagement, Cash-Management

2.1 Tariferhöhung bei stagnierenden Erlösen in einer stationären Wohneinrichtung der Behindertenhilfe

2.1.1 Fallbeispiel

Ein Wohnheim der Behindertenhilfe des PuB e.V. mit einer Kapazität von 15 Plätzen erwartet im folgenden Geschäftsjahr eine Tariferhöhung (Jahr n+1). Sie wurde zu Beginn des laufenden Jahres beschlossen (Jahr n). Gleichzeitig ist die Wohnheimleitung nicht in der Lage dies durch kurzfristige Bestrebungen nach einer Erlössteigerung zu kompensieren: Das Wohnheim ist voll ausgelastet und die Kostenträger negieren das Gesuch nach einer neuen Verhandlungsrunde.[149] Diese könne frühestens nach dem Ablauf von zwei Jahren erneut durchgeführt werden (Jahr n+2). Die Wohnheimleitung muss nun die Personalkostensteigerung im Hinblick auf ihre Auswirkungen kennzahlengestützt analysieren.

2.1.2 Analyseverfahren

Vor der Erhebung und Analyse der Kennzahlen sind kurzfristige Einflussmöglichkeiten auf die Erlöse ausgeschlossen worden. Das Verhältnis zwischen Erlösen und Personalkosten sollte daher Gegenstand der zu erhebenden Kennzahlen sein, um die Situation

---

149 Aus Vereinfachungsgründen wird zudem eine vollständige Anwesenheit der Klienten im Betrachtungszeitraum unterstellt.

beurteilen zu können. Folgende Kennzahlen sind zu ermitteln: Deckungsbeitrag je Pflegetag (PT), Personalkosten je PT, Erlöse je PT. Es empfiehlt sich als Erlös die Maßnahmenpauschale zugrunde zu legen, da sie zur Deckung der Personalkosten vorgesehen ist. Die Kennzahlen sollten zudem monatlich erhoben werden, da sich durch eventuelle Abwesenheitszeiten von Klienten Erlösschmälerungen ergeben können, die das Problem weiter verschärfen. Eine jährliche Betrachtung ist hier folglich zu grob. Vor dem Hintergrund, dass erneute Verhandlungen erst im Jahr n+2 möglich sein werden, erstreckt sich der Betrachtungszeitraum auf die ersten zwei Jahre, mithin 24 Monate. Für alle sich zum Analysezeitpunkt in der Zukunft befindenden Angaben sind Planwerte anzusetzen (z.B. Plankosten). Für angegebene Kennzahlen sind die folgenden Rohdaten zu ermitteln:

- Durchschnittliche (kalendertägliche) Maßnahmenpauschale (MP) pro Monat (über alle Klienten hinweg)
- Summe der durchschnittlichen Maßnahmenpauschalen pro Monat
- Summe der Mitarbeiter in Vollkräften pro Monat
- Durchschnittliche Bruttopersonalkosten pro Vollkraft (VK) im Monat (Löhne und Gehälter inkl. Arbeitgeberanteile zur Sozialversicherung zzgl. weiterer normalisierter Komponenten: Aufwendungen für Altersvorsorge, freiwillige Aufwendungen wie z.B. Weihnachtsgeld)[150]
- Durchschnittliche gesamte Bruttopersonalkosten pro Monat
- Anzahl der Betreuungs-/Pflegetage pro Monat

---

150 Vgl. Graumann 2008, S. 106f.

Die Rohdaten des Betrachtungszeitraums gestalten sich wie folgt:

Monat	Pflegetage[151]	Durchschn. Maßnahmenpauschale (70% des Leistungsentgeltes)[152]	Gesamt MP (Monatstage= Pflegetage)	VK	Ø Bruttopersonal- kosten/Monat/VK	Gesamtbrutto- personalkosten/ Monat
Januar (n)	465	119,00 €	55.335,00 €	10,5	4.200,00 €	44.100,00 €
Februar (n)	420	119,00 €	49.980,00 €	10,5	4.200,00 €	44.100,00 €
März (n)	465	119,00 €	55.335,00 €	10,5	4.200,00 €	44.100,00 €
April (n)	450	119,00 €	53.550,00 €	10,5	4.200,00 €	44.100,00 €
Mai (n)	465	119,00 €	55.335,00 €	10,5	4.200,00 €	44.100,00 €
Juni (n)	450	119,00 €	53.550,00 €	10,5	4.200,00 €	44.100,00 €
Juli (n)	465	119,00 €	55.335,00 €	10,5	4.200,00 €	44.100,00 €
August (n)	465	119,00 €	55.335,00 €	10,5	4.200,00 €	44.100,00 €
September (n)	450	119,00 €	53.550,00 €	10,5	4.200,00 €	44.100,00 €
Oktober (n)	465	119,00 €	55.335,00 €	10,5	4.200,00 €	44.100,00 €
November (n)	450	119,00 €	53.550,00 €	10,5	4.200,00 €	44.100,00 €
Dezember (n)	465	119,00 €	55.335,00 €	10,5	4.200,00 €	44.100,00 €
					Summe	529.200,00 €
Januar (n+1)	465	119,00 €	55.335,00 €	10,5	4.700,00 €	49.350,00 €
Februar (n+1)	420	119,00 €	49.980,00 €	10,5	4.700,00 €	49.350,00 €
März (n+1)	465	119,00 €	55.335,00 €	10,5	4.700,00 €	49.350,00 €
April (n+1)	450	119,00 €	53.550,00 €	10,5	4.700,00 €	49.350,00 €
Mai (n+1)	465	119,00 €	55.335,00 €	10,5	4.700,00 €	49.350,00 €
Juni (n+1)	450	119,00 €	53.550,00 €	10,5	4.700,00 €	49.350,00 €
Juli (n+1)	465	119,00 €	55.335,00 €	10,5	4.700,00 €	49.350,00 €
August (n+1)	465	119,00 €	55.335,00 €	10,5	4.700,00 €	49.350,00 €
September (n+1)	450	119,00 €	53.550,00 €	10,5	4.700,00 €	49.350,00 €
Oktober (n+1)	465	119,00 €	55.335,00 €	10,5	4.700,00 €	49.350,00 €
November (n+1)	450	119,00 €	53.550,00 €	10,5	4.700,00 €	49.350,00 €
Dezember (n+1)	465	119,00 €	55.335,00 €	10,5	4.700,00 €	49.350,00 €
					Summe	592.200,00 €

Tabelle 22: Stammdaten

---

151 Wie beschrieben, wird die volle Anwesenheit der Klienten in jedem Monat zur Vereinfachung angenommen.
152 Das Beispielwohnheim betreut nur Behinderte einer Hilfebedarfsgruppe.

Der Deckungsbeitrag pro Pflegetag auf Basis der Maßnahmenpauschale erfährt im Zeitablauf folgende Entwicklung:

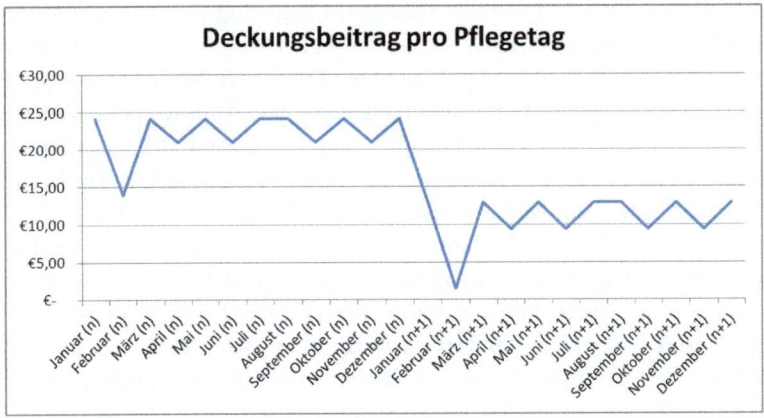

Abbildung 19: Entwicklung des Deckungsbeitrages pro Pflegetag[153]

Der Deckungsbeitrag pro Pflegetag als zentrale Kennzahl zur Analyse der Personalkostendeckung erfährt durch die Tariferhöhung einen enormen Rückgang. Im Jahr n+1 fällt er um ca. 50%.

Der Deckungsbeitrag pro PT hat alleine wenig Aussagekraft. Er konstituiert sich aus den Kennzahlen Erlöse und Personalkosten pro Pflegetag. Diese sollten zur Beurteilung des Deckungsbeitrages daher analysiert werden. Auch hier wird anstelle der Gesamterlöse wieder die Maßnahmenpauschale herangezogen. Für den Betrachtungszeitraum ergeben sich für die weiteren Kennzahlen folgende Entwicklungen:

Monat	Personalkosten pro PT	Maßnahmenpauschale pro PT			
Januar (n)	94,84 €	119,00 €	Januar (n+1)	106,13 €	119,00 €
Februar (n)	105,00 €	119,00 €	Februar (n+1)	117,50 €	119,00 €
März (n)	94,84 €	119,00 €	März (n+1)	106,13 €	119,00 €
April (n)	98,00 €	119,00 €	April (n+1)	109,67 €	119,00 €
Mai (n)	94,84 €	119,00 €	Mai (n+1)	106,13 €	119,00 €
Juni (n)	98,00 €	119,00 €	Juni (n+1)	109,67 €	119,00 €
Juli (n)	94,84 €	119,00 €	Juli (n+1)	106,13 €	119,00 €
August (n)	94,84 €	119,00 €	August (n+1)	106,13 €	119,00 €
September (n)	98,00 €	119,00 €	September (n+1)	109,67 €	119,00 €
Oktober (n)	94,84 €	119,00 €	Oktober (n+1)	106,13 €	119,00 €
November (n)	98,00 €	119,00 €	November (n+1)	109,67 €	119,00 €
Dezember (n)	94,84 €	119,00 €	Dezember (n+1)	106,13 €	119,00 €

Tabelle 23: Bruttopersonalkosten und Maßnahmenpauschale pro PT im Monats- und Jahresvergleich

---

153 Quelle: eigene Darstellung.

2.1.3 Management und Controlling

Der starke Rückgang des Deckungsbeitrages pro Pflegetag macht die prekäre Situation des Wohnheimes deutlich. Die Maßnahmenpauschale trägt zur Deckung der über die Personalkosten hinaus anfallenden Sachkosten nur noch mit rund 10 € pro Pflegetag bei. Eine vergleichende Analyse der Kennzahlen Erlöse und Personalkosten pro Pflegetag zeigte, dass die kommende Tariferhöhung der Grund dafür ist. In der Realität übliche Abwesenheitszeiten von Klienten würden dieses Problem weiter verschärfen, da die Summe der monatlichen Maßnahmenpauschalen weiter zurückgehen würde. In letzter Konsequenz könnte dann eine Unterdeckung dergestalt eintreten, dass die Maßnahmenpauschale pro PT die Personalkosten pro PT unterschreitet. Bis zu möglichen Neuverhandlungen mit Kostenträgern sollten Maßnahmen daher insbesondere mit den Zielsetzungen erfolgen, die Erlöse auf dem aktuellen Stand zu halten bzw. zu erhöhen und die Personalkosten im Rahmen weiterer Analyseschritte zu senken. Genannte Maßnahmen sind aufgrund des langen Zeithorizontes als strategisch anzusehen. Im Folgenden werden sie, nach Erlös- und Kostenseite differenziert, kurz skizziert:

Auf der Erlösseite kann das Wohnheim eine Quersubventionierung der Personalkosten anstreben. Das heißt, Klienten in Hilfebedarfsgruppen mit niedrigem Hilfebedarf subventionieren Klienten mit hohem Hilfebedarf. Zudem sollte die Deckungsbeitragsrechnung zu einer mehrstufigen Variante ausgebaut werden. Der Deckungsbeitrag pro PT müsste dann für jede Hilfebedarfsgruppe errechnet werden.[154] Eine weitere Möglichkeit zur Erlössteigerung wäre die langfristige Spezialisierung auf bestimmte Behinderungsbilder. Dabei sollte jedoch frühzeitig ein Abgleich mit den Sachzielen der Organisation erfolgen, um Konflikte bei der Umsetzung zu vermeiden.

Auf der Personalkostenseite sollte eine Analyse der Personalstruktur stattfinden, um Einsparpotenziale aufzuzeigen und diese gegebenenfalls zu realisieren. Weiterhin sollte ein Abgleich zwischen verhandeltem und tatsächlichem Betreuungsschlüssel stattfinden, um diese wenn nötig aneinander angleichen zu können. Hier gilt es, Qualitätsaspekte zu beachten, um keine negative Rückkoppelung auf die Erlösseite zu verursachen.

---

154 Es könnte mithilfe dieser Rechnung aufgezeigt werden, welche Hilfebedarfsgruppe in welchem Maße zur Deckung der Personalkosten beiträgt. Die hilfebedarfsgruppenbezogenen Kennzahlen gilt es dann zu verdichten, sodass die Summe der Erlöse einer Periode die Personalkosten einer Periode decken muss.

2.1.4 Kennzahlen

Kennzahl Name	Deckungsbeitrag je Pflegetag
Beschreibung	Gibt pflegetagsbezogen an, inwieweit die erzielten Erlöse die angefallenen Personalkosten decken.
Formel	$$\frac{(Erlöse\text{-}Personalkosten)}{Pflegetage}$$
Darstellung des Ergebnisses	Darstellung in Euro pro Pflegetag
Bedeutung/Interpretation	Diese Kennzahl hat eine signifikante Signalwirkung, da sie Veränderungen im Verhältnis zwischen Personalkosten (mithin größter Kostentreiber) und Erlösen darstellt. Zudem ist sie einfach zu erheben und sollte daher obligatorisch im Kennzahlenapparat auftauchen. Sie sollte zur zeitnahen Reaktion auf Schieflagen monatlich erhoben und folglich im Zeitreihen-vergleich betrachtet werden. Die Personalkosten und Erlöse pro Pflegetag sind zur vertiefen-den Analyse ebenfalls heranzuziehen, da die Aussagekraft dieser Kennzahl sonst begrenzt ist.
mögliche Ergebnisse	0 bis n

Kennzahl Name	(Brutto-) Personalkosten je Pflegetag
Beschreibung	Gibt pflegetagsbezogen an, wie hoch die (Brutto-) Personalkosten sind.
Formel	$$\frac{(Brutto\text{-})\ Personalkosten}{Pflegetage}$$
Darstellung des Ergebnisses	Darstellung in Euro pro Pflegetag
Bedeutung/Interpretation	Ebenfalls eine wichtige Kennzahl beim Personalkostencontrolling. Größtmögliche Aussagefä-higkeit wird im Zeitreihenvergleich sowie im Abgleich mit den Erlösen pro PT, den nicht ab-rechnungsfähigen Fehlzeiten und der Case-Mix Entwicklung erreicht.
mögliche Ergebnisse	0 bis n

Kennzahl Name	Erlöse je Pflegetag
Beschreibung	Gibt an, wie hoch die pflegetagsbezogenen Erlöse sind.
Formel	$$\frac{Erlöse}{Pflegetage}$$
Darstellung des Ergebnisses	Darstellung in Euro pro Pflegetag
Bedeutung/Interpretation	Es gelten die analogen Ausführungen zur Aussagefähigkeit wie bei der vorigen Kennzahl. Ebenso wie diese dienen die Erlöse pro PT der vertiefenden Analyse des Deckungsbeitrages pro PT.
mögliche Ergebnisse	0 bis n

2.2 Implementierung einer mehrstufigen Deckungsbeitragsrechnung in einer stationären Wohneinrichtung der Behindertenhilfe

2.2.1 Fallbeispiel

Die Leitung des Behindertenwohnheims des PuB e.V. beobachtet seit längerer Zeit eine Veränderung der Bewohnerstruktur. Durch die zunehmende Ambulantisierung kommt es zu einer Verschiebung in der Bewohnerstruktur zugunsten betreuungsintensiver Kli-enten. Die Wohnheimleitung hat sich daher zur Implementierung einer mehrstufigen Deckungsbeitragsrechnung entschlossen, um eventuelle Quersubventionierungen zwi-schen den nach Hilfebedarfsgruppen differenzierten Bewohnern quantifizieren zu können.[155] Zur bedarfsgerechten Förderung werden die Bewohner in drei räumlich abgegrenzten Wohngruppen (WGs) betreut, wobei keine Durchmischung der HBGs stattfindet. Es besteht der Verdacht, dass eine Quersubventionierung von Bewohnern mit niedrigem Hilfebedarf hin zu Bewohnern mit hohem Hilfebedarf vorliegt. Dies soll kennzahlengestützt im Kontext der Bewohnerstrukturveränderung validiert werden, um im Zuge einer Ambulantisierung Gegenmaßnahmen einleiten zu können.

2.2.2 Analyseverfahren

Zur Implementierung einer mehrstufigen Deckungsbeitragsrechnung bedarf es lediglich einer Kennzahl, dem Deckungsbeitrag pro Pflegetag (PT). Dieser wird pro HBG errechnet, um kennzahlengestützt aufzuzeigen, wie einzelne HBGs zur Deckung der Personalkosten, dem größten Ausgabenposten eines sozialwirtschaftlichen Unternehmens, beitragen.[156] Dazu sind die Bruttopersonalkosten pro HBG (also pro WG) zu ermitteln.[157] Die weiteren zu ermittelnden Rohdaten liegen vor Allem im Bereich der hilfebedarfsgruppenspezifischen Erlöse und Pflegetage. Nachstehend seien zusammenfassend genannt:

- Pflegetage pro Monat differenziert nach HBG[158]
- Kalendertägliche Maßnahmepauschale pro Hilfebedarfsgruppe
- Kumulierte Maßnahmepauschalen pro Monat und HBG
- Summe der Vollkräfte pro Wohngruppe (mithin pro HBG)
- Summe der Bruttopersonalkosten pro Wohngruppe

Die **Stammdaten** gestalten sich für die Jahre *n* und *n+1* wie folgt:

HBG/WG	Um Sachkostenanteile bereinigte Maßnahmepauschale pro Kalendertag	Bewohnerzahl		Bruttopersonalkosten pro Monat[159]		Vollkräfte pro WG	
		Jahr n	Jahr n+1	Jahr n	Jahr n+1	Jahr n	Jahr n+1
1	58,80 €	9	0	12.600,00 €	0 €	3	0
2	68,60 €	3	3	6.300,00 €	6.300,00 €	1,5	1,5
3	75,95 €	0	9	0 €	37.800,00 €	0	9
Durchschnitt	67,78 €	12	12	18.900,00 €	44.100,00 €	4,5	10,5

Tabelle 24: Stammdaten

---

155 Das Wohnheim betreut Klienten dreier Hilfebedarfsgruppen (HBG 1 bis 3, dabei hat HBG 1 den niedrigsten Hilfebedarf, gemessen am für sie notwendigen Personal).

156 Die Personalkostendeckung ist zudem definitionsgemäß Gegenstand dieser Kennzahl. Vgl. dazu das Kennzahlglossar im vorliegenden Buch.

157 Zum Zwecke dieser Fallstudie soll sich auf die Personalkosten der direkten Klientenversorgung, also des Betreuungsdienstes, beschränkt werden. Als Erlöse werden daher ebenso die Maßnahmepauschalen pro HBG, bereinigt um einen Abschlag für übrige Personal- und Sachkostenanteile, angesetzt. Dieser Abschlag liegt bei 30%.

158 Zur Vereinfachung sei hier eine Vollauslastung im Betrachtungszeitraum angenommen.

159 Um die vorgegebenen Betreuungsschlüssel in den verbleibenden HBGs beibehalten zu können, wurden zu Beginn des Jahres n+1 sechs neue Vollkräfte eingestellt. Tarifsteigerungen sind dabei außen vor.

Sodann kann der Deckungsbeitrag pro Pflegetag für jede HBG separat berechnet werden. Es ergibt sich im Zeitablauf folgende Entwicklung:

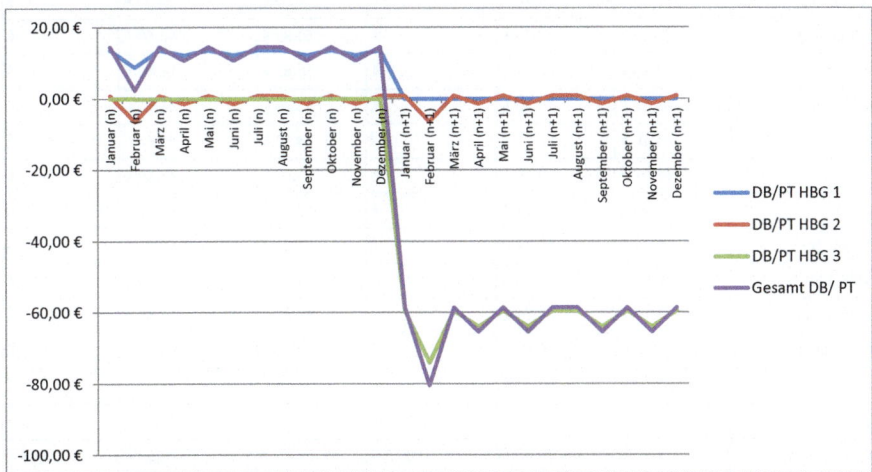

Abbildung 20: Berechnung des Deckungsbeitrages pro Pflegetag auf Basis der Maßnahmenpauschale bereinigt um Sachkostenanteile[160]

Es zeigt sich, dass die Veränderung der Bewohnerstruktur durch den Auszug der Bewohner aus HBG 1 voraussichtlich weitreichende Folgen für den Periodenerfolg des Jahres n+1 hat: Der Gesamtdeckungsbeitrag pro Pflegetag ist im Jahr *n* aufgrund der betriebswirtschaftlich günstigen Bewohnerstruktur positiv, im Folgejahr fällt er drastisch ins Negative auf zuweilen rund -70 Euro. Zur vertiefenden Analyse sollten weiterhin die Bruttopersonalkosten sowie die um Sachkosten bereinigte Maßnahmepauschale (jeweils pro Pflegetag) betrachtet werden, da sich die Kennzahl des Deckungsbeitrags aus ihnen konstituiert.

---

160   Quelle: eigene Darstellung.

	Bruttopersonalkosten/Pflegetag			Bereinigte Maßnahmepauschale/Pflegetag[161]		
Monat	HBG 1	HBG 2	HBG 3	HBG 1	HBG 2	HBG 3
Januar (n)	45,16 €	67,74 €	- €	58,80 €	68,60 €	- €
Februar (n)	50,00 €	75,00 €	- €	58,80 €	68,60 €	- €
März (n)	45,16 €	67,74 €	- €	58,80 €	68,60 €	- €
April (n)	46,67 €	70,00 €	- €	58,80 €	68,60 €	- €
Mai (n)	45,16 €	67,74 €	- €	58,80 €	68,60 €	- €
Juni (n)	46,67 €	70,00 €	- €	58,80 €	68,60 €	- €
Juli (n)	45,16 €	67,74 €	- €	58,80 €	68,60 €	- €
August (n)	45,16 €	67,74 €	- €	58,80 €	68,60 €	- €
September (n)	46,67 €	70,00 €	- €	58,80 €	68,60 €	- €
Oktober (n)	45,16 €	67,74 €	- €	58,80 €	68,60 €	- €
November (n)	46,67 €	70,00 €	- €	58,80 €	68,60 €	- €
Dezember (n)	45,16 €	67,74 €	- €	58,80 €	68,60 €	- €
Januar (n+1)	- €	67,74 €	135,48 €	- €	68,60 €	75,95 €
Februar (n+1)	- €	75,00 €	150,00 €	- €	68,60 €	75,95 €
März (n+1)	- €	67,74 €	135,48 €	- €	68,60 €	75,95 €
April (n+1)	- €	70,00 €	140,00 €	- €	68,60 €	75,95 €
Mai (n+1)	- €	67,74 €	135,48 €	- €	68,60 €	75,95 €
Juni (n+1)	- €	70,00 €	140,00 €	- €	68,60 €	75,95 €
Juli (n+1)	- €	67,74 €	135,48 €	- €	68,60 €	75,95 €
August (n+1)	- €	67,74 €	135,48 €	- €	68,60 €	75,95 €
September (n+1)	- €	70,00 €	140,00 €	- €	68,60 €	75,95 €
Oktober (n+1)	- €	67,74 €	135,48 €	- €	68,60 €	75,95 €
November (n+1)	- €	70,00 €	140,00 €	- €	68,60 €	75,95 €
Dezember (n+1)	- €	67,74 €	135,48 €	- €	68,60 €	75,95 €

Tabelle 25: Bruttopersonalkosten und Maßnahmenpauschale pro PT gegliedert nach HBG im Monats- und Jahresvergleich

2.2.3 Management und Controlling

Die These der Quersubventionierung von HBGs mit niedrigem Hilfebedarf hin zu HBGs mit hohem Hilfebedarf konnte durch den Einsatz der mehrstufigen Deckungsbeitragsrechnung bewiesen werden. Demgemäß ist das Haus bei Menschen mit Behinderung der HBG 1 noch in der Lage, neben den direkten Personalkosten ebenfalls indirekte Personalkosten- und Sachkostenanteile aus der bereinigten Maßnahmepauschale zu decken, der ausgewiesene Deckungsbeitrag pro Pflegetag ist positiv. Bei Rehabilitanden der HBG 2 hingegen deckt die bereinigte Maßnahmenpauschale einzig die direkten Personalkosten, ohne dass sich eine Überdeckung ergibt. Für Klienten der HBG 3 ist aufgrund des enormen Hilfebedarfes jedoch keine Deckung der direkten Personal-

---

161 Aufgrund einer unterstellten Vollauslastung liegt eine Identität zwischen der bereinigten Maßnahmenpauschale/ den Erlösen pro Kalender- und Pflegetag vor.

kosten aus der Hilfebedarfsgruppenspezifischen Erlösen möglich, was durch den stark negativen Deckungsbeitrag pro Pflegetag dieser Hilfebedarfsgruppe im Jahr n+1 deutlich wird.

Die Situation im Wohnheim des PuB e.V. ist daher als prekär einzuschätzen. Vor der Veränderung der Bewohnerstruktur erwirtschaftete das Haus einen positiven Gesamtdeckungsbeitrag bezogen auf den einzelnen Pflegetag. Dafür hauptverantwortlich ist wie erwähnt der positive Deckungsbeitrag der HBG 1. Als das Verhältnis zwischen den HBGs 1 und 3 im Jahr n+1 kippt, ist die Deckung der gesamten direkten Bruttopersonalkosten aus der bereinigten Maßnahmepauschale nicht mehr möglich, der Gesamtdeckungsbeitrag ist negativ. Bei Analyse der pflegetagsbezogenen direkten Bruttopersonalkosten und Erlöse fällt auf, dass die durch die Strukturveränderung bedingte Erhöhung der direkten Personalkosten nicht durch die gleichzeitig gestiegenen Erlöse in der HBG 3 kompensiert werden konnte. Es waren in diesem Zeitraum Neueinstellungen nötig, um die festgelegten Betreuungsschlüssel insbesondere im Falle der HBG 3 gewährleisten zu können.

Die gezeigte Entwicklung kann für den PuB e.V. eine Abwärtsspirale werden, da mit jedem Bewohner der HBG 3 erneuter Verlust erwirtschaftet wird.

Mittel- bis langfristig ist daher aus betriebswirtschaftlicher Sicht über eine Spezialisierung auf bestimmte HBGs bzw. Leistungstypen nachzudenken, um das Verhältnis aus Erlösen und Personalkosten zu optimieren. Bezüglich der Personalkosten kann eine Flexibilisierung des Personaleinsatzes, z.B. durch unterstützenden Einsatz von Hilfskräften, angestrebt werden. Unter Wahrung des mindestens vorzuhaltenden Fachkräfteanteils scheint dies eine effektive Methode zu sein.

2.2.4 Kennzahlen

Kennzahl Name	Deckungsbeitrag je Pflegetag
Beschreibung	Gibt pflegetagsbezogen an, inwieweit die erzielten Erlöse die angefallenen Personalkosten decken.
Formel	$$\frac{(Erlöse - Personalkosten)}{Pflegetage}$$
Darstellung des Ergebnisses	Darstellung in Euro pro Pflegetag
Bedeutung/Interpretation	Diese Kennzahl hat eine signifikante Signalwirkung, da sie Veränderungen im Verhältnis zwischen Personalkosten (mithin größter Kostentreiber) und Erlösen darstellt. Zudem ist sie einfach zu erheben und sollte daher obligatorisch im Kennzahlenapparat auftauchen. Sie sollte zur zeitnahen Reaktion auf Schieflagen monatlich erhoben und folglich im Zeitreihenvergleich betrachtet werden. Die Personalkosten und Erlöse pro Pflegetag sind zur vertiefenden Analyse ebenfalls heranzuziehen, da die Aussagekraft dieser Kennzahl sonst begrenzt ist.
mögliche Ergebnisse	0 bis n

Kennzahl Name	(Brutto-) Personalkosten je Pflegetag
Beschreibung	Gibt pflegetagsbezogen an, wie hoch die (Brutto-) Personalkosten sind.
Formel	$$\frac{(Brutto\text{-})\ Personalkosten}{Pflegetage}$$
Darstellung des Ergebnisses	Darstellung in Euro pro Pflegetag
Bedeutung/Interpretation	Ebenfalls wichtige Kennzahl beim Personalkostencontrolling. Größtmögliche Aussagefähigkeit wird im Zeitreihenvergleich sowie im Abgleich mit den Erlösen pro PT, den nicht abrechnungsfähigen Fehlzeiten und der Case-Mix Entwicklung erreicht.
mögliche Ergebnisse	0 bis n

Kennzahl Name	Erlöse je Pflegetag
Beschreibung	Gibt an, wie hoch die pflegetagsbezogenen Erlöse sind.
Formel	$$\frac{Erlöse}{Pflegetage}$$
Darstellung des Ergebnisses	Darstellung in Euro pro Pflegetag
Bedeutung/Interpretation	Es gelten die analogen Ausführungen zur Aussagefähigkeit wie bei der vorherigen Kennzahl. Ebenso wie diese dienen die Erlöse pro PT der vertiefenden Analyse des Deckungsbeitrages pro PT.
mögliche Ergebnisse	0 bis n

2.3 Implementierung eines Instrumentes zur Darstellung der statischen Finanzlage

2.3.1 Fallbeispiel

Der PuB e.V. ist angesichts notwendiger Investitionen auf Ebene des Gesamtunternehmens (Neubauten, die nicht durch Zuweisungen gedeckt sind) zur Aufnahme eines Großkredites gezwungen. Das Kreditinstitut verlangt dazu eine kennzahlenbasierte Darstellung der derzeitigen Finanzlage des Unternehmens,[162] um die Kreditanfrage einem hausinternen Rating bzw. einer Kreditwürdigkeitsprüfung unterziehen zu können. Im Zuge dieses Szenarios kommt die Leitung des PuB e.V. zu dem Entschluss, ein kennzahlengestütztes Überwachungssystem zu implementieren, um auch außerhalb von notwendigen Kreditlinien die Finanzlage stichtagsbezogen darstellen zu können.

2.3.2 Analyseverfahren

Zur Realisierung dieses Vorhabens werden folgende statische Kennzahlen berechnet:[163] Eigenkapitalquote, Anlagendeckungsgrad B, Working Capital, sowie die Liquidität zweiten Grades. Dazu ist die Aufbereitung der Bilanz des PuB e.V. in Form einer Strukturbilanz notwendig.[164] Sie dient als Grundlage für die Kennzahlenberechnung und ist somit als alleinige Rohdatenquelle zu generieren. Da die Analyse einiger Kenn-

---

162 In aller Regel wird die Bank eine Analyse der gesamten wirtschaftlichen Lage des Unternehmens vornehmen und folglich entsprechende darüber hinausgehende Kennzahlen (wie z.B. Cash-Flows) verlangen. Die Finanzlage ist aufgrund der im HGB kodifizierten Insolvenzgründe jedoch ein überragendes Analysefeld, da sie deren Eintrittswahrscheinlichkeit widerspiegelt. Sie wird zum Zwecke dieser Studie somit allein beschrieben.

163 Diese wurden exemplarisch vor dem Hintergrund der Fragestellung ausgewählt.

164 Ihre Erstellung ist Gegenstand einschlägiger Literatur: Vgl. dazu Graumann 2011, S. 247 f.

zahlen nur im Zeitablauf wesentliche Aussagekraft entfaltet, sollte dies ebenso für einige Bilanzen von Vorjahren durchgeführt werden.[165]

Die Strukturbilanzen gestalten sich für die Geschäftsjahre n bis n-2 wie folgt:

Aktiva				Passiva			
	n	n-1	n-2		n	n-1	n-2
Anlagevermögen (AV)				**Eigenkapital**			
Immaterielles AV	2,00	2,00	1,00	Rücklagen[166]	11,00	23,00	20,00
Sachanlagevermögen	70,00	72,00	69,00	Konzerngewinn	0,00	2,00	3,00
Finanzanlagevermögen	2,00	2,00	0,00	Gezeichnetes Kapital	1,00	1,00	1,00
Summe AV	74,00	76,00	70,00	**Summe EK**	12,00	26,00	24,00
Umlaufvermögen (UV)				**Fremdkapital**			
Vorräte	2,00	3,00	2,00	Sonderposten	0,00	0,00	0,00
Forderungen	4,00	8,00	10,00	*Langfristiges Fremdkapital*			
Wertpapiere	0,00	0,00	0,00	Rückstellungen	4,00	5,00	6,00
Liquide Mittel	5,00	15,00	18,00	Verbindlichkeiten	49,00	51,00	50,00
				Kurzfristiges Fremdkapital			
				Rückstellungen	10,00	10,00	10,00
				Verbindlichkeiten	10,00	10,00	10,00
Summe UV	11,00	26,00	30,00	**Summe FK**	73,00	76,00	76,00
Bilanzsumme	85,00	102,00	100,00	**Bilanzsumme**	85,00	102,00	100,00

Tabelle 26: Strukturbilanzen der Jahre *n-2* bis *n* (alle Werte in Mio. €)[167]

Auf Grundlage der vorliegenden Daten können nun die Kennzahlen für die betrachteten Geschäftsjahre zur Analyse der statischen Finanzlage berechnet werden. Die Entwicklung der Eigenkapitalquote als obligatorische Kennzahl wird im Folgenden visua-

---

165 Im Fallbeispiel werden zwei vorherige Geschäftsjahre neben dem aktuellen mit dargestellt.
166 Dabei handelt es sich fast vollständig um Gewinnrücklagen, die durch die Gemeinnützigkeit regelmäßig durch Jahresüberschüsse vergrößert werden.
167 Es wird davon ausgegangen, dass der PuB e.V. als freiwillig Bilanzierender diese Analyse selbst vornimmt. Es kann daher davon ausgegangen werden, dass grobe Verzerrungen durch bilanzpolitische Gestaltungsmaßnahmen ausbleiben, da das entsprechende Hintergrundwissen vorliegt.

lisiert. Sie berechnet sich aus dem Quotienten aus dem Eigenkapital und der Bilanzsumme:

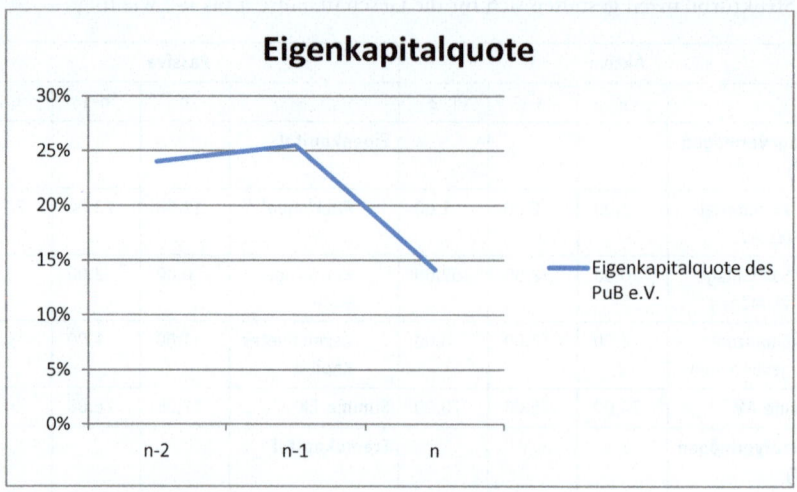

Abbildung 21: Eigenkapitalquote des PuB e.V. für die Jahre n-2 bis n[168]

Es zeigt sich ein drastischer Rückgang des Eigenkapitals. Dieser beruht auf einem Verlust im Jahre n, der durch die Auflösung von Gewinnrücklagen reguliert werden musste. Grund dafür waren Kreditzusagen für ein Tochterunternehmen sowie ein Tarifabschluss, der das Ergebnis aus der Gewinn-und Verlustrechnung zusätzlich belastete. Parallel dazu verliert der PuB e.V. 10 Mio. € an liquiden Mitteln. Für die anderen Kennzahlen ergibt sich im Betrachtungszeitraum folgendes Bild:

	n	n-1	n-2
Eigenkapitalquote:	14%	25%	24%
Anlagendeckungsgrad B:	88%	108%	114%
Working Capital:	-9,00	6,00	10,00
Liquidität 2. Grades:	45%	115%	140%

Tabelle 27: Finanzwirtschaftliche Kennzahlen für die Geschäftsjahre *n-2* bis *n* (Alle Werte in Mio. €, soweit nicht anders angegeben)

2.3.3 Management und Controlling

Es wird deutlich, dass die finanzwirtschaftliche Situation des PuB e.V. als prekär einzuschätzen ist. Wie bereits skizziert, ist ein wesentlicher Grund eine gewährte Kreditzusage für ein Tochterunternehmen des PuB e.V. Dies konnte seine Kreditschulden gegenüber der Hausbank nicht mehr tilgen, der PuB e.V. gab als Mutterunternehmen eine Patronatserklärung dafür ab. Zudem kommt es im Jahr *n* zu einem unterneh-

---

168   Quelle: eigene Darstellung.

mensweiten Tarifabschluss, der den Aufwand in die Höhe treibt und somit das Jahresergebnis ebenfalls belastet. Beides hat einen Verlust in Höhe von 11 Mio. € zur Konsequenz, sodass die Gewinnrücklage auf 11 Mio. € reduziert werden muss, um diesen zu regulieren. Zusätzlich wirken sich mangelnde Spielräume der öffentlichen Haushalte ebenfalls negativ auf das Ergebnis im Jahr n aus, was wiederum die Umsatzerlöse schmälert und somit eine Kompensation oben genannter Umstände unmöglich macht.

Das Eigenkapital, und damit die Haftungssubstanz des Vereins, wird im Betrachtungszeitraum stark aufgezehrt, mit 14% liegt dies unter dem allgemein anerkannten Richtwert von 20%.[169] Verbindlichkeiten können dabei kaum abgebaut werden.

Analog dazu reduziert sich die wertmäßige Höhe des Anlagendeckungsgrades B. Er beschreibt das Verhältnis zwischen langfristigen Kapitalien und langfristigem Vermögen. Im Jahr n sind die langfristig gebundenen Vermögensgegenstände nicht mehr durch langfristiges Kapital gedeckt, der Wert fällt auf unter 100% und damit unter den geltenden Richtwert. Bedenkt man, dass das Anlagevermögen hauptsächlich aus Sachanlagen (insbesondere Gebäuden) besteht, ist für den Verein ein erhöhtes Refinanzierungsrisiko festzustellen. Das langfristige Vermögen müsste demnach mit kurzfristigen Krediten weiterfinanziert werden. Es ist von im Verhältnis zur Fristenkongruenz erhöhten Kapitalkosten auszugehen, welche die Ergebnissituation des PuB im Nutzungszeitraum der Sachanlagen weiter verschärfen werden.

Weiterhin wird das Working Capital im Betrachtungszeitraum negativ. Es quantifiziert, wie groß der Anteil langfristigen Kapitals ist, das über die Finanzierung langfristiger Vermögensgegenstände hinaus zur freien Verfügung steht. Es handelt sich somit um langfristiges Kapital, das in kurzfristig liquidierbaren Vermögensgegenständen gebunden ist und somit schnell für Expansionsinvestitionen zur Verfügung stehen. Es kann als einfach zu bestimmender Frühwarnindikator für die Liquiditätssituation eines Unternehmens gesehen werden.[170] Die für den PuB e.V. sich einstellende Negativität dieser Kennzahl deutet auf eine drastische Verschlechterung der Liquiditätssituation hin.

Schließlich ist ein rapider Fall der Liquidität zweiten Grades zu beobachten. Sie fällt im Betrachtungszeitraum um rund 100%. Sie quantifiziert, wie hoch der Anteil kurzfristiger Vermögensgegenstände an den kurzfristigen Verbindlichkeiten ist, um diese durch Liquidierung dieser Gegenstände ablösen zu können. Im Jahr n sind die kurzfristigen Verbindlichkeiten lediglich zu 45% durch kurzfristige Vermögensgegenstände gedeckt, selbst die kurzfristigen Verbindlichkeiten könnten demnach nicht einmal zur Hälfte beglichen werden.

Zusammenfassend kann gesagt werden, dass der PuB e.V. bestehende Insolvenz aus den Kennzahlen herleiten konnte. Das Unternehmen verliert an Haftungsmasse und Liquidität. Analog dazu fehlen Fristenkongruenzen zwischen Vermögen und Kapital.

---

169 Vgl. Graumann 2011, S. 285.
170 Das Working Capital ist in enormem Maße durch bilanzpolitische Maßnahmen manipulierbar. Die Annahme ihrer Nichtexistenz wurde bereits getroffen.

Der PuB e.V. wird unter diesen Voraussetzungen keinen Kredit von der Hausbank bekommen, es ist vielmehr die drohende Insolvenz abzuwenden.

Um die Finanzlage im Kontext sich unterjährig vollziehender Veränderungen im Unternehmen darzustellen, sind die gezeigten statischen Finanzkennzahlen unbrauchbar, da sie den Posten der liquiden Mittel als gegebene Entität verstehen und ferner auf Basis vergangenheitsbezogener Daten erhoben werden. Zudem gelten sie streng genommen nur am Erhebungsstichtag. Es bleibt daher der Vollständigkeit halber zu erwähnen, dass der Ausbau statischer Kennzahlensysteme zu dynamischen Rechenwerken erfolgen kann und sollte. Bekannteste Größe dieser Systeme dürfte der Cash-Flow sein.

2.3.4 Kennzahlen

Kennzahl Name	Eigenkapitalquote
Beschreibung	Zeigt den Anteil des Eigenkapitals und damit der Haftungsmasse am Gesamtvermögen eines Unternehmens.
Formel	$$\frac{Wirtschaftliches\ Eigenkapital^*}{Bilanzsumme}$$ * Dabei handelt es sich nicht um das bilanziell ausgewiesene Eigenkapital, ebenso ist die Bilanzsumme der Strukturbilanz gemeint.
Darstellung des Ergebnisses	Darstellung in % (prozentualer Anteil am Gesamtvermögen)
Bedeutung/Interpretation	Die Höhe der Eigenkapitalquote gibt die Abhängigkeit eines Unternehmens von Fremdkapitalgebern an. Zudem ist sie ein wichtiger Maßstab für die Überschuldungsgefahr eines Unternehmens und wird daher regelmäßig von Banken zur Kreditwürdigkeitsprüfung verlangt. Das Eigenkapital kann zudem noch auf die Quellen seines Ursprungs untersucht werden. So kann im Rahmen des Eigenkapitals Innen- oder Außenfinanzierung vorliegen.
mögliche Ergebnisse	0 bis n

Kennzahl Name	Anlagendeckungsgrad B
Beschreibung	Bildet ab, inwiefern langfristig verfügbares Kapital das langfristig gebundene Vermögen deckt. Das Kapital wird dabei unabhängig von der Rechtstellung (Eigen/Fremd) herangezogen.
Formel	$$\frac{Wirtschaftliches\ Eigenkapital + Pensionsr\ddot{u}ckstellungen + Langfristige\ Verbindlichkeiten}{Gesamtes\ Anlageverm\ddot{o}gen} * 100$$
Darstellung des Ergebnisses	Darstellung in % (prozentualer Anteil am Anlagevermögen)
Bedeutung/Interpretation	Der Anlagendeckungsgrad B hat Signalwirkung weil er das Refinanzierungsrisiko des untersuchten Unternehmens aufzeigt. Dies ergibt sich aus der Annahme, dass nicht langfristig finanzierte langfristige Vermögensgegenstände durch kurzfristige Fremdkapitalien finanziert werden müssen.[171] Dies impliziert erhöhte Finanzierungskosten, die Liquidität strapazieren. Demnach sollte eine Fristenkongruenz vorliegen: Das heißt langfristig gebundene Vermögensgegenstände sollten langfristig finanziert werden. Der bestmögliche Wert ist daher bei 100%.
mögliche Ergebnisse	0 bis n

---

171 Eigenkapital ist nie kurzfristig.

Kennzahl Name	Working Capital
Beschreibung	Zeigt den Anteil des Umlaufvermögens, der kurzfristig finanziert ist.
Formel	*Gesamtes Umlaufvermögen - kurzfristiges Fremdkapital = Working Capital*
Darstellung des Ergebnisses	Darstellung in Euro
Bedeutung/Interpretation	Das Working Capital ist ein Frühwarnindikator für die Liquiditätssituation eines Unternehmens. Solange es positiv ist, übersteigt das Umlaufvermögen die kurzfristigen Verbindlichkeiten. In der Folge gibt es Teile des Umlaufvermögens, die durch langfristiges Kapital finanziert sind. Dieses steht aufgrund seiner Verfügbarkeitsdauer für Expansionsinvestitionen (z.B. ins Anlagevermögen) oder eben zur Finanzierung von Umlaufvermögen zur Verfügung. Ein hohes Working Capital ist daher immer Ausdruck hervorragender Liquidität. Problematisch ist es, wenn ein negativer Wert ausgewiesen wird. Dann tritt oben beschriebener Fall unzureichender Fristenkongruenz zwischen Vermögen und Kapital auf. Aufgrund dieser herausragenden Bedeutung ist es oft Gegenstand bilanzpolitischer Maßnahmen.
mögliche Ergebnisse	-n bis +n

Kennzahl Name	Liquidität 2. Grades
Beschreibung	Zeigt das Verhältnis zwischen kurzfristigen Vermögensgegenständen (ohne Vorräte) und kurzfristigem Fremdkapital
Formel	$$\frac{\textit{Liquide Mittel} + \textit{Wertpapiere des Umlaufvermögens} + \textit{Forderungen}}{\textit{Kurzfristige Verbindlichkeiten}^{*}} *100$$ * Hiermit ist sämtliches Fremdkapital mit einer Restlaufzeit von bis zu einem Jahr gemeint.
Darstellung des Ergebnisses	Darstellung in % (prozentualer Anteil an den kurzfristigen Verbindlichkeiten)
Bedeutung/Interpretation	Die Liquidität 2. Grades zeigt das statische Risiko der Zahlungsunfähigkeit. Dazu setzt es kurzfristig liquidierbare Vermögensgegenstände ins Verhältnis zu kurzfristig zu tilgenden Verbindlichkeiten. In der Praxis wird ein Wert von mindestens 80% als vorteilhaft erachtet.[172]
mögliche Ergebnisse	0 bis n

2.4 Analyse des operativen cash-flows[173] zur Beurteilung der dynamischen Finanzlage

2.4.1 Fallbeispiel

Das Controlling des PuB e.V. hat sich dazu entschlossen, die Finanzlage des Unternehmens mithilfe dynamischer Kennzahlen zu überwachen, da ein diesbezügliches Frühwarnsystem nun Gegenstand der regelmäßigen Berichterstattung an die Geschäftsführung sein soll.[174] Zu diesem Zweck wird eine cash-flow-Rechnung implementiert, die eine Beurteilung abgelaufener und laufender Geschäftsjahre unter Liquiditätsgesichtspunkten ermöglicht und somit besonders wegweisend für künftige Investitionsvorhaben ist. Dies wird durch die Ermittlung der Einzahlungen aus der operativen Ge-

---

172 Vgl. Graumann 2011, S. 285.
173 Dabei handelt es sich um den cash-flow nach dem Deutschen Rechnungslegungsstandard Nr. 2 (DRS 2). Wesentliche Grundzüge ergeben sich im Rahmen dieses Fallbeispiels.
174 Im Unterschied zu statischen Kennzahlen der Finanzanalyse sind dynamische Verfahren dazu geeignet, da sie nicht auf Stichtagswerten, sondern auf Zeitraumwerten basieren.

schäftstätigkeit (eben des operativen cash-flows) erreicht.[175] Dies ist auf reiner Überschussbasis nicht der Fall.[176]

2.4.2 Analyseverfahren

Es bedarf zunächst der Berechnung des operativen cash-flows. Auf ihm aufbauend werden Kennzahlen zur Beurteilung der dynamischen Liquidität berechnet. Für die vorliegende Fallstudie wurden folgende Kennzahlen gewählt: Schuldentilgungsdauer, dynamische Schuldentilgungsfähigkeit sowie der Innenfinanzierungsgrad. Der cash-flow selbst und die ermittelten Kennzahlen können anschließend beurteilt werden. Folgende Rohdaten gilt es zu generieren:

- Bilanzieller Jahresüberschuss des zu untersuchenden Geschäftsjahres (GJ)[177]
- Summe der Zu- und Abschreibungen auf das Anlagevermögen des GJ
- Summe der Zuführungen und Auflösungen von langfristigen Rückstellungen des GJ
- Summe sonstiger nicht zahlungswirksamer (aber ertragswirksamer) Geschäftsvorfälle des GJ
- Summe der Zu- und Abgänge im Umlaufvermögen des GJ (ohne Veränderungen beim Finanzumlaufvermögen)
- Summe der Zu- und Abgänge bei den kurzfristigen Passiva des GJ (ohne Finanzschulden)
- Fremdkapital am Tag der Analyse (idealerweise nach Fristen differenziert)
- Summe der Investitionen in das Anlagevermögen im GJ

Für den PuB e.V. gestalten sich diese Rohdaten im Geschäftsjahr n wie folgend dargelegt.[178]

	Geschäftsjahr n
Jahresüberschuss	3
Abschreibungen auf das Anlagevermögen	7
Zuschreibungen auf das AV	0
Zuführungen zu Rückstellungen	1,5
Auflösung von Rückstellungen	0
Sonstige zahlungsunwirksame wesentliche Vorgänge	0

---

175 Damit bewegt sich der cash-flow auf einer gänzlich anderen Ebene des Rechnungswesens als der Jahresüberschuss.
176 Weitere Fakten zum operativen cash-flow können einschlägiger Literatur entnommen werden. Vgl. dazu Graumann 2011, S. 555 ff.
177 Es wird deutlich, dass der operative cash-flow anhand der indirekten Methode auf Basis der Gewinn- und Verlustrechnung ermittelt wird. Dies dient der Übersichtlichkeit und Praxistauglichkeit dieser Fallstudie. Wird der cash-flow durch den Bilanzierenden selbst berechnet, kann auch die umständlichere, aber genauere direkte Methode gewählt werden. Die methodologische Unterlegung der Berechnung des cash-flows wird nicht weiter thematisiert. Vgl. dazu ebenda.
178 Mit Sicherheit ist die Analyse der Kennzahlen im Zeitverlauf (mehrere Geschäftsjahre) aussagekräftiger. Zu Demonstrationszwecken wurde jedoch darauf verzichtet.

	Geschäftsjahr n
Zunahme von Umlaufvermögen (Ausnahme: Finanzumlaufvermögen)	1
Abgänge von Umlaufvermögen (Ausnahme: Finanzumlaufvermögen)	5
Zunahme der Verbindlichkeiten (Ausnahme: Finanzschulden)	2
Abnahme Verbindlichkeiten (Ausnahme: Finanzschulden)	0
Fremdkapital	75
Kurzfristiges Fremdkapital	30
Summe der Investitionen im Jahr n	15

Tabelle 28: Stammdaten (alle Werte in Mio. Euro)

Sodann kann auf dieser Grundlage der cash-flow aus der operativen Geschäftstätigkeit hergeleitet werden:[179]

	n
Jahresüberschuss	3
+ Abschreibungen auf das Anlagevermögen[180]	7
- Zuschreibungen auf das AV	0
+Zuführungen zu Rückstellungen	1,5
-Auflösung von Rückstellungen	0
+/- Sonstige zahlungsunwirksame wesentliche Vorgänge	0
= cash-flow nach DVFA/SG[181]	11,5
-Zunahme von Umlaufvermögen (Ausnahme: Finanzumlaufvermögen)	-1
+Abgänge von Umlaufvermögen (Ausnahme: Finanzumlaufvermögen)	5
+Zunahme der Verbindlichkeiten (Ausnahme: Finanzschulden)	2
-Abnahme Verbindlichkeiten (Ausnahme: Finanzschulden)	0
= Operativer CF nach DRS 2	17,5

Tabelle 29: Berechnung des cash-flows für den PuB e.V.

Die wertmäßige Diskrepanz zum bilanziellen Jahresüberschuss wird bereits deutlich und unterstreicht dessen unzureichende Aussagekraft. Der operative cash-flow speist sich demnach zum überwiegenden Teil aus dem cash-flow nach DVFA/SG, der gleichsam die Zahlungsmittelzuflüsse aus nachhaltigen, langfristigen Vermögensgegenständen darstellt. Dieser wird im Wege der Entwicklung zum operativen cash-flow um die Zu- und Abflüsse aus dem Working Capital erweitert.

---

179 Alle Werte in Mio. €.
180 Grundannahme: Der bilanzielle Jahresüberschuss wird um nicht zahlungswirksame, aber ertragswirksame Vorgänge bereinigt. Abschreibungen z.B. liegt kein realer Mittelabfluss zugrunde, daher werden sie zum Jahresüberschuss addiert.
181 Deutsche Vereinigung für Finanzanalyse und Asset Management/Schmalenbach Gesellschaft.

Für die auf dieser Grundlage ermittelten Kennzahlen ergibt sich im zu prüfenden Geschäftsjahr folgendes Bild:

Schuldentilgungsdauer	4,29 Jahre
Dynamische Schuldentilgungsfähigkeit	58,33%
Innenfinanzierungsgrad	116,67%

Tabelle 30: Dynamische Liquiditätskennzahlen auf Basis des operativen cash-flows

2.4.3 Management und Controlling

Zunächst soll der operative cash-flow im Hinblick auf seine Struktur analysiert werden. So zeigt sich, dass sich dieser zu nur etwa 66% aus langfristigen Cash-Zuflüssen speist.[182] Dies ist an sich als risikoreiche Strategie zu bewerten; die Summe der Einzahlungen fußt somit zu einem nicht unerheblichen Teil auf einmaligen Rückführungen des Working Capitals. Konkret meint dies den Aufbau kurzfristiger Verbindlichkeiten, sowie den Abbau von Umlaufvermögen, der wiederum auf den Verkauf von Forderungen zurückzuführen ist (Factoring). In kommenden Perioden dürfte sich dieses Vorgehen als problematisch herausstellen, da die aufgebauten Verbindlichkeiten beglichen werden müssen und diese kurzfristigen Mittelzuflüsse nicht mehr zu reproduzieren sind.

Die Schuldentilgungsdauer liegt mit rund 4 Jahren im Toleranzbereich geltender Benchmarks. Sie drückt das Verhältnis vom gesamten Fremdkapital zum operativen cash-flow aus. Demgemäß beträgt die Obergrenze 5 bis 6 Jahre. Eine Tendenzaussage aus Risikosicht kann im vorliegenden Beispiel aufgrund mangelnder Zeitreihenbetrachtung nicht gemacht werden.

Die dynamische Schuldentilgungsfähigkeit bezeichnet das Verhältnis zwischen jährlichen Zahlungsmittelzuflüssen und kurzfristig/unterjährig zu tilgenden Schulden. Auch hier kann für den PuB e.V. ein Wert innerhalb der Toleranzgrenzen konstatiert werden. In der Praxis werden rund 30% als Untergrenze genannt.

Der Innenfinanzierungsgrad spiegelt das Verhältnis zwischen operativem cash-flow und getätigten Investitionen wider. Im vorliegenden Beispiel übersteigt dieser die 100%-Marke, womit auch hier ein unbedenklicher Wert vorliegt. Die getätigten Investitionen übersteigen sogar die Abschreibungssumme, was eine Substanzvergrößerung des Unternehmens indiziert. Bedenklich ist indes, wie bereits angesprochen, die Finanzierung dieser Investitionen. Ohne die enormen kurzfristigen Mittelzuflüsse aus den Veränderungen des Working Capitals wären die getätigten Investitionen aus dem nachhaltigen cash-flow nicht möglich gewesen.[183]

---

182 Der cash-flow nach DVFA bezeichnet den Teil der Zahlungsströme, der nachhaltig ist und in jeder Periode reproduziert werden kann. Die danach in die Berechnung einfließenden Größen zeigen die Veränderung des Working Capital auf und beruhen demnach auf Einmaleffekten. Vgl. dazu Graumann 2011, S. 558 f.

183 Die getätigten Investitionen liegen mit 15 Mio. € weit über dem nachhaltigen cash-flow-Teil von 11,5 Mio. €.

Schlussendlich kann für den PuB e.V. ein sehr wechselhaftes Bild im Rahmen der dynamischen Liquidität konstatiert werden: Während die Schuldentilgungsdauer, die dynamische Schuldentilgungsfähigkeit und der Innenfinanzierungsgrad rein wertmäßig als unbedenklich einzustufen sind, sollte die Zusammensetzung des operativen cash-flows und damit die Finanzierung der langfristigen Investitionen als kritisch betrachtet werden. Für die Zukunft bleibt somit abzuwarten, ob die erzielten nachhaltigen Einzahlungsüberschüsse Ersatzinvestitionen decken werden, im Jahr n ist dies jedenfalls nicht der Fall.

2.4.4 Kennzahlen

Kennzahl Name	Operativer cash-flow nach DRS 2 (indirekt ermittelt)		
Beschreibung	Zeigt den Zu- oder Abfluss von Zahlungsmitteln in einem abgelaufenen Geschäftsjahr. Seine Ermittlung erfolgt ausgehend von der GuV.		
Formel		Jahresüberschuss/-fehlbetrag	
	+/-	Abschreibungen/Zuschreibungen auf das Anlagevermögen	
	+/-	Zuführungen zu/Auflösungen der Pensions- und langfristigen sonstigen Rückstellungen	
	+/-	Sonstige nicht zahlungswirksame Aufwände/Erträge	
	=	**cash-flow nach DVFA/SG (nachhaltiger Teil des operativen cash-flows, da jedes Jahr reproduzierbar)**	
	-/+	Zunahme/Abnahme der Vorräte, der Forderungen aus Lieferungen und Leistungen sowie anderer Gegenstände des Umlaufvermögens (Außer Finanzumlaufvermögen)	cash-flow aus Veränderungen des Working Capital (Einmaleffekte)
	+/-	Zunahme/Abnahme der Verbindlichkeiten aus Lieferungen und Leistungen sowie anderer kurzfristiger Passiva (Außer Finanzschulden)	
	=	**cash-flow aus operativer Geschäftstätigkeit (nach DRS 2)**	
Darstellung des Ergebnisses	Darstellung in Euro		
Bedeutung/Interpretation	Die Kennzahl beschreibt die Zu- und Abflüsse an Mitteln, die sich aus der auf Erlöserzielung gerichteten Tätigkeit des Unternehmens ergeben (operatives Geschäft). Sie ist besonders im Hinblick auf ihre Zusammensetzung bzw. ihr Zustandekommen zu analysieren.		
mögliche Ergebnisse	-n bis +n		

Kennzahl Name	Schuldentilgungsdauer
Beschreibung	Gibt an, wie lange das Unternehmen braucht, um seine Schulden aus selbst erwirtschafteten Zahlungsmitteln zu tilgen.
Formel	$$\frac{Fremdkapital - liquide\ Mittel}{cash\text{-}flow\ nach\ DRS\ 2}$$
Darstellung des Ergebnisses	Darstellung in Jahren
Bedeutung/Interpretation	Die Kennzahl gibt Aufschluss darüber, wie lange das Unternehmen bei vollständiger diesbezüglicher Verwendung des cash-flows für die Tilgung seiner gesamten Schulden braucht. Dazu wird das bilanzielle Fremdkapital im Verhältnis zum cash-flow nach DRS 2 gesetzt.
mögliche Ergebnisse	0 bis n

Kennzahl Name	Dynamische Schuldentilgungsfähigkeit
Beschreibung	Gibt an, wie hoch das Verhältnis zwischen jährlichen Zahlungsmittelzuflüssen und unterjährig zu tilgenden Schulden ist.
Formel	$$\frac{cash\text{-}flow\ nach\ DRS\,2}{kurzfristiges\ Fremdkapital\,(Fristigkeit < 1\,Jahr)}$$
Darstellung des Ergebnisses	Darstellung in Prozent
Bedeutung/Interpretation	Die Kennzahl zeigt auf, wie gut das Unternehmen in der Lage ist, kurzfristige Schulden mit unterjährig erwirtschafteten Mitteln zu bedienen. Sie ist daher ein Signalindikator für die Zahlungsfähigkeit eines Unternehmens. Sie kann als Weiterentwicklung der Liquiditätsgrade aus der statischen Finanzanalyse gesehen werden, die lediglich Stichtagsgrößen zum Ansatz bringen. In der Praxis wird ein Wert von mindestens 30% als unbedenklich angesehen.
mögliche Ergebnisse	0 bis n

Kennzahl Name	Innenfinanzierungsgrad
Beschreibung	Gibt an, inwieweit Investitionen ins Anlagevermögen aus im operativen Geschäft erwirtschafteten Zahlungsmittelzuflüssen gedeckt werden können.
Formel	$$\frac{cash\text{-}flow\ nach\ DRS\,2}{Investitionen\ ins\ Anlagevermögen}$$
Darstellung des Ergebnisses	Darstellung in Prozent
Bedeutung/Interpretation	Die Kennzahl stellt dar, ob das Unternehmen aus eigener Kraft oder auf der Basis von Schulden wächst. Hier wird ebenso eine vollständige Verwendung des cash-flows für Investitionen unterstellt. Zudem ist in diesem Zusammenhang unbedingt zu analysieren, wie der cash-flow nach DRS 2 zusammengesetzt ist (Nachhaltige und Working Capital- Komponente), wie dies im vorliegenden Beispiel geschehen ist. Dies ermöglicht eine detailliertere Aussage über das Investitions- und Wachstumsverhalten. Einen allgemein gültigen Praxiswert gibt es nicht, es liegt an der Unternehmensstrategie und der Branche, wie aggressiv (und damit schuldenbehaftet) eine Wachstumsstrategie sein soll.
mögliche Ergebnisse	0 bis n

2.5 Bewertung einer Investition mithilfe von Verfahren der dynamischen Investitionsrechnung

2.5.1 Fallbeispiel

Die Leitung des ambulanten Pflegedienstes des PuB e.V. hat sich mit der Geschäftsführung des Gesamtunternehmens auf eine Erneuerung des Fuhrparks verständigt. Ursächlich waren steigende Reparaturkosten sowie eine schlechte Außenwirkung der zum Teil sehr alten Fahrzeuge. Der Pflegedienstleiter erhält im Rahmen dieses Vorhabens den Auftrag, die Investition in neue Fahrzeuge auf ihre quantitative Vorteilhaftigkeit zu überprüfen.[184] Dazu sollen schwerpunktmäßig dynamische Investitionsrechnungsverfahren, wie z.B. die Kapitalwertmethode, genutzt werden.[185] Um ihre Aussage zu validieren, wird eine weitere Kennzahl, die Amortisationsdauer berechnet.

---

184 Qualitative Effekte wie z.B. ein möglicher positiver Werbeeffekt sollten in gesonderten Untersuchungen dennoch betrachtet werden. Dies ist jedoch nicht Gegenstand dieser Fallstudie.
185 Statische Verfahren der Investitionsrechnung berücksichtigen keine Zinseffekte und damit keine wertmäßigen Verwerfungen, die durch zeitliche Verschiebungen entstehen. Sie liefern daher nur Näherungslösungen und sollten allenfalls zur Unterstützung einer dynamisch ermittelten Lösung herangezogen werden. Für die vorliegende Fallstudie wurde die eigentlich statische Amortisationsrechnung in einer dynamisierten Version angewandt. Vgl. dazu Peters 2006, S. 110 ff.

2.5.2 Analyseverfahren

Im Vorfeld der eigentlichen Berechnung bedarf es der Generierung von Stammdaten. Dies sind Daten, die sich auf die zu diskutierende Investition selbst sowie auf zum Zwecke der Beurteilung zu treffende Annahmen beziehen. Nachstehend seien genannt:

- Es muss ein Zeitraum (üblicherweise in Jahren) festgelegt werden, für den die Berechnungen durchgeführt werden. Dieser Zeitraum wird dann (implizit) als für die Nutzungsdauer des Investitionsobjektes repräsentativ angenommen, wenn beides voneinander abweicht.

- Sodann bedarf es der Erhebung einer Planungsrechnung, in der jahresbezogen Ein- und Auszahlungen geplant werden.[186]

- Im nächsten Schritt muss ein Kalkulationszinssatz für die Abzinsungsvorgänge berechnet werden. Dieser Zins setzt sich aus folgenden, zu addierenden Komponenten zusammen:
  - Fremdkapitalzinsen, sofern das Projekt schuldenfinanziert ist;[187]
  - entgangene Zinserträge/Renditen der nächstbesten Anlagealternative (Opportunitätskosten), wobei darauf zu achten ist, dass Kapitaleinsatz und Laufzeit des Engagements dem der zu beurteilenden Investition entsprechen müssen;
  - optional: Von der Unternehmensleitung vorgegebene Mindestverzinsungen auf das eingesetzte Kapital („Zielrenditen").

- Anschaffungsauszahlung der Investition.

Auf Grundlage der genannten Prämissen lassen sich folgende Stammdaten ableiten:

Anzahl anzuschaffender KfZ:	14	Preis/KfZ:	-15.000,00 €
Kalkulationszinssatz	9%		

Planungsrechnung							
Jahr/t[188]	0	1	2	3	4	5	6
Operative Auszahlungen/ Einzahlungen (saldiert) in €:	-210.000,00[189]	-52.000,00	20.000,00	20.000,00	70.000,00	70.000,00	120.000,00

Tabelle 31: Stammdaten

---

186 In der klassischen Anwendung der Kapitalwertmethode werden alleine Ein- und Auszahlungen herangezogen, die mit der Investition im Zusammenhang stehen. Da der Fuhrpark einen Beitrag zur gesamten Wertschöpfung des Pflegedienstes leistet, werden hier die saldierten Ein- und Auszahlungen eines Jahres für den gesamten operativen Bereich des Pflegedienstes einbezogen. Zudem bleibt zu erwähnen, dass es sich um Auszahlungen im Sinne der Ebenen des Rechnungswesens handelt. Folglich dürfen keine Größen der GuV (Aufwand/Ertrag) oder gar der Kosten- und Leistungsrechnung angesetzt werden. Entscheidend ist die Veränderung auf Ebene der Finanzmittel, mithin die cash-flow-Ebene. Aus diesen Gründen werden in vorliegender Fallstudie die jährlichen Operativen cash-flows angesetzt. Vgl. ebenda.

187 Liegt eine Mischfinanzierung vor, kann hierzu ein Kapitalkostensatz berechnet werden. In diesem Zusammenhang dürfte der WACC-Zinssatz am weitesten verbreitet sein.

188 Der Betrachtungszeitraum wurde hier mit sechs Jahren als kongruent zur KfZ-Nutzungsdauer laut Afa-Tabelle angenommen. Zur Vereinfachung wird hier unterstellt, dass das Unternehmen mit Ablauf der Abschreibungsdauer eine Ersatzinvestition vornimmt.

189 Dies korrespondiert zu den Daten zum Investitionsvolumen an sich. Demnach erfolgt im ersten Jahr eine Auszahlung von (14*15.000 €)=210.000 €. Diese erfolgt zu Beginn der Periode 0. Alle weiteren Salden kommen mit Ablauf je eines weiteren Kalenderjahres zustande.

Auf Basis der nunmehr ermittelten Daten kann nun der Kapitalwert der zu erwerbenden Fahrzeuge berechnet werden. Dies geschieht mittels Abzinsung und Kumulation aller saldierten Werte der Zahlungsreihe.[190] Die so erhaltene Zahl, mithin der Bruttobarwert, ist der Anschaffungsauszahlung im Jahr 0 gegenüberzustellen. Das Ergebnis ist der Nettobarwert/der Kapitalwert:

Bruttobarwert/Ertragswert für t=1 bis 6:	151.207,89 €
Nettobarwert/Kapitalwert für t=6:	-58.792,11 €

Tabelle 32: Kapitalwertberechnung

Die Negativität des Kapitalwertes macht bereits deutlich, dass die Investition unvorteilhaft ist. Dies soll durch die Berechnung einer weiteren Kennzahl, der dynamischen Amortisationsdauer, validiert werden. Dazu müssen die Kapitalwerte eines jeden Periodensaldos aus der Zahlungsreihe berechnet werden, per Definition ist der Amortisationszeitpunkt in dem Jahr, in dem der Jahreskapitalwert erstmals positiv ist. Die saldierten Zahlungswerte eines Jahres werden somit auf das Jahr 0 abgezinst und ebenfalls der Anschaffungsauszahlung gegenübergestellt:

Jahr	1	2	3	4	5	6
Jahreskapitalwerte:[191]	-257.706,42 €	-240.872,82 €	-225.429,15 €	-175.839,39 €	-130.344,19 €	-58.792,11 €

Tabelle 33: Jahreskapitalwerte des ambulanten Pflegedienstes

Die Amortisationsdauer untermauert das im Wege der Kapitalwertmethode erlangte Urteil. Demnach liegt der Amortisationszeitpunkt, ohne weitere Berechnungen anstellen zu wollen, außerhalb des Zielzeitraumes von sechs Jahren, was sich dadurch äußert, dass die Jahreskapitalwerte innerhalb von sechs Jahren nicht mehr positiv werden.[192]

2.5.3 Management und Controlling

Die Investition in einen neuen Fuhrpark für den ambulanten Pflegedienst ist aus unternehmerischer Sicht unter den gegebenen Voraussetzungen abzulehnen. Dies soll im Folgenden dezidiert dargestellt werden:

Der Kapitalwert der Investition nach Ablauf der Nutzungsdauer liegt mit -58.792,11 € weit unter Null. Dies impliziert, dass die Anschaffungskosten in der avisierten Nutzungsdauer nicht durch Einzahlungsüberschüsse gedeckt werden können. Per Definition ist eine Investition nach dem vorliegenden Verfahren nur dann vorteilhaft, wenn

---

190 In der Praxis kann dies in Excel mittels der Funktion NBW erfolgen. Vgl. dazu: http://office.microsoft.com/d e-ch/excel-help/funktion-nbw-HP010069824.aspx.

191 Diese sind nur für die Jahre 1 bis 6 berechenbar. Im Jahre 0 wird die Anschaffungsauszahlung zum Jahresbeginn getätigt, weshalb ein Abzinsen auf den Beginn des Jahres 0 nicht möglich ist.

192 Eine darüber hinausgehende Berechnung ist methodisch möglich, würde jedoch voraussetzen, dass weitere Zahlungsreihen prognostiziert werden können. Die dabei generierten Daten dürften zu großen Unsicherheiten unterliegen, als dass valide Zahlen zu erwarten wären.

ihr Kapitalwert am Ende der (Ziel-)Nutzungsdauer größer Null ist.[193] Eine bloße, den Zinseffekt ignorierende, Kumulation aller Salden der Planungsrechnung (für die Jahre 1 bis 6) führt demgegenüber zu einer Deckung der Anschaffungsauszahlung und würde somit zu einer falschen Entscheidung führen. Dies unterstreicht die Bedeutung dynamischer Investitionsrechnungsverfahren. Die Pflegedienstleistung sollte sich nach Erhalt der vorliegenden Ergebnisse über die Möglichkeit einer Konditionenverbesserung informieren oder die Stückzahl nach unten korrigieren. Alternativ kann auch die Nutzungsdauer weiter ausgedehnt werden, was einen Abgleich mit der Beschaffungsstrategie von Anlagegütern nach sich zieht.

Diese Ergebnisse werden durch die Berechnung der Amortisationsdauer unterstützt. Diese muss nicht einmal genau quantifiziert werden, um zu sehen, dass die Amortisation außerhalb des Nutzungszeitraumes liegt. Die Jahreskapitalwerte (Nettobarwerte) sind während der gesamten Nutzungsdauer stark negativ, wenngleich mit steigender Tendenz.

2.5.4 Kennzahlen

Kennzahl Name	Kapitalwert/Nettobarwert
Beschreibung	Gibt die Vorteilhaftigkeit einer Investition unter Berücksichtigung von Zinseffekten an.
Formel	$$C_0(i) = -I + \sum_{t=1}^{T} \frac{Z_t}{(1+i)^t}$$ *Dabei gilt:* *C = Kapitalwert/Nettobarwert* *0 = Jahr Null* *i = Im Vorfeld bestimmter Kalkulationszinssatz* *I = Investitionsauszahlung im Jahr 0* *t = Periode/Jahr* *T = im Vorfeld festgelegter Betrachtungszeitraum zur Beurteilung der Investition* *Z = Zahlungsstrom/Mittelrückfluss im Jahr t*
Darstellung des Ergebnisses	Darstellung der Ergebnisse in Geldeinheiten (€)
Bedeutung/Interpretation	Der Nettobarwert zeigt die Vorteilhaftigkeit einer Investition an. Diese ist gegeben, wenn die Summe der abgezinsten cash-flows die Investitionsauszahlung übersteigt. In diesem Falle ist der Nettobarwert positiv. Ist der Nettobarwert negativ, decken die in Zukunft erwirtschafteten Mittelrückflüsse/cash-flows die Investitionsauszahlung der Gegenwart nicht. Somit ist die Investition abzulehnen. Im dritten denkbaren Szenario entsprechen beide Beträge einander, der Kapitalwert ist genau Null. In diesem Fall wird das eingesetzte Kapital zzgl. einer Verzinsung in Höhe von i erwirtschaftet. Eine Anlage am Kapitalmarkt ist in diesem Fall ebenso möglich. Durch die Berücksichtigung von Zins-/Geldwert- und Renditeeffekten ist diese Kennzahl als für die Analyse von Investitionsentscheidungen am geeignetsten zu bezeichnen (Vgl. Unterschiede statische und dynamische Verfahren).
mögliche Ergebnisse	-n bis +n

---

193 Vgl. Peters 2006, S. 110 ff.

Kennzahl Name	Dynamische Amortisationsdauer
Beschreibung	Gibt an, wann die Investitionsauszahlung für ein Anlagegut wieder erwirtschaftet ist.
Formel	$$-I = \sum_{t=1}^{T} \frac{Z_t}{(1+i)^t}$$ → *Die Amortisationsdauer ist in dem Jahr t verstrichen, in dem die Summe der auf der rechten Seite kumulierten Jahresbruttobarwerte erstmals der Investitionsauszahlung entspricht. Bei Auflösung der Gleichung ergibt sich:* $$\sum_{t=1}^{T} \frac{Z_t}{(1+i)^t} + I = 0$$
Darstellung des Ergebnisses	Darstellung der Ergebnisse in Jahren
Bedeutung/Interpretation	Mithilfe der Berechnung der dynamisierten Amortisationsdauer ist eine Aussage darüber möglich, ob die Investitionsauszahlung für einen Vermögensgegenstand in der vorher avisierten Nutzungsdauer wieder erwirtschaftet wird. Dies ist der Fall, sobald die Summe der Jahreskapitalwerte/-bruttobarwerte erstmals positiv ist. Somit ist die Berechnung eines Bruttobarwertes für jedes Jahr der Nutzungsdauer durchzuführen, die Ergebnisse sind zu kumulieren. Im günstigen Fall ist die Amortisationszeit kleiner als die tatsächliche Nutzungsdauer, dann ist die Investition, wenn keine weiteren Restriktionen vorliegen, zu tätigen. Ist die Amortisationszeit jedoch größer als die Nutzungsdauer, ist von der Anlage abzuraten.
mögliche Ergebnisse	0 bis n

2.6 Kennzahlgestützte Analyse der Verwaltungskosten

2.6.1 Fallbeispiel

Der Vorstand des PuB e.V. sieht für die kommenden Entgeltverhandlungen für den Leistungsbereich Wohnen in der Eingliederungshilfe große Probleme auf das Unternehmen zukommen. Ursache dafür sind steigende Verwaltungskosten, die von den Kostenträgern wahrscheinlich abgelehnt werden. Aus diesem Grund soll eine vertiefende Analyse der Problematik erfolgen, die auf Basis der bisher zu ungenauen Datenlage nicht möglich ist. Diese soll von der Leitung des Leistungsbereiches Wohnen in der Eingliederungshilfe kennzahlgestützt durchgeführt werden, um Einsparpotenziale im Verwaltungsbereich im Sinne eines Kostenmanagements offenlegen und realisieren zu können.[194]

Dieses Vorhaben wird durch die Ermittlung nachstehender Kennzahlen realisiert:

- Verwaltungskostenquote (global und nach Funktionsbereichen),
- Personalverwaltungskostensatz pro Mitarbeiter (sowohl VZÄ als auch Köpfe)
- Anzahl der Personalfälle pro Mitarbeiter der Personalverwaltung.

---

194 Zur Vereinfachung sei angenommen, dass dieser Bereichsleitung ein eigener Verwaltungsapparat untersteht. Der gegenteilige Fall (Verwaltungsbereich zentralisiert für alle Leistungsbereiche) würde die Notwendigkeit einer Extrahierung der nur auf den Wohnbereich entfallenen Verwaltungsleistungen implizieren, um verlässliche Werte generieren zu können (sonst würde man anteilig zu tragende Verwaltungskosten anderer Leistungsbereiche mit in die Kennzahlenberechnung einbeziehen, was elementar gegen das Verursachungsprinzip verstößt). Dies ist im Rahmen dieser Fallstudie nicht leistbar. In der Praxis sollte dem mit der Kalkulation von internen Verrechnungspreisen begegnet werden.

2.6.2 Analyseverfahren

Vor der angestrebten Berechnung der erwähnten Kennzahlen gilt es, betriebliche Rohdaten aufzubereiten und für den Berechnungsvorgang zu verdichten. Folgende Rohdaten werden benötigt:[195]

■ Absolute Verwaltungskosten der zu analysierenden Periode im Leistungsbereich,[196] das heißt konkret:
   – Sowohl die Kosten der Verwaltung insgesamt,
   – als auch die differenzierten Kostenwerte ihrer einzelnen Funktionsbereiche;
■ Umsatz in der zu analysierenden Periode, der auf den Leistungsbereich entfällt;[197]
■ Entwicklung der Mitarbeiterzahl im Analysezeitraum in Vollzeitäquivalenten (VZÄ) und absoluten Zahlen (Köpfen);
■ Anzahl der Verwaltungsmitarbeiter pro Jahr (in Vollzeitäquivalenten);
■ Anzahl der Personalfälle in der Personalverwaltung.[198]

Die Rohdaten können folgenden Tabellen entnommen werden:

Parameter/Jahr	n-2	n-1	n
Gesamtumsatz[199]	109.609.500,00 €	109.609.500,00 €	109.609.500,00 €
Gesamtkosten[200]	100.000.000,00 €	100.000.000,00 €	100.000.000,00 €
davon			
Verwaltungskosten gesamt	448.500,00 €	489.313,50 €	537.426,34 €

Tabelle 34: Umsatz und Verwaltungskosten des Fachbereiches

---

195 Es empfiehlt sich die Kennzahlen im Wege einer Zeitreihenanalyse aufzubereiten. Daher sollten die genannten Rohdaten jahresbezogen für mehrere Perioden ermittelt werden. Im vorliegenden Beispiel werden insgesamt drei Perioden angesetzt (Gegenwärtig ist das Ende des Jahres n, die Daten dafür liegen schon vor).
196 Es werden zum Zwecke dieser Berechnungen nur die Personalkosten der dortigen Mitarbeiter einbezogen (mithin alle auszahlungswirksamen Personalkosten im Sinne der Kostenrechnung).
197 Die Zuordnung von Umsätzen zu Bereichen kann durch eine mehrstufige Deckungsbeitragsrechnung erreicht werden, die in diesem Buch ebenfalls vorgestellt wird. Als Umsätze gelten hier die vollen Leistungsentgelte pro Pflegetag hochgerechnet auf das Jahr.
198 Darunter ist die Anzahl der durchgeführten Abrechnungsvorgänge in der Personalverwaltung pro Periode zu verstehen.
199 Dies bezeichnet die Summe der vollen Leistungsentgelte.
200 Steigende Personalkosten können durch Einsparungen im Sachkostenbereich bis dato aufgefangen werden. Dies erklärt die Konstanz der Gesamtkosten im Analysezeitraum.

	n-2		n-1		n	
	Köpfe	In VZÄ	Köpfe	In VZÄ	Köpfe	In VZÄ
Mitarbeiter des Bereiches Wohnen/Eingliederungs-hilfe	1000		1150		1250	
Davon:						
(Direktes) Pflegepersonal	980	715	1130	715	1230	715
(Indirektes) Verwaltungs-personal	20	15	20	15	20	15
Summe Personal:	1000	**730**	1150	**730**	1250	**730**

Tabelle 35: Mitarbeiterstruktur des Fachbereiches Wohnen im Betrachtungszeitraum in VZÄ und absoluter Mitarbeiterzahl

Wie sich zeigt, haben Neueinstellungen ausschließlich im Bereich der Pflege/Betreuung stattgefunden. Die Zahl der Köpfe hat sich von 1000 auf 1250 erhöht. Dabei wird die Marke von 730 VZÄ nicht überschritten, vielmehr zeigt sich eine Veränderung hin zu mehr Teilzeitarbeitsverhältnissen.[201]

Es wird bereits ersichtlich, wie unzureichend die alleinige Betrachtung der Gesamtverwaltungskosten ist, um Ursachen für Kostensteigerungen identifizieren zu können. Um die Verwaltungskosten einer differenzierten Betrachtung unterziehen zu können, sollen die Gesamtverwaltungskosten daher in einem weiteren Schritt noch nach Funktionsbereichen untergliedert werden. Idealerweise werden die jeweiligen Stellenanzahlen mit bei der Datenaufbereitung berücksichtigt, da Verwaltungskosten zumeist Personalkosten sind. Über den Einbezug bestimmter Sachkosten sollte individuell entschieden werden.

Anteilige Verwaltungskosten in:	VZÄ/Abteilung	Köpfe/ Abteilung	n-2	n-1	n
Bereichsleitung	1	1	29.900,00 €	30.498,00 €	31.107,96 €
Rechnungswesen	3	4	89.700,00 €	92.391,00 €	95.162,73 €
Personalverwaltung	6	8	179.400,00 €	215.280,00 €	258.336,00 €
EDV	2	3	59.800,00 €	59.800,00 €	59.800,00 €
Controlling	2	3	59.800,00 €	60.996,00 €	62.215,92 €
Qualitätsmanagement	1	1	29.900,00 €	30.348,50 €	30.803,73 €
Summe Verwaltungskosten	15	20	448.500,00 €	489.313,50 €	537.426,34 €

Tabelle 36: Struktur der Verwaltungskosten nach Funktionsbereichen

Auf Basis dieser Daten können sodann die Kennzahlen berechnet werden. Für die Verwaltungskostenquote (global und nach Verwaltungsbereichen) ergibt sich im Analysezeitraum folgende Entwicklung:

---

201 Es wird zur Vereinfachung angenommen, dass ausschließlich 50%-Arbeitsverhältnisse dazukommen. Ferner haben alle schon beim PuB angestellten Teilzeitkräfte ebenfalls 50%-Arbeitsverhältnisse.

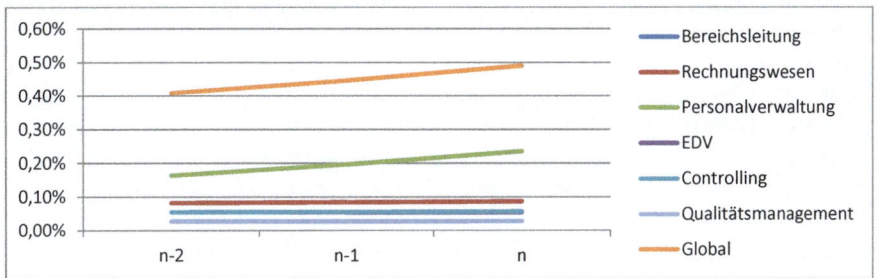

Abbildung 22: Entwicklung der Verwaltungskostenquote (gesamt und nach Funktionsbereichen) in den Jahren _n-2_ bis _n_ (in % des Umsatzes)[202]

Die Höhe der Verwaltungskosten ist intern wie extern ein Streitpunkt, da Kostenträger diese trotz zunehmenden bürokratischen Aufwandes kaum mehr refinanzieren. Folglich wird zwischen den Leistungsbereichen einer Einrichtung oft über deren Höhe diskutiert. Die Verwaltungskostenquote kann, insbesondere wenn sie um eine Aufgliederung nach Funktionsbereichen erweitert wird, Transparenz in diesem Kostenblock herstellen. Es empfiehlt sich, bei jeder Berechnung die gleichen Komponenten bei Umsätzen und Kosten einzubeziehen, um die Vergleichbarkeit verschiedener Kalenderjahre beizubehalten.[203]

Es zeigt sich, dass die Verwaltungskosten des PuB e.V. sehr stark von den Kosten der Personalverwaltung beeinflusst werden. Dies erscheint zunächst paradox, weil die Stellenzahl in der Verwaltung in allen Jahren mit 15 VZÄ konstant geblieben ist. Andere Funktionsbereiche tragen zur Steigerung der Verwaltungskosten faktisch gar nicht bei. Von einer Gesamtverwaltungskostenquote von rund 0,5% im Jahr _n_ ist somit fast die Hälfte allein auf die Personalverwaltung zurückzuführen.

Nachdem die Ursache für die Steigerung der Gesamtverwaltungskosten ermittelt wurde, kann der Grund für die immense Kostensteigerung im Funktionsbereich der Personalverwaltung analysiert werden. Dies geschieht mittels Berechnung des Personalverwaltungskostensatzes, sowohl pro Kopf, als auch pro VZÄ.

Für die Personalverwaltungskostensätze pro Mitarbeiter (Köpfe) und pro Vollzeitäquivalent gestaltet sich die Situation im Betrachtungszeitraum dabei wie folgt:

---

202 Quelle: eigene Darstellung.
203 Vgl. Eisenreich, Halfar und Moos 2005, S. 80 f.

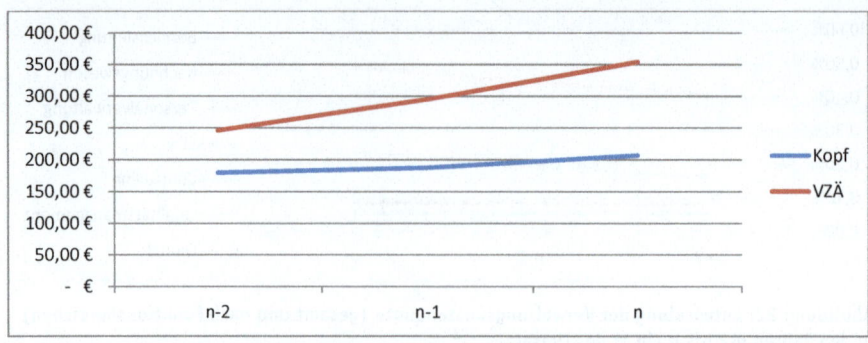

Abbildung 23: Entwicklung der Personalverwaltungskostensätze in den Jahren _n-2_ bis _n_ (in €) [204]

Mit dem Personalverwaltungskostensatz pro Kopf lässt sich der Verwaltungsumfang für die Ressource Personal ermitteln. Besonders interessant ist diese Kennzahl jedoch, wenn die Beschäftigtenstruktur zu einem hohen Teilzeitanteil tendiert. In diesem Fall sollte der Personalverwaltungskostensatz ebenfalls pro VZÄ berechnet werden.

Der Personalverwaltungskostensatz steigt somit im Betrachtungszeitraum bezogen auf die Vollzeitäquivalente (von rund 250 € auf 350 €) stärker als mit Bezug auf die Köpfe (von rund 170 € auf knapp über 200 €). Dies ist eine zentrale Feststellung, die im weiteren Verlauf noch diskutiert wird.

Schlussendlich soll noch die Entwicklung der Personalfälle pro VZÄ der Personalverwaltung gewürdigt bzw. aufgenommen werden. Unter Berücksichtigung der Veränderung der Beschäftigtenzahl und einer konstanten VZÄ-Zahl in der Personalverwaltung ergeben sich folgende Personalfallzahlen pro in der Personalverwaltung eingesetztem VZÄ:

	n-2	n-1	n
Personalfälle pro Personalverwaltungsstelle (VZÄ)	2000	2300	2500

Tabelle 37: Entwicklung der Personalfälle in den Jahren _n-2_ bis _n_ (in Anzahl der Abrechnungsfälle pro VZÄ der Personalverwaltung)

Die Berechnung der Personalfälle pro Personalverwaltungsstelle zeigt, wie viele Abrechnungsvorgänge pro Vergleichsperiode eine Planstelle der Personalverwaltung auf sich vereinigt. Im Rahmen einer Effizienzbeurteilung der Personalverwaltung ist sie damit ein wesentlicher Indikator.

Im Betrachtungszeitraum ist eine Steigerung der Kennzahl um 500 Personalfälle zu beobachten. Auf die gleiche Stellenzahl entfallen demnach 500 Fälle mehr pro Jahr.

---

204   Quelle: eigene Darstellung.

2.6.3 Management und Controlling

Für den Leistungsbereich Wohnen in der Eingliederungshilfe des PuB e.V. konnte nun eine vertiefende Analyse der gestiegenen Verwaltungskosten vorgenommen werden. Die Verwaltungskostenquote stieg damit im Zeitablauf auf von 0,4% des Umsatzes auf knapp 0,5%. Ein Benchmarking kann an dieser Stelle nicht vorgenommen werden, da die zuverlässige Bestimmung von Verwaltungskosten nicht in jeder Organisation in gleichem Umfang möglich ist bzw. sich von Organisation zu Organisation zu stark unterscheidet.[205]

Die Aufschlüsselung der errechneten Verwaltungskostenquote zeigt, dass die Kostenentwicklung der Personalverwaltung der Treiber für die globale Verwaltungskostensteigerung ist. Die absolute Steigerung der Kosten in der Personalverwaltung beträgt im Betrachtungszeitraum rund 79.000 €. Bei unvermindert gleicher Stellenzahl in der Verwaltung und gleicher Verteilung der Stellen auf die Funktionsbereiche liegt die Vermutung nahe, dass Überstunden, Mehrarbeit oder Sachkosten zu der dortigen Kostensteigerung geführt haben, da die Stellenzahl in der Personalverwaltung unvermindert bei 15 VZÄ bleibt. Ein Blick auf die Personalstruktur des gesamten Leistungsbereiches Wohnen kann dort Abhilfe schaffen:

Im Betrachtungszeitraum hat sich die Zahl der Beschäftigten auf 1250 (Köpfe) ausschließlich durch Zuwächse im Betreuungsbereich erhöht, demgegenüber blieb die Zahl der VZÄ, also der Stellenumfang in der Betreuung gleich. In der Konsequenz sind die Mitarbeiter in Pflege und Betreuung im Jahr *n* zu 84% Teilzeitkräfte. Der PuB e.V. setzt beim direkt an der Leistung beteiligten Betreuungspersonal zunehmend auf Teilzeitkräfte, um den Personaleinsatz aufgrund zurückgehender Refinanzierungsgrundlagen zu flexibilisieren.

Unterstellt man, dass der zur Verwaltung der Mitarbeiter notwendige Aufwand mit der Zahl der Köpfe und nicht der VZÄ korreliert,[206] wird klar, warum es zu Mehrarbeit in der Personalverwaltung kommt. Oder anders gesagt:

> *„Bei steigendem Anteil von Teilzeitbeschäftigten kommt es dann zu erheblichen Kostensteigerungen im Personalbereich, wenn die vorhandenen Kapazitäten für die steigende Arbeitsbelastung nicht mehr ausreichen."*[207]

Damit ist das scheinbare Paradoxon der steigenden Kosten in der Personalverwaltung bei gleicher dortiger Stellenzahl aufgelöst.

Die Entwicklung des Personalkostensatzes pro Mitarbeiter und VZÄ stützt diese Ausführungen. So steigt er pro VZÄ wesentlich stärker als pro Mitarbeiter; es ist sogar eine regelrechte Spreizung zu beobachten. Der durch die zunehmende Anzahl an Köpfen erzeugte Mehraufwand in der Personalverwaltung wird auf eine gleiche VZÄ-/Stellenzahl verteilt.

---

205 Dies impliziert mindestens eine gleiche Aufbauorganisation bzw. gleiche Instrumente zur Verwaltungskostenumlage auf direkte Leistungsbereiche eines Trägers. Vgl. zu dieser Problematik Eisenreich, Halfar und Moos 2005, S. 80 f.
206 Vgl. ebenda, S. 83.
207 Ebenda.

Letztlich kann die bereits monetär diagnostizierte zunehmende Arbeitsbelastung für die Personalverwaltung noch mithilfe der Personalfallzahl pro Personalverwaltungsstelle quantifiziert werden. Auch sie ordnet sich in das bisher entstandene Bild ein: Sie stieg im Betrachtungszeitraum von 2000 auf 2500 Fälle. Darunter ist die Zahl der von einer Personalverwaltungsstelle zu bearbeitenden Arbeitsvorgänge zu verstehen. Unterstellt man (wie oben geschehen) dass der Arbeitsaufwand in der Personalabteilung mit der absoluten Mitarbeiterzahl (Köpfe) und nicht mit der Stellenzahl (VZÄ) korreliert, so ist die steigende Fallzahl ganz wesentlich auf zusätzliche Aufgaben zurückzuführen, die z.B. bei Ein- und Austritt eines Mitarbeiters entstehen.[208]

Der PuB e.V. läuft im Kontext betriebswirtschaftlich gebotener Flexibilisierung im Personaleinsatz mit parallelem Fachkräftemangel in der Sozialwirtschaft unweigerlich in eine Kostenfalle:

Die Zahl der Teilzeitkräfte wird stetig steigen, entsprechend auch der Verwaltungsaufwand, der jedoch kaum Berücksichtigung bei den Kostenträgern findet. Dies fördert jedoch wieder den Einsatz von Teilzeitkräften, sodass eine gefährliche Kausalitätskette aus steigenden Kosten und stagnierenden bzw. sinkenden Erlösen entsteht.

2.6.4 Kennzahlen

Kennzahl Name	Verwaltungskostenquote
Beschreibung	Gibt an, wie hoch die Verwaltungskosten einer Einrichtung im Verhältnis zu ihren Umsätzen sind. Wichtig ist hierbei eine klare Abgrenzung dessen, was sowohl in den Umsatz als auch in die Verwaltungskosten (z.B. Einbezug bestimmter Sach- und Personalkosten) mit einbezogen werden soll. Dies ist organisationsindividuell zu klären und erschwert somit einen Benchmark bzw. einrichtungsübergreifenden Effizienzvergleich. Ein Grund für diese kaum mögliche Vergleichbarkeit ist die von Einrichtung zu Einrichtung unterschiedliche Aufbauorganisation im Verwaltungsbereich, was die Höhe der Verwaltungskosten maßgeblich beeinflusst (So hat eine Einrichtung z.B. einen Funktionsbereich, den eine andere nicht hat. Hat sie deshalb einen aufgeblähten oder ineffizienten Verwaltungsapparat?).
Formel	$$\text{Betrachtung der Verwaltung insgesamt}: \frac{\text{Gesamte Verwaltungskosten}}{\text{Gesamtumsatz der Einrichtung}} * 100$$ $$\text{Betrachtung einzelner Funktionsbereiche}: \frac{\text{Kosten des Funktionsbereiches } X}{\text{Gesamtumsatz der Einrichtung}} * 100$$
Darstellung des Ergebnisses	Darstellung des Ergebnisses in Prozent
Bedeutung/Interpretation	Die Verwaltungskostenquote gibt Aufschluss über die relative Höhe der Verwaltungskosten. So kann bei stagnierenden oder gar rückläufigen Umsätzen eine Korrelation zum Beschäftigungsumfang der Einrichtung ausgeschlossen oder identifiziert werden. Zudem wird eine Beurteilung der Effizienz der Verwaltung möglich. Um eine möglichst tiefgreifende Analyse zu ermöglichen und Kostensteigerungen lokalisieren zu können, ist es ratsam, die Verwaltungskosten nach Funktionsbereichen gegliedert zu berechnen.
mögliche Ergebnisse	0 bis n

---

208 Die Bedeutung der Ermittlung einer validen Gesamtfallzahl steigt damit immens, was eine genaue Messung z.B. durch Prozessaufschreibungen oder elektronische Dokumentation in der Personalverwaltung unabdingbar macht.

Kennzahl Name	Personalverwaltungskostensatz pro Mitarbeiter (Kopf der VZÄ)
Beschreibung	Gibt an, wie hoch der Personalverwaltungsaufwand bezogen auf einen Mitarbeiter ist. Dabei können sowohl absolute Mitarbeiterzahlen (Köpfe) als auch Stellenzahlen (VZÄ) verwendet werden.
Formel	$$\frac{Kosten\ der\ Personalverwaltung}{Anzahl\ aller\ Mitarbeiter\ der\ Einrichtung\ (wahlweise\ in\ K\ddot{o}pfen\ oder\ VZ\ddot{A})}$$
Darstellung des Ergebnisses	Darstellung in € pro Kopf oder VZÄ
Bedeutung/Interpretation	Diese Kennzahl ist besonders im Rahmen von Entgeltverhandlungen, Einrichtungsvergleichen, Effizienzbeurteilungen und teilzeitlastigen Arbeitnehmerstrukturen heranzuziehen. Die Berechnung beider Ausprägungen (sowohl pro Kopf als auch pro VZÄ) zeigt an, ob die derzeitige Struktur der Beschäftigungsverhältnisse bereits zu Effizienzeinbußen geführt hat. Dies fußt auf der angestellten Überlegung, dass der Verwaltungsaufwand der Ressource Personal mit der Zahl der Köpfe, nicht der Zahl der Stellen steigt. Es kann somit zu einem „Wasserkopf" kommen, wenn teure Mehrarbeit finanziert werden muss, die in Entgeltverhandlungen nicht berücksichtigt wird.
	Prüft man ein mögliches Outsourcing der Personalverwaltung, kann diese Kennzahl (dann pro Kopf) als Vergleichswert mit den Preisen entsprechender Dienstleister herangezogen werden. Zudem kann der Marktwert einer solchen Leistung, also der Preis des Dienstleisters, als Benchmark für eigene Effizienzsteigerungsprojekte genutzt werden.
mögliche Ergebnisse	0 bis n

Kennzahl Name	Anzahl der Personalabrechnungsfälle pro Verwaltungsstelle
Beschreibung	Gibt an, wie viele Abrechnungsvorgänge durch eine Stelle, also ein VZÄ der Personalverwaltung pro Periode abgewickelt werden müssen.
	Die Anzahl der Abrechnungsvorgänge sollte z.b. durch EDV-Systeme oder Prozessaufschreibungen in der Personalverwaltung ermittelt werden.
Formel	$$\frac{Anzahl\ der\ Abrechnungsvorg\ddot{a}nge\ in\ der\ Personalverwaltung}{\Sigma\ VZ\ddot{A}\ der\ Personalverwaltung}$$
Darstellung des Ergebnisses	Darstellung in Personalfälle pro VZÄ der Personalverwaltung
Bedeutung/Interpretation	Diese Kennzahl bereitet den Aufwand einer Vollzeitstelle der Personalverwaltung auf prozessualer Ebene auf. Sie ist im Rahmen von Effizienzsteigerungsprojekten von herausragender Bedeutung. Auch im Rahmen der Kapazitätsplanung der Personalverwaltung liefert diese Kennzahl wichtige Informationen. Im Kontext teilzeitlastiger Arbeitnehmerstrukturen ist diese Kennzahl zudem in besonderer Weise zur Grenzwertformulierung geeignet, wenn es darum geht, Outsourcingentscheidungen zu fällen. Dabei sollte die monetäre Komponente z.B. durch den Personalverwaltungskostensatz mit berücksichtigt werden.
mögliche Ergebnisse	0 bis n

2.7 Durchführung einer kostenstellenbezogenen Wirtschaftlichkeitskontrolle

2.7.1 Fallbeispiel

Der „Wendepunkt e.V." ist ein Verein, der verschiedene Angebote für psychisch kranke Menschen in Übungsstadt vorhält: Einen ambulanten Dienst, der ca. 25 Personen mit 3 Mitarbeitern versorgt, eine stationäre Einrichtung mit 30 Plätzen und ein kleines Zuverdienstprojekt, das Café Integra. Der Verein ist einem Verband angeschlossen, der im Haus des Wendepunkts auch seine Kreisgeschäftsstelle betreibt. Im Vorstand des Vereins sind eine Reihe Bürger aus Übungsstadt engagiert. Folgende **betriebswirtschaftlichen Daten** sollen gelten:

163

	Summe	Verwaltung	ambulanter Dienst	Wohngruppe	Café Integra
Erträge aus Leistungen	1.280.250		210.000	1.040.250	
Lohnkostenzuschüsse	8.000				8.000
Erträge wirtschaftlicher Betrieb	10.000				10.000
Zuschuss Wendepunkt e.V.	10.000			5.000	5.000
Zuschüsse Sozialleistungsträger	2.000				32.000
Spenden	2.000				2.000
Summe Erträge	**1.312.250**		**215.000**	**1.040.250**	**57.000**
Personalaufwand					
Leitung/Verwaltung	104.500	27.000	25.000	52.500	
Betreuung, päd. Personal	850.400		157.000	648.400	45.000
technische Dienste	0				
Sachaufwand					
Lebensmittel	94.650			76.650	18.000
Steuern, Abgaben, Versicherung	12.000	12.000			
Wirtschaftsbedarf	68.600		32.600	36.000	
Verwaltungsbedarf	32.000	32.000			
Investitionsaufwand					
Abschreibungen	30.000	10.000		20.000	
Zinsen	15.000	15.000			
Fremdleistungen					
Reinigung	30.000	12.000		18.000	
Handwerkerdienste	35.000	35.000			
Umlage Verband	24.000	24.000			
Summe Aufwand	**1.296.150**	**167.000**	**214.600**	**851.550**	**63.000**
Ergebnis	**16.100**	**-167.000**	**400**	**188.700**	**-6.000**

Tabelle 38: Betriebswirtschaftliche Daten des Wendepunkt e.V. (alle Werte in €)

Zur Verbesserung der Informationslage des Vorstandes gegenüber dem externen Rechnungswesen und zur verbesserten Wirtschaftlichkeitsbeurteilung der einzelnen Bereiche soll eine Kostenstellenrechnung durchgeführt werden.

Es sind folgende Besonderheiten bei der Überleitung in die Kostenrechnung zu berücksichtigen:

a) Das Café Integra erhält vom Verein einen jährlichen Zuschuss von € 5.000, der noch aus der Gründungs- und Aufbauzeit des Zuverdienstprojekts stammt.

Ein solcher Zuschuss ist faktisch eine Vorwegnahme des Defizits und sollte daher nicht als Ertrag geführt werden.

b) Weiterhin erhält das Café Integra regelmäßig einen freiwilligen Zuschuss der Kommune.

Auch wenn der Bürgermeister Mitglied des Wendepunkt e.V. ist, so kann dies wohl nicht mehr als Vorwegnahme des Defizites betrachtet werden. Hier liegen echte Erträge vor.

c) Für das Café Integra muss jährlich ein Zuschussantrag beim Sozialleistungsträger gestellt werden, der maximal bis zur Höhe der anfallenden Kosten gewährt wird.

Es wird daher bei jeglicher Kostenverteilung darauf zu achten sein, dass dem Café Integra auch tatsächlich die entstehenden Kosten zugeordnet werden, um möglichst viele Kosten dem zuschussfähigen Bereich zuzuordnen.

d) Die Verbandsgeschäftsstelle erhält die Büroräume kostenlos vom Verein.

Hier sollte eine kalkulatorische Kostenart eingeführt werden.

e) Der ambulante Dienst wird von der Vereinsgeschäftsführung mit einer halben Stelle geleitet. Bei der Kalkulation der Entgelte des ambulanten Dienstes (Fachleistungsstunden) durften für die Leitung maximal € 25.000 veranschlagt werden. Dem ambulanten Dienst werden also die entgeltfähigen Kosten zugeordnet, die übrigen Kosten werden der Verwaltungsgeschäftsstelle zugeordnet.

Über eine Sekundärverrechnung der Gemeinkosten könnte die Differenz von € 1.000 nachträglich dem ambulanten Dienst zugeordnet werden.

f) Ein Vorstandsmitglied ist Handwerksmeister im Ruhestand, der regelmäßig kleinere Reparaturen ausführt und größere Reparaturen in Auftrag gibt. Ein eigener Hausmeister ist daher nicht nötig.

Es empfiehlt sich hier, eine kalkulatorische Kostenart einzuführen, etwa durch eine Stundensatzbemessung der Leistungen des Handwerkers.

g) Die Stadt Übungsstadt hat dem Verein eine Villa mit einem größeren Gelände komplett renoviert zur Nutzung überlassen.

Auch hier sollten die kostenlose Nutzung der Ressourcen als kalkulatorische Miete oder als kalkulatorische Abschreibung berücksichtigt werden.

h) Der ambulante Dienst und das Café Integra befinden sich in den Räumen des Verwaltungsgebäudes. Die Gebäudekosten fallen hier an.

2.7.2 Analyseverfahren

Für Managementzwecke kann nun folgende **Kostenstellenrechnung** erfolgen. Die Überleitung der Jahresabschlussdaten in die Kosten(arten)-rechnung unter Berücksichtigung der dunkelgrau unterlegten und fett- und kursivgedruckten Besonderheiten findet simultan statt:

	Summe	Verwaltung	ambulanter Dienst	Wohngruppe	Café Integra	Anmerkungen
Erträge aus Leistungen	1.250.250		210.000	1.040.250		
Lohnkostenzuschüsse	8.000				8.000	
Erträge wirtschaftlicher Betrieb	10.000				10.000	
Zuschuss Wendepunkt e.V.	0					
Zuschüsse Sozialleistungsträger	32.000				32.000	
Zuschuss Kommune	2.000				2.000	
Miete Verband	12.000	*12.000*				kalk. Miete
Summe Erlöse	**1.314.250**	**12.000**	**210.000**	**1.040.250**	**52.000**	
Personalkosten						
Leitung/Verwaltung	104.500	*26.000*	*26.000*	52.500		korrekte Zuordnung des Personals
Betreuung, päd. Personal	850.400		157.000	648.400	45.000	
technische Dienste	10.000	*10.000*				kalk. Kosten ehrenamtliche Mitarbeit
Sachkosten						
Lebensmittel	94.650			76.650	18.000	
Steuern, Abgaben, Versicherung	12.000	12.000				
Wirtschaftsbedarf	68.600			32.600	36.000	
Verwaltungsbedarf	32.000	32.000				
Investitionskosten						
Gebäuderücklage	30.000	*3.333*	*3.333*	*20.000*	*3.333*	kalkulatorische Gebäuderücklage und Aufteilung der Gebäudekosten der Verwaltung
Abschreibungen	30.000	*3.333*	*3.333*	20.000	*3.333*	Aufteilung Gebäudekosten der Verwaltung
Zinsen	15.000	*5.000*	*5.000*		*5.000*	Aufteilung Gebäudekosten der Verwaltung

	Summe	Verwaltung	ambulanter Dienst	Wohngruppe	Café Integra	Anmerkungen
Fremdleistungskosten						
Reinigung	30.000	*4.000*	*4.000*	18.000	*4.000*	Aufteilung Gebäudekosten der Verwaltung
Handwerkerdienste	35.000	35.000				
Umlage Verband	24.000	24.000				
Summe Kosten	**1.336.150**	**154.667**	**231.267**	**871.550**	**78.667**	
Ergebnis	**-21.900**	**-142.667**	**-21.267**	**168.700**	**-26.667**	

Tabelle 39: Datenaufbereitung für die Kostenstellenrechnung des Wendepunkt e.V.
(alle Werte in €)

Die insoweit ermittelten primären Gemeinkosten der Kostenstelle Verwaltung können sodann auf die Kostenstellen ambulanter Dienst, Wohngruppe und Café Integra verrechnet werden. Als Umlageschlüssel dient die Zahl der Mitarbeiter je Kostenstelle.

	Summe	Verwaltung	ambulanter Dienst	Wohn-gruppe	Café Integra	Anmerkungen
Umlageschlüssel (Mit-arbeiterzahl)	16	$(3)^{209}$	3	12	1	
		∟▶	18,75%	75,00%	6,25%	
Umzulegender Betrag		-142.667^{210}				
Ergebnisumlage		∟▶	-26.750	-107.000	-8.917	
Gesamtkosten nach Umlage	**1.324.150**		**258.017**	**978.550**	**87.583**	Die Gesamtkosten sind hier um 12.000 niedriger, da die Mieterträge einkalkuliert wurden (Netto-kosten)

Tabelle 40: Gemeinkostenverrechnung, Kostenstellenrechnung im engeren Sinne
(alle Werte in €)

---

209 Diese Mitarbeiter werden zur Berechnung des Umlagesatzes ausgeblendet, da diese Kostenstelle keine Erlöse am Markt realisiert.
210 Es wird lediglich das um die Mieteinnahmen korrigierte Gemeinkostenaufkommen umgelegt. Auf gemeinkostenerzeugende Leistungsbeziehungen zwischen den ertragsgenerierenden Kostenstellen wird nicht eingegangen.

Es könnten hieraus nun erste Kennzahlen für einen Vergleich der Produktivität und der Wirtschaftlichkeit errechnet werden:

	ambulanter Dienst	Wohngruppe	Café Integra
Erlöse	210.000	1.040.250	52.000
Mitarbeiter	3	12	1
Erlöse/Mitarbeiter (in €)	70.000	86.688	52.000
Leistungen	4.200	10.950	7.500
Bezugsgröße	Fachleistungsstunden	Leistungstage	Gäste
Mitarbeiter	3	12	1
Leistungen/Mitarbeiter (in Leistungstreibereinheiten)	1.400	913	7.500
Erlöse	210.000	1.040.250	52.000
Personalkosten (Betreuungspersonal)	157.000	648.400	45.000
Ertragskoeffizient/Leistungsmarge (in Prozent)	134%	160%	116%
Erlöse öffentlicher Sozialleistungsträger	210.000	1.040.250	32.000
Gesamterlöse	210.000	1.040.250	52.000
Anteil Erlöse öffentlicher Sozialleistungsträger (in Prozent)	100%	100%	62%

Tabelle 41: Kennzahlberechnung auf Basis der Kostenstellenrechnung (alle Werte in €)

2.7.3 Management und Controlling

Die Kennzahl „Leistungen pro Mitarbeiter" ist unternehmensintern wenig aussagekräftig angesichts der fehlenden gemeinsamen Bezugsbasis. Sie kann als Branchenvergleichszahl herangezogen werden, nicht jedoch intern zwischen Arbeitsbereichen.

Diese könnte noch über eine Umrechnung in Fachleistungsstunden im stationären Bereich hergestellt werden. Für das Zuverdienstprojekt ist dies jedoch nicht sinnvoll. Es wird daher einheitlich je Mitarbeiter (VZÄ) gerechnet als zentraler Produktivitätstreiber.

Eine Vereinheitlichung der Bezugsgröße zwischen ambulantem und stationärem Bereich wird notwendig, wenn die Durchlässigkeit der Hilfesysteme, etwa im Rahmen personenzentrierter Vergütungssysteme, angestrebt wird.

Nehmen wir an, es wird auf ein einheitliches System „Leistungsminute" umgestellt. Es ist nun zu definieren, welche Leistungen in die Leistungsminute gehören. Es müssen also Fragen beantwortet werden wie:

■ Gehören im ambulanten Dienst Fahrtzeiten zu den Leistungsminuten oder in die nicht-abrechenbaren Zeiten?

■ Wo werden das Schreiben der Dokumentation oder die Übergabegespräche angesetzt?

■ Wird etwa das Holen eines Rezepts für den Leistungsberechtigten (aber ohne ihn, also keine direkte Zeit „im pädagogischen Sinne") als abrechenbare Leistung angesetzt?

■ Wie werden in der Wohngruppe Gruppenaktivitäten (z.B. das gemeinsame Essen) angerechnet, bei denen kein Gruppenmitglied direkt betreut wird, aber die Mitarbeiter eben die Tagesstruktur gestalten?

■ Finden die Teambesprechungen in der Wohngruppe während der Gruppenzeit (wenn gerade nichts zu tun ist) statt und fallen daher keine zusätzlichen Zeiten an oder finden die Teambesprechung außerhalb des Gruppenbetriebs (im Idealfall in einem anderen Gebäude) zusätzlich an und wie werden sie dann verrechnet?

■ Wie ist mit den Zeiten umzugehen, in denen psychisch Kranke eingeplante Leistungen (Gespräche, gemeinsame Freizeitaktivitäten) kurzfristig verweigern?

■ Wie ist mit den Zeiten umzugehen, in denen das Personal nur in Bereitschaft ist für Kriseninterventionen?

Eine Klärung dieser Fragen an dieser Stelle geht zu weit. Es soll damit aufgezeigt werden, dass diese Fragen nicht aus einer reinen kostenrechnerischen Logik beantwortet werden können, sondern angepasst an die fachlichen Notwendigkeiten und das eigene Konzept beantwortet werden müssen. Beispiel: Eine Einrichtung wird die kurzfristige Absage einer Leistung durch den Klienten als „Selbstbestimmung" wahrnehmen – sie ist dann wohl ein nicht-abrechenbares Risiko der Leistung. Eine andere Einrichtung wird diesen Fall als „Störung" wahrnehmen und daher die ausgefallene Zeit abrechnen wollen. Zum anderen kann es notwendig werden, hier auch normative Setzungen vorzunehmen, die dann möglicherweise nicht jeden Einzelfall aufgreifen. Aufgabe des Controllings ist eben, Komplexität zu reduzieren und hierdurch Organisationen erfassbar und steuerbar zu machen.

2.7.4 Kennzahlen

Kennzahl Name	Erlös je Mitarbeiter
Beschreibung	Gibt an, wie hoch der durchschnittliche Erlös pro Mitarbeiter in einer Periode ist.
Formel	$$\frac{Gesamterlös \, / \; Zuordenbarer \, Erlös}{Mitarbeiter \, (Vollzeitstellen) \; i.e.P.}$$
Darstellung des Ergebnisses	Darstellung des Ergebnisses in Geldeinheiten
Bedeutung/Interpretation	Diese Kennzahl dient neben einer Wirtschaftlichkeitsbetrachtung auch der innerbetrieblichen Kommunikation der Produktivität.
mögliche Ergebnisse	0 bis n

Kennzahl Name	Abrechenbare Zeit je Mitarbeiter
Beschreibung	Gibt an, wie hoch im Durchschnitt die abrechenbare Zeit pro Mitarbeiter ist.
Formel	$$\frac{Gesamte\ abrechenbare\ Zeit\ i.e.P.}{Mitarbeiter\ (Vollzeitstellen)\ i.e.P.}$$
Darstellung des Ergebnisses	Darstellung des Ergebnisses in Zeiteinheiten (oder wahlweise anderen Leistungstreibern, je nach Einheit im Zähler der Formel)
Bedeutung/Interpretation	Wichtige Kennzahl im Bereich der Wirtschaftlichkeits- und Produktivitätsanalyse
mögliche Ergebnisse	0 bis n

Kennzahl Name	Leistungsmarge je Mitarbeiter/Leistungsertragskoeffizient
Beschreibung	Gibt den durchschnittlichen Refinanzierungsgrad der Personalkosten aus Erlösen pro Mitarbeiter an. Die Kennzahl kann bei einheitlichen Bezugsbasen (Mitarbeiterkollektiv bzw. Organisationseinheit) innerhalb der Formel auch global berechnet werden. Dann können jeweils die Gesamterlöse und die gesamten Personalkosten, wie im Rahmen dieser Fallstudie durchgeführt, herangezogen werden.
Formel	$$\frac{\varnothing Erlös\ je\ Mitarbeiter}{\varnothing Personalkosten\ je\ Mitarbeiter}*100$$
Darstellung des Ergebnisses	Angaben in Prozent
Bedeutung/Interpretation	Wichtige Kennzahl im Rahmen der Produktivitätsanalyse. Sollte immer im Zeitreihenvergleich dargestellt werden.
mögliche Ergebnisse	0 bis n

Kennzahl Name	Anteil öffentlicher Sozialleistungserträge
Beschreibung	Gibt an, wie hoch der Anteil von öffentlichen Sozialleistungserträgen an den Gesamterlösen ist.
Formel	$$\frac{Erträge\ von\ öffentlichen\ Sozialleistungsträgern}{Gesamte\ Leistungserträge}*100$$
Darstellung des Ergebnisses	Angaben in Prozent
Bedeutung/Interpretation	Innerhalb der Ertragsarten dürfte in der Regel der Anteil der öffentlichen Sozialleistungsträger an den Gesamterträgen eine wichtige Kennzahl sein, denn sie charakterisiert die Abhängigkeit von öffentlichen Trägern und spiegelt die Fähigkeit, zusätzliche, oft besser vergütete Erträge zu erwirtschaften, wider.
mögliche Ergebnisse	0 bis 1

3. Problemfeld: Personalcontrolling

3.1 Leistungsmarge im ambulanten Pflegedienst

3.1.1 Fallbeispiel

Die Leitung des ambulanten Pflegedienstes des PuB e.V. erkennt im Rahmen der Quartalsberichterstattung für das abgelaufene Geschäftsjahr eine sich verstärkende Schieflage im Verhältnis zwischen Personalkosten und Erlösen. Ein relativer Anstieg der Personalkosten an den Erlösen ist zu beobachten, obwohl eine sukzessive Absenkung geplant war. Dies ist weniger auf steigende Personalkosten zurückzuführen, sondern auf rückläufige Erlöse. Die Pflegedienstleitung muss die Erlösentwicklung daher analysieren, um Gegenmaßnahmen einzuleiten.

3.1.2 Analyseverfahren

Im Vorfeld der Kennzahlenerhebung und -analyse wurde eine marktseitige Fehlentwicklung bezüglich der Erlöse ausgeschlossen. Die Marktsituation hat sich demnach für den Pflegedienst nicht geändert. Ebenso kann eine weitere Tourenoptimierung bzw. -analyse ausgeschlossen werden, da diese bereits stattgefunden hat, um vor allem Fahrtzeiten nachhaltig zu senken. Interessant sind daher insbesondere Kennzahlen zur Analyse der Mitarbeiterproduktivität im Rahmen der Leistungserbringung. Um diese berechnen zu können, müssen folgende Stammdaten generiert werden.[211]

- Gesamterlöse
- Anzahl der Mitarbeiter (MA) in Vollkräften
- Gesamte Bruttopersonalkosten (Löhne und Gehälter inkl. Arbeitgeberanteile zur Sozialversicherung zzgl. weiterer normalisierter Komponenten: Aufwendungen für Altersvorsorge, freiwillige Aufwendungen wie z.b. Weihnachtsgeld)[212]
- Gesamte Überstunden
- Gesamte Planarbeitszeit (gem. Arbeitsverträge) in Stunden
- Gesamter krankheitsbedingter Personalausfall in Stunden

Monat im Jahr	Gesamterlöse (in €)	Anzahl MA in VK[213]	Ges. Bruttopersonal-kosten (in €)	Ges. Überstun-den[214]	Ges. Planar-beitszeit (in Stunden)	Ges. krankheitsbe-dingter Personalaus-fall (in Stunden)
Januar	75.000	17	59.530	70	2.944,4	126
Februar	73.637	17	58.910	100	2.944,4	127
März	72.274	17	58.990	120	2.944,4	130
April	70.911	17	59.420	210	2.944,4	132
Mai	69.548	17	59.110	300	2.944,4	124
Juni	68.185	17	59.630	390	2.944,4	128
Juli	66.822	17	59.500	420	2.944,4	125
August	65.459	17	58.770	505	2.944,4	125
September	64.096	17	58.610	620	2.944,4	130
Oktober	62.733	17	59.185	700	2.944,4	131
November	61.370	17	59.300	750	2.944,4	124
Dezember	60.007	17	59.240	800	2.944,4	127
Arith. Mittel	67.503,5	17	59.183	415,4	2.944,4	127,4

Tabelle 42: Stammdaten

---

211 Diese sind zeitraumbezogen zu ermitteln, im Fallbeispiel wird ein Betrachtungszeitraum von einem Jahr angenommen.
212 Vgl. Graumann 2008, S. 106 f.
213 Aus Vereinfachungsgründen wird auf Fluktuationseffekte und Tarifsteigerungen in diesem Fall nicht eingegangen. Daher ist die VK-Zahl konstant, ebenso wie die Planstunden.
214 Im PuB e.V. werden geleistete Überstunden nicht ausbezahlt. Es ist ein Freizeitausgleich vereinbart, wodurch keine Rückkopplung auf die Personalkosten verursacht wird.

Für Fragestellungen der Produktivitätsmessung im Kontext des Personalcontrollings sind insbesondere die Kennzahlen Leistungsmarge je MA, Erlöse je MA, Personalaufwand je MA, Überstundenquote und Fehlzeitenquote relevant. Ihre Entwicklung wird nun gewürdigt.

Für die Leistungsmarge als zentrale Kennzahl kann folgende Entwicklung im Betrachtungszeitraum konstatiert werden:

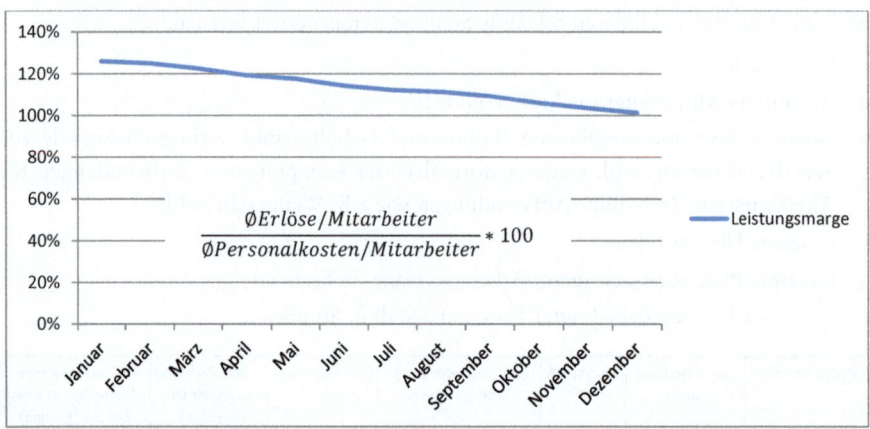

Abbildung 24: Entwicklung der Leistungsmarge[215]

Es wird deutlich, dass die Leistungsmarge als Quotient aus Erlösen und Personalkosten je MA nahezu auf einhundert Prozent sinkt. Dies impliziert, dass die Erlöse allenfalls die Personalkosten decken. Der Pflegedienst erwirtschaftet im vorliegenden Fall einen Verlust in Höhe der ungedeckten Sachkosten.

Für die weiteren zu erhebenden Kennzahlen ergibt sich folgende Entwicklung:

	Erlöse/MA	Personalkosten/MA	Überstundenquote	Fehlzeitenquote
Januar	4.411,76 €	3.501,76 €	2%	4%
Februar	4.331,59 €	3.465,29 €	3%	4%
März	4.251,41 €	3.470,00 €	4%	4%
April	4.171,24 €	3.495,29 €	7%	4%
Mai	4.091,06 €	3.477,06 €	10%	4%
Juni	4.010,88 €	3.507,65 €	13%	4%
Juli	3.930,71 €	3.500,00 €	14%	4%
August	3.850,53 €	3.457,06 €	17%	4%
September	3.770,35 €	3.447,65 €	21%	4%
Oktober	3.690,18 €	3.481,47 €	24%	4%
November	3.610,00 €	3.488,24 €	25%	4%

---

215 Quelle: eigene Darstellung.

	Erlöse/MA	Personalkosten/MA	Überstundenquote	Fehlzeitenquote
Dezember	3.529,82 €	3.484,71 €	27%	4%

Tabelle 43: Kennzahlen

3.1.3 Management und Controlling

Die Leistungsmarge ist an sich wenig aussagekräftig. Um Ursachenforschung zu betreiben, ist eine Untersuchung der Kennzahlen Erlöse und Personalkosten je MA erforderlich: Die dargestellte Situation ergibt sich somit vorwiegend aus sinkenden Erlösen, sowohl global als auch auf Mitarbeiterebene. Dies ist jedoch nicht auf eine marktseitige Verschlechterung zurückzuführen, was im Vorfeld durch eine Marktanalyse ausgeschlossen wurde. Die Personalkosten je MA blieben im Betrachtungszeitraum nahezu gleich. Da im Folgejahr von einer Tarifsteigerung auszugehen ist, wird sich die Situation weiter verschärfen.

Der Ausschluss der Marktkomponente macht eine Analyse produktivitätsbezogener Kennzahlen nötig.

Die Entwicklung der Überstundenquote ist im Hinblick auf die Mitarbeiterproduktivität als besonders problematisch einzuschätzen. Sie stieg im Betrachtungszeitraum von 2% auf 27%. Das bedeutet, dass die Mitarbeiter aufgrund mangelnder Produktivität ca. ein Viertel der Planarbeitszeit zusätzlich brauchen und das bei gleicher Marktsituation bzw. Auslastung. Jedoch schaffen es die MA nicht einmal mit dieser zusätzlichen Arbeitszeit, das (gleiche) Pensum zu bewältigen, wie die rückläufigen Erlöse zeigen. Diese stark abnehmende Produktivität kann sich langfristig nochmals verstärken, wenn die MA Freizeitausgleiche für die Überstunden wahrnehmen wollen. Denn dies führt zu einer Verknappung der Planarbeitszeit, was den Produktivitätsdruck weiter erhöht. Dieser Entwicklung sollte daher Einhalt geboten werden.

Die Fehlzeitenquote kann einem Benchmark unterzogen werden. Mit rund 4% liegt sie im bundesdeutschen Durchschnitt für diese Berufsgruppe, wenngleich sie zu den höchsten in Deutschland gehören.

Langfristig muss der nachlassenden Produktivität der Mitarbeiter begegnet werden. Um Gründe für die Entwicklung zu ermitteln, sind Mitarbeitergespräche unumgänglich. Im vorliegenden Fall geht aus diesen eine subjektiv als sehr hoch empfundene Arbeitsdichte hervor. Die Mitarbeiter des Pflegedienstes empfinden ihr Arbeitspensum pro Tour demnach als zu hoch, was sich negativ auf ihre Motivation auswirkt („Fließbandgefühl").

Der Pflegedienstleitung wird nach der Produktivitätsanalyse und den Mitarbeitergesprächen eine Neueinstellung forcieren. Kurzfristig wird damit das Ziel der sukzessiven Personalkostensenkung verfehlt, langfristig jedoch erhöht diese Entscheidung die Fähigkeit des ambulanten Dienstes, die Potenziale des Marktes voll zu nutzen. Insofern können steigende Personalkosten durch höhere Erlöse in der Zukunft kompensiert werden.

3. Problemfeld: Personalcontrolling

3.1.4 Kennzahlen

Kennzahl Name	Leistungsmarge je Mitarbeiter
Beschreibung	Gibt den durchschnittlichen Refinanzierungsgrad der Personalkosten aus Erlösen pro Mitarbeiter an.
Formel	$$\frac{\varnothing\,Erl\ddot{o}s\,je\,Mitarbeiter}{\varnothing\,Personalkosten\,je\,Mitarbeiter}*100$$
Darstellung des Ergebnisses	Angaben in Prozent
Bedeutung/Interpretation	Wichtige Kennzahl im Rahmen der Produktivitätsanalyse. Sollte immer im Zeitreihenvergleich dargestellt werden.
mögliche Ergebnisse	0 bis n

Kennzahl Name	Erlös je Mitarbeiter
Beschreibung	Eine Richtgröße im Rahmen der innerbetrieblichen Produktivitätsanalyse
Formel	$$\frac{Gesamterl\ddot{o}s\,/\,Zuordenbarer\,Erl\ddot{o}s}{Mitarbeiter\,(Vollzeitstellen)\,i.e.P.}$$
Darstellung des Ergebnisses	Angaben in € pro Mitarbeiter oder Vollzeitstelle
Bedeutung/Interpretation	Wichtig zur Ursachenanalyse im Rahmen der Leistungsmargenberechnung. Alleine hat sie wenig Aussagekraft. Allenfalls plakative Wirkung zur Kommunikation betrieblicher Produktivität
mögliche Ergebnisse	0 bis n

Kennzahl Name	Personalaufwand je Mitarbeitergruppe
Beschreibung	Gibt an, wie hoch die Personalkosten innerhalb einer Mitarbeitergruppe pro Vollzeitstelle sind.
Formel	$$\frac{Personalkosten\,je\,Mitarbeitergruppe}{Zahl\,der\,Vollzeitstellen\,der\,Mitarbeitergruppe\,i.e.P.}$$
Darstellung des Ergebnisses	Angaben in € pro Vollzeitstelle
Bedeutung/Interpretation	Wichtige Kennzahl für Entgeltverhandlungen. Darüber hinaus ebenso eine wesentliche Kennzahl im Rahmen der Ursachenanalyse bei der Leistungsmarge.
mögliche Ergebnisse	0 bis n

Kennzahl Name	Überstundenquote
Beschreibung	Gibt an, wie hoch der Anteil von Mehrarbeitszeit (Überstunden) an der Gesamtplanarbeitszeit gemäß Arbeitsvertrag ist.
Formel	$$\frac{\Sigma\,Mehrarbeitsstunden\,/\,\ddot{U}berstunden}{\Sigma\,Planarbeitsstunden\,(gem.\,Arbeitsvertr\ddot{a}ge)}*100$$
Darstellung des Ergebnisses	Angaben in Prozent
Bedeutung/Interpretation	Diese Kennzahl ist nur im Zeitreihenvergleich aussagekräftig. Auch sie sollte im Rahmen einer Produktivitätsanalyse als obligatorisch betrachtet werden, um eine vertiefende Analyse zu ermöglichen. Eine steigende Überstundenquote ist aus Produktivitätsgesichtspunkten (bei gleichem Arbeitsanfall) kritisch zu sehen. Weiterhin können sich im Falle der Auszahlung der Mehrarbeit für die Zukunft große Verpflichtungen für den Betrieb anhäufen.
mögliche Ergebnisse	0 bis n

Kennzahl Name	Krankheitsbedingte Fehlzeitenquote
Beschreibung	Gibt an, wie viel Prozent der Planarbeitszeit durch krankheitsbedingten Personalausfall nicht geleistet werden konnten.
Formel	$$\frac{krankheitsbedingter\ Personalausfall\ (Std.)}{Sollarbeitsstunden} * 100$$
Darstellung des Ergebnisses	Angaben in Prozent
Bedeutung/Interpretation	Besonders im Benchmark eine sehr wichtige Kennzahl, da für die Fehlzeitenquote eine breite branchenbezogene Datenbasis (z.B. Statistisches Bundesamt) verfügbar ist. Eine indirekte Messung der Mitarbeitermotivation kann hier erfolgen, indem im Zähler ausschließlich Kurzzeiterkrankungen berücksichtigt werden.
mögliche Ergebnisse	0 bis n

3.2 Altersstrukturanalyse

3.2.1 Fallbeispiel

Der Leiter der Personalabteilung des Pflege- und Betreuung e.V. (PuB) bekommt den Auftrag die Altersstruktur in seinem Unternehmen zu analysieren. Das Management interessiert sich für mögliche personalpolitische Herausforderungen, die sich aus der Struktur ergeben könnten. Um die Situation der PuB zu erfassen sollen die Altersstruktur und die Kontextfaktoren systematisch erfasst werden.

3.2.2 Analyseverfahren

Um die eigene Situation bestimmen zu können, wird in einem ersten Schritt die aktuelle Mitarbeiterstruktur nach Alterskohorten strukturiert und analysiert. Dies geschieht zunächst innerhalb der verschiedenen Arbeitsbereiche. Am Beispiel der Jugendhilfe werden Daten zum Stichtag, sowie vergangenheitsorientiert in einem Betrachtungszeitraum von einem Jahr erhoben. Um Kennzahlen wie den Altersdurchschnitt, die Altersstrukturquote, die durchschnittliche Betriebszugehörigkeit und die Fluktuationsquote zu berechnen werden zunächst folgende Daten erhoben:

→ Analyse des Geschäftsbereiches zum Stichtag
  – Alter der Mitarbeiter
  – Betriebszugehörigkeit der Mitarbeiter
  – Bildung von Kohorten und Kumulierung
→ Analyse im Betrachtungszeitraum von einem Jahr
  – Neueinstellungen
  – Abgänge, differenziert nach Ursache
Die Analyse der verbleibenden Geschäftsfelder erfolgt analog.

Analyse des Geschäftsbereiches zum Stichtag

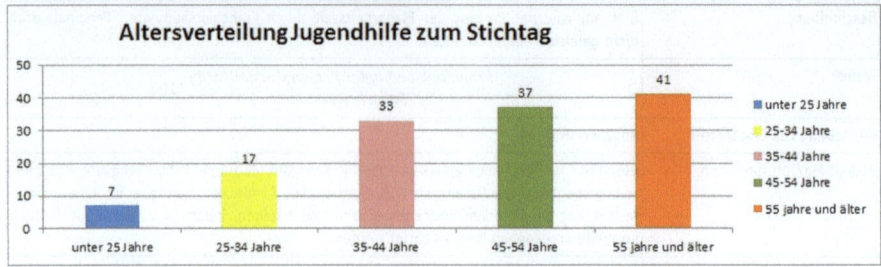

Abbildung 25: Altersverteilung in der Jugendhilfe am Analysestichtag[216]

Kohorte	Anzahl der Mitarbeiter	Durchschnittsalter in Jahren	Altersstrukturquote in Prozent	durchschn. Betriebszugehörigkeit in Jahren
unter 25 Jahre	7	22,5	5,2%	2
25-34 Jahre	17	27,9	12,6%	5
35-44 Jahre	33	39	24,4%	7
45-54 Jahre	37	47	27,4%	10
55 Jahre und älter	41	60	30,4%	25
Gesamt	135	39,28	100%	13

Tabelle 44: Kennzahlen zum Personal am Analysestichtag

Analyse des Betrachtungszeitraums von einem Jahr

Kohorte	Neueinstellungen	Fluktuation Gesamt	Natürliche Fluktuation	Unternehmensinterne Fluktuation	Unternehmensfremde Fluktuation	davon Frühfluktuation
unter 25 Jahre	4	3	0	1	2	2
25-34 Jahre	2	1	0	0	1	1
35-44 Jahre	2	5	0	1	4	1
45-54 Jahre	1	0	0	0	0	0
55 Jahre und älter	1	4	3	1	0	0
Gesamt	8	15	3	3	7	4

Tabelle 45: Stammdaten zum Personal im Jahresverlauf

---

216 Quelle: eigene Darstellung.

Kohorte	Neueinstel-lungsquote	Fluktuati-onsrate	Natürliche Fluktuation	davon un-ternehmens-intern	unterneh-mensfremd	unterneh-mensfremde und Früh-fluktuation
unter 25 Jahre	3,0%	2,2%	0,0%	0,7%	1,5%	100,0%
25-34 Jahre	1,5%	0,7%	0,0%	0,0%	0,7%	100,0%
35-44 Jahre	1,5%	3,7%	0,0%	0,7%	3,0%	25,0%
45-54 Jahre	0,7%	0,0%	0,0%	0,0%	0,0%	0,0%
55 Jahre und älter	0,7%	3,0%	2,2%	0,7%	0,0%	0,0%
Gesamt	5,9%	11,1%	2,2%	2,2%	5,2%	57,1%

Tabelle 46: Kennzahlen zum Personal im Jahresverlauf

3.2.3 Management und Controlling

Die Daten und Kennzahlen der Geschäftsfelder werden zunächst einzeln analysiert um geschäftsfeldspezifische Problematiken und Handlungsbedarfe zu erkennen. Im späteren Verlauf bietet sich ein internes Benchmarking an, um Lerneffekte zu erzielen. Auch kann die Aggregation der Daten zu Kennzahlen für das Gesamtunternehmen Aufschluss darüber geben wie umfassend eine Problematik ist.

Allgemein lässt sich sagen, dass sich aus der vorgenommen Analyse Handlungsbedarf in den Bereichen der Personalrekrutierung, -führung und -entwicklung ergeben. Diese müssen angegangen werden, möchte die PuB die Innovations- und Wettbewerbsfähigkeit ihres Geschäftsfeldes Jugendhilfe sichern.

Die Altersstrukturquote

Die Analyse hat ergeben, dass das Durchschnittsalter in der Jugendhilfe 39 Jahre beträgt. Diese Kennzahl allein ist wenig aussagekräftig. Nur in Verbindung mit ergänzenden Informationen können aus dieser Kennzahl Schlüsse gezogen werden. Eine höhere Aussagekraft hat die Altersstrukturquote. Diese zeigt, dass die Altersstruktur in der Jugendhilfe nicht ausbalanciert ist. Mit einem Anteil von 58 Prozent an Mitarbeitern mit über 45 Jahren überwiegt der Anteil von älteren Mitarbeitern in der Belegschaft. Hier kann von Überalterung gesprochen werden. Diese Überalterung begründet einen spezifischen Handlungsbedarf. Die Jugendhilfe profitiert zwar von der langjähriger Berufserfahrung und dem Know-how ihrer älteren Mitarbeiter, sie wird jedoch in den kommenden Jahren einen erhöhten Prozentsatz ihrer Mitarbeiter verlieren. Es ist davon auszugehen, dass die 30 Prozent der heute über 55-Jährigen in den kommenden zehn Jahren das Unternehmen durch natürliche Fluktuation verlassen werden.

Die Systematisierung der Mitarbeiter nach Alter zeigt dem Management drei Haupthandlungsfelder auf. Zunächst muss eine Überprüfung der Bedeutung und der Rolle älterer Mitarbeiter im Unternehmen vorgenommen werden. Eventuell ist eine Neubewertung bei gleichzeitiger Schwächenkompensation notwendig, um die Leistungsfähigkeit und Motivation der größten Alterskohorte zu sichern. Mögliche Ansatzpunkte zur Erreichung dieses Ziels sind die Arbeitsumgebung und die Gesundheitsförderung. Auch ist es die Aufgabe des Personalmanagements, die Weitergabe und die Bewahrung des spezifischen Humankapitals dieser Mitarbeiter zur erleichtern, um existenzbedrohendem Wissensverlust vorzubeugen.

Zweitens wird durch die zu erwartende natürlichen Fluktuation in den kommenden Jahren ein Generationenwechsel eingeleitet. Die Gewinnung von jungen Nachwuchskräften gewinnt an Bedeutung. Des Weiteren ist es wichtig, dass Mitarbeiter in mittlerem Alter nicht aus dem Blickfeld geraten. Sie sollten an das Unternehmen gebunden werden, um die zu erwartende Fluktuationsproblematik nicht zu verschärfen und Konstanz im Geschäftsfeld zu gewährleisten.

Die retrospektive und prospektive Nutzung der Fluktuationsquote/-rate

Die Zahl der Mitarbeiter der Jugendhilfe ist im Betrachtungszeitrum gesunken. Der Neueinstellungsquote von 5,9 Prozent steht eine Fluktuationsquote von 11,1 Prozent gegenüber. Diese Zahlen lassen keine qualitative Beurteilung zu, da Bezugsgrößen beziehungsweise Maßstäbe fehlen. Es empfiehlt sich diese Betrachtung auch auf Basis von Vollkräften durchzuführen und beispielsweise die Belegung gegenüberzustellen um Schlüsse ziehen zu können. Die Fluktuationsquote kann sowohl zur retrospektiven Analyse als auch prospektiv zur Planung der Fluktuation verwendet werden. Sie korreliert direkt mit der durchschnittlichen Betriebszugehörigkeit.

In der Analyse zeigt sich, dass für sechs Neueingestellte unter 35 Jahren vier neue Mitarbeiter der gleichen Kohorte das Unternehmen innerhalb von 12 Monaten nach der Einstellung verlassen. Dies ist eine exorbitante Zahl, die einen hohen Handlungsbedarf begründet. Die hohe Frühfluktuation kann in einer unzureichenden Personalauswahl begründet liegen oder auf einen ungenügenden Einarbeitungsprozess hinweisen. Sie steht dem aufgezeigten Haupthandlungsfeld der Gewinnung neuer Nachwuchskräfte entgegen.

Die Zuhilfenahme der Fluktuationsquote zur prospektiven Planung der Fluktuation ist angesichts des anstehenden Generationenwechsels in der Jugendhilfe notwendig. Im Gegensatz zur Analyse ist diese jedoch nicht unproblematisch, da Werte fortgeschrieben werden, deren Ursachen in der Zukunft nicht mehr bestehen können. Beispielsweise ist die Führungskraft F. als Auslöser einiger Kündigungen in Zukunft nicht mehr im Unternehmen tätig. Nichtsdestotrotz benötigt die PuB eine Basis für ein nachhaltige Personalplanung. Ein mögliches Instrument, dessen Einsatz sich hierfür anbietet ist die Szenarioanalyse.

3.2.4 Kennzahlen

Kennzahl Name	Altersstrukturquote
Beschreibung	Gibt an, wie viel Prozent der Belegschaft innerhalb einer bestimmten Alterskohorte sind.
Formel	$$\frac{\textit{Anzahl der Mitarbeiter (in Köpfen) einer Alterskohorte i.e.P.}}{\textit{Gesamte Mitarbeiterzahl (in Köpfen) i.e.P.}}*100$$
Darstellung des Ergebnisses	Angaben in Prozent
Bedeutung/Interpretation	Die Betrachtung der Altersstruktur ist bezüglich der Personalbedarfsplanung sowie der Personalentwicklung sinnvoll. Auch im Kontext des demografischen Wandels und des Fachkräftemangels in der Sozialwirtschaft ist sie eine nützliche Kennzahl zur Prognose des Eintritts von möglichen Risiken, die aus der Altersstruktur erwachsen.
mögliche Ergebnisse	0 bis 1

Kennzahl Name	Durchschnittsalter der Beschäftigten
Beschreibung	Gibt eine Einsicht über die Struktur des Personals hinsichtlich des Alters.
Formel	$$\frac{\textit{Σ Altersjahre aller Mitarbeiter zum Stichtag}}{\textit{Gesamtzahl aller Mitarbeiter}}$$
Darstellung des Ergebnisses	Angabe in Altersjahren pro Mitarbeiter
Bedeutung/Interpretation	Alleine ist diese Kennzahl wenig aussagekräftig. Sie liefert insbesondere ergänzende Informationen bei der vertiefenden Ursachenanalyse z.B. bei Veränderungen der krankheitsbedingten Fehlzeiten (sowohl quantitativ als auch qualitativ).
mögliche Ergebnisse	0 bis n

Kennzahl Name	Durchschnittliche Betriebszugehörigkeit
Beschreibung	Zeitspanne, die ein (aktuell beschäftigter) Mitarbeiter im Durchschnitt bis zum Analysestichtag im Betrieb ist.
Formel	$$\frac{\textit{Σ Jahre der Betriebszugehörigkeit aller Mitarbeiter (jeweils von Einstellungsdatum bis Stichtag)}}{\textit{Gesamtzahl aller Mitarbeiter}}$$
Darstellung des Ergebnisses	Angabe in Jahren pro Mitarbeiter
Bedeutung/Interpretation	Die Betriebszugehörigkeit ist ein wichtiger Indikator für die Beständigkeit im Unternehmen. Sie korreliert direkt mit der Fluktuationsrate.
mögliche Ergebnisse	0 bis n

Kennzahl Name	Neueinstellungsquote
Beschreibung	Die Neueinstellungen werden ins Verhältnis zur Belegschaft gesetzt.
Formel	$$\frac{\textit{Σ Neu eingesetzte Mitarbeiter i.e.P.}}{\textit{Gesamtzahl aller Mitarbeiter i.e.P.}}*100$$
Darstellung des Ergebnisses	Angaben in Prozent
Bedeutung/Interpretation	Diese Kennzahl spiegelt die personelle Kontinuität in einer Organisation wider. Alleine hat sie jedoch allenfalls begrenzte Aussagekraft. Es sollte somit immer eine Gegenüberstellung mit den anteiligen Abgängen an der Belegschaft erfolgen. Die Berechnungsformel der Neueinstellungsquote wird in der Praxis teilweise auch zur Berechnung der Fluktuationsrate benutzt. Das Kennzahlenglossar dieses Buches thematisiert dies ausführlicher.
mögliche Ergebnisse	0 bis 1

Kennzahl Name	Fluktuationsrate
Beschreibung	Gibt den Anteil der Arbeitnehmer an, die das Unternehmen in einem bestimmten Zeitraum verlassen haben.
Formel	$$\frac{\Sigma \, Ausgeschiedene \, Mitarbeiter \, i.e.P.}{Gesamtzahl \, aller \, Mitarbeiter \, i.e.P.} * 100$$
Darstellung des Ergebnisses	Angaben in Prozent
Bedeutung/Interpretation	Hohe Bedeutung für das Personalwesen bzgl. der Rekrutierung und Entwicklung von Personal. Korreliert mit der durchschnittlichen Betriebszugehörigkeit.
mögliche Ergebnisse	0 bis n

3.3 Externe Personalbeschaffung

3.3.1 Fallbeispiel

Vor dem Hintergrund des in den Medien proklamierten Fachkräftemangels möchte die Leitung des Pflege- und Betreuung e. V. (PuB) die Situation der Altenhilfe bestimmen. Aus diesem Grund sollen Personalbeschaffungsmaßnahmen für Pflegefachkräfte bezüglich ihrer Kosten- Nutzen- Relation analysiert werden.

3.3.2 Analyseverfahren

In einem ersten Schritt werden die Daten der Inputdimensionen der Personalbeschaffung zusammengetragen um die Effizienz der Beschaffungswege im Geschäftsjahr n zu vergleichen. Dieser Vergleich soll mithilfe der Kennzahl Personalbeschaffungskosten nach Beschaffungswegen erfolgen. Ausgewählt wurden die drei Hauptbeschaffungswege Karrierewebsite, Stellenanzeigen in der lokalen Tageszeitung und die Teilnahme an einer Messe für Altenpflege.

In einem zweiten Schritt werden als zweite inputorientiere Kennzahl die Gesamtkosten pro Einstellung herangezogen. Eine Betrachtung im Zeitreihenverlauf von vier Jahren soll eventuelle Entwicklungen des Personalbeschaffungsaufwandes aufzeigen. Dieser inputorientierten Größe wird die outputorientierte Kennzahl des Personaldeckungsgrades ebenfalls im Vierjahres Zeitraum gegenübergestellt, um Aufschluss darüber zu erhalten, wie zielführend die Maßnahmen der PuB zur Gewinnung von Fachpflegekräften in den letzten Jahren war.

Als Basis werden folgende Daten des Geschäftsjahres für die Berechnung der Personalbeschaffungskosten nach Beschaffungswegen benötigt:

- Beschaffungswege wie Printanzeigen, Karrierewebseiten, Recruitingmessen,
- Anzahl Bewerbungen pro Beschaffungsweg,
- Anzahl Vorstellungsgespräche pro Beschaffungsweg,
- Anzahl Einstellungen pro Beschaffungsweg,
- Kosten pro Beschaffungsweg.[217]

---

217 Die einzubeziehenden Kosten variieren nach Beschaffungsweg. In jedem Falle sind die Personalkosten für die Schaltung der Stelle verursachungsgerecht zu bewerten. Vgl. dazu das Kennzahlenglossar im vorliegenden Buch.

Als Basis werden folgende Daten der vergangenen vier Jahre zur Berechnung der Gesamtkosten je Einstellung und des Personaldeckungsgrades benötigt:

- Gesamtkosten der Personalbeschaffung
- Einstellungen
- Personalbedarf

Beschaffungsweg	Gesamtkosten in €	n Bewerbung	n Vorstellung	n Einstellung
Eigene Karrierewebsite	6.180	13	11	8
Stellenanzeige Lokalzeitung	7.980	25	10	9
Messeteilnahme	5.300	1	1	1
Gesamt	19.460	39	22	18

Tabelle 47: Basisdaten zur Berechnung der Personalbeschaffungskosten nach Beschaffungswegen des Geschäftsjahrs

Beschaffungsweg	Kosten pro Bewerbung in €	Kosten pro Vorstellung in €	Kosten pro Einstellung in €
Eigene Karrierewebsite	475	562	773
Stellenanzeige Lokalzeitung	319	798	887
Messeteilnahme	5.300	5.300	5.300

Tabelle 48: Personalbeschaffungskosten nach Beschaffungswegen des Geschäftsjahrs

Die Karrierewebsite hat das beste Verhältnis von Bewerberzahl zur tatsächlichen Einstellung von Fachpflegekräften. Diese Quote wird über Printanzeigen nicht erreicht. Eine mögliche Erklärung stellt der durch die unterschiedlichen Medien erreichbare Personenkreis dar. Eventuell spricht die Karrierewebsite spezifischer den gesuchten Personenkreis an, während die Tageszeitung ein breiteres Publikum erreicht und sich aus diesem Grund nicht ausschließlich die Zielgruppe bewirbt.

Die eigene Karrierewebsite ist der effizienteste der drei Beschaffungswege. Mit einem Anteil an den Kosten pro Einstellung von 773 € ist die Website rund 100 € günstiger als eine Anzeige in der lokalen Tageszeitung, mit Kosten von 887 €. Im Vergleich sehr ineffizient erscheint hingegen der Beschaffungsweg Messe. Hier muss jedoch die Öffentlichkeitsarbeit einer Messepräsenz in ihrer strategischen Wirkung berücksichtigt werden. Eine Reduzierung auf die Funktion Personalbeschaffung greift zu kurz.

PuB	Anzahl der Einstellungen	Gesamtkosten der Personalbeschaffung in €	Kosten pro Einstellung in €
n-3	14	16.680	1.191
n-2	15	18.630	1.242
n-1	17	24.650	1.450
Geschäftsjahr n	18	28.460	1.581

Tabelle 49: Gesamtkosten pro Einstellung im 4- Jahresverlauf

PuB	Anzahl der Einstellungen	Personalbedarf	Absolute Lücke	Grad der Personaldeckung
n-3	14	14	0	100%
n-2	15	16	-1	94%
n-1	17	20	-3	85%
Geschäftsjahr n	18	22	-4	82%

Tabelle 50: Grad der Personaldeckung im 4- Jahresverlauf

Die Betrachtung der Gesamtkosten pro Einstellung zeigt einen stetigen Anstieg von 1.191€ auf 1581€ in den vergangenen vier Jahren auf. Der Grad der Personaldeckung hat sich ebenfalls von 100 % auf 82 % stetig verschlechtert. Trotz steigender Investitionen in Maßnahmen zur Personalbeschaffung konnte der Bedarf an Pflegepersonal nicht gedeckt werden.

3.3.3 Management und Controlling

Bei der externen Personalgewinnung der Altenhilfe des PuB steht kurzfristig die Steuerung der Kosten und die Produktivität des Einstellungsprozesses im Vordergrund. Langfristiges Ziel dagegen ist die quantitative und qualitative Deckung des Personalbedarfs. Aus der Analyse der Wirtschaftlichkeit der Beschaffungswege kann nicht abgeleitet werden, dass der Einsatz alternativer Beschaffungswege effizienter wäre. Die laufende Überwachung der Beschaffungswege muss fortgesetzt werden, um Entwicklungen der Akquisitionswirkung erkennen zu können und um dann eventuell alternative Beschaffungswege zu forcieren. Im Fall der Beschaffung von Fachkräften in der Pflege ist jedoch davon auszugehen, dass die Effizienz der Beschaffungswege wesentlich von einem Mangel an Fachkräften auf dem Teilarbeitsmarkt beeinflusst wird.

Auf der Kostenseite ist ein ständiges Kostencontrolling notwendig. Klassische Kostenverursacher wie der Entwurf und die Gestaltung und Schaltung der Anzeige, die Pflege der Homepage, die Vorbereitung und Durchführung von Bewerbungsgesprächen sowie der Kommunikationsaufwand müssen ständig überwacht werden. Eine Frage die gestellt werden muss, ist welche Prozesse der Personalbeschaffung der PuB selbst erbringen sollte, und welche Prozesse über Fremdvergabe optimiert werden können. Bei interner Bearbeitung sind Einsparungspotenziale durch Standardisierung zu prüfen.

Die Analyse der externen Personalbeschaffung hat ebenfalls aufgezeigt, dass die Kosten pro Einstellung in den letzten Jahren ständig gestiegen sind. Dies kann entweder in der Art und Intensität der Beschaffungswege und Auswahlprozesse begründet liegen, am Image des PuB oder in der Arbeitsmarktlage. Zu Klärung dieser Frage sollte der PuB eine Arbeitsmarktanalyse durchführen.

Zur erfolgreichen Nutzung des externen Arbeitsmarktes muss eine genaue Kenntnis des regionalen Angebots an Pflegefachkräften vorhanden sein. Über eine betriebliche Arbeitsmarktanalyse können die Informationen gesammelt werden, die der PuB für strategische personalwirtschaftliche Entscheidungen benötigt. Eine solche Arbeitsmarktanalyse orientiert sich an Faktoren wie der demographischen Entwicklung des Teilarbeitsmarktes und der gesamten Entwicklung im Sektor der Altenhilfe, in Form von Entwicklung der Löhne und Gehälter, der Mobilität der Arbeitnehmer und der Arbeitsbedingungen. Wesentliche Arbeitsmarktkennzahlen wie die Arbeitslosenquote oder die Anzahl offener Stellen können bei der Bundesagentur für Arbeit erfragt werden.

Um langfristig den Grad der Personaldeckung zu erhöhen, ist zunächst zu prüfen, ob dies in zu geringen Anstrengungen des Beschaffungswesens begründet liegt. Ist dies der Fall sind entsprechende Maßnahmen wir Zielvorgaben einzuleiten. Konnte dieser Faktor ausgeschlossen werden ist ein Überdenken der eigenen Personal und Rekrutierungspolitik notwendig. Möglich ist beispielsweise die Senkung von Ansprüchen an Ausbildung und Berufserfahrung oder eine verstärkte Konzentration auf neue Zielgruppen für die Rekrutierung, wie auf ausländische Fachkräfte. Da Stand heute ausländische Fachkräfte in unseren Nachbarländern deutlich bessere Arbeitsbedingungen als in Deutschland finden, ist auch über eine Verbesserung der Lohn- und Arbeitsbedingungen nachzudenken. Dies würde ebenfalls eine weitere Abwanderung von Pflegefachkräften bremsen. Auch Kooperationen mit Zeitarbeitsunternehmen sind bedenkenswert.

Langfristig wird der Altenhilfe geraten, die Personalplanung konsequent in die Unternehmensplanung zu integrieren. Der Grad der Personaldeckung hat in der Altenhilfe ein beunruhigendes Ausmaß angenommen. Die Wettbewerbsfähigkeit der Sparte ist langfristig gefährdet. Ansatzpunkt ist das Überdenken der eigenen langfristigen Personal- und Rekrutierungspolitik. Neben der Optimierung der externen Beschaffungswege ist ein Ausbau der internen Personalbeschaffung unumgänglich, sollte sich bewahrheiten, dass die Möglichkeiten des Teilarbeitsmarktes nahezu ausgeschöpft sind.

3.3.4 Kennzahlen

Kennzahl Name	Personalbeschaffungskosten nach Beschaffungswegen
Beschreibung	Verhältnis der Kosten eines Beschaffungsweges zu Anzahl der tatsächlichen Einstellungen (wahlweise: Bewerbungen, Vorstellungen) über diesen Beschaffungsweg
Formel	$$\frac{\textit{Gesamtkosten für den Beschaffungsweg X i.e.P.}}{\textit{Anzahl d. Einstellungen (Bewerbungen, Vorstellungen) über den Beschaffungsweg X}}$$
Darstellung des Ergebnisses	Darstellung in Kosten pro Bewerbung/Vorstellung/Einstellung pro Beschaffungsweg
Betrachtungszeitraum	Jährlich
Bedeutung/Interpretation	Diese Kennzahl zur Effizienz der Beschaffungswege bietet Anhaltspunkte für Bewertung von Beschaffungswegen bezüglich ihrer Akquisitions-, Selektions- und Aktionswirkung. Diese Bewertung bietet eine Basis für die Planung und Kontrolle der Personalbeschaffungsprozesse. Es ist eine laufende Überwachung notwendig. Bei der Interpretation der Ergebnisse sind allerdings auch andere Einflussgrößen wie die Arbeitsmarktsituation oder das Unternehmensimage zu berücksichtigen.
mögliche Ergebnisse	0 bis n

Kennzahl Name	Personalbeschaffungskosten pro Eintritt
Beschreibung	Maß für den Personalbeschaffungsaufwand
Formel	$$\frac{\textit{Gesamtkosten der Personalbeschaffung i.e.P.}}{\textit{Anzahl der Einstellungen i.e.P.}}$$
Darstellung des Ergebnisses	Darstellung in Kosten pro Einstellung
Betrachtungszeitraum	Jährlich
Bedeutung/Interpretation	Die Messbarkeit der Personalbeschaffungskosten hängt wesentlich davon ab, inwieweit die (Personal-) Verwaltungskosten verursachungsgerecht ermittelt werden können. Die Höhe der Personalbeschaffungskosten ist neben der Art und Intensität des erforderlichen Auswahlprozesses auch stark von der jeweiligen Arbeitsmarktlage und den Reisekosten abhängig.[218]
mögliche Ergebnisse	0 bis n

Kennzahl Name	Personaldeckungsgrad
Beschreibung	Maß für den Erfolg von Personalbeschaffungsaktivitäten
Formel	$$\frac{\textit{Anzahl der Neueinstellungen i.e.P.}}{\textit{Anzahl der benötigten Mitarbeiter i.e.P.}} * 100$$
Darstellung des Ergebnisses	Angaben in Prozent
Betrachtungszeitraum	Halbjährlich, Jährlich
Bedeutung/Interpretation	Durch einen Vergleich der tatsächlichen Anzahl der Einstellungen mit dem Personalbedarf kann der Erfolg des Einstellwesens gemessen werden. Wenn alle offenen Stellen im Untersuchungszeitraum besetzt werden, beträgt der Personaldeckungsgrad 100 Prozent. Liegt der Wert darunter, so liegen die Ursachen hierfür meist in Engpasssituationen auf Teilarbeitsmärkten oder in geringen Anstrengungen des Beschaffungswesens.[219]
mögliche Ergebnisse	0 bis 1

---

218 Vgl. Schulte 2011, S. 193.
219 Vgl. ebenda, S. 195.

3.4 Interne Personalbeschaffung

3.4.1 Fallbeispiel

Die Rekrutierung von Fachkräften auf dem Arbeitsmarkt für die Altenhilfe des Pflege- und Betreuung e.V. (PuB) gestaltet sich immer schwieriger. Bereits in den letzten Jahren konnte die Altenhilfe ihren Bedarf an Fachkräften nicht ausreichend decken. Für die Zukunft ist mit einer weiteren Verschärfung zu rechnen. Die Leitung leitet daraus eine zunehmende Bedeutung interner Personalbeschaffungsmaßnahmen zur Deckung des eigenen Bedarfes ab. Anhand von quantitativen Kennzahlen soll beurteilt werden, wie die Personalentwicklung des Gesamtunternehmens aufgestellt ist.

3.4.2 Analyseverfahren

Zur Analyse wird in einem ersten Schritt der Anteil der Personalentwicklungskosten an den Personalkosten berechnet. In einem zweiten Schritt wird die Personalentwicklung in ihren zwei Hauptbereichen betrachtet. Die Ausbildungssituation wird in Form der Ausbildungs- und Übernahmequote dargestellt. Die Situation bezüglich Weiterbildung wird über die Weiterbildungsquote der Mitarbeiter erfasst. Diese Kennzahlen werden vergangenheitsorientiert über einen Zeitraum von vier Jahren betrachtet.

Als Basis werden folgende Daten der vergangenen vier Jahre benötigt:

- Personalkosten,
- Personalentwicklungskosten,[220]
- Mitarbeiterzahl in Vollkräften (VK),
- Anzahl der Auszubildenden,
- Anzahl der Ausgebildeten mit bestandener Prüfung,
- Anzahl der übernommenen Ausgebildeten,
- Anzahl der Weiterbildungstage,
- Anzahl der Planarbeitstage.

PuB	Personalkosten	Personalentwicklungskosten	Anteil Personalentwicklungskosten an den Personalkosten
n-3	30.000.000	360.000	1,20%
n-2	31.000.000	356.500	1,15%
n-1	31.500.000	371.700	1,18%
Geschäftsjahr n	34.000.000	384.200	1,13%

Tabelle 51: Anteil Personalentwicklungskosten an den Personalkosten

---

220 Enthält z.B. Ausbildungsvergütung, Arbeitsentgelt für ausgefallene Arbeitszeit der Teilnehmer/innen, Honorare für Referenten, Teilnahmegebühren für externe Veranstaltungen, Kosten für An- und Abreise, Räume, Verpflegung, Arbeitsunterlagen, usw.

PuB	Gesamtzahl Mitarbeiter	Auszubildende	Ausbildungsquote
n-3	700	11	1,57%
n-2	720	10	1,39%
n-1	730	9	1,23%
Geschäftsjahr n	740	10	1,35%

Tabelle 52: Ausbildungsquote

PuB	Ausgebildete	übernommene Ausgebildete	Übernahmequote
n-3	11	11	100%
n-2	10	9	90%
n-1	9	8	89%
Geschäftsjahr n	10	9	90%

Tabelle 53: Übernahmequote

PuB	Gesamtzahl Planarbeitstage	Gesamtzahl Weiterbildungstage	Weiterbildungsquote
n-3	147.000	2.058	1,4%
n-2	151.200	2.268	1,5%
n-1	153.300	2.453	1,6%
Geschäftsjahr n	155.400	2.486	1,6%

Tabelle 54: Weiterbildungsquote pro Mitarbeiter

Die Betrachtung der Kennzahlen zeigt, dass in den letzten vier Jahren unternehmensweit der Anteil der Personalentwicklungskosten an den Personalkosten von 1,2 Prozent auf 1,1 Prozent zurückgegangen ist. Obwohl beispielsweise in der Altenhilfe der Bedarf an Fachkräften in den vergangenen Jahren nicht gedeckt werden konnte, wurde nicht vermehrt in Maßnahmen zur Personalentwicklung investiert um dieser Entwicklung zu begegnen.[221]

Dies zeigt sich ebenfalls in der Ausbildungsquote. Diese lag in den letzten Jahren lediglich zwischen 1,2 Prozent und 1,6 Prozent und liegt damit weit unter der deutschlandweiten Durchschnittsausbildungsquote im Sozialwesen von 5,5 Prozent.[222] Die Übernahmequote des PuB ist mit 90 Prozent hoch. Dies kann Ausdruck einer guten Ausbildung und hoher Attraktivität des PuB als Arbeitgeber oder durch den großen Bedarf des PuB an Nachwuchs- und Fachkräften bedingt sein.

---

221 In einer vertiefenden Analyse muss diese Kennzahl in einem nächsten Schritt geschäftsfeld- oder abteilungsbezogen berechnet werden.
222 Diesbezügliche Daten veröffentlicht z.B. das Bundesinstitut für Berufsbildung: http://www.bibb.de.

Die Dimension Weiterbildung innerhalb des PuB verdeutlicht eine weitere Problematik der Personalentwicklung. Die Interpretation dieser Kennzahl ist abhängig vom Wissenstand der Mitarbeiter sowie davon, wie schnell das Wissen veraltet.

3.4.3 Management und Controlling

Zielsetzung der Personalentwicklung der PuB ist es, durch Aus- und Fortbildung qualifizierte Nachwuchskräfte für die eigenen Bedarfe bereitzustellen sowie die Qualifikation der eigenen Mitarbeiter zur Optimierung ihres Leistungsbeitrags zu erhöhen. Weiterhin können durch Fortbildungsmaßnahmen qualifizierte Mitarbeiter leichter an das Unternehmen gebunden werden. Auch auf die Personalbeschaffung auf dem Arbeitsmarkt haben Ausbildung und Personalentwicklungsmaßnahmen Auswirkungen, da ein gut entwickeltes Personalentwicklungskonzept eine akquisitorische Wirkung entfalten kann. In der Analyse wird deutlich, dass der PuB vergleichsweise wenig Mittel in Maßnahmen zur Personalentwicklung investiert und sich dies in den Bereichen Fort- und Ausbildung niederschlägt. Aufgrund der Engpasssituation auf Teilarbeitsmärkten, wie dem für Pflegekräfte, ist es für den PuB e.V. von hoher strategischer Bedeutung seine internen Beschaffungswege auszubauen. Die Einsparung von Ausbildungskosten durch eine geringe Ausbildungsquote kann kein Weg mehr sein.

Die Personal- und Rekrutierungspolitik der vergangenen Jahre muss überdacht werden. Dabei ist auch zu prüfen, wie die Kompetenzen zur Personalentwicklung verteilt sind. Betrachtet werden kann, ob eine Zentralisierung von Zuständigkeiten in der Personalentwicklung, insbesondere in Form gemeinsamer Ausbildungsstandards und -programme, Synergieeffekte schaffen könnte, von denen die einzelnen Sparten profitieren könnten.

Über langfristige Personalbedarfsplanungen muss der zukünftige Bedarf an Auszubildenden erhoben werden. Möglichst früh sollte Kontakt zur Zielgruppe der Schulabgänger hergestellt werden. Mögliche Maßnahmen stellen hierbei Schülerpraktika und die Teilnahme an Berufsfindungsmessen dar.

In der Altenhilfe könnten z.B. neue Wege gegangen werden:

Schulträger verlangen vermehrt die Zahlung von Schulgeld von ihren Schülern. Deshalb könnte der PuB neben Angeboten zur Absolvierung der praktischen Ausbildungszeit, eine Übernahme des Schulgeldes für Altenpflegeschülerinnen und -schüler in Form eines Stipendiums anbieten. Dadurch kann eine frühe Bindung an das Unternehmen erreicht werden. Zusätzlich zur klassischen Ausbildung könnte beispielsweise für die Deckung des Personalbedarfs in der Verwaltung, den Stäben und dem Management, über duale Studienangebote nachgedacht werden. Diese bieten die Möglichkeit, Studenten sehr eng an den eigenen Betrieb zu binden und nach eigenem Bedarf auszubilden. Wichtig ist in diesem Kontext auch das Aufzeigen von Karrieremöglichkeiten.

Neben der Gewährleistung einer den betrieblichen Anforderungen entsprechenden Ausbildungsqualität der Nachwuchskräfte stellen sich durch interne Personalbeschaffungsmaßnahmen weitere Wettbewerbsvorteile für den PuB e.V. ein. Die bei der externen Personalbeschaffung entstehenden Kosten fallen nicht bzw. in geringerem Maße an. Auch das Auswahlrisiko minimiert sich.

3.4.4 Kennzahlen

Kennzahl Name	Personalentwicklungsquote
Beschreibung	Maß für die Intensität der Personalentwicklung
Formel	$$\frac{Summe\ der\ Personalentwicklungskosten\ i.e.P.}{Gesamtpersonalkosten\ i.e.P.} *100$$
Darstellung des Ergebnisses	Alle Angaben in Prozent
Bedeutung/Interpretation	„Da es sich bei den Aktivitäten um Investitionen in das Humankapital handelt, drückt diese Kennzahl den Investitionsanteil an den Personalkosten aus. Aus der detaillierten Betrachtung dieser Kennzahl können Defizite in der Personalentwicklung abgeleitet werden."[223]
mögliche Ergebnisse	0 bis n

Kennzahl Name	Ausbildungsquote
Beschreibung	Maß für den Anteil der Auszubildenden an der Gesamtzahl der Mitarbeiter
Formel	$$\frac{Anzahl\ der\ Auszubildenden\ i.e.P.\ (Köpfe)}{Gesamte\ Mitarbeiterzahl\ i.e.P.\ (Köpfe)} *100$$
Darstellung des Ergebnisses	Alle Angaben in Prozent
Betrachtungszeitraum	Jährlich
Bedeutung/Interpretation	„Die Ausbildungsquote beeinflusst langfristig die Altersstruktur der Belegschaft. Um verlässliche Planungsaussagen zu erhalten, muss die Ausbildungsquote unter anderem mit dem Bedarf an Fachkräften verknüpft werden."[224]
mögliche Ergebnisse	0 bis n

Kennzahl Name	Übernahmequote
Beschreibung	Maß für den Anteil der übernommenen Auszubildenden
Formel	$$\frac{Anzahl\ der\ übernommenen\ Auszubildenden\ i.e.P.}{Anzahl\ der\ Mitarbeiter\ mit\ beendeter\ Ausbildung\ i.e.P.} *100$$
Darstellung des Ergebnisses	Alle Angaben in Prozent
Betrachtungszeitraum	Jährlich
Bedeutung/Interpretation	„Eine niedrige Übernahmequote kann primär auf zwei Faktoren zurückgeführt werden: Der Auszubildende scheidet auf eigenen Wunsch aus, oder das Unternehmen hat kein Interesse an dem Auszubildenden respektive keinen Bedarf."[225]
mögliche Ergebnisse	0 bis n

---

223 Schulte 2011, S. 227.
224 Ebenda, S. 222.
225 Ebenda, S. 223.

Kennzahl Name	Mitarbeiter-Fortbildungsquote/Weiterbildungsquote
Beschreibung	Maß für die Intensität der Weiterbildung
Formel	$$\frac{\textit{Gesamtzahl der Weiterbildungstage i.e.P.}}{\Sigma\,\textit{Planarbeitstage i.e.P.}}*100$$
Darstellung des Ergebnisses	Alle Angaben in Prozent
Betrachtungszeitraum	Jährlich
Bedeutung/Interpretation	Das Ausmaß der erforderlichen Weiterbildungsquote hängt vom vorhandenen Wissen der Mitarbeiter und der Geschwindigkeit, mit der das vorhandene Wissen veraltet, ab. Eine Berechnung der Kennzahl kann auch mithilfe alternativer Berechnungsformeln erfolgen, indem z.B. die Zahl der in einer Periode fortgebildeten Mitarbeiter auf die Gesamtmitarbeiterzahl bezogen wird.
mögliche Ergebnisse	0 bis n

4. Problemfeld: QM – Kennzahlengestütztes QM

4.1 Fallbeispiel

Die Pflegeblitz GmbH ist ein ambulanter Pflegedienst in privat-gewerblicher Trägerschaft. Mit seinen fast 14 Vollzeitäquivalenten (inklusive Pflegedienstleitung) versorgt der Anbieter 60 Klienten mit Leistungen der häuslichen Pflege und hauswirtschaftlichen Versorgung.

Die Leitung möchte eine Beurteilung der Qualität der angebotenen Dienstleistungen vornehmen. Aufbauend auf einer kennzahlgestützten IST-Analyse des Erfüllungsgrades der kundenseitigen und damit kritischen Qualitätskriterien sollen in letzter Konsequenz Handlungsempfehlungen abgeleitet werden, die helfen, qualitative Defizite bezüglich der pflegerischen Leistungen abzumildern bzw. zu beseitigen.

Methodologische Grundlage für dieses Vorhaben ist ein externes, branchenbezogenes Benchmarking mit einem anderen Pflegedienst, zu dem aufgrund großer geographischer Entfernung kein Konkurrenzverhältnis besteht.[226] Ein Benchmarking geht bezüglich seiner Zielsetzung über einen reinen Unternehmens-/Betriebsvergleich hinaus:

„Ziel ist es, eigene Schwächen zu erkennen und die Stärken der anderen zu übernehmen, um selber besser zu werden."[227] Dazu bedarf es der Ableitung von Gründen für die erkannten Schwächen, was wiederum die Grundlage für die Generierung von Verbesserungsvorschlägen und Handlungsempfehlungen (Stichwort Best-Practice) ist.[228]

---

226 Darüber hinaus ist dieser strukturell (Kundenstruktur, Mitarbeiterzahl etc.) mit der Pflegeblitz GmbH vergleichbar, was mithin eine hinreichende Bedingung für die Aussagekraft eines Benchmarkings darstellt.
227 Jung, Bruck und Quarg 2011, S. 322.
228 Vgl. ebenda. Die vorliegende Fallstudie beschränkt sich auf die kennzahlgestützte Ist-Analyse der Erfüllung von Qualitätskriterien, mögliche Gründe werden ebenso wie Handlungsimplikationen nicht erarbeitet.

4.2 Analyseverfahren

Basierend auf der Unterscheidung in Struktur-, Prozess- und Ergebnisqualität lässt sich eine Vielzahl relevanter Qualitätskriterien definieren, eine abschließende Darstellung ist daher nicht möglich.[229]

Um diese Dimensionen der Qualität nachzuweisen, bedarf es der Erhebung von Indikatoren bzw. von Kennzahlen.[230] Diese werden sodann im Rahmen eines Benchmarkings einem Vergleich zugeführt, der die Ableitung von Handlungsempfehlungen im Falle eines qualitativen Defizites nach sich zieht. Die folgende Übersicht illustriert dabei die Qualitätsdimensionen, die ihnen zugeordneten kundenseitigen Qualitätserwartungen sowie die zur Messung ihres Erfüllungsgrades verwendeten Kennzahlen.

Qualitätsdimensionen	Strukturqualität →	Prozessqualität →	Ergebnisqualität
Qualitätskriterien aus Sicht der Patienten	1. Adäquate Tourenplanung zur Schaffung ausreichender Zeitpuffer 2. Qualitätsbewusstsein bei der Pflegedienstleitung 3. Effektives Beschwerdemanagement	1. Hohe Leistungsindividualität im Sinne einer großen Leistungsvielfalt und der Möglichkeit der Etablierung einer Beziehungspflegearbeit 2. Stetige und sorgfältige Pflege der Dokumentation	1. Objektiv erkennbare Qualität des Pflegeprozessergebnisses
Kennzahlen (Messgrößen des Benchmarking-Objektes: Dienstleistungsqualität ambulanter Altenpflegeleistungen)	zu 1. Durchschnittliche Fahrzeit zwischen Zielpunkten zu 2. Anzahl der Pflegevisiten pro Tag zu 3. Durchschnittliche Dauer einer Beschwerdereaktion	zu 1. Umsatzanteile definierter Leistungsgruppen zu 1. Betreuungskontinuität auf definierten Touren zu 2. Anteil der Patienten, in deren Dokumentationsmappen in der Referenzperiode mindestens x Fehler gefunden wurden	zu 1. Patientengruppenbezogene Reklamationsquote

Abbildung 26: Qualitätskriterien und ihre Messung[231]

Die Erhebung der Kennzahlen beginnt mit der obligatorischen Generierung der Rohdaten, deren Ausprägungen zur verbesserten Übersichtlichkeit im Wege der konkreten

---

229 Die Untergliederung des Qualitätsbegriffes in die drei genannten Dimensionen geht auf das Qualitätsmodell von Avedis Donabedian zurück, das an dieser Stelle nicht weiter vertieft werden soll. Vgl. dazu Görres 1999, S. 186.

230 Die Verfasser wissen auch um die Nachteile dieses stark vereinfachenden, nach Dimensionen unterscheidenden Qualitätsbegriffes. Sie sind für die Zwecke dieser Fallstudie jedoch kein Gegenstand weiterer Diskussionen. Vgl. dazu ebenda, S. 190 ff.

231 Quelle: eigene Darstellung.

Kennzahlberechnung dargestellt werden. Konkret werden folgende Daten im Rahmen dieses Sachverhaltes benötigt, alle Daten sind soweit nicht anders beschrieben für eine Periode (zweckmäßigerweise die laufende bzw. gerade beendete) zu erheben:[232]

- Summe der reinen Fahrtzeit in der Periode gemäß Arbeitszeiterfassung;[233]
- Summe der angefahrenen Zielpunkte in der Periode (mehrfache Besuche eines Klienten werden ebenfalls berücksichtigt);
- Anzahl der insgesamt durch die Pflegedienstleitung durchgeführten Pflegevisiten in der Periode;
- Summe der Dauern zwischen dem Erstkontakt mit einem Beschwerdeführer und dem Beschwerdeeingang;[234]
- Summe der Beschwerden/Reklamationen in einer Periode;
- Absoluter Gesamtumsatz der Selbstzahlerleistungen in der Periode;[235]
- Absoluter Gesamtumsatz (über alle Leistungen hinweg) des Pflegedienstes in der Periode;
- Anzahl der Durchführungshäufigkeiten aller definierten Touren in einer Periode;
- Anzahl der auf einer Tour in einer Periode eingesetzten Vollzeitäquivalente;[236]
- Anzahl der Patienten, in deren Dokumentationsmappen in der Referenzperiode mindestens x Fehler gefunden wurden;[237]
- Absolute Anzahl aller durchgeführten pflegerischen Leistungen in einer definierten Patientengruppe in einer Periode gemäß Dokumentation.[238]

Im ersten Analyseschritt wird die **Strukturqualität** operationalisiert dargestellt. Als Ausgangspunkt der Berechnung der dafür benötigten Kennzahlen stellen sich die Rohdaten wie folgt dar:

Datensätze (Periode n)	Ausprägung in der jeweiligen Einheit
Summe der reinen Fahrtzeit in der Periode gemäß Arbeitszeiterfassung	8430,62 h
Summe der angefahrenen Zielpunkte in der Periode	21407 Zielpunkte
Anzahl der insgesamt durch die Pflegedienstleitung durchgeführten Pflegevisiten in der Periode	82 Pflegevisiten

---

232 Als Referenzperiode wird ein Kalenderjahr angesetzt.
233 Dies ist in der Praxis regelmäßig aus elektronischen Quellen ableitbar.
234 Hier bedarf es der prozessanalytischen Aufbereitung der Verwaltungsabläufe im Pflegedienst. Dazu sind einschlägige Instrumente des operativen Controllings heranzuziehen.
235 Dies dient der Berechnung der Umsatzanteile definierter Leistungsgruppen. Im weiteren Verlauf der Fallstudie wird auf die Betrachtungsnotwendigkeit von Selbstzahlerleistungen begründend hingewiesen.
236 Tourenbezogene Daten sind aus Tourenplänen abzuleiten.
237 Hier wird die Abgrenzungsschwierigkeit zwischen den Dimensionen deutlich. Während die Kennzahl an sich einen Sachverhalt abbildet, den man eher der Prozessqualität zurechnen würde, so ist der Vorgang ihrer Erhebung und fortlaufenden Überwachung der Sicherung der Einhaltung von Qualitätszielen im Nachhinein und damit der Ergebnisqualität zuzurechnen.
238 Je nach Präferenz kann die Behandlungspflege an dieser Stelle einbezogen, oder aber außen vor gelassen werden.

Datensätze (Periode n)	Ausprägung in der jeweiligen Einheit
Summe der Dauer zwischen dem Erstkontakt mit einem Beschwerdeführer und dem Beschwerdeeingang	130 Tage
Summe der Beschwerden/Reklamationen in einer Periode	45 Beschwerden/Reklamationen

Tabelle 55: Rohdaten zur Berechnung von Kennzahlen zur Beurteilung der Strukturqualität

Zur Operationalisierung der Güte der Tourenplanung wird zunächst die durchschnittliche Fahrtzeit zwischen den Zielpunkten einer Tour berechnet. Es ergibt sich über alle Touren des Jahres hinweg eine durchschnittliche Fahrtzeit zwischen den Zielpunkten einer Tour von:

$$\frac{8430,62\,h}{21407\,Zielpunkte}*60 = 23,63\ Minuten.^{239}$$

Das Qualitätsbewusstsein des Pflegedienstes kann mit der Anzahl der Pflegevisiten pro Tag messbar gemacht werden. Für die Pflegeblitz GmbH ergibt sich an dieser Stelle ein Wert von 0,22 Pflegevisiten pro Tag, der in Abschnitt 3 dieser Fallstudie diskutiert wird.

Der Umgang mit Beschwerden und Reklamationen seitens der Kunden also, mithin das Vorhandensein eines effektiven Beschwerdemanagements, wird mithilfe der durchschnittlichen Dauer einer Beschwerdereaktion anschaulich gemacht. Bei insgesamt 130 Tagen für Beschwerdereaktionen ergeben sich hier bei insgesamt 45 Beschwerden bzw. Reklamationen 2,89 Tage pro Beschwerde. Damit braucht die Pflegeblitz GmbH fast drei Tage, um in einen ersten Kontakt mit Beschwerdeführern zu treten.

Nun soll die Erfüllung relevanter Qualitätserwartungen im Bereich der **Prozessqualität** mittels Kennzahlen dargestellt werden. Hier wird ebenfalls mit einer Darstellung der relevanten Rohdaten begonnen, die tourenbezogenen Daten werden zur verbesserten Lesbarkeit in einer separaten Tabelle ausgewiesen:

Datensätze (Periode n)	Ausprägung in der jeweiligen Einheit
Absoluter Gesamtumsatz der Selbstzahlerleistungen in der Periode	15.760,00 €
Absoluter Gesamtumsatz (über alle Leistungen hinweg) des Pflegedienstes in der Periode	365.218,00 €
Anzahl der Patienten, in deren Dokumentationsmappen in der Referenzperiode mindestens x Fehler gefunden wurden	25 Patienten

Tabelle 56: Rohdaten zur Berechnung von Kennzahlen zur Beurteilung der Prozessqualität

---

239 Die Multiplikation mit dem Faktor 60 dient der Rückrechnung auf Minutenebene, um die Aussagekraft dieser Kennzahl zu erhöhen. Werden die summierten Periodenfahrtzeiten direkt in Minuten angegeben, kann dieser Schritt entfallen.

	Durchführungshäufigkeit pro Periode (hier: ein Kalenderjahr):	Summe der eingesetzten Pflegekräfte (in VZÄ) auf einer Tour pro Periode (hier: ein Kalenderjahr):
Tour 1	212	28
Tour 2	212	30
Tour 3	208	25
Tour 4	208	23
Tour 5	208	27
Tour 6	416	38

Tabelle 57: Tourenübersicht der Pflegeblitz GmbH (inklusive Durchführungshäufigkeiten und eingesetztem Personal)[240]

Die kennzahlengestützte Betrachtung der Leistungsindividualität geschieht in zwei Schritten bzw. Dimensionen: Zunächst soll der Umsatzanteil definierter Leistungsgruppen berechnet werden, um darzustellen, inwieweit die Pflegeblitz GmbH in der Lage ist, möglichst stark individualisierte Pflegesettings anzubieten, da dies ein Qualitätskriterium aus Sicht der Kunden ist. Idealerweise werden hier somit Leistungen herausgegriffen, die die Individualität und Passgenauigkeit des Angebotes bestmöglich widerspiegeln, indem sie z.B. über eine reine pflegerische Versorgung hinausgehen. Im Rahmen dieser Fallstudie wird daher der Anteil der Selbstzahlerleistungen an den Gesamtumsätzen stellvertretend für solche Leistungen berechnet.[241] Im Betrachtungszeitraum liegt dieser bei rund 4%.

Eine weitere spannende Dimension des Individualitätsgrades der pflegerischen Versorgung ist die Frage, inwieweit eine Beziehung zwischen dem Pflegenden und dem Patient aufgebaut werden kann. Durch eine solche (Pflege-)Beziehung wird das Personal dazu befähigt, kundenseitige Wünsche besser erkennen und befriedigen zu können, was den Individualitätsgrad der Leistungserbringung steigert. Es liegt auf der Hand, dass eine hohe personelle Kontinuität diesen Beziehungsaufbau fördert. Im Bereich ambulanter Pflege lässt sich diese Kontinuität mithilfe der sogenannten Betreuungskontinuität, gemessen in durchgeführten Touren je Vollzeitäquivalent, darstellen.[242] Sie gibt Aufschluss darüber, wie häufig die Mitarbeiter auf einer Tour wechseln. Dabei ist es sinnvoll, lediglich die regelmäßig stattfindenden Touren des Pflegedienstes zu betrachten. Für die Pflegeblitz GmbH stellt sich diese Kennzahl, nach Touren untergliedert, folgendermaßen dar:

---

240 Die Anzahl des auf einer Tour eingesetzten Personals, gemessen in VZÄ, übersteigt regelmäßig die Gesamtmitarbeiterzahl des Pflegedienstes, da Mehrfacherfassungen von Mitarbeitern innerhalb einzelner Touren einbezogen sind. Dies ist ausdrücklich gewünscht, da lediglich verdeutlicht werden soll, wie häufig das Personal wechselt. Dabei ist es unerheblich, ob nach dem Wechsel eine bereits eingesetzte oder eine erstmals für die entsprechende Tour eingeteilte Pflegekraft nach dem Wechsel übernimmt.

241 Grundsätzlich eignen sich an dieser Stelle auch weitere Umsatzanteile von Nicht-Regelleistungen der sozialen Pflegeversicherung wie z.B. von Betreuungsleistungen nach § 45b SGB XI.

242 Eine derartige Analyse und Kontinuitätsgesichtspunkten kann unterstützend unter Zuhilfenahme von Kennzahlen aus dem Personalcontrolling erfolgen, wie z.B. der durchschnittlichen Mitarbeiterbindung oder der Fluktuationsrate.

	Betreuungskontinuität (in durchgeführten Touren pro VZÄ in einer Periode)
Tour 1	8
Tour 2	7
Tour 3	8
Tour 4	9
Tour 5	8
Tour 6	11

Tabelle 58: Betreuungskontinuitäten auf den definierten Touren der Pflegeblitz GmbH (gerundet)

Berechnet man nun das arithmetische Mittel der einzelnen (Touren-)Kontinuitäten, so ergibt sich eine Gesamtbetreuungskontinuität in der Referenzperiode von rund 8 Touren pro VZÄ. Damit ist eine Vollzeitkraft -rechnerisch betrachtet- für die Durchführung von 8 Touren nacheinander zuständig, bis eine andere Vollzeitkraft eingesetzt wird. Die größte Betreuungskontinuität weist die Tour 6 aus. Dies ist gleichsam die am häufigsten durchgeführte Tour des Pflegedienstes.

Schlussendlich soll noch die Anzahl der Patienten erhoben werden, in deren Dokumentation mindestens x Fehler gefunden werden konnten, um Rückschlüsse auf die Qualität der Pflegedokumentation formulieren zu können. Die Kennzahlausprägung liegt in der Referenzperiode bei 25 Patienten. Zu Vergleichszwecken sollte im Benchmarking jedoch stets eine Quote bzw. ein Anteilswert berechnet werden, um eine Aussagekraft der Kennzahlen zu gewährleisten. Dazu kann ein Bezug zur Gesamtpatientenzahl hergestellt werden. Es ergibt sich folgende Rechnung: $\frac{25}{60}*100 = 41{,}7\%$.

In der Praxis sollte für diese Kennzahl eine Toleranzgrenze (mithin das x als kritische Fehlergrenze) festgelegt werden, ab der eine Dokumentation als fehlerhaft gilt.

Im letzten Schritt werden Kennzahlen zur Beurteilung der **Ergebnisqualität** erhoben. Hierzu bedarf es einiger kurzer Vorüberlegungen. Zentrale Voraussetzung für eine hohe Aussagekraft ist die Schichtung der versorgten Klienten in homogene Kundengruppen.[243] Dies geschieht mit dem Ziel, Ursachenanalysen und ein organisationales Lernen differenziert initiieren zu können ("Wo haben wir noch Schwächen? Wie können wir ihnen wirkungsvoll begegnen?"). Als noch fehlender Rohdatensatz ist für diesen Bereich die absolute Anzahl aller durchgeführten pflegerischen Leistungen in einer definierten Patientengruppe in einer Periode gemäß Dokumentation zu erheben. Zudem ist die Anzahl der Beschwerden in der Referenzperiode zu erheben, die auf die entsprechend betrachtete Patientengruppe zurückzuführen ist.[244] Es wird angenommen, dass die Pflegeblitz GmbH ihre Klienten nach Pflegestufen schichtet, sodass sich die folgende Übersicht ergibt.

---

243 Dort würde sich beispielsweise die Unterscheidung nach Pflegestufen anbieten.
244 Diese sind in der Rohdatenübersicht zu Beginn dieses Abschnittes nicht gesondert aufgeführt, da angenommen wird, dass sie aus der Gesamtzahl aller Beschwerden abgeleitet werden können, die bereits zur Analyse der Dauer pro Beschwerdereaktion aufgenommen wurde.

Datensätze (Periode n)	Ausprägung in der jeweiligen Einheit
Absolute Anzahl aller durchgeführten pflegerischen Leistungen in einer definierten Patientengruppe (hier: Pflegestufe III)	21.407 Leistungen
Summe der Beschwerden/Reklamationen in einer Periode, die auf Patienten der Pflegestufe III entfallen	20 Beschwerden/Reklamationen

Tabelle 59: Leistungsvolumen und Beschwerden/Reklamationen in der Pflegestufe III

Darauf aufbauend kann eine patientengruppenspezifische Reklamationsquote berechnet werden. In der Pflegestufe III liegt diese bei rund 0,1%.

Schlussendlich werden im Rahmen des Benchmarkings die Daten des externen Benchmarkingpartners angefordert. Diese sind der folgenden Tabelle zu entnehmen, eine problemorientierte Würdigung der Ergebnisse erfolgt im Abschnitt 3 dieser Fallstudie.

Kennzahlen	Ausprägungswerte in angegebenen Einheiten		Dimensionen
	Pflegeblitz GmbH	Externer Benchmarkingpartner	
Durchschnittliche Fahrzeit zwischen Zielpunkten	23,63 Minuten	30,74 Minuten	Strukturqualität
Anzahl der Pflegevisiten pro Tag	0,22 Pflegevisiten/Tag	0,33 Pflegevisiten/Tag	
Durchschnittliche Dauer einer Beschwerdereaktion	2,89 Tage pro Beschwerde	4,5 Tage pro Beschwerde	
Umsatzanteile definierter Leistungsgruppen (hier: Selbstzahleranteil am Gesamtumsatz)	4%	7,5%	
Betreuungskontinuität auf definierten Touren	8 Touren pro VZÄ	4 Touren pro VZÄ	Prozessqualität
Anteil der Patienten, in deren Dokumentationsmappen in der Referenzperiode mindestens x Fehler gefunden wurden	41,7%	25%	
Patientengruppenbezogene Reklamationsquote[245]	0,1%	1,5%	Ergebnisqualität

Tabelle 60: Zusammenfassende Darstellung der Benchmarking-Ergebnisse[246]

---

245 Im Benchmarking sollte auf eine strukturelle Vergleichbarkeit der gegenübergestellten Patienten-/Kundengruppen der Pflegedienste geachtet werden. Die Schichtung der Kunden zur Berechnung der Reklamationsquote sollte in beiden Unternehmen etwa dem gleichen Muster folgen.
246 Die Methodik erinnert stark an die SWOT-Analyse. Dies ist mit der theoretischen Fundierung dieses Instrumentes durch die Benchmarkingtechnik zu begründen.

4.3 Management und Controlling

Bei der Beurteilung der **Strukturqualität** fällt besonders die vergleichsweise effektive Tourenplanung der Pflegeblitz GmbH auf. Demnach werden auf den regelmäßig durchgeführten Touren rund 24 Minuten benötigt, um zum nächsten Kunden zu kommen. Die Mitarbeiter des Vergleichsunternehmens benötigen rund 31 Minuten. Besonders unter Refinanzierungsaspekten ist der Stellenwert dieser Kennzahl sehr hoch, da Fahrtzeiten regelmäßig nur über Pauschalen und damit unzureichend abgegolten werden. Je geringer der Wert der Kennzahl ist, desto besser ist somit der Refinanzierungsgrad, da der Anteil unzureichend refinanzierter Produktivzeit zurückgeht.

Bei der Anzahl der Pflegevisiten pro Tag ist die Pflegeblitz GmbH in Relation zum (strukturell vergleichbaren) Benchmarkingpartner schlechter aufgestellt. Demnach werden dort anderthalbmal so oft Pflegevisiten durchgeführt. Dies spricht für ein hohes Qualitätsbewusstsein seitens der Pflegedienstleitung im Vergleichsunternehmen, was wiederum die Qualität der Leitungsarbeit erhöht.

Im Rahmen der durchschnittlichen Dauer der Beschwerdereaktion kann wiederum ein sehr positives Bild für die Pflegeblitz GmbH skizziert werden. Eine niedrige Durchschnittsdauer für das verbindliche Beantworten einer Beschwerde (ohne deren zwingende finale Klärung) spiegelt die Stärke des Kundenfokus aber auch die Güte der Verwaltungsabläufe eines Unternehmens wieder.

Die Erfüllungsgrade der gewählten Indikatoren zur Messung der **Prozessqualität** lassen ein in sich heterogenes Bild entstehen. Der Anteil der Umsätze mit Selbstzahlerleistungen liegt mit 4% bei der Pflegeblitz GmbH weit unter dem des Partners. Dies wäre ein ernsthaft zu erforschender Aspekt zur Ableitung von Handlungsmaßnahmen. Offenbar ist die Pflegeblitz GmbH nur eingeschränkt in der Lage, individuelle Leistungssettings unter Inanspruchnahme privater Zuzahlungen zu etablieren. Der kundenseitig gewünschten Leistungsindividualität im Sinne einer möglichst großen Angebotsbreite steht dies entgegen.

Weiterhin ist im Rahmen der Individualität der Leistungserbringung auch nach der Fluktuation des Personals auf den definierten Touren zu fragen, da sie wesentlichen Einfluss auf die Möglichkeit nimmt, dass Patient und Pflegender eine vertrauensvolle Beziehung zueinander aufbauen können. Messbar wird dies mithilfe der Betreuungskontinuität. Eine hohe Betreuungskontinuität ist aus Patientensicht unweigerlich ein Qualitätskriterium. Hier leistet die Pflegeblitz GmbH herausragende Arbeit.[247] Ihre Mitarbeiter führen eine Tour rechnerisch betrachtet 8-Mal hintereinander durch. Beim Benchmarkingpartner sind es nur halb so viele.

Das Führen der Dokumentation ist bei der Pflegeblitz GmbH offenbar weitaus fehlerbehafteter als beim Vergleichsunternehmen. Bei fast der Hälfte der Patienten (41,7%) ist demnach der kritische Wert von x Fehlern überschritten worden, beim Vergleichs-

---

247 Hier wird ein Zusammenhang zwischen den Qualitätsdimensionen deutlich: Eine hohe Betreuungskontinuität ist nur durch eine optimale Tourenplanung zu erreichen. Diese wurde bereits im Rahmen der Strukturqualität analysiert.

unternehmen war dies bei lediglich 25% der Patienten der Fall. Da die Dokumentation auch unter Abrechnungsgesichtspunkten von existenzieller Bedeutung für den Pflegedienst ist, sollte dieser Bereich bei der Ableitung von Handlungsmaßnahmen und Verbesserungen als ebenfalls absolut prioritär betrachtet werden.

Schließlich soll noch die **Ergebnisqualität** gewürdigt werden. Bezogen auf die Patienten der Pflegestufe III ist die Reklamationsquote bei der Pflegeblitz GmbH sehr viel niedriger als beim Benchmarkingpartner, was darauf hindeutet, dass diese die Erwartungen, die die Klienten an die Ergebnisse des Pflegeprozesses stellen, fast zur Gänze erfüllt.

4.4 Kennzahlen

Kennzahl Name	Durchschnittliche Fahrzeit zwischen den Zielpunkten
Beschreibung	Gibt an, wie lange die Fahrt zwischen zwei Zielpunkten einer Tour im Durchschnitt dauert.
Formel	$$\frac{\Sigma \, Fahrzeiten \, aller \, Touren \, in \, einer \, Periode}{\Sigma \, Zielpunkte \, der \, Touren \, in \, einer \, Periode}$$
Darstellung des Ergebnisses	Alle Angaben je nach Präferenz des Analysten in Stunden, Minuten oder nur in Minuten.
Bedeutung/Interpretation	Diese Kennzahl ermöglicht eine vertiefende Analyse der Güte Tourenplanung. Da besonders in der ambulanten Pflege Wegezeiten durch Pauschalen nur unzureichend refinanziert sind, ist diese Kennzahl zudem ein herausragender Indikator für die Wirtschaftlichkeit der Leistungserstellung. Ein niedriger Kennzahlwert deutet demnach auf einen geringen Anteil unzureichend refinanzierter Fahrzeiten an der gesamten Produktivzeit hin. Sehr kurze Fahrzeiten können in einigen Dienstleistungsbereichen ein Indikator für unzureichende Fahrzeugauslastung sein. Als Beispiel kann die mobile Verpflegung genannt werden, sofern die eingesetzten Fahrzeuge nicht für andere Leistungen genutzt werden. Da der Hausbesuch in der Regel sehr kurz ist, wird die Gesamtdauer der Tour wesentlich von der Fahrzeit der Tour bestimmt.
mögliche Ergebnisse	0 bis n

Kennzahl Name	Anzahl der Pflegevisiten pro Tag
Beschreibung	Gibt an, wie hoch -rechnerisch betrachtet- die Zahl der Pflegevisiten pro Tag ist.
Formel	$$\frac{\Sigma \, Pflegevisiten \, in \, einer \, Periode}{Kalendertage \, in \, einer \, Periode}$$
Darstellung des Ergebnisses	Alle Angaben in Anzahl der Pflegevisiten
Bedeutung/Interpretation	Mit der Kennzahl wird transparent gemacht, wie häufig die verantwortlichen Betreuungs- und Pflegekräfte einen Abgleich zwischen Planung und Dokumentation anhand eines Kundenkontakts wahrnehmen. Im Qualitätsmanagement wird diese Zahl genutzt, um Standards für diesen Abgleich zu setzen. Mit einem Soll-Ist-Abgleich wird damit zugleich die Einhaltung der vereinbarten Standards überprüft.
mögliche Ergebnisse	0 bis n

Kennzahl Name	Durchschnittliche Dauer Beschwerdereaktion
Beschreibung	Gibt an, wie viel Zeit eine Reaktion auf eine Beschwerde im Durchschnitt in Anspruch nimmt.
Formel	$$\frac{\sum Zeitspanne\ zwischen\ Beschwerdeeingang\ und\ Kontakt\ mit\ Beschwerdeführer}{Zahl\ der\ Beschwerden\ in\ einer\ Periode}$$
Darstellung des Ergebnisses	Alle Angaben je nach Präferenz des Analysten, also der im Zähler gewählten Einheit. Namentlich: Tage oder Wochen.
Bedeutung/Interpretation	Die Dauer der Beschwerdereaktion spiegelt nicht nur die Güte des Prozessmanagements wieder, sondern ist auch Ausdruck des Selbstverständnisses einer Organisation im Umgang mit Beschwerden. Im Zähler geht dabei die Zeitspanne ein, die die Organisation benötigt, mit dem Kunden einen persönlichen Kontakt aufzunehmen und verbindlich eine erste Antwort zu geben. Eine bloße Eingangsbestätigung zählt hierzu regelmäßig nicht. Eine endgültige Erledigung der Beschwerde wird aber auch nicht gefordert, da deren Bearbeitung auch einen längeren Zeitraum in Anspruch nehmen kann. Dies wird in der Kennzahl *Dauer der Beschwerdeklärung* ausgedrückt.
mögliche Ergebnisse	0 bis n

Kennzahl Name	Umsatzanteile definierter Leistungsgruppen
Beschreibung	Gibt an, wie einzelne Leistungen zum Gesamtumsatzvolumen eines Unternehmens beitragen.
Formel	$$\frac{Absoluter\ Umsatz\ der\ Leistungsgruppe\ X\ in\ einer\ Periode}{Gesamtumsatz\ in\ einer\ Periode} * 100$$
Darstellung des Ergebnisses	Alle Angaben in Prozent
Bedeutung/Interpretation	Diese Kennzahl gibt Aufschluss über den Umsatzanteil vorher bestimmter Leistungsgruppen, was wiederum für eine Vielzahl von Analysen nutzbar ist. Besonders interessant sind in diesem Zusammenhang Leistungen, die aus Quellen außerhalb der Sozialversicherungssysteme refinanziert werden, mithin Privat- bzw. Selbstzahlerleistungen, da diese zumeist besser refinanziert sind. Auch Abhängigkeiten von bestimmten Leistungen können so identifiziert werden.
mögliche Ergebnisse	0 bis n

Kennzahl Name	Betreuungskontinuität
Beschreibung	Gibt an, wie lange ein Vollzeitäquivalent – rechnerisch betrachtet – an einem Stück auf einer Tour eingesetzt wird.
Formel	$$\frac{\sum Durchführungshäufigkeiten\ der\ definierten\ Tour\ X\ in\ einer\ Periode}{\sum Eingesetzte\ Vollzeitäquivalente\ auf\ der\ Tour\ X\ in\ einer\ Periode\ (inkl.\ Mehrfachnennungen)}$$ *Zur Verdichtung der Daten auf Gesamtunternehmensebene ist das arithmetische Mittel der routenspezifischen Kontinuitäten zu berechnen.*
Darstellung des Ergebnisses	Alle Angaben in Touren pro Vollzeitäquivalent (sofern Touren nur 1-mal am Tag durchgeführt werden, ist analog eine Aussage in Tagen pro Vollzeitäquivalent möglich)
Bedeutung/Interpretation	Diese Kennzahl spiegelt die Fähigkeit des Pflegedienstes wieder, den Versorgungsprozess so zu gestalten, dass die Etablierung einer Beziehung zwischen Pflegendem und Klienten ermöglicht wird. Ein geringer Ausprägungswert dieser Kennzahl deutet demnach auf eine hohe Mitarbeiterfluktuation auf einer Tour hin, was den Beziehungsaufbau erschwert und folglich die Individualität der Pflegeleistung negativ beeinträchtigt, da Kundenwünsche später erkannt und befriedigt werden. Durch die sachlogische Verbindung zur Tourenplanung spiegelt diese Kennzahl indirekt ebenso die Qualität der Pflegedienstleitung wieder. Idealerweise wird diese Kennzahl nur für regelmäßig stattfindende Touren berechnet.
	Letztlich bleibt zu beachten, dass es sich hierbei um einen simplifizierte, rechnerische Betrachtung handelt, deren Ergebnis zuweilen unrealistisch anmutende Werte annimmt. Dies hat rechnerische Gründe und schränkt die Interpretationsmöglichkeiten besonders im Rahmen des Benchmarkings nicht ein.
mögliche Ergebnisse	0 bis n

Kennzahl Name	Anteil der Patienten, in deren Dokumentation mindestens *x* Fehler in der Referenzperiode gefunden wurden (Pflegedokumentationsfehlerquote)
Beschreibung	Gibt an, wie fehlerbehaftet die patientenbezogene Dokumentation ist.
Formel	$$\frac{\Sigma\ Patienten\ mit\ mindestens\ x\ Fehlern\ in\ der\ Leistungsdokumentation\ in\ einer\ Periode}{\Sigma\ Versorgte\ Patienten\ in\ einer\ Periode}*100$$
Darstellung des Ergebnisses	Darstellung des Ergebnisses in Prozent
Bedeutung/Interpretation	Nach der Definition des Fehlerbegriffs und der Festlegung eines quantitativen Fehlergrenzwertes *x* werden alle Dokumentationsmappen erfasst, die diese Grenze treffen oder überschreiten. Durch den Bezug auf die Gesamtheit aller versorgten Patienten kann dann ermittelt werden, wie fehlerhaft die Dokumentationsvorgänge auf Gesamtunternehmensbasis sind. Da die Dokumentation Grundlage von Abrechnung und Pflege-/Leistungsplanung ist, ist der Stellenwert dieser Kennzahl als entsprechend hoch einzuschätzen. Auswertungen dieser Kennzahl können Basis für Mitarbeitergespräche und vertiefende Fehleranalysen sowie Ansatzmöglichkeit für ein Qualitätsmanagementsystem sein.
mögliche Ergebnisse	0 bis n

Kennzahl Name	Patientengruppenbezogene Reklamationsquote
Beschreibung	Gibt an, wie hoch der Anteil an Reklamationen in einer bestimmten Patientengruppe ist.
Formel	$$\frac{\Sigma\ Reklamationen\ innerhalb\ der\ Patientengruppe\ in\ einer\ Periode}{\Sigma\ Dokumentierte\ bzw.\ abgerechnete\ Leistungen\ in\ der\ Patientengruppe\ i.e.P.}*100$$
Darstellung des Ergebnisses	Darstellung des Ergebnisses in Prozent
Bedeutung/Interpretation	Diese Kennzahl gibt Aufschluss über die Zufriedenheit der Klienten mit den pflegerischen Leistungen. Um Fehlerquellen und organisationalen Lernbedarf besser lokalisieren zu können, ist es sinnvoll, die Reklamationsquote für im Vorfeld geschichtete, homogene Patientengruppen zu berechnen (es bieten sich hier Pflegestufen oder Hilfebedarfsgruppen, aber auch individuelle Unterteilungen z.B. nach Art der Leistungen an). Auf diese Weise werden zielgruppenspezifische Bedürfnisse und Qualitätskriterien besser und früher erkannt. Auch diese Kennzahl kann im Rahmen eines Qualitätsmanagementsystems verwendet werden. In jedem Fall muss diese Analyse der Reklamationen Hand in Hand gehen mit einem effektiven Beschwerdemanagement, sodass eine Rücksprache mit Kunden und/oder Angehörigen über den Grund für die Reklamation möglich ist. Denn anders als im produzierenden Gewerbe sind bei sozialen Dienstleistungen zumeist sehr subjektive Wahrnehmungen ausschlaggebend für die Zufriedenheit mit einer Leistung.
mögliche Ergebnisse	0 bis n

5. Problemfeld: Berichtswesen zur Zielkontrolle durch den Aufsichtsrat

5.1 Fallbeispiel

Das Unternehmen Behindertenhilfe e.V. betreut Klienten in ambulanten und stationären Wohnformen. Das Gesamtgeschäftsvolumen wird durch die stationären Wohnangebote bestimmt. Das Unternehmen hat die Rechtsform eines e.V., der von einem hauptamtlichen Vorstand geführt wird. Der ehrenamtliche **Aufsichtsrat** ist zuständig für

1. Vertretung des Vereins gegenüber dem Vorstand (Dienstvertrag, sonstige Rechtsgeschäfte);
2. Mitwirkung bei der strategischen Planung, über die in der Mitgliederversammlung entschieden wird;
3. Beratung des Wirtschaftsplans;

4. Beratung des Vorstandes;
5. Kontrolle und Überwachung, z.B. durch vierteljährlichen Soll-Ist-Vergleich und laufende Berichterstattung des Vorstandes über wesentliche Ereignisse;
6. Bestellung des Wirtschaftsprüfers;
7. Zustimmung zu besonderen Geschäften, z.B. Grundstückskauf, Darlehensaufnahme;
8. Zustimmung bei wesentlichen Abweichungen vom Wirtschaftsplan;
9. repräsentative Außenvertretung bei besonderen Anlässen.

Der **Vorstand** ist zuständig für

1. Führung der laufenden Geschäfte;
2. Mitwirkung bei der strategischen Planung;
3. Umsetzung der strategischen Planung;
4. Vorbereitung des Wirtschaftsplans;
5. Rechtliche Außenvertretung und repräsentative Außenvertretung im Tagesgeschäft.

Die Aufgaben des Aufsichtsrats liegen neben der Beratung vor allem in der Überwachung und Kontrolle des Vorstands des Vereins. Zum Jahresbeginn wurde der Aufsichtsrat neu besetzt. Der neue Aufsichtsrat macht sich auf Basis der Regelungen des Deutschen Corporate Governance Kodex (DCGK) zunächst mit den Pflichten von Aufsichtsratsmitgliedern in Nonprofit- Unternehmen vertraut. Der Aufsichtsrat setzt sich mit dem Terminus "Governance" intensiv auseinander und kommt zu dem Ergebnis, dass dieser mit Ausübung von Autorität, Lenkung und Überwachung gleichgestellt werden kann. Governance umfasst somit aus Sicht des Aufsichtsgremiums sämtliche Aufgaben und Tätigkeiten, die der Überwachung und Richtungsweisung des Top-Managements dienen. Ziel des neuen Gremiums ist es, den Vorstand dazu anzuregen, seine Führungsaufgabe nicht nur operativ, sondern auch innovativ und zukunftsgerichtet zu gestalten und mit dem Kontrollgremium abzustimmen.

Nach Sichtung der Unterlagen der vergangenen Aufsichtsratssitzungen wird deutlich, dass keine Kennzahlen im Berichtswesen vorliegen, die eine Beurteilung der Zielerreichung in zeitlich festgelegten Intervallen ermöglichen. Der Aufsichtsrat bittet den Vorstand aus diesem Grund, Vorschläge für Messgrößen zu strategisch relevanten Zielen zu machen.

5.2 Analyseverfahren

Für den Aufsichtsrat ist wichtig, dass die Ziele und Kennzahlen in die Zukunft gerichtet sind. Zudem sollen die Kennzahlen bereits in Managementfunktionen der Organisation enthalten sein. Von Bedeutung ist auch, dass solche Kennzahlen berichtet werden, die auch von der Organisation beeinflusst werden können. Es sollen nur wenige Kennzahlen ausgewählt werden, um eine zielgerichtete Steuerung zu gewährleisten.

Ziel	
Steigerung der Anzahl der zu betreuenden Klienten	Es wird ein Wachstum angestrebt. Ein Rückgang der Fallzahl kann ein Frühwarnindikator für den Rückgang des Jahresüberschusses sein.
Überschusserzielung im ambulanten und stationären Bereich	Es wird ein Überschuss in allen Unternehmensbereichen angestrebt. Fehlende Überschüsse vermindern die Ressourcen zur Weiterentwicklung.
Kennzahl: Jahresüberschuss	Bisher wird nur im stationären Bereich ein Überschuss erzielt.
Erhöhung der Kundenzufriedenheit	Die Kundenzufriedenheit hat erheblichen Einfluss auf die Position im Wettbewerb.
Kennzahl: Auslastungsquote in Kundengruppen	Bisher ist die Auslastung differenziert nach Zielgruppen und Einrichtungen sehr unterschiedlich.
Erhöhung der Mitarbeiterzufriedenheit	Eine hohe Fluktuation beeinflusst die Betreuungsqualität ("Beziehungsabbrüche" zwischen Klient und Betreuer).
Kennzahl: Fluktuationsquote	Bisher ist die Fluktuationsquote nicht bekannt.
Optimierung der Prozesse:	Im bestehenden Wettbewerb gewinnt eine schnelle Neubelegung von Plätzen an Bedeutung.
Kennzahl: Reaktionsdauer je Anfrage	Bisher ist die Neubelegung von Plätzen eher verhalten. Optimierte bzw. reorganisierte Prozesse helfen, die Geschwindigkeit der Neubelegung zu erhöhen.
	....

Abbildung 27: Ziele und Kennzahlen (Auswahl)[248]

5.3 Management und Controlling

Es wird deutlich, dass das Berichtswesen bisher den Anforderungen des Aufsichtsrates nicht genügt. Der Aufsichtsrat formuliert aktiv seine Anforderungen an das Berichtswesen. Zunächst wird gemeinsam mit dem Vorstand eine strategische Analyse durchgeführt, die über Stärken und Schwächen[249] der Organisation Aufschluss gibt. Kritische Aspekte werden offen und konstruktiv zwischen Aufsichtsrat und Vorstand diskutiert. Die strategischen Ziele werden konkretisiert und vom Aufsichtsrat beschlossen. Der Aufsichtsrat möchte sich dabei verstärkt mit Ursache-Wirkungs-Ketten[250] der Leistungserbringung im Unternehmen auseinandersetzen. Im Hinblick auf eine effektive Wahrnehmung der Überwachung und Kontrolle spielt die Identifikation der sog. Leistungstreiber eine zentrale Rolle.

---

248 Quelle: eigene Darstellung.
249 Dies geschieht mithilfe einer SWOT-Analyse. Diese wird im Rahmen dieses Buches ebenfalls dargestellt.
250 Für dieses Erkenntnisziel könnten die generierten Kennzahlen im weiteren Verlauf in einer Balanced Scorecard verdichtet werden, da sie ebenfalls diese Perspektive von Ursache-Wirkungs-Zusammenhängen einnimmt. Ihre Entwicklung ist Gegenstand einer anderen Fallstudie.

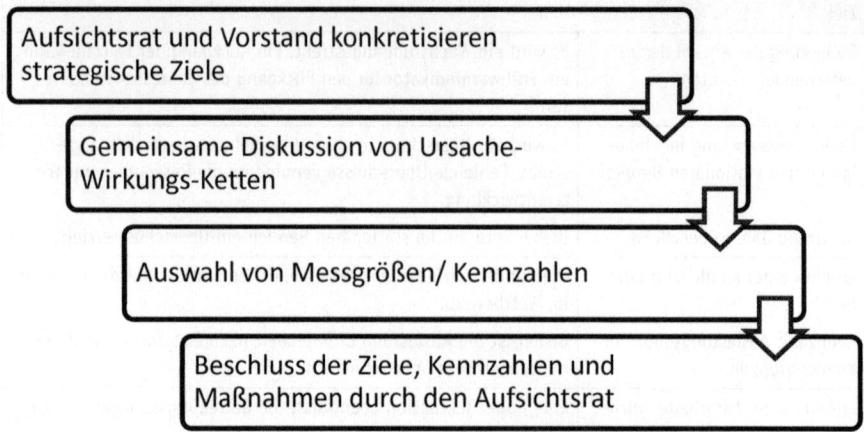

Abbildung 28: Beschluss von Zielen und Kennzahlen durch den Aufsichtsrat[251]

Darauf aufbauend erfolgen die Auswahl von Messgrößen und die Festlegung von Zielwerten und Toleranzwerten. Die Zielwerte werden ehrgeizig festgelegt, sollten vom Vorstand aber grundsätzlich erreichbar sein. Daraus leiten sich die strategischen Aktionen des Unternehmens ab. Aus Sicht des Aufsichtsrates ist es wichtig, dass die Zeitintervalle und das Vorgehen bei festgestellten Zielabweichungen festgelegt werden. Mit Hilfe der wertmäßigen Zielformulierung und der Zielerreichungskontrolle wird der Aufsichtsrat in die Lage versetzt, mittels Soll-Ist-Vergleichen den Zielerreichungsgrad festzustellen. Der Aufsichtsrat erhält „Warnsignale".

Kennzahl	Soll-Vorgabe durch den Aufsichtsrat	Ist-Wert zum Erhebungszeitpunkt	Abweichung (in% des Kennzahlwertes); „Warnsignal" für den Aufsichtsrat je nach Ausprägung
Fluktuationsrate p.a.	12,5%	17,5%	40

Abbildung 29: Vorgabe von Zielwerten durch den Aufsichtsrat[252]

5.4 Kennzahlen

Kennzahl Name	Jahresüberschuss
Beschreibung	Der Jahresüberschuss ist das Erfolgsmaß des externen Rechnungswesens.
Formel	Ermittlung gemäß Gewinn- und Verlustrechnung
Darstellung des Ergebnisses	Angaben in absoluten Geldeinheiten
Bedeutung/Interpretation	Wichtige Kennzahl für die Finanzsituation
mögliche Ergebnisse	0 bis n

---

251 Quelle: eigene Darstellung.
252 Quelle: eigene Darstellung.

Kennzahl Name	Veränderungsrate der Klientenzahl
Beschreibung	Die Zahl der zu betreuenden Klienten beeinflusst den Überschuss
Formel	$\dfrac{(Anzahl\ der\ Klienten\ n2\ :\ Anzahl\ der\ Fälle\ n1)*100}{Anzahl\ Klienten\ N1\ in\%\ Veränderung\ zum\ vorherigen\ Zeitraum}$
Darstellung des Ergebnisses	Angaben in Prozent
Bedeutung/Interpretation	Wichtig im Hinblick auf die Entwicklung des Jahresüberschusses
mögliche Ergebnisse	0 bis n

Kennzahl Name	Auslastungsquote in Kundengruppen
Beschreibung	Gibt die Abweichung der Ist-/Sollwerte in Bezug auf die Abrechnungstage je Klientengruppe wieder.
Formel	$\dfrac{Ist\text{-}Abrechnungstage\ der\ jew.\ Klientengruppe}{Planabrechnungstage\ der\ jew.\ Klientengruppe}*100$
Darstellung des Ergebnisses	Angaben in Prozent
Bedeutung/Interpretation	Je geringer die Abweichung, desto besser, sind die vorhandenen, in die Planung eingeflossenen Ressourcen ausgelastet.
mögliche Ergebnisse	0 bis n

Kennzahl Name	Fluktuationsrate
Beschreibung	Gibt die Abgänge der Mitarbeiter in der Organisation an.
Formel	$\dfrac{Summe\ der\ ausgeschiedenen\ Mitarbeiter\ in\ einer\ Periode}{Gesamtzahl\ der\ Mitarbeiter\ in\ einer\ Periode}*100$
Darstellung des Ergebnisses	Angaben in Prozent
Bedeutung und Interpretation	Die Fluktuationsrate korreliert mit der durchschnittlichen Betriebszugehörigkeitsdauer. Eine hohe Fluktuation kann Einfluss auf die Qualität der Betreuung haben. Besonders kritisch ist es zu bewerten, wenn die Fluktuationsrate in einem engen Zeitraum (6-8 Monate) deutlich steigt.
mögliche Ergebnisse	0 bis n

Kennzahl Name	Reaktionsdauer Anfrage
Beschreibung	Durchschnittliche Dauer zwischen Anfrageeingang und Entscheid über Anfrage
Formel	$\dfrac{\begin{array}{c}Summe\ der\ Zeitspanne\ zw.\ Anfrageeingang\ u.\ Entscheid\\ aller\ Anfragen\ für\ alle\ Mitarbeiter\ in\ einer\ Periode\end{array}}{Summe\ der\ Anfragen}$
Darstellung des Ergebnisses	Angaben in der im Zähler gewählten Einheit (Tage, Wochen)
Bedeutung/Interpretation	Die durchschnittliche Dauer der Wiederbesetzung freier Plätze hat einen erheblichen Einfluss auf die Wettbewerbsposition
Mögliche Ergebnisse	0 bis n

Teil C: Kennzahlenglossar

In der folgenden Kennzahlenübersicht wurde eine Ausgewogenheit zwischen harten und weichen Faktoren, zwischen den leicht quantifizierbaren Ergebniskennzahlen einerseits und den nicht so leicht messbaren subjektiven Leistungstreibern andererseits angestrebt.

1. Gebrauch des Kennzahlenglossars

Zu jeder Kennzahl ist am Anfang der Beschreibung die Ermittlungsformel abgebildet. In einem erweiterten Text sind wesentliche Erläuterungen zu den Kennzahlen zu finden. Neben grundsätzlichen Hinweisen zur Ermittlung der Werte sind ebenfalls Interpretationshilfen sowie kurze Erläuterungen zur Abweichungsanalyse vorhanden.

Mit der Kennzeichnung A – B – C wurde die Einordnung der jeweiligen Kennzahl in eine Prioritätenskala vorgenommen. A-Kennzahlen sind dabei die zentralen Berichtskennzahlen. Bei den B-Kennzahlen handelt es sich um ergänzende Informationen und C-Kennzahlen dienen zur vertiefenden Detailanalyse. Letztere sind jedoch normalerweise kein Bestandteil des regelmäßigen Berichtswesens, sondern finden sich in situativen Detailberichten wieder.

Entsprechend dieser Einordnung ergeben sich auch Berichtsrhythmen hinsichtlich der enthaltenen Kennzahlen. A-Kennzahlen sollten monatlich erhoben werden und sind damit zentraler Punkt des monatlichen Berichtswesens. B-Kennzahlen sind regelmäßig Bestandteil des detaillierteren Quartalsberichtes. Die C-Kennzahlen finden sich, wie oben schon erwähnt, in den situativen Berichten wieder.

Ergänzend gibt es sogenannte J-Kennzahlen. Diese werden im Rahmen der Analyse des Jahresabschlusses – oder auch unterjähriger Abschlüsse – analysiert.

Der Leser erhält somit die Möglichkeit, sein Berichtswesen entsprechend dieser Prioritätenskala zu gliedern.

Die hier aufgeführten Kennzahlen finden in der Praxis Verwendung. Für alle Kennzahlen gilt, dass sie entsprechend der individuellen Fragestellungen und der strategischen und operativen Ziele der jeweiligen Organisation eingesetzt werden müssen. Insofern werden in diesem Buch auch keine Durchschnittswerte zu einzelnen Kennzahlen veröffentlicht. Auch wenn die Ermittlung einheitlich erfolgt, können unterschiedliche Tätigkeitsbereiche, Standorte und Organisationsstrukturen zu erheblichen Abweichungen in den Werten führen. Für einen Vergleich empfiehlt es sich, mit bekannten Organisationen zusammen die folgende Kennzahlenübersicht zu nutzen und ein gemeinsames intensives Benchmarking zu starten.

2. Kennzahlen der Dimension Finanzen

Die Kennzahlen dieser Dimension können regelmäßig aus der Bilanz, der Gewinn- und Verlustrechnung sowie der Kosten- und Erlösrechnung gewonnen werden. Sie stellen in der Regel das traditionelle Kennzahlenfundament der Unternehmen jeglicher Branchen dar. Im Laufe der letzten Jahre, insbesondere mit der zunehmenden Orientierung der Unternehmen an den Informationsbedürfnissen der Kapitalmärkte, wurden die klassischen Kennzahlen des Rechnungswesens immer weiter verfeinert. Jedoch haben viele dieser kapitalmarktorientierten Kennzahlen nur bedingt Bedeutung für soziale Organisationen.

Die Dimension Finanzen wird in fünf Kennzahlenbereiche untergliedert:

- Rentabilität,
- Erfolg,
- Investition,
- Finanzierung,
- Liquidität.

Mit den Rentabilitäts- und Erfolgskennzahlen wird die Ertragslage der Organisation abgebildet. Über die Kennzahlen für Rentabilität, Erfolg und Investition die finanzielle Stabilität. Genutzt werden die Kennzahlen sowohl für eine Analyse des Jahresabschlusses aber auch zur unterjährigen Bewertung der Lage.

Einen schnelleren, auch unterjährig regelmäßig möglichen Überblick über die Erfolgsentwicklung geben jedoch regelmäßig die weiter unten beschrieben sozialmarkttypischen Kennzahlen zur Bewertung der Wirtschaftlichkeit.

In immer mehr Bereichen des Sozialmarktes werden Besitz- und Betriebsführung formal getrennt, das heißt in getrennten Unternehmens- bzw. Organisationsformen angesiedelt. Daher ist neben einer Einzelbetrachtung der jeweiligen Unternehmen auch eine konsolidierte Betrachtung notwendig.

```
         Umsatzerlöse
+/-      Bestandsveränderung der Erzeugnisse
+        Aktivierte Eigenleistungen
+        Sonstige betriebliche Erträge
=        Betriebsleistung
-        Materialaufwand
-        Personalaufwand
-        Sonstige betriebliche Aufwendungen
=        Betriebserfolg vor Abschreibungen (EBITDA)
-        Abschreibungen
=        Betriebserfolg vor Firmenwertabschreibung (EBITA)
-        Firmenwertabschreibungen
=        Betriebserfolg (EBIT)


Berechnung des Finanzergebnis
         Erträge aus Beteiligungen
+        Erträge aus Wertpapieren und Ausleihungen des Finanzanlagevermögens
+        Zinsen und ähnliche Erträge
-        Aufwendungen aus Finanzanlagen und aus Wertpapieren des
         Umlaufvermögens
-        Zinsen und ähnliche Aufwendungen
+/-      Sonstiges Finanzergebnis
=        Finanzergebnis


Berechnung des Gesamterfolgs
         Betriebserfolg
+        Finanzerfolg
=        Ergebnis der gewöhnlichen Geschäftstätigkeit (EGT)
+/-      Außerordentliches Ergebnis
-        Steuern vom Einkommen und vom Ertrag
=        Jahresüberschuss


+/-      Auflösung/Zuweisung von unversteuerten Rücklagen
+/-      Auflösung/Zuweisung von Gewinnrücklagen
+        Gewinnvortrag
+/-      Minderheitsanteile
=        Konzernergebnis
```

Abbildung 30: Gewinn- und Verlustrechnung[253]

2.1 Rentabilität [A]

2.1.1 Bewertung der Rentabilität im Sozialmarkt

Der Fokus des Controllings liegt in erwerbswirtschaftlichen Unternehmen auf der nachhaltigen Wirtschaftlichkeit der Leistungserbringung. Sofern es sich um Kapitalge-

---

253 Quelle: eigene Darstellung.

sellschaften ohne gemeinnützigen Charakter handelt, liegt das Ziel in einer Steigerung des Unternehmenswertes. Somit sind das Qualitätsmanagement sowie das Personalmanagement unterstützende Managementsysteme, um den eigentlichen Unternehmenszweck zu erreichen. Solange die Gemeinnützigkeit beibehalten wird, ist daher aus Sicht des Controllings die wesentliche Vorgabe, welche Rendite und welcher Unternehmenswert erreicht werden soll. Da der Unternehmenswert mit den in der gewerblichen Wirtschaft üblichen Verfahren auf monetärer Basis zurzeit weniger relevant ist, bedarf es einer alternativen Bewertungsform. Es geht um die Frage, wie die ideellen Zielsetzungen erfüllt werden. Stichwort in dieser Diskussion ist der Stakeholder Value, der sich jedoch nie wirklich durchsetzen konnte.

Somit werden Kennzahlen genutzt, die die Ausgewogenheit zwischen den zwangsläufig finanzwirtschaftlich ausgerichteten Zielen und den ideellen Zielsetzungen einer Organisation abbilden und steuerbar machen. Im Sinne des Controllings ist es daher erforderlich, den Grad der Rentabilität im Kontext der ideellen Zielerreichung zu planen und zu steuern. Dafür notwendig ist, wie oben schon geschildert, eine konkrete Bezifferung der ideellen Tätigkeiten, also der Konkretisierung der eher ungreifbaren sozialen Arbeit am, für und mit dem Menschen. Die Frage nach dem Wert der Umsetzung eines ideellen Auftrages spiegelt genau diese Steuerungsanforderung wieder.

Das Controlling fragt also nach der Konkretisierung des ideellen Auftrages. Diesen Konkretisierungsprozess muss jeder gemeinnützige Träger, und analog jede ideell ausgerichtete Einrichtung, für sich durchlaufen. Wird beispielsweise festgelegt, dass der ideelle Auftrag sich daran konkretisiert, dass jeder Kunde die Möglichkeit zum seelsorgerischen Gespräch hat, dann kann dieser Wert auch mit den üblichen Kennzahlen der Rentabilität abgebildet werden. So lange keine Kapitalgesellschaft vorliegt, ist dafür die Umsatzrentabilität als Kennzahl zu wählen. Die Differenz zwischen einer möglichen (Umsatz-) Rentabilität bei reiner Profitorientierung und deren tatsächlichen Höhe wird als Differenz gemessen. Diese Differenz (Ideelle Rentabilitätsdifferenz) muss korrelieren mit dem monetär bewerteten Leistungsanteil für die definierten ideellen Leistungen, entsprechend eines vorher vereinbarten und an den ideellen Zielsetzungen ausgerichteten Leistungskatalogs. Nur so kann sichergestellt werden, dass die Rentabilitätsdifferenz nicht aus einer unwirtschaftlichen Leistungserbringung stammt, sondern aus den tatsächlichen, mit optimalen Prozessen erbrachten ideellen Leistungen. Daraus leitet sich die Schnittstelle zum Qualitätsmanagement ab, das den konkreten Auftrag hat, die Rentabilitätsdifferenz aus unwirtschaftlicher Leistungserbringung auf ein Minimum zu reduzieren.

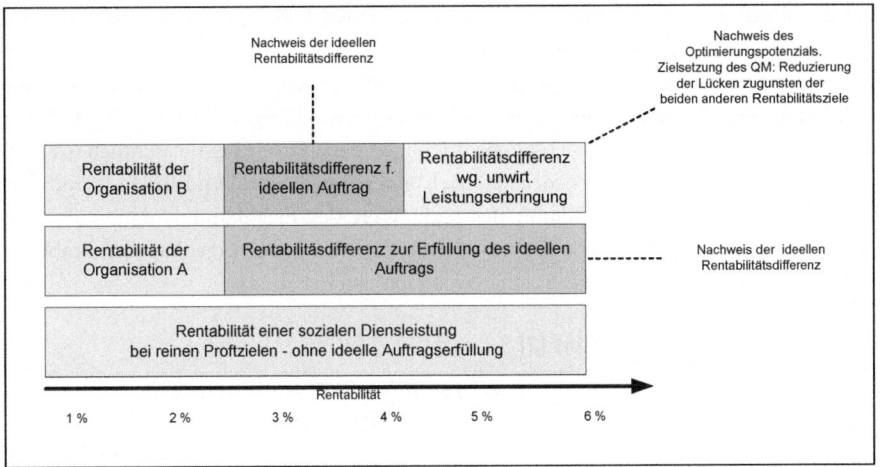

Abbildung 31: Rentabilität sozialer Organisationen[254]

2.1.2 Eigenkapitalrentabilität [J]

$$Eigenkapitalrendite = \frac{Betriebserfolg\,(EBIT)}{Eigenkapital} * 100$$

Die Verzinsung des Eigenkapitals ist für den Gesellschafter eines Kapitalunternehmens bzw. den Inhaber einer Personengesellschaft eine wesentliche Kennzahl. Liegt die Eigenkapitalrentabilität über den Renditen von Anlagen am Kapitalmarkt, lohnt sich die unternehmerische Tätigkeit. Bei börsennotierten Unternehmen ist diese Kennzahl inzwischen durch den Shareholder Value, der auch die Kapitalwertentwicklung des Unternehmens berücksichtigt, abgelöst worden.

Zum Eigenkapital werden in den Organisationen regelmäßig gezählt:

- Stammkapital (gGmbH, gAG)
- Genossenschaftsanteile (eG)
- Rücklagen

Bei gGmbHs werden auch Gesellschafterdarlehen als Eigenkapital im Rahmen der Bilanzanalyse angesehen. Voraussetzung ist eine erklärte Nachrangigkeit im Falle eines Insolvenzverfahrens.

Eine Bedeutung wird diese Kennzahl gewinnen, wenn neue Finanzierungsformen für Investitionen in den Organisationen Einzug halten, die eine unternehmerische Beteiligung von Externen zum Ziel haben. Für die Zeichner wird neben der Gesamtrendite vor und nach Steuern die laufende Eigenkapitalrendite ein wesentliches Entscheidungskriterium für oder gegen ein Invest sein.

Viele Organisationen haben heute noch eine gute Eigenkapitalausstattung. Jedoch ist, wie weiter oben schon ausgeführt, das Eigenkapital zukünftig immer mehr notwendig,

---

254 Quelle: eigene Darstellung.

um den ideellen Auftrag erfüllen zu können. Dabei wird es darauf ankommen, den Eigenkapitalverzehr zu stoppen. Vielmehr bedarf es eines strategisch ausgerichteten Einsatzes des Eigenkapitals, zum Beispiel zum Erhalt der Kreditwürdigkeit, so dass eine hohe Fremdfinanzierungsfähigkeit bei vergleichsweise niedrigen Zinsen aufrechterhalten wird. Hier sind die Kreditvergabebedingungen nach Basel II ein wesentliches Kriterium. Daraus resultiert die Forderung nach einer Eigenkapitalrendite, die zumindest über der Inflationsrate liegt, damit der reale Wert des Eigenkapitals dauerhaft gesichert wird. Insofern kommt auch aus dieser Forderung der Eigenkapitalrentabilität eine zentrale Bedeutung zu.

2.1.3 Gesamtkapitalrentabilität [J]

$$Gesamtkapitalrendite = \frac{Betriebserfolg\,(EBIT) + Zinsaufwand}{Bilanzsumme} * 100$$

Die Gesamtkapitalrentabilität ist in gewerblichen Unternehmen eine wichtige Kennzahl. Im Gegensatz zur Eigenkapitalrentabilität wird die gesamte Bilanzsumme herangezogen, so dass der Leverage-Effekt der Eigenkapitalrentabilität vermieden wird. Die Gesamtkapitalrendite gibt an, mit welcher Effizienz das im Unternehmen eingesetzte Gesamtkapital (Eigen- und Fremdkapital) unabhängig von dessen Finanzierung, arbeitet. Je höher die Gesamtkapitalrendite liegt, desto günstiger ist der Kapitaleinsatz.

Das Verhältnis zwischen der Eigenkapital- und Gesamtkapitalrendite wird als Leverage-Effekt bezeichnet. Solange der Fremdkapitalzinssatz niedriger ist als die Gesamtkapitalrentabilität, steigt bei zunehmender Fremdkapitalfinanzierung die Eigenkapitalrentabilität. Ist bei einer so beschriebenen Entwicklung der Leverage-Effekt positiv zu bewerten, wendet er sich ins Negative, wenn die Gesamtkapitalrendite unter dem Fremdkapitalzinssatz liegt.

Ist das allgemeine Zinsniveau sehr niedrig, kann mit den üblichen Margen eine ausreichende Gesamt- und Eigenkapitalrendite erwirtschaftet werden. Steigt das Zinsniveau jedoch erheblich, dann kehrt sich dies um. Gerade im Rahmen der Umstellung von der Objekt- auf die Subjektförderung bei der Investitionsförderung ergibt sich aus dem Leverage-Effekt die Forderung nach ausreichend hohen Margen, um eine zu geringe Eigenkapitalrentabilität zu vermeiden. Gerade bei den nur geringen Margen im Sozial- und Gesundheitsmarkt kann der negative Leverage-Effekt den realen Verzehr des Eigenkapitals nachweisen. Damit wird die Zukunfts- und Entwicklungsfähigkeit der Organisation sukzessive eingeschränkt.

Es gibt für Industrieunternehmen folgende Anhaltswerte

Gesamtrentabilität	Note
>= 16 %	1
13 % – 15 %	2
9 % – 12 %	3
0 % – 8 %	4
negativ	5

Für sozialwirtschaftliche Organisationen sind folgende Kategorien vorzuschlagen:

Gesamtrentabilität	Note
> 8 %	1
5 % – 8 %	2
3 % – 5 %	3
0 % – 3 %	4
negativ	5

In ambulanten Diensten führen die Kapitalrenditekennziffern aufgrund des sehr niedrigen Kapitalbedarfs und Kapitalstocks zu oft wenig aussagekräftigen Zahlen.

Es ist schwierig, die Balance zwischen dem ideellen Auftrag, mit regelmäßig geringen Margen in der operativen Leistungserbringung, sowie einer ausreichend hohen Gesamtkapitalrendite zu halten. Daher empfiehlt es sich, eine Trennung zwischen der „Vermögensverwaltung" und der „Dienstleistung" formal oder zumindest kostenrechnerisch durchzuführen.

So kann im Rahmen der Vermögensverwaltung, der auch die Investitionen obliegen, eine entsprechend hohe Gesamtkapitalrendite erwirtschaftet werden. Die notwendige Marge wird mittels der Plankostenrechnung im Mietpreis berücksichtigt. Gesichert wird eine ausreichende Verzinsung des Eigenkapitals, welche dann auch für andere Investitionen als Unterlegung zur Verfügung stehen kann und nicht real aufgezehrt wird.

Die eigentliche Dienstleistung wird in der Regel ohne eine mittel- oder langfristige Fremdfinanzierung auskommen. Genutzt wird lediglich die kurzfristige Fremdfinanzierung, um Liquiditätsschwankungen auszugleichen. Da der ideelle Auftrag in der Regel im Rahmen der Dienstleistung verwirklicht wird, kann an dieser Stelle auf eine hohe Marge verzichtet werden, ohne dass die Eigenkapitalverzinsung wesentlich gefährdet wird.

Ein weiterer Vorteil der Trennung der beiden Bereiche (Vermögensverwaltung, Dienstleistung) liegt in der hohen Transparenz in der Erlös- und Kostendifferenzierung. Die Ursachen von Planabweichungen lassen sich darüber viel einfacher ermitteln als bei einer zusammengefassten Betrachtung.

2.2 Return on Investment (ROI) [J]

Der Return on Investment gibt an, welche Rendite das gesamte in der Organisation eingesetzte Kapital erwirtschaftet. So setzt sich der Return on Investment aus der Umsatzrentabilität und dem Kapitalumschlag zu einer Kapitalrentabilität zusammen. Eingebettet sind sowohl das Eigen- wie auch das Fremdkapital.

Das primäre Ziel gemeinnütziger Organisationen und Unternehmen liegt nicht in der Optimierung der Kapitalverzinsung bzw. der Unternehmenswertentwicklung. Dennoch bedarf es in Zeiten zunehmenden ökonomischen Drucks der Betrachtung der Kapitalseite.

Wird keine ausreichende Rentabilität erwirtschaftet, besteht die Gefahr des Kapitalverzehrs durch die Geldentwertung. So kann die Betrachtung des ROI helfen, einen realen Verzehr des eingesetzten Kapitals, und hier insbesondere des Eigenkapitals, zu vermeiden.

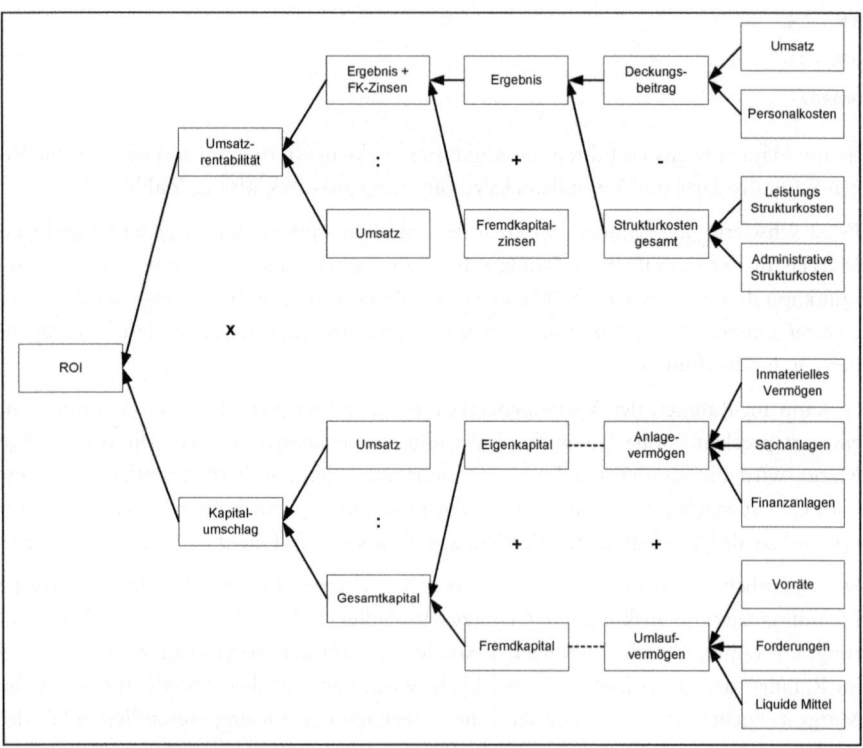

Abbildung 32: ROI-Baum für soziale Unternehmen[255]

Nimmt man diesen Grundsatz allerdings wörtlich, würde man in Zeiten sehr hoher Inflationsraten entsprechend hohe Rentabilitätsziele erreichen müssen. Bedingt durch die noch schwerpunktmäßig kostenträgerbestimmten Entgeltstrukturen lassen sich die

---

255   Quelle: eigene Darstellung.

Dienstleistungspreise jedoch nicht analog dieser Entwicklung in kurzen Zeitspannen anpassen. Zudem kann die ideelle Auftragserfüllung nicht in Abhängigkeit von der Inflationsrate variiert werden. Eine Lösung dieses Problems liegt in der Erwirtschaftung einer Verzinsung des eingesetzten Vermögens mindestens in der Höhe der Inflationsrate der letzten 10 Jahre. Damit gleicht man Schwankungen der Inflationsrate aus und erreicht ausreichend Planungssicherheit.

2.3 Mit Kennzahlen den Erfolg messen

2.3.1 Umsatzrentabilität [A]

$$Umsatzrentabilität\ (in\ \%) = \frac{Ergebnis\ gewöhnlicher\ Geschäftstätigkeit}{Umsatz} * 100$$

Eine typische Kennzahl, und auch häufig verwendet, ist die Betrachtung der Umsatzrentabilität. Hierfür bedarf es jedoch einer genauen Festlegung, welche Umsatzbestandteile bei der Bewertung des unternehmerischen Erfolgs betrachtet werden. Insbesondere bei Vergleichen (Betriebsvergleiche, Benchmarking) ist diese Klärung unerlässlich. So können zum Umsatz eines Bereiches folgende Umsatzbestandteile gezählt werden:

- Entgeltbasierte Umsätze (auch Selbstzahler),
- Festbetragsfinanzierungen,
- Spenden,
- Zuschüsse.

Bei der Berechnung der Umsatzrentabilität muss somit festgelegt werden, welche der Umsatzgrößen einfließen. Selbstverständlich kann auch der Gesamtumsatz einbezogen werden. Es empfiehlt sich, insbesondere bei der Bewertung des wirtschaftlichen Erfolgs von entgeltbasierten Leistungen, auf den Einbezug von Spenden zu verzichten. Nur so lässt sich eine tatsächliche Erfolgsbewertung vornehmen und abschätzen, ob die vereinbarten Entgelte die Leistungserbringung tatsächlich refinanzieren oder zu Verlusten führen. Ebenso kann über den Einbezug von Spenden der Blick auf zu geringe Effektivität und Effizienz der Arbeit verstellt werden und notwendige Anpassungen in der Leistungserbringung verhindern.

Da die Firmenwertabschreibungen in den sozialen Organisationen zurzeit noch keine wesentliche Rolle spielen, kann der Betriebserfolg als Bezugsgröße im Zähler verwendet werden.

2.3.2 Cash-flow-rate [J]

	Jahresüberschuss/-fehlbetrag
+/-	Abschreibungen/Zuschreibungen auf das Anlagevermögen (inklusive Auflösungen von Sonderposten)
+/-	Zuführungen zu/Auflösungen der Pensions- und langfristigen sonstigen Rückstellungen
+/-	Sonstige nicht zahlungswirksame Aufwände/Erträge
=	**cash-flow nach DVFA/SG (nachhaltiger Teil des operativen Cashflows, da jedes Jahr reproduzierbar)**
-/+	Zunahme/Abnahme der Vorräte, der Forderungen aus Lieferungen und Leistungen sowie anderer Gegenstände des Umlaufvermögens (außer Finanzumlaufvermögen)
+/-	Zunahme/Abnahme der Verbindlichkeiten aus Lieferungen und Leistungen sowie anderer kurzfristiger Passiva (außer Finanzschulden)
=	**cash-flow aus operativer Geschäftstätigkeit (nach DRS 2*)**

Klammer rechts: cash-flow aus Veränderungen des Working Capital (Einmaleffekte)

* Deutscher Rechnungslegungsstandard Nr. 2.

Abbildung 33: Struktur des operativen cash-flow[256]

Die zentrale Kennzahl des dynamischen Liquiditätscontrollings ist der operative cash-flow[257], da er, fast unberührt von bilanzpolitischen Maßnahmen, die Ertragssituation eines Unternehmens besser darstellt als der Jahresüberschuss. Mit dem cash-flow wird zudem die reine Stichtagsbetrachtung statischer Finanzanalysen, die durch die Hinzunahme bilanziell erzeugter Berechnungsgrundlagen zustande kommt, zugunsten einer unterjährigen Zeitraumbetrachtung aufgebrochen.[258]

Gemäß obigem Berechnungsschema lässt er sich in zwei Bestandteile aufspalten.[259] Es handelt sich um den cash-flow nach DVFA/SG[260] und den cash-flow aus Veränderungen des *working capital*.

---

256 Quelle: in Anlehnung an Graumann 2011, S. 557.
257 Im Folgenden wird der cash-flow nach DRS 2 auch als operativer cash-flow oder schlichtweg cash-flow bezeichnet.
258 Die Eigenkapitalquote oder die Liquiditätsgrade sind beispielsweise Kennzahlen der statischen Finanzanalyse.
259 Es wurde dabei die indirekte Berechnungsmethode zugrunde gelegt. Vgl. vertiefend Graumann 2011, S. 555 ff.
260 Deutsche Vereinigung für Finanzanalyse und Asset Management/Schmalenbach Gesellschaft.

Der cash-flow nach DVFA/SG bezeichnet den nachhaltigen Teil des gesamten operativen cash-flows, da er sich aus langfristigen Quellen speist. Diese sind per definitionem in jedem Geschäftsjahr erneut reproduzierbar. Dies lässt sich am Beispiel der Abschreibungen auf das Anlagevermögen ohne weiteres nachvollziehen.

Der (operative) cash-flow nach DRS 2 kommt zustande, indem zusätzlich die Cashzu- und -abflüsse aus kurzfristigen Quellen berücksichtigt werden. Es handelt sich mithin um Veränderungen im *working capital* der Organisation. Hier können Cashzuflüsse allenfalls über eine Verringerung des Umlaufvermögens oder eine Erhöhung kurzfristigen Fremdkapitals (Laufzeit bis zu einem Jahr) generiert werden. Im Ergebnis führt eine wertmäßige Erhöhung des *working capitals* (als Differenz zwischen Umlaufvermögen und kurzfristigem Fremdkapital) zu Cashabfluss und damit einer Verminderung des operativen cash-flows einer Periode. Es handelt sich um Einmaleffekte, die nicht jedes Jahr erneut herbeigeführt werden können.

Die Analyse des operativen cash-flows im Hinblick auf seine Struktur bzw. sein Zustandekommen kann bereits Aufschluss über die Quellen von Liquiditätszuwächsen geben. Ist der cash-flow nach DVFA/SG demnach kleiner als der operative cash-flow, indiziert dies eine Zahlungsmittelgenerierung aus zum Teil nicht nachhaltigen Quellen (mithin einer Reduktion des working capitals), was für die Zukunft ein liquiditätspolitisches Risiko darstellen kann, wenn z.B. Umlaufvermögen für den laufenden Betrieb wieder beschafft werden muss.[261]

$$cash\text{-}flow\text{-}rate = \frac{cash\text{-}flow}{Betriebsleistung\,(Umsatzerlöse)}*100$$

Regelmäßig wird der cash-flow sowohl als absolute (wie oben beschrieben) wie auch als relative Kennzahl ermittelt. Besonders aussagefähig ist der cash-flow, wenn man ihn zu den Umsatzerlösen in Beziehung setzt (cash-flow rate). Diese gebräuchlichste Form der cash-flow rate gibt an, wie groß der Umsatzanteil ist, der der Organisation zur Investitionsfinanzierung oder zur Schuldentilgung zur Verfügung steht. Damit ist diese cash-flow-rate einer der wesentlichen Kennzahlen zur Bewertung der Ertrags- und Selbstfinanzierungskraft der Organisation.

Damit die cash-flow-rate vergleichbar gemacht werden kann, bedarf es auch hier einer genauen Bestimmung der in die Berechnung einzubeziehenden Umsatzbestandteile. Sofern ein innerbetrieblicher Vergleich oder ein Vergleich mit Vorjahreswerten erfolgt, sind die einmal gemachten Festlegungen durchzuhalten.

Häufigster Fehler bei der Betrachtung des cash-flow ist die Positivierung eines negativen Jahresergebnisses. So kann ein negatives Jahresergebnis aufgrund der darin enthaltenen hohen Abschreibungen und Rückstellungen mit einem positiven cash-flow einhergehen. Jedoch bedeutet dies auch, dass die Organisation letztendlich aus der Substanz lebt und nicht mehr in der Lage ist, die notwendigen Abschreibungen zur Substanzsicherung nachhaltig zu erwirtschaften.

---

261 Vgl. Graumann 2011, S. 572 f.

Bei der Bewertung der Kreditfähigkeit, insbesondere bei der Investitionsfinanzierung, spielt genau dieser Effekt eine wesentliche Rolle. Insbesondere dann, wenn bisher keine kalkulatorische AfA gebucht wurde und abgeschriebene Gebäude durch Neubauten ersetzt werden. Erfolgt dies durch Fremdfinanzierung, verwandeln sich bisher positive Jahresergebnisse aufgrund der mit der Investition einhergehenden Buchung von Abschreibungen ins Negative. Nur durch die Betrachtung des cash-flow wird ein Vergleich mit den Vorjahren möglich, da die im Jahresergebnis enthaltene Abschreibung wieder bereinigt wird. Ziel muss es aber auch in einem solchen Fall sein, nach einem Übergangszeitraum die benötigten Abschreibungen bei einem positiven Jahresergebnis zu erwirtschaften.

Wird eine kalkulatorische AfA in der Kostenrechnung berechnet, dann ist im Controlling die Ermittlung der cash-flow-rate unter Berücksichtigung der kalkulatorischen AfA relevant. Damit ist auch eine Aussagefähigkeit auf die Reaktionsfähigkeit der Organisation in Bezug auf sich verändernde konzeptionelle Anforderungen bei den Sachmitteln sowie Risikovorsorge vor steigenden Kosten späterer Sanierungen oder Neubauten erkennbar. Liegt die kalkulatorische cash-flow-rate im positiven Bereich, so ist eine ausreichende Ertragskraft vorhanden, um die zukünftigen Kostensteigerungen aufzufangen.

Je mehr das Anlagevermögen durch angemietete Objekte und Sachmittel (Pacht, Leasing) ersetzt wird, desto geringer fällt die Differenz zwischen Jahresüberschuss und dem cash-flow aus. Daher ist die Betrachtung des cash-flow und der cash-flow-rate gerade bei Unternehmen mit großem Anlagevermögen eine aussagekräftige Kennzahl. Wird von Pacht und Leasing umfangreich Gebrauch gemacht, kann die Refinanzierungskraft nur aus dem Jahresergebnis abgeleitet werden.

Weitere gebräuchliche cash-flow-rate Berechnungen sind:

$$cash\text{-}flow\text{-}rate\ EK = \frac{cash\text{-}flow}{Eigenkapital} * 100$$

Bei dieser cash-flow Berechnung wird die Selbstfinanzierungskraft in Bezug auf das vorhandene Eigenkapital betrachtet. Insbesondere bei börsennotierten Kapitalgesellschaften spielt diese Kennzahl eine elementare Rolle, da sie eine genauere Aussage über den wirtschaftlichen Erfolg des Unternehmens erlaubt. In sozialen Organisationen wird diese Kennzahl dann zunehmend an Bedeutung gewinnen, wenn sich neue Rechtsformen im Sozialbereich etablieren. Als Beispiel lässt sich hier die eingetragene Genossenschaft (e.G.) sowie die Aktiengesellschaft nennen.

$$cash\text{-}flow\text{-}rate\ Inv.\ oder\ Innenfinanzierungsgrad = \frac{cash\text{-}flow}{\substack{Investitionsvolumen \\ (ins\ Anlagevermögen)}} * 100$$

Gerade bei den anstehenden hohen Investitionsvolumina des Sozial- und Gesundheitsmarktes wird die cash-flow-rate mit Bezug auf das Investitionsvolumen einen neuen Stellenwert erhalten. Man bezeichnet diesen Spezialfall der cash-flow-rate auch als Innenfinanzierungsgrad. Diese Kennzahl zeigt an, ob die getätigten bzw. geplanten Investitionen die Organisation im operativen Geschäft mehr oder weniger wirtschaftlich zu Boden bringt, oder ob das Investitionsvolumen durch die Leistungserbringung ausreichend substanziell unterlegt wird. Insofern wird eine Aussage darüber möglich, inwieweit Investitionen durch Schulden finanziert werden müssen.[262] Auch im Rahmen von Fusionen mit eingebetteten Organisationen, die einen Investitionsstau mit in die Unternehmensverschmelzung bringen, muss diese Kennzahl unbedingt betrachtet werden.

Letztlich kann der cash-flow herangezogen werden, um die Fähigkeit zu beurteilen, unterjährigen bzw. kurzfristigen Verbindlichkeiten aus erwirtschafteten Zahlungsmittelüberschüssen nachkommen zu können. Dazu wird er ins Verhältnis zum kurzfristigen Fremdkapital (Laufzeit bis zu einem Jahr) der Organisation gesetzt. Man bezeichnet diese Kennzahl auch als dynamische Schuldentilgungsfähigkeit.

$$Dynamische\ Schuldentilgungsfähigkeit = \frac{cash\text{-}flow}{kurzfristiges\ Fremdkapital} * 100$$

Die dynamische Schuldentilgungsfähigkeit stellt insofern vor dem Hintergrund der grundlegenden Wesensmerkmale des operativen cash-flows eine Weiterentwicklung der *Liquiditätsgrade* aus der statischen Finanzanalyse dar.

2.3.3 EBIT/Betriebserfolg [J]

	Jahresüberschuss gemäß Gewinn- und Verlustrechnung
+	Zinsaufwand
+	Steuern von Einkommen und Ertrag
=	EBIT (Earnings before interest and taxes)

Der EBIT beschreibt das Ergebnis vor Zinsen und Steuern. Diese Kennzahl eliminiert vom Management manipulierbare, ergebnismindernde Größen aus der Finanzierungs- und Steuerpolitik.[263] Damit trägt der EBIT maßgeblich zur Vergleichbarkeit von Betriebsergebnissen zwischen Unternehmen bei. Der EBIT wird als geeignetes Maß zur Beurteilung eines Unternehmens angesehen.[264] Als alleinige Erfolgskennzahl eignet er sich jedoch nicht, da die Zinsen und Steuern durch die unternehmerischen Tätigkeiten auch erwirtschaftet werden müssen.[265]

Mögliche kritische Einwände zu dieser Kennzahl werden im Rahmen der Ausführungen zum *EBITDA* thematisiert.

---

262 Vgl. Graumann 2011, S. 561.
263 Vgl. Pape 2011, S. 258.
264 Vgl. ebenda.
265 Vgl. ebenda.

2.3.4 EBITDA/Betriebserfolg vor Abschreibungen [J]

	Jahresüberschuss gemäß Gewinn- und Verlustrechnung
+	Zinsaufwand
+	Steuern von Einkommen und Ertrag
=	EBIT (Earnings before interest and taxes)
+	Abschreibungen auf immaterielle Vermögenswerte, insbesondere aktivierte Geschäfts- und Firmenwerte
+	Abschreibungen auf das Sachanlagevermögen
=	EBITDA (Earnings before interest, taxes, depreciation and amortization)

Der EBITDA beschreibt das Ergebnis vor Zinsen, Steuern und Abschreibungen auf immaterielles und Sachanlagevermögen. In der Praxis ist er oft als Erfolgsmaßstab anzutreffen und wird als Grundlage bei Unternehmensvergleichen herangezogen.

Gegenüber dem EBIT steigert diese Kennzahl die Vergleichbarkeit von Jahresabschlüssen noch, da die in ihrer Höhe leicht beeinflussbaren Abschreibungen gänzlich eliminiert werden. Ihre Beeinflussbarkeit wiederum ergibt sich aus bilanzpolitischen Erwägungen und der Möglichkeit, zwischen mehreren Abschreibungsmethoden zu wählen.

Beim Benchmarking auf Basis des EBIT oder des EBITDA ergeben sich jedoch auch Schwierigkeiten, die gleichsam als Kritik an beiden Kennzahlen zu sehen sind. So existieren zunächst keine allgemeingültigen Berechnungsschemata für diese Erfolgsmaße.[266] Das erschwert in der Praxis die Interpretation der Kennzahlwerte.

Weiterhin lässt die Betrachtung von EBIT und EBITDA keine Rückschlüsse auf die Finanz- oder Liquiditätssituation eines Unternehmens zu. Aus dem operativen Geschäft zurückfließende Mittel (Einzahlungen) können nicht quantifiziert werden. Dies macht die Betrachtung *cash-flow*-basierter Maßgrößen notwendig.[267]

Letztlich kann durch diese synthetisch erzeugten Ergebniskennzahlen eine Positivierung des Ergebnisses z.B. durch hohe Zinsen herbeigeführt werden. Unternehmen mit einem hohen Verschuldungsgrad und infolgedessen hoher Zinsbelastung hätten somit ein höheres Ergebnis. Ein Erfolgscontrolling allein auf Basis solcher Kennzahlen wie dem EBIT und dem EBITDA ist daher nicht zu empfehlen, da ein nachhaltiges Wachstum bzw. Wirtschaften nur möglich ist, wenn die herausgerechneten Aufwandspositionen mit erwirtschaftet werden.[268]

2.3.5 Produktivität (Grundform) [A]

$$Produktivität = \frac{Arbeitsergebnis}{Einsatzmenge\ von\ Produktionsfaktoren}$$

---

266 Vgl. ebenda.
267 Vgl. Graumann 2011, S. 107.
268 Vgl. Pape 2011, S. 257.

Das Ziel einer möglichst hohen Produktivität wird auch durch ein häufig relativiertes Gewinnziel in sozialen Organisationen nicht ad absurdum geführt.

Vielmehr ist es eine notwendige Bedingung zur Erreichung ideeller und finanzieller Zielsetzungen. Das Produktivitätsziel findet in vielerlei Kennzahlen seinen Niederschlag. Besonders zu würdigen ist in der Sozialwirtschaft die Produktivität des Faktors Personal, wobei als Arbeitsergebnisse häufig Erlöse und als Einsatzmengen oftmals Personalkosten herangezogen werden.

2.4 Investitionen

Die hier aufgeführten Investitionskennzahlen gewinnen zunehmend Bedeutung, da die bisherigen Objektförderungen seitens der Kostenträger zunehmend auf Subjektförderungen umgestellt werden. Dies hat eine Verlagerung des Investitionsrisikos auf die Organisation zur Folge. So lange die geplante Auslastung des Investitionsobjektes, bei denen es sich meistens um Immobilien handelt, gehalten wird, ist dieses Risiko überschaubar. Verringert sich jedoch die Auslastung, hat die Organisation die daraus resultierenden Folgen auf der Kostenseite zu tragen. Ob und in welcher Höhe diese Risiken in der Entgeltkalkulation berücksichtigt werden bzw. wurden, ist in jedem Fall zu prüfen. Sofern eine Einpreisung nicht erfolgt ist oder nicht erfolgen konnte, bedarf es einer kontinuierlichen Prüfung der Auslastung der über die Subjektförderung finanzierten Immobilien. Wird der für die Investitionskosten kalkulierte Auslastungsgrad überschritten, sind in jedem Fall die daraus resultierenden Erlöse als kalkulatorische Schwankungsreserve in der Kostenrechnung, und als Rücklage in der Bilanz zu verbuchen. Ein Gewinnausweis sollte nicht erfolgen, da ansonsten kein Polster für Auslastungsschwankungen vorhanden ist.

2.4.1 Anlagenintensität [J]

$$Anlagenintensität = \frac{Anlagevermögen}{Bilanzsumme} * 100$$

Grundsätzlich gilt, je niedriger die Anlagenintensität, desto flexibler kann die Organisation auf unterschiedliche Auslastungen reagieren. Jedoch gilt diese Aussage nicht uneingeschränkt für Organisationen des Sozialmarktes. Das Anlagevermögen ist regelmäßig bestimmt durch das Immobilienvermögen. Bei Organisationen mit schwerpunktmäßig stationären Leistungsangeboten bedarf es also eines entsprechenden Anlagevermögens, damit Erlöse erwirtschaftet werden können. Ist eine sehr geringe Anlagenintensität bei Organisationen mit vorwiegend stationären oder teilstationären Angeboten festzustellen, so werden die dafür notwendigen Immobilien gepachtet sein. Die Pachtverträge haben bei den Spezialimmobilien jedoch auch regelmäßig Laufzeiten von mindestens zehn Jahren. Somit besteht das Auslastungsrisiko auch bei geringer Anlagenintensität. Parallel bedarf es also einer Analyse der Leasingquote sowie der Pacht-/Mietquote. Gleiches gilt prinzipiell für das übrige Anlagevermögen, sofern es sich um spezielle Lösungen für die Branche handelt.

Aus dem Anlagevermögen und der Summe der erhaltenen Investitionsförderung, die sich in der Regel als Sonderposten auf der Passivseite der Bilanz findet, lässt sich der Förderanteil des Anlagevermögens errechnen.[269]

Für die Beantragung von Finanzierungen ist bei der Kennzahlenanalyse im Rahmen des Ratings darauf zu achten, dass die Vergleichswerte der produzierenden Industrie genutzt werden. Die Werte der Dienstleistungsbranche führen zu einem verfälschten Bild.

Bei Organisationen mit einem Vermögensschwerpunkt bei den Fahrzeugen, z.b. ambulante Pflegedienste, liefert die Analyse der Anlagenintensität folgende mögliche Informationen:

Variante 1 – hohe Anlagenintensität, die über mehrere Jahre auf vergleichbaren Niveau bleibt:

Der Fuhrpark wird regelmäßig erneuert, da ansonsten über die Abschreibungen das Anlagevermögen kontinuierlich sinken würde. Es erfolgt eine laufende Erneuerung der Fahrzeuge. Durch die laufende Investition in den Fuhrpark können bei dauerhaften Auslastungsrückgängen die ältesten Fahrzeuge ohne einen Ersatz abgestoßen werden und so die Kapazitäten der veränderten Nachfrage angepasst werden.

Variante 2 – geringe Anlagenintensität bei gleichzeitig nicht vorhandener/geringer Leasingquote:

Der Fuhrpark kann veraltet sein und somit eine Gefährdung der Leistungserbringung, zum Beispiel bei zunehmenden Fahrzeugdefekten bedeuten. Zudem entsteht ein Investitionsstau. Die ausgewiesenen Gewinne können aus unterlassenen Investitionen stammen, wenn die Abschreibungszeit überschritten ist. Es kann eine strukturelle Gefährdung der Organisation vorliegen.

Variante 3 – geringe Anlagenintensität bei gleichzeitig hoher Leasingquote

Die Organisation nutzt die Möglichkeit des Leasing konsequent. Die niedrige Anlagenintensität ist positiv zu bewerten.

2.4.2 Förderanteil Objektförderung [J]

$$Förderanteil\ Objektförderung\ =\ \frac{Erhaltene\ Investitionsförderung}{Anlagevermögen}*100$$

Diese Kennzahl deutet darauf hin, in welchem Umfang sich das Unternehmen auf die Finanzierung durch die öffentliche Hand gestützt hat. Es ist dann zu prüfen, inwieweit diese Fördermöglichkeit weiter existiert oder sich das Unternehmen auf andere Fördermöglichkeiten umgestellt hat.

---

269 Vgl. dazu Abschnitt 2.4.2 in diesem Glossar.

2.4.3 Investitionsquote [J]

$$Investitionsquote = \frac{Nettoinvestitionen\ im\ Sachanlagevermögen}{Buchwert\ der\ Sachanlagen\ zum\ Jahresanfang} * 100$$

Auch bei dieser Kennzahl bedarf es einer Analyse der Leasingquote sowie der Pacht-/ Mietquote. Sind die Sachanlagen vorwiegend geleast oder gepachtet, so wird eine nur sehr geringe Investitionsquote feststellbar sein. Dieser geringen Investitionsquote kann dann beispielsweise eine hohe Leasingquote gegenüberstehen.

Speziell im stationären Bereich werden laufende Investitionen in das Gebäude ein wichtiger Faktor für Kundenzufriedenheit und Marketing sein.

Bei der Berechnung empfiehlt sich der Ansatz der Nettoinvestitionen im Zähler, mithin der Investitionen nach Substanzerhaltung. Damit wird die Investitionstätigkeit direkt zur jährlichen Anlagenabnutzung relativiert. Es kann dadurch festgestellt werden, ob ein Unternehmen „von seiner Substanz lebt", einen Vermögenserhalt oder gar einen Vermögensaufbau durchführt.

2.4.4 Anteil öffentliche Investitionsförderung [J]

$$Anteil\ öffentliche\ Investitionsförderung = \frac{Investitionsförderung\ pro\ Jahr}{Investitionen\ pro\ Jahr\ (Brutto)} * 100$$

Bei noch existierender öffentlicher Investitionsförderung könnten auch die Förderanteile bemessen werden.

Hieraus kann aus Finanzierungssicht auf die Leistungsfähigkeit des Unternehmens bzw. umgekehrt die Abhängigkeit von öffentlicher Förderung geschlossen werden. Weiterhin ist davon auszugehen, dass öffentliche Förderung jedem Sozialunternehmen zugänglich ist – eine Differenzierung ist nur mit darüber hinausgehender Investitionsaktivität und daraus hoffentlich steigender Gebäudeattraktivität möglich.

2.4.5 Anlagenabnutzungsgrad [J]

$$Anlagenabnutzungsgrad = \frac{Kumulierte\ Abschreibungen\ auf\ das\ Sachanlagevermögen}{Anschaffungskosten\ des\ Sachanlagevermögens} * 100$$

In Sozialunternehmen ist das Anlagevermögen oftmals weniger eine Frage der effizienten Produktion, sondern eher eine Frage der Qualität für den Kunden. Es geht also weniger darum, möglichst wirtschaftlich arbeitende Maschinen zu haben, sondern eher um Anlagen, die sich als Rahmenqualität für die Dienstleistung darstellen. Daher fallen veraltete Anlagen weniger durch hohen Aufwand auf, sondern durch sinkende Erträge. Es sollte daher laufend das Alter von Gebäuden und anderen Anlagegütern im Blick behalten werden. Dies kann durch den Anlagenabnutzungsgrad abgebildet werden.

2.4.6 Bruttoinvestitionsdeckung [J]

$$Bruttoinvestitionsdeckung = \frac{Abschreibung\ auf\ das\ Sachanlagevermögen}{Bruttoinvestition\ (= Investitionen\ vor\ Abschreibungen)}$$

Die Bruttoinvestitionsdeckung gibt an, in welchem Ausmaß die Investitionen aus den Abschreibungen finanziert worden sind. Daraus ableitbar ist eine Aussage, ob tatsächlich Neuinvestitionen oder nur Ersatzinvestitionen getätigt worden sind. Liegt der Wert unter 1, liegt ein echter Anlagenzugang vor. Liegt der Wert knapp über oder bei 1, so sind im Wesentlichen nur Ersatzinvestitionen getätigt worden. Bei Werten von deutlich über 1 wird eine Desinvestition bzw. ein Substanzverlust signalisiert.

Sofern diese Kennzahl intern über mehrere Jahre verfolgt wird, ist die Aussage sehr informativ.

2.4.7 Abschreibungsquote [J]

$$Abschreibungsquote = \frac{Abschreibungen}{Bilanzsumme} * 100$$

Die Abschreibung ist die Ansparung der Organisation für Ersatzinvestitionen nach Abnutzung der Sachanlagen. Neben den steuerrechtlichen Nutzungsdauern sind für die organisationsspezifische Analyse und Steuerung die in der Kostenrechnung in Ansatz gebrachten Abschreibungszeiträume (kalkulatorische Abschreibung) relevant. Zwischen beiden Nutzungszeiträumen können erhebliche Unterschiede bestehen.

Anstatt der gesamten Abschreibungen kann entsprechend im Nenner auch nur ein Teil der Abschreibungen, beispielsweise für Fahrzeuge oder andere Mobilien, eingesetzt werden. Sofern solche Teilmengen gebildet werden, wird anstatt der Bilanzsumme das entsprechend zu analysierende Sachanlagenvermögen im Nenner angesetzt.

Sofern nur die steuerrechtlichen Nutzungszeiträume zur Bemessung der Abschreibung in Ansatz gebracht werden, kann ein Gewinnsprung nach Ausschöpfung der Abschreibungsdauer entstehen. Dieser resultiert letztendlich aus nicht durchgeführten Ersatzinvestitionen. Eine solche Ergebnisgestaltung kann für einen sehr kurzen Zeitraum sinnvoll sein. Jedoch besteht die Gefahr, einen erheblichen Investitionsstau zu bilden, der mittelfristig aus eigenen Mitteln nicht zu bewältigen ist, sofern der durch den Abschreibungswegfall entstandene Ergebnisbeitrag nicht Rücklagen zugeführt wurde. Daher wird regelmäßig in solchen Fällen anschließend eine kalkulatorische Abschreibung gebucht, damit kein falsches Ergebnis ausgewiesen wird. Sofern die fehlende Investitionstätigkeit zur Deckung von Ergebnislücken in den Dienstleistungsbereichen genutzt wird, findet ein Vermögensverzehr statt.

Da die Kreditwirtschaft über Basel II und dem damit einhergehenden Ratingzwang solche Entwicklungen detailliert analysiert, gefährdet die Organisation im schlimmsten Fall die Fremdfinanzierungsfähigkeit.

2.4.8 Leasingquote und Miet-/Pachtquote [J, C]

$$Leasingquote = \frac{Leasingaufwand\ i.e.P.}{Gesamterlöse\ i.e.P.} * 100$$

$$Miet\text{-}bzw.\ Pachtquote = \frac{Miet\text{-}bzw.\ Pachtaufwand\ i.e.P.}{Gesamterlöse\ i.e.P.} * 100$$

Sofern das Anlagevermögen zu wesentlichen Teilen geleast oder gepachtet wird, sollte zur Analyse der Investitionslage die Leasingquote und/oder die Miet-/Pachtquote genutzt werden. Diese Kennzahlen drücken aus, wie hoch der investitionsersetzende Erlösanteil ist, um die notwendigen Strukturen für die Leistungserbringung bereitzustellen. Dabei ist jedoch zu beachten, dass bei der Leasingquote die Aufwendungen über die Höhe des Rückkaufwertes gestaltet werden können. Es kommt bei beiden Kennzahlen weniger auf deren absolute Höhe, sondern vielmehr auf deren Veränderung im Zeitverlauf an.

2.4.9 Kapitalwert/Nettobarwert [C]

$$C_0(i) = -I + \sum_{t=1}^{T} \frac{Z_t}{(1+i)^t}$$

Dabei gilt:

C = Kapitalwert/Nettobarwert

0 = Jahr/Zeitpunkt Null

i = Im Vorfeld bestimmter Kalkulationszinssatz

I = Investitionsauszahlung zu Beginn des Jahres 0

t = Periode/Jahr

T = im Vorfeld festgelegter Betrachtungszeitraum zur Beurteilung der Investition

Z = Zahlungsstrom/Mittelrückfluss im Jahr t

Die quantitative Beurteilung von Investitionen gewinnt vor dem Hintergrund zunehmender Mittelknappheit an enormer Bedeutung. Im Zentrum quantitativer Investitionsbeurteilungen steht ganz grundsätzlich die Frage, ob sich eine Investition in einem zuvor bestimmten Zeitraum „rechnen" wird. Der Kapitalwert, auch Nettobarwert genannt, bildet eine Kennzahl, die insbesondere bei Investitionen mit langer Kapitalbindung (z.B. Immobilien) zur Entscheidungsfindung herangezogen werden sollte. Dabei werden die für die Zukunft aus der Investition zurückfließenden Einzahlungsüberschüsse[270] für den gewünschten Zeitraum prognostiziert, abdiskontiert und der Anschaffungsauszahlung gegenübergestellt. Die Einzahlungsüberschüsse sind als investitionsbezogene *cash-flows* anzusehen, maßgeblich sind somit Ein- und Auszahlungen und nicht Erträge und Aufwendungen.

---

270 Dabei kann es sich auch um Auszahlungsüberschüsse handeln, die ein negatives Vorzeichen hätten. Die abdiskontierten Zahlungsströme (Z) sind somit als Salden aus investitionsbezogenen Ein- und Auszahlungen einer Periode zu sehen.

Eine Investition ist demnach als absolut vorteilhaft zu bewerten, wenn der Kapitalwert positiv ist, da die Summe der abdiskontierten Einzahlungsüberschüsse die Anschaffungsauszahlungen übersteigt.[271] Ein negativer Kennzahlwert deutet dagegen darauf hin, dass die gegenwärtig getätigte Investition künftig nicht ausreichend aus Einzahlungsüberschüssen refinanziert werden kann. In Anlehnung an diese Kennzahl bezeichnet man die mit ihrer Hilfe vorgenommene quantitative Investitionsbeurteilung auch als Kapitalwertmethode.

Die Prognose künftiger Einzahlungsüberschüsse ist bedingt durch lange Nutzungsdauern der zu beurteilenden Investitionen mit großen Unsicherheiten verbunden. Hier kann durch die Entwicklung möglicher Zukunftsszenarien Abhilfe geschaffen werden. In einem weiteren Schritt kann die Investition dann vor dem Hintergrund dieser Szenarien beurteilt werden (beispielsweise geringe oder hohe Mittelrückflüsse). Pape verweist in diesem Zusammenhang auf den „nicht unerheblichen Planungs- und Prognoseaufwand"[272] dieser Methode.

Der Kalkulationszinssatz i beschreibt die Mindestrendite, die das Investitionsprojekt über die Nutzungsdauer T erwirtschaften muss.[273] Bei seiner Festlegung ist daher in jedem Fall die garantierte Rendite einer alternativen Anlage (z.B. bei der Hausbank) miteinzubeziehen. Zusätzlich dazu sind die Kapitalkosten (Fremdkapitalzinsen, sofern Fremdfinanzierung vorliegt) aufzuschlagen. Optional kann schlussendlich noch eine Zielrendite der Organisation mit in das Kalkül aufgenommen werden. Der Kalkulationszinssatz entspricht dann der Summe dieser drei Komponenten.

2.4.10 Dynamische Amortisationsdauer [C]

$$-I = \sum_{t=1}^{T} \frac{Z_t}{(1 + i)^t}$$

Dabei gilt:

i = Im Vorfeld bestimmter Kalkulationszinssatz

I = Investitionsauszahlung zu Beginn des Jahres 0

t = Periode/Jahr

T = im Vorfeld festgelegter Betrachtungszeitraum zur Beurteilung der Investition

Z = Zahlungsstrom/Mittelrückfluss im Jahr t

Die Amortisationsdauer ist in dem Jahr t verstrichen, in dem die Summe der auf der rechten Seite der Gleichung kumulierten und abgezinsten Bruttobarwerte der Einzahlungsüberschüsse erstmals der Investitionsauszahlung entspricht. Sie entspricht somit der Kapitalbindungsdauer unter Berücksichtigung der durch den Kalkulationszins ausgedrückten Opportunitätskosten.[274]

---

271 Vgl. Pape 2011, S. 348 ff.
272 ebenda, S. 360 f.
273 Vgl. ebenda, S. 351.
274 Vgl. ebenda, S. 381.

Mithilfe der Berechnung der dynamisierten Amortisationsdauer ist eine Aussage darüber möglich, wann die Investitionsauszahlung für einen Vermögensgegenstand wieder erwirtschaftet wird. Dies ist der Fall, sobald die Summe der Jahresbruttobarwerte erstmals positiv ist. Somit ist die Berechnung eines Bruttobarwertes für jedes Jahr der Nutzungsdauer durchzuführen, die Ergebnisse sind zu kumulieren.

Im günstigen Fall ist die Amortisationszeit kleiner als die tatsächliche Nutzungsdauer, dann ist die Investition, wenn keine weiteren Restriktionen vorliegen, zu tätigen. Ist die Amortisationszeit jedoch größer als die Nutzungsdauer, ist von der Anlage abzuraten. Im ersten Fall ist analog dazu von einem positiven *Kapitalwert* auszugehen, während im letzteren ein negativer Kapitalwert vorliegt.

2.5 Finanzierung

Gerade in Zeiten zunehmender Instabilität des Sozial- und Gesundheitsmarktes kommt es auf eine solide Finanzierung der Organisationen an. Auch die Vorgaben aus dem internationalen Abkommen „Basel II" zur Unterlegung von Krediten mit Eigenkapital durch die Kreditinstitute untermauern die Forderung nach einer guten Finanzierungsstruktur der Organisation, sofern sie als Kreditnehmer auftreten muss oder will. Da der Fremdfinanzierungsbedarf, auch aufgrund des entstandenen Investitionsrückstaus, an vielen Stellen eher zunehmen wird, kann auf die Betrachtung der Finanzierungsseite nicht verzichtet werden. Folgende Kennzahlen werden klassischerweise betrachtet:

- Eigenkapitalquote,
- Anlagendeckungsgrad,
- Kapitalaufbau,
- Working Capital in % des Umlaufvermögens,
- Debitoren- und Kreditorenlaufzeit in Tagen,
- Verschuldungsgrad,
- Lagerdauer in Tagen (Gastronomie, Catering und Produktionsbereiche mit eigener Materialwirtschaft).

2.5.1 Eigenkapitalquote [J]

$$Eigenkapitalquote = \frac{(Wirtschaftliches\ o.\ Bilanzielles)\ Eigenkapital}{Bilanzsumme} * 100$$

Die Höhe der Eigenkapitalquote ist prinzipiell unabhängig von der Rechtsform einer Organisation. Oftmals wird das Argument vorgebracht, dass die Bildung von Eigenkapital nicht durch die Vorgaben des Gemeinnützigkeitsrechts gedeckt ist. Diese pauschale Negierung einer Eigenkapitalbildungsmöglichkeit im Zusammenhang mit der Gemeinnützigkeit ist differenziert zu bewerten. Voraussetzung für die Bildung von Rücklagen, die Eigenkapitalcharakter besitzen, ist der prospektive Nachweis der Verwendung. Dies bedeutet konkret, dass eine Zweckbestimmung der Rücklagen vorgenommen werden muss. Stehen Investitionen an, so ist der Eigenkapitaleinsatz regelmäßig notwendig, sofern kein Investorenmodell genutzt wird. Auch bei der Objektförderung wird regelmäßig indirekt ein Eigenkapitaleinsatz gefordert, indem die Stellung des Grundstücks verlangt wird. Sofern eine Fremdfinanzierung für Investitionen notwendig wird, bietet Basel II die Chance, die Notwendigkeit einer Eigenkapitalbildung zu untermauern, da ansonten höhere Kreditzinsen eine optimale Mittelverwendung verhindern.

Das Eigenkapital setzt sich regelmäßig aus folgenden Bilanzpositionen zusammen bzw. ist in diesen Positionen zu finden:

- Stammkapital,
- gezeichnetes Kapital,
- Kommanditkapital,
- Rücklagen,
- Gesellschafterdarlehen ohne Rückzahlungsverpflichtung.

Soll die Eigenkapitalquote im Rahmen einer umfassenden Analyse der Finanzlage der Organisation beurteilt werden, reicht eine strenge Beschränkung auf das bilanzielle Eigenkapital im Zähler der Berechnungsformel nicht aus, um ein möglichst reales Bild der Kapitalstruktur des Unternehmens herzustellen.[275]

In diesem Fall ist das sogenannte wirtschaftliche Eigenkapital heranzuziehen. Ferner ist im Vorfeld eine Strukturbilanz aufzustellen, deren Bilanzsumme im Nenner der Berechnungsformel maßgeblich ist.[276] Das wirtschaftliche Eigenkapital ergibt sich, indem das bilanzielle Eigenkapital um diverse Komponenten bereinigt bzw. ergänzt wird. Es gilt folgendes Berechnungsschema:[277]

	Bilanzielles Eigenkapital (als Summe der obigen Bilanzpositionen)
+	Gewinnvortrag
+	Jahresüberschuss/Einstellung in Rücklagen
+	Stille Reserven durch Unterbewertungen in Anlage- und Umlaufvermögen (sofern ermittelbar)
-	Ausstehende Einlagen
-	Verlustvortrag/Jahresfehlbetrag
-	Zur Ausschüttung bestimmte Dividendensumme
-	Disagio
-	Entwicklungsaufwendungen
-	Aktive latente Steuern
-	Unterlassene Pensionsrückstellungen
=	**Wirtschaftliches Eigenkapital**

---

275 Die Analyse der Finanzlage ist regelmäßig von Interesse, wenn die wirtschaftliche Gesamtsituation eines Unternehmens auf Basis des Jahresabschlusses kennzahlgestützt analysiert werden soll. Ihre Ergebnisse können in ein bestehendes Berichtswesen integriert werden, wobei das Berichtsintervall z.B. einem Geschäftsjahr im externen Rechnungswesen gleicht. Vgl. hierzu vertiefend: Graumann 2011, S. 258 ff. sowie S. 270 ff.
276 Vgl. ausführlich ebenda, S. 247 ff.
277 Vgl. dazu ebenda, S. 272 f.

Als Faustformel gilt, dass die Eigenkapitalquote (unabhängig von der gewählten Berechnung) mindestens 20 % betragen soll. Je höher die Risiken des organisationsspezifischen Leistungsspektrums ausfallen, desto höher muss die Eigenkapitalquote sein. Denn das Eigenkapital soll zur Abdeckung von auftretenden Verlusten dienen und damit ausreichend Zeit zur wirksamen Einleitung von Gegenmaßnahmen ermöglichen. Somit ist eine hohe Eigenkapitalquote kein Polster zum Ausruhen bei auftretenden Verlusten, sondern nur die Reserve für den Notfall. Wird erst nach weitestgehendem Verzehr des Eigenkapitals zu Gegenmaßnahmen gegriffen, hat man sich vieler Handlungsmöglichkeiten in der Regel beraubt.

2.5.2 Anlagendeckungsgrad [J]

$$Anlagendeckungsgrad\ A = \frac{(Wirtschaftliches\ bzw.\ Bilanzielles)\,Eigenkapital}{Anlagevermögen} * 100$$

$$Anlagendeckungsgrad\ B = \frac{\begin{array}{c} Eigenkapital + langfristiges\ Fremdkapital \\ (Pensionsrückstellungen\ und \\ langfristige\ Verbindlichkeiten) \end{array}}{Anlagevermögen} * 100$$

Die beiden Anlagendeckungsgrade drücken aus, zu wie viel Prozent das Anlagenvermögen durch langfristiges Kapital gedeckt ist. Beim Anlagendeckungsgrad A wird alleine das Eigenkapital betrachtet. Dagegen wird beim Anlagendeckungsgrad B auch das langfristige Fremdkapital in die Bewertung einbezogen. Konkret bedeutet dies die Berücksichtigung der Pensionsrückstellungen und der langfristigen Verbindlichkeiten (Restlaufzeit mehr als 5 Jahre).[278] Als Faustformel gilt, dass der Anlagendeckungsgrad B immer größer 100 % liegen sollte. Ab diesem Schwellenwert ist auch ein Teil des Umlaufvermögens langfristig refinanziert. Gerade bei entgeltbasierten Leistungserbringungen kommt es teilweise zu erheblichen Debitorenlaufzeiten. Es ergibt sich damit ein Grundstock nicht bezahlter Abrechnungen. Sofern kein Factoring eingesetzt werden soll, sollte dieser Grundstock abzüglich einer Schwankungsreserve von 30 % mittel- oder langfristig refinanziert werden, wenn die Debitorenlaufzeiten länger als vier Wochen im Durchschnitt betragen. So lassen sich die hohen Kontokorrentzinsen vermeiden.

2.5.3 Kapitalaufbau [J]

$$Kapitalaufbau = \frac{Eigenkapital}{Fremdkapital} * 100$$

Die Kennzahl Kapitalaufbau gibt an, welcher Anteil Eigenkapital einer Einheit Fremdkapital gegenüber steht. Bei einem Kapitalaufbau von 65 % ist ein Euro Fremdkapital durch 65 Cent Eigenkapital unterlegt. Gerade im Zeitvergleich lassen sich so Risiko-

---

278 Vgl. dazu Graumann 2011, S. 258 ff. sowie S. 285 f.

veränderungen, die sich durch die Veränderung der Eigenkapitalquote ergeben, abschätzen.

2.5.4 Verschuldungsgrad [J]

$$(statischer)\,Verschuldungsgrad = \frac{Fremdkapital}{Eigenkapital}*100$$

Der Verschuldungsgrad ist eine Gegenüberstellung von Fremdkapital zu Eigenkapital. Je höher der Verschuldungsgrad, umso geringer ist die finanzielle Unabhängigkeit der Organisation.

2.5.5 Working Capital [B]

Für das Working Capital (auch: Net Working Capital) gibt es verschiedene Berechnungsmethoden und damit auch Aussagen.

$$Working\,Capital\,(\,I\,) = (\,Umlaufvermögen - kurzfristiges\,Fremdkapital)$$

Ausgewiesen wird der absolute Überschuss des Umlaufvermögens über das kurzfristige Fremdkapital und damit der Anteil des Umlaufvermögens, der aus langfristigen Kapitalien finanziert ist. Wird aus dem Überschuss ein negativer Wert, wird das kurzfristige Fremdkapital zur Finanzierung von langfristigem Vermögen eingesetzt. Dann besteht eine Gefährdung des Unternehmens. Man spricht in diesem Fall auch von unzureichender Fristenkongruenz.[279] Es handelt sich hier um einen rechnerischen Wert, der insbesondere bei externen Analysen oder externen Vergleichen eingesetzt wird.

$$Working\,Capital\,(\,II\,) = \frac{Umlaufvermögen}{kurzfristiges\,Fremdkapital}*100$$

Mit dem Working Capital (II) wird ausgedrückt, wie das kurzfristige Fremdkapital durch das Umlaufvermögen gedeckt ist. Ein Wert von unter 100 % zeugt von einem erheblichen Finanzierungsproblem sowie der wahrscheinlichen Finanzierung von negativen Ergebnissen durch kurzfristiges Fremdkapital.

$$\frac{Working\,Capital}{in\,\%\,des\,Umlaufvermögens\,(\,III\,)} = \frac{kurzfristiges\,Umlaufvermögen - kurzfristiges\,Fremdkapital}{kurzfristiges\,Umlaufvermögen}*100$$

Mit dem dritten Berechnungsweg wird der Anteil des Working Capitals am Umlaufvermögen ausgedrückt. Je kleiner der Wert, desto mehr ist das Umlaufvermögen rein durch das kurzfristige Fremdkapital refinanziert. Als Faustregel gilt, dass das Working Capital in % des Umlaufvermögens zwischen 30 und 50 % liegen sollte. Wird der Wert von 30 % unterschritten, liegt in jedem Fall eine negative Liquiditätsveränderung vor.

---

279 Vgl. ebenda, S. 280 ff.

Mit dem Working Capital wird der finanzielle Spielraum der Organisation gemessen. Bei jeder unternehmerischen Tätigkeit benötigt man liquidierbare Reserven, um die zwangsläufigen Schwankungen im Umlaufvermögen abdecken zu können. Diese Schwankungsreserven werden durch das Working Capital ausgedrückt.

Die Forderung, dass das langfristige Kapital nicht nur das Anlagevermögen, sondern auch ein Teil des Umlaufvermögens finanzieren soll, wird mit der Kennzahl überwacht. Diese Absicherung des Umlaufvermögens durch langfristige Finanzierungsformen hält kurzfristig auszahlbare Kreditlinien offen, die für Zahlungen notwendig sind, denen kurzfristig keine Einnahmen gegenüberstehen. Typisches Beispiel ist im Sozialmarkt die monatliche Gehaltszahlung, die nicht deckungsgleich mit dem Einnahmenzufluss der fakturierten Rechnungen erfolgt. Hier treten die Organisationen regelmäßig in die (erhebliche) Vorfinanzierung ein. Damit die Gehaltszahlungen liquiditätsmäßig gesichert sind, benötigt die Organisation das Working Capital. Das Working Capital drückt somit das Finanzierungspotenzial der Organisation aus. Regelmäßig betrachtet werden in der Praxis das Working Capital I und III.

2.5.6 Debitoren- und Kreditorenlaufzeit in Tagen [B]

$$Debitorenlaufzeit\ in\ Tagen = \frac{Kundenforderungen}{Umsatz} * 365$$

$$Kreditorenlaufzeit\ in\ Tagen = \frac{Lieferantenverbindlichkeiten}{Materialeinsatz + Fremdleistungen} * 365$$

$$Finanzierungslücke\ in\ Tagen = (\ Debitorenlaufzeit - Kreditorenlaufzeit)$$

Die beiden Kennzahlen bilden gut die Finanzierungszeiträume ab, die mittels kurzfristiger Fremdmittel überbrückt werden müssen. Übersteigt die Debitorenlaufzeit die Kreditorenlaufzeit, so sind die Lieferanten an der kurzfristigen Finanzierung des Umlaufvermögens nicht vollständig beteiligt. Es wird ein zusätzlicher Finanzierungsbedarf angezeigt. In vielen Organisationen müssen neben der zeitlichen Lücke zudem unterschiedliche Mengengrößen in die Bewertung einbezogen werden. Aufgrund des Dienstleistungscharakters der Leistungserbringung findet in der Regel nur ein geringer Materialeinsatz statt. Regelmäßig beträgt der Personalkostenanteil circa zwei Fünftel des Gesamtumsatzes. So kann zwar mit den Lieferanten ein der Debitorenlaufzeit entsprechendes Zahlungsziel vereinbart werden, jedoch lässt sich auf der eher geringen Höhe des Materialeinsatzes nicht der Vorfinanzierungsaufwand für die Gehaltszahlungen vermeiden. Eine Verringerung der Finanzierungslücke befreit nicht von der Notwendigkeit eines ausreichend hohen Kontokorrentkredites.

In Organisationen mit einem hohen Materialeinsatz, z.B. im Catering, in der mobilen Verpflegung oder bei Werkstätten mit vorwiegend eigener Materialwirtschaft, haben die Debitoren- und Kreditorenlaufzeit ihre ursprüngliche Bedeutung hinsichtlich der Fristenkongruenz. Ergänzend muss bei diesen Betriebsformen auch die Lagerdauer in Tagen betrachtet werden.

Zu betrachten ist bei der Kreditorenlaufzeit zudem, ob Skonti-Möglichkeiten ausreichend ausgenutzt werden oder ob bei Nichtausnutzung sehr teure Lieferantenkredite in Anspruch genommen werden.

Bei sehr langen Debitorenlaufzeiten und geringen Working Capitalwerten bietet sich der Einsatz des Factoring an, damit die hohe Liquiditätsbindung durch den Vorfinanzierungsaufwand reduziert wird.

2.6 Liquidität

Die Liquiditätskennzahlen sind in der Regel vorhanden und werden in vielen Organisationen betrachtet. Da die Liquidität kontinuierlich schwankt, ist der mit den Kennzahlen ausgedrückte Liquiditätsstatus nur auf diesen Stichtag zu beziehen. Die Situation kann kurz und nach dem Stichtag deutlich anders aussehen. Daher sind Aussagen zur Situation einer Organisation, die rein auf Liquiditätskennzahlen basieren, mit Vorsicht zu betrachten. Die Liquiditätskennzahlen sollten daher immer mit anderen Kennzahlen zusammen betrachtet werden.

2.6.1 Liqudititätsgrade I – III [A, B]

$$Liquidit\ddot{a}tsgrad\ I = \frac{fl\ddot{u}ssige\ Mittel}{kurzfristiges\ Fremdkapital}*100$$

Der Liquiditätsgrad I wird auch als Barliquidität oder Kassenliquidität bezeichnet.

Zu den flüssigen Mitteln zählen regelmäßig die Positionen Bankguthaben, Kasse, Schecks und – sofern überhaupt im Einsatz – Wechsel. Im kurzfristigen Fremdkapital zusammengefasst sind die Verbindlichkeiten aus Lieferungen und Leistungen, die sonstigen Verbindlichkeiten sowie Kredite und Darlehen mit einer Laufzeit von unter einem Jahr. Auch kurzfristige Rückstellungen sowie eingestellte aber noch nicht erfolgte Ausschüttungen an Gesellschafter gehören dazu, wobei letztere im Sozialmarkt nur bei nicht gemeinnützigen Organisationen eine Relevanz haben.

Der Liquiditätsgrad I drückt aus, wie hoch der Anteil des Fremdkapitals ist, der durch die flüssigen Mittel mehr oder weniger sofort getilgt werden kann. Beläuft sich der Liquiditätsgrad I auf 10 %, so kann nur ein Zehntel des kurzfristigen Fremdkapitals durch die vorhandenen liquiden Mittel abgedeckt werden.

$$Liquidit\ddot{a}tsgrad\ II = \frac{Forderungen + fl\ddot{u}ssige\ Mittel + Wertpapiere\ des\ Umlaufverm\ddot{o}gens}{kurzfristiges\ Fremdkapital}*100$$

In Ergänzung zum Liquiditätsgrad I werden beim II. Grad auch die Forderungen sowie spekulativ gehaltene Wertpapiere[280] (sofern vorhanden) als in der Regel kurzfristig zu Liquidität wandelbare Größen in die Betrachtung einbezogen. Jedoch sollten hier immer nur wirklich werthaltige Forderungen einfließen. Hier zeigt sich meistens schon

---

280 Vgl. ebenda, S. 285.

die Brisanz der Kennzahl. Werden uneinbringbare oder nicht vollständig einbringbare Rechnung weiterhin im Forderungsbestand belassen, können hohe Liquiditätsgrade ausgewiesen werden, ohne jedoch die Realität widerzuspiegeln. Immer wieder kommt es zu erheblichen Zahlungsausfällen für die Organisationen, wenn sich Angehörige oder der Kunde selber weigern die Rechnung zu bezahlen und keine rechtlichen Schritte unternommen werden. Aufgrund der zunehmenden Bedeutung von Eigenleistungen der Kunden werden Zahlungsausfälle sich noch spürbarer auf die Liquiditätssituation auswirken.

$$Liquiditätsgrad\ III = \frac{kurzfristiges\ Umlaufvermögen}{kurzfristiges\ Fremdkapital} * 100$$

Der Liquiditätsgrad III gibt an, zu welchem Anteil das kurzfristige Fremdkapital durch das Umlaufvermögen abgedeckt ist. Liegt dieser Wert unter 100 %, so ist die Zahlungsbereitschaft der Organisation sehr knapp bzw. sogar gefährdet. Bei Werten über 100 % ist von einer ausreichenden Zahlungsbereitschaft auszugehen.

2.6.2 Schuldentilgungsdauer [J]

$$Schuldentilgungsdauer\ in\ Jahren = \frac{Fremdkapital - flüssige\ Mittel}{cash\text{-}flow}$$

Die Schuldentilgungsdauer in Jahren gehört noch immer zu einer der relevantesten Kennzahlen der Bilanzanalyse. Auch bei der innerbetrieblichen kennzahlenbasierten Steuerung sollte ihr im Rahmen der Analyse des Jahresabschlusses diese Bedeutung weiterhin zugemessen werden. Relevant ist nicht nur die Stichtagsbetrachtung, sondern auch die mittelfristige Entwicklung der Kennzahl, insbesondere bei der zunehmend notwendigen Fremdfinanzierung des Anlagevermögens aufgrund der Umstellung auf die Subjektförderung. Je kürzer die Schuldentilgungsdauer, desto unabhängiger ist die Organisation von den Kreditgebern. Dies ist insbesondere bei notwendigen konzeptionellen Veränderungen in stationären und teilstationären Angebotsformen und damit verbundenen Investitionen als ein strategischer Vorteil zu sehen.

Je länger die Schuldentilgungsdauer ausfällt, desto geringer ist die Ertragskraft der Organisation. Bei mehr als 10 Jahren Schuldentilgungsdauer beginnt der kritische Wert.

2.7 Erfolg

2.7.1 Struktur-Deckungsbeitrag [A]

Betriebswirtschaftliche Auswertung mit stufenweiser Deckungsbeitragsrechnung	Arbeitsbereich I	Arbeitsbereich I+n
Pflegeerträge		
- betriebl. Personalaufwand*		
- Betreuungsaufwand		
Deckungsbeitrag I		
- Lebensmittelkosten		
- Medizinischer Bedarf		
- Fahrzeugkosten		
- And. Wirtschaftsbedarf		
- Energie, Wasser		
Deckungsbeitrag II		
Summe = Deckungsbeitrag II Arbeitsbereiche		
- Verwaltungsaufwand		
- Steuern, Abgaben		
Summe = Deckungsbeitrag III		
- Mieten, Pachten		
- Instandhaltung		
- Abschreibung, Zuführung Sonderposten		
+ Auflösung Sonderposten, Zuschreibung		
Deckungsbeitrag IV		
+ Zinsen und ähnliche Erträge		
+ Neutrale Erträge		
- Zinsaufwand		
- Neutrale Aufwendungen		
- nicht einrichtungsbezogene Gehälter		
Deckungsbeitrag V		

Row group labels (left bracket column): Arbeitsbereich, Direktion, Facility Management, Management Geschäftsführung

* Der betriebliche Personalaufwand ist der Personalaufwand der Einrichtungen und Dienste abzüglich der Personalaufwendungen für Mitarbeiter, die nicht dem betrieblichen Prozess der Einrichtung unmittelbar zur Verfügung stehen.

	Pflegeerträge	
	- betriebl. Personalaufwand	„Direkte Kosten"
	- Lebensmittelkosten	
	- Medizinischer Bedarf	
Einrich- tungs- bereiche	- Betreuungsaufwand	
	Deckungsbeitrag I AuW	
	- Fahrzeugkosten	„Gemeinkosten Einrichtungen"
	- And. Wirtschaftsbedarf	
	- Energie, Wasser	
	Deckungsbeitrag II	
	Summe = Deckungsbeitrag II Einrichtungsbereiche	
Direktion	- Verwaltungsaufwand	„Verwaltungskosten"
	- Steuern, Abgaben	
	Summe = Deckungsbeitrag III Einrichtungsbereiche	

Abbildung 34: Stufenweise Deckungsbeitragsrechnung[281]

Der Deckungsbeitrag berechnet sich klassischerweise aus der Differenz von Erlösen und variablen Kosten. Über den Deckungsbeitrag lässt sich über mehrere Stufen somit ablesen, in welcher Höhe die Fixkosten eines Unternehmens oder eines Betriebs(teils) gedeckt werden. In sozialen Unternehmen ist bei näherer Betrachtung der variable Kostenanteil marginal. Selbst vermeintliche variable Kosten, wie beispielsweise der Lebensmitteleinsatz, sind im Grunde Fixkosten.

Um dennoch mit der Deckungsbeitragsrechnung in der Planung und Überwachung zu arbeiten, ist der Struktur-Deckungsbeitrag aus der ursprünglichen Deckungsbeitragsrechnung abgeleitet worden. Gefragt wird dabei, zu welchem Anteil die für die Leistungserbringung vorgehaltenen Strukturen durch die Erlöse gedeckt sind.

Die Personalkosten werden quasi als variabel definiert, um die Verbindung zur klassischen Deckungsbeitragsrechnung zu erhalten. Im Grunde sind die Personalkosten die zentrale Größe, über die die Organisationen relevante Kostenanpassungen erreichen können. Sind sie auf den ersten Blick eher als fixe Kosten zu betrachten, so wandelt sich das Bild, wenn man die Zusammensetzung der Personalkosten genauer analysiert.

In die zum Ansatz kommenden Personalkosten fließen neben den Brutto-Gehältern der Mitarbeiter und die vom Arbeitgeber zu tragenden Sozialversicherungsabgaben auch die bewerteten Differenzen zwischen Soll- und Ist-Arbeitsleistungen (Überstunden, Mehrarbeitsstunden) sowie die quartalsmäßig bewerteten und nicht in Anspruch genommenen Urlaubsansprüche ein. Steigt die Differenz der Soll- zur Ist-Arbeitsleistung beispielsweise in Form von Überstunden, so steigen die zum Ansatz gebrachten Perso-

---

nalkosten. Werden sogenannte Minusstunden herausgearbeitet, sinken die Personalkosten für die Organisation.

Zudem ist der Personaleinsatz prinzipiell durch verschiedene Maßnahmen flexibel gestaltbar. Nur sind die Anpassungszeiträume länger als bei den „klassischen" variablen Kosten.

Es ist von Bedeutung, dass die Verminderung und Steuerung der Personalkostenstruktur systematisch durchgeführt wird.

Mit der Leistungserbringung floatende Kosten, wie beispielsweise der Pflege-, Betreuungs- oder Medizinbedarf, werden ebenfalls als variable Kosten in der Deckungsbeitragsrechnung berücksichtigt.

Mittels des Strukturdeckungsbeitrags ist somit erkennbar, in wie weit die spezifischen Strukturen der Organisation durch die Erlöse gedeckt sind. Sofern es verschiedene Erlössegmente für einen Leistungsbereich gibt, muss neben einer Gesamtbetrachtung für die Einrichtung oder einzelner Teile von ihr auch eine differenzierte Betrachtung je Erlössegment erfolgen. Notwendig ist dies in den Einrichtungen der stationären Pflege sowie in der Eingliederungshilfe, wenn eine leistungsmäßig kalkulierte Differenzierung zwischen der Maßnahmenpauschale und der Grundpauschale erfolgt. Handelt es sich nur um eine rein rechnerische Differenzierung, macht eine gesonderte Betrachtung des Struktur-Deckungsbeitrags für die einzelnen Erlössegmente aus Sicht der Kostenrechnung keinen Sinn.

Relevant kann diese Betrachtung jedoch im Vorfeld von Entgeltverhandlungen werden, wenn geprüft werden soll, ob die von den Finanzierungsträgern angesetzten Kostenstrukturen eingehalten wurden. Hierbei handelt es sich dann allerdings eher um eine Kennzahl zur Bewertung der Gestaltungsoptimierung der Kostenrechnung als Grundlage einer Entgeltverhandlung.

Bei der Betrachtung des Struktur-Deckungsbeitrages ist im Vorfeld die Differenzierung nach direkten Personalkosten und Struktur-Personalkosten vorzunehmen. Insbesondere bei Betriebsvergleichen und im Benchmarking ist eine einheitliche Abgrenzung notwendig. Als Struktur-Personalkosten, im oben abgebildeten Berechnungsschema „Direktion" genannt, werden alle zentralen Personalkosten eines Trägers, die nicht zur direkten Leistungserbringung in den Einrichtungen verwendet werden, zum Ansatz gebracht (Geschäftsführung, Controlling, QM, Rechnungswesen...). Diese fließen also nicht in die Berechnung des Deckungsbeitrags I oder II der Einrichtung ein, sondern müssen aus diesem finanziert werden. In der Praxis findet man jedoch zunehmend auch eine (Teil-) Zentralisierung von eigentlich in den Einrichtung angesiedelten Funktionsträgern, z.B. bei den Heimleitungen. Nicht selten wird eine Heimleitung für zwei oder mehrere Einrichtungen vorgehalten. Würde man bei einem externen Vergleich nun die Heimleitung den zentralen Personalkosten bei dem Teil der Vergleichspartner zurechnen, der eine solche zentrale Leitungsstruktur vorhält und dies bei den übrigen Einrichtungen nicht bereinigen, wären die Ergebnisse nicht aussagefähig. In einem solchen Fall müssen die zentralen Personalkosten der Heimleitung rechnerisch wieder auf die Einrichtung aufgeteilt werden.

Je differenzierter man den Deckungsbeitrag ermittelt, desto eher lassen sich die Kostenfallen in der Struktur der Einrichtung oder des Gesamtträgers feststellen. So kann beispielsweise der Leistungsbereich sehr effizient arbeiten, diese Vorteile werden jedoch über einen hohen Leitungsanteil im Vergleich zu anderen Einrichtungen wieder aufgezehrt oder verkehren sich sogar ins Gegenteil. Auch lässt sich andersherum durch Vergleiche feststellen, ob ein höherer Führungsanteil zu einer Verbesserung des Struktur-Deckungsbeitrags einer Einrichtung, eines Einrichtungsbereiches oder eines Einrichtungsverbundes führt.

Bei Abweichungen vom Planwert sind insbesondere zu analysieren:

- Entwicklung der Überstunden und Resturlaubstage,
- Veränderung in der Personalstruktur,
- Fluktuationsrate der Mitarbeiter,
- Veränderungen bei den Aushilfskräften.

2.7.2 Klassischer Deckungsbeitrag [A]

	Erlöse
./.	Materialeinsatz (variable Kosten)
=	Deckungsbeitrag

Zunächst wird der Deckungsbeitrag klassischer Lesart in einigen Einrichtungen benötigt. Er spielt beispielsweise bei der Wirtschaftlichkeitsbetrachtung von Werkstätten für behinderte Menschen (WfbM) mit einem hohen Anteil an Eigenfertigung eine Rolle. Wird die Materialwirtschaft im Rahmen der Fremdfertigung in eigener Regie als z.B. fakturierbare Serviceleistungen durch die WfbM übernommen, ist der klassische Deckungsbeitrag ebenfalls relevant.

In die Erlöse dürfen bei der Berechnung des klassischen Deckungsbeitrags jedoch nur die Verkaufserlöse der gefertigten Produkte einbezogen werden. Denn nur so lässt sich feststellen, ob aus der Produktion ein Beitrag zu den sonstigen Kosten der WfBM geleistet wird. Werden Produktionshelfer eingesetzt, sind vom so errechneten Deckungsbeitrag in einem weiteren Schritt deren Personalkosten abzuziehen. Der so verbleibende Produktions-Deckungsbeitrag (II) ist im Grunde wieder ein Struktur-Deckungsbeitrag und kann in die Struktur-Deckungsbeitragsrechnung der WfbM einbezogen werden.

2.7.3 Refinanzierungsgrad [A]

$$Refinanzierungsgrad = \frac{Erlöse}{Zurechenbare\ Kosten} * 100$$

Einen zeitnahen Überblick über die wirtschaftliche Lage gibt der Refinanzierungsgrad, auch Kostendeckungsgrad genannt. Abgebildet wird der Grad der Refinanzierung der betrieblichen Kosten einer Einrichtung oder eines Einrichtungsteils über die jeweiligen Entgelte bzw. Entgeltbestandteile. Sofern mehrere Entgeltbestandteile für eine Leistung vorhanden sind, z.B. für die eigentliche Leistung, die Hotel- und Investitionskosten, kann der Refinanzierungsgrad auch für die jeweiligen Entgeltteile ermittelt werden. Regelmäßig werden jedoch die Pflegesätze/Maßnahmenpauschalen zusammen mit den Hotelkosten als Bezugsgröße verwandt. Die Investitionskosten sind unbedingt davon getrennt auszuweisen, da sie nicht in die eigentliche Leistungserbringung einberechnet werden dürfen.

Die zurechenbaren Kosten sind bei Betriebsvergleichen genau zu definieren. Möchte man die Leistungserbringung im engeren Sinne abbilden, so werden Umlagen für zentrale Leistungen, beispielsweise Verwaltung, Personalabrechnung, Geschäftsführung, nicht in die Bewertung einbezogen. Will man jedoch die Gesamtsituation betrachten, so müssen zentrale Verrechnungen und/oder Umlagen in die zurechenbaren Kosten einbezogen werden. Je nach Ausgestaltung der Verrechnungspreise bzw. der Umlagen kann so auch der Refinanzierungsgrad variieren.

Der Refinanzierungsgrad kann aus zwei unterschiedlichen Perspektiven heraus betrachtet und auch berechnet werden:

- zur Berechnung der Einhaltung der in den Entgeltverhandlungen vereinbarten Kosten,
- zur Betrachtung der Wirtschaftlichkeit der Leistungserbringung.

Wird der Entgeltverhandlungsbezug gewählt, so liegt der ideale Wert bei genau 100 % bzw. leicht darunter, um bei der nächsten Verhandlung die Chance für eine Entgelterhöhung (Preiserhöhung) zu wahren.

Dagegen kann bei einem Refinanzierungsgrad von größer 100 % (hier unter Berücksichtigung von zentralen Verrechnungen/Umlagen) von einer ausreichenden Wirtschaftlichkeit ausgegangen werden. Jedoch ist zur Bewertung des „gesunden" Refinanzierungsgrades erst eine Plankostenkalkulation durchzuführen. Sofern im Planansatz auch der Wagnisaufschlag – auch Risikomarge genannt – einbezogen ist, ist ein Wert von 100 % als noch ausreichend zu bewerten. Ist der Wagnisaufschlag nicht enthalten, bedarf es eines Wertes von über 100 %, um ausreichend Risikovorsorge betreiben zu können. Analog muss mit dem kalkulatorischen Gewinn und vergleichbaren Plankostensätzen verfahren werden.

Es empfiehlt sich, beide Refinanzierungsgrade zu ermitteln. Allerdings wird der entgeltbezogene Refinanzierungsgrad nur im Controlling als Kennzahl zur Vorbereitung der Entgeltverhandlungen nachverfolgt. Die Steuerungssignale für die Führungskräfte der Leistungsbereiche müssen jedoch aus der Kostenrechnung kommen. Über die verschiedenen Planungsverfahren sind die Zielwerte des Refinanzierungsgrades zu ermitteln.

2.7.4 Personalkosten je Pflegetag/Betreuungstag [A]

$$\textit{Personalkosten je Pflegetag} = \frac{\textit{Personalkosten}}{\textit{Pflegetage}}$$

Eine ebenfalls regelmäßig erhobene Kennzahl, und in vielen Organisationen schon lange bekannt, sind die Personalkosten je Pflegetag/Betreuungstag. In der Regel erfolgt dessen Berechnung jedoch unabhängig von sich verändernden Erlösstrukturen, z.b. durch Veränderungen im Case-Mix der zu messenden Einrichtungen.

Diese Kennzahl erhält erst eine Aussagefähigkeit durch einen Zeitreihenvergleich, einem Abgleich mit der Case-Mix Entwicklung sowie den nicht abrechnungsfähigen Fehlzeiten und den Erlösen je Pflegetag/Betreuungstag.

Aus diesen Vergleichen lassen sich mehrere Aussagen ableiten:

- Personalflexibilität: Bleiben die Personalkosten je Pflegetag bei steigendem Case-Mix gleich, so wird auf eine erhöhte Leistungsanforderung nicht hinreichend reagiert. Andererseits kann der Mehraufwand schon bestanden haben, eine Anpassung auf der Vergütungsseite erfolgte jedoch erst mit Zeitverzug. Dann gibt die Kennzahl Informationen über die Zeitnähe des Pflegestufenmanagements (Altenhilfe) bzw. des Hilfebedarfsgruppenmanagements (Behindertenhilfe).

- Wiederbelegungsmanagement: Ist in bestimmten Zeiträumen eine hohe Sterblichkeit z.b. in stationären Pflegeeinrichtungen, zu verzeichnen, so sinken regelmäßig die Pflegetage. Die Kennzahl gibt daher eine Information über die Schnelligkeit der Wiederbelegung von freiwerdenden Plätzen. Eine Aussage ist jedoch nur dann hinreichend genau möglich, wenn zeitgleich keine Veränderungen bei den Überstunden und Urlaubstagen sowie keine wesentlichen Unterschreitungen der Planarbeitsstunden erkennbar sind.

- Fehlzeitenmanagement: Regelmäßig verzeichnen WfBM extrem hohe Fehlzeiten einzelner behinderter Mitarbeiter, die im Zweifel zu einer Reduktion des Entgeltes, bei sehr großen Fehlzeiten zu einem Wegfall der Vergütung führen können. Da der Platz dennoch belegt ist, führen hohe Fehlzeiten zu einer Steigerung der Personalkosten je Pflegetag. Durch einen Vergleich mit der Belegungsentwicklung lässt sich schnell erkennen, ob hohe Fehlzeiten zur Veränderung der Berechnungsergebnisses geführt haben.

2.7.5 Erlös je Pflegetag/Betreuungstag [A]

$$Erlös\ je\ Pflegetag = \frac{Erlöse}{Pflegetage}$$

Auch hier gilt, dass eine Aussagefähigkeit nur bei einer Betrachtung im Zusammenhang mit anderen Kennzahlen erreicht werden kann.

2.7.6 Deckungsbeitrag je Pflegetag/Betreuungstag [A]

$$Deckungsbeitrag\ je\ Pflegetag = \frac{Erlöse - Personalkosten}{Pflegetage}$$

Mit dieser Kennzahl lassen sich die Veränderungen auf der Erlös- und oder Personalkostenseite gut anzeigen. Es handelt sich hierbei um eine Struktur-Deckungsbeitragsbetrachtung bezogen auf die Pflegetage:

Ohne Berücksichtigung der Kennzahlen „Personalkosten je Pflegetag" und „Erlöse je Pflegetag" ist die Aussagefähigkeit jedoch begrenzt. Eine Veränderung des Deckungsbeitrages je Pflegetag hat eine signifikante Signalwirkung. Damit gehört diese Kennzahl für die Einrichtungsbetrachtung immer zu den A-Kennzahlen.

Zusammen mit dem Deckungsbeitrag je Pflegetag/Betreuungstag sind folgende Kennzahlen in der Zeitreihe zu beobachten:

- Belegungsentwicklung,
- Case-Mix,
- Nicht abrechnungsfähige Pflegetage/Betreuungstage,
- Personalfehlzeiten.

2.7.7 Umsatzanteile definierter Leistungsgruppen [B]

$$Umsatzanteil\ der\ Leistungsgruppe\ X = \frac{Absoluter\ Umsatz\ mit\ der\ Leistungsgruppe\ X\ i.e.P.}{Gesamtumsatz\ i.e.P.} *100$$

Diese Kennzahl gibt Aufschluss über den Umsatzanteil vorher bestimmter Leistungsgruppen, was wiederum für eine Vielzahl von Analysen nutzbar ist. Besonders interessant sind in diesem Zusammenhang Leistungen, die aus Quellen außerhalb der Sozialversicherungssysteme refinanziert werden, mithin Privat- bzw. Selbstzahlerleistungen, da diese zumeist besser refinanziert sind. Auch Abhängigkeiten von bestimmten Leistungen bzw. Leistungsträgern können so identifiziert werden.

2.7.8 Anteil öffentlicher Sozialleistungserträge [B]

$$Anteil\ öffentlicher\ Sozialleistungserträge = \frac{Erträge\ von\ öffentlichen\ Sozialleistungsträgern}{Gesamte\ Leistungserträge} *100$$

Diese Kennzahl stellt eine Spezifizierung der vorherigen Kennzahl dar.

Innerhalb der Ertragsarten dürfte in der Regel der Anteil der öffentlichen Sozialleistungsträger an den Gesamterträgen eine wichtige Kennzahl sein, denn sie charakterisiert die Abhängigkeit von öffentlichen Trägern und spiegelt die Fähigkeit, zusätzliche, oft besser vergütete Erträge zu erwirtschaften, wider.

2.7.9 Durchschnittlich belegte Plätze/Nutzungsgrad [A]

$$Durchschnittlich\ belegte\ Plätze = \frac{Abgerechnete\ Pflegetage\ i.e.P.}{365\ (Kalendertage)}$$

$$Nutzungsgrad = \frac{Belegte\ Plätze\ am\ Analysestichtag}{Vorhandene\ Plätze\ am\ Analysestichtag} *100$$

Die Belegung ist eine zentrale Planungsgröße. Aus dieser Größe können Rückschlüsse auf den Verlauf der Belegung in vergangenen Zeiträumen gezogen werden.

Mit dem Nutzungsgrad der Betten wird die Auslastung der jeweiligen Betten umschrieben. Zur Ermittlung des Nutzungsgrades werden die maximal zu erbringenden Pflegetage zu den tatsächlich erbrachten Pflegetagen ins Verhältnis gesetzt.

2.7.10 Leerlaufkosten (-quote) [A]

$$Leerlaufkosten = Gesamtkosten * \left(1 - \frac{Nutzungsgrad}{100}\right)$$

Das monetäre Pendant zum *Nutzungsgrad* sind die Leerlaufkosten, die beziffern, wie hoch der absolute Kostenblock ist, der auf ungenutzte Kapazitäten (sowohl Personal als auch Sachressourcen) entfällt. Alternativ zur Verwendung des Nutzungsgrades können die Gesamtkosten in einer Stundenbetrachtung auch mit folgendem Ausdruck multipliziert werden:

$$Leerlaufkosten = Gesamtkosten * \left(\frac{Bereitschaftsstunden - Abrechenbare\ Stunden}{Bereitschaftsstunden}\right)$$

Der insoweit bezifferte Kostenblock kann zur Erhöhung der Aussagekraft der Betrachtung zu den Gesamtkosten relativiert werden. Es ergibt sich die Leerlaufkostenquote.

$$Leerlaufkostenquote = \frac{Leerlaufkosten}{Gesamtkosten} * 100$$

Beiden Kennzahlen ist im Berichtswesen aus Kostenmanagementsicht ein hoher Stellenwert beizumessen.

2.7.11 Jahresüberschuss [J]

Die Berechnungsformel des Jahresüberschusses ergibt sich gemäß dem Berechnungsschema der Gewinn und Verlustrechnung.

Der Jahresüberschuss ergibt sich aus der positiven Differenz zwischen den Erträgen und Aufwendungen der betrachteten Periode. Er stellt den Erfolg eines Unternehmens aus Sicht des externen Rechnungswesens dar. Der Vorteil dieser Kennzahl ist neben ihrer leichten Verständlichkeit ihre einfache Erhebung. Nachteilig wirkt sich dagegen aus, dass der Jahresabschluss alleine wenig aussagekräftig und zudem z.B. durch die Wahl bestimmter Abschreibungsmethoden leicht manipulierbar ist.

3. Kennzahlen für die Dimension Personal

3.1 Teilzeitquote [C]

$$Teilzeitquote = \frac{Zahl\ der\ Mitarbeiter\ mit\ TZ - Verträgen}{Gesamtzahl\ aller\ Mitarbeiter} * 100$$

Bei der Bewertung der Personalstruktur ist die Teilzeitquote eine der aussagekräftigsten Kennzahlen. So beeinflusst eine Veränderung des Anteils der Mitarbeiter in Teilzeitbeschäftigungsverhältnissen den Führungsaufwand der direkt vorgesetzten Mitarbeiter und den Administrationsaufwand, vor allem im Bereich Personal. Je nach Tätigkeitsspektrum hat eine Veränderung des Mitarbeiteranteils in Teilzeitbeschäftigung auch qualitative Auswirkungen. Beispielhaft ist der Grundsatz der Bezugspflege bei einer hohen Teilzeitquote nur schwer umsetzbar.

Wird eine Veränderung der Teilzeitquote geplant oder ist diese eingetreten, bedarf es einer Wirkungsabschätzung hinsichtlich der oben genannten Faktoren. Dabei ist zu bedenken, dass Teilzeitmitarbeiter oft eine höhere Leistungsfähigkeit und Motivation haben.

3.2 GFB-Quote [C]

$$GFB\text{-}Quote = \frac{\Sigma\,Mitarbeiter\,im\,geringf\ddot{u}gigen\,Besch\ddot{a}ftigungsverh\ddot{a}ltnis}{Gesamtzahl\,aller\,Mitarbeiter}*100$$

Die GFB-Quote ist eine Untermenge der Teilzeitquote. Es gelten grundsätzlich die gleichen Kriterien wie bei der vorherigen Kennzahl. Allerdings fallen gerade die qualitativen Probleme sowie die Kosten für die Rüstzeiten sowie der deutlich erhöhte Führungsaufwand hier stärker ins Gewicht.

In Organisationen mit einer hohen GFB-Quote ist regelmäßig ein höherer Führungsaufwand anhand der Aufbauorganisation feststellbar. Inwieweit damit die Kostenvorteile eines geringfügigen Beschäftigungsverhältnisses aufgehoben werden, bedarf einer individuellen Einzelfallprüfung.

Da in einigen Organisationen typischerweise mit Honorarkräften gearbeitet wird, kann analog auch die Honorarkraftquote ermittelt werden.

3.3 Durchschnittliche Wochenarbeitszeit [B]

$$Durchschnittliche\,Wochenarbeitszeit = \frac{\Sigma\,Arbeitszeitstunden\,aller\,Mitarbeiter\,gem.\,Vertrag}{Gesamtzahl\,aller\,Mitarbeiter}$$

Alternativ zur Teilzeitquote kann auch die durchschnittliche Wochenarbeitszeit analysiert werden. Veränderungen in den Beschäftigungsumfängen lassen sich in dieser Kennzahl schneller und feiner ablesen. Insbesondere wenn Veränderungen in den Beschäftigungsumfängen von Teilzeitmitarbeiter/innen stattfinden, wird diese über die Teilzeitquote nicht abgebildet.

Mit der Kennzahl kann auch bei Arbeitszeitkonten gearbeitet werden. In diesem Fall werden die Soll- oder Ist-Arbeitsstunden für eine Woche – alternativ einen Monat – ins Verhältnis zur Gesamtmitarbeiterzahl gesetzt. Sofern Beschäftigungsschwankungen auf unterschiedlichen Leistungsnachfragen basieren, kann über einen längeren Betrachtungszeitraum dokumentiert werden.

3.4 Durchschnittliche Betriebszugehörigkeit [C]

$$Durchschnittliche\ Betriebszugehörigkeit = \frac{\begin{array}{c}\Sigma\ Jahre\ der\ Betriebszugehörigkeit\\ aller\ Mitarbeiter\\ (\ jeweils\ von\ Einstellungsdatum\ bis\ Stichtag)\end{array}}{Gesamtzahl\ aller\ Mitarbeiter}$$

Mit der *durchschnittlichen Betriebszugehörigkeit* lässt sich ein Rückschluss auf die unternehmensspezifischen Stärken und Schwächen ziehen. Je höher die durchschnittliche Betriebszugehörigkeit ist, desto geringer ist oftmals die Reaktionsmöglichkeit einer Organisation, auf sich verändernde Rahmenbedingungen schnell und vorausschauend zu reagieren. Bei sehr kurzen Zeiten der Betriebszugehörigkeit fehlt dagegen die ebenfalls notwendige Kontinuität. Daraus lässt sich ableiten, dass ein gesunder Mittelwert das Ideal darstellen sollte. Jedoch zeigt sich in der Praxis, dass es keine verlässlichen Anhaltspunkte für den Idealwert gibt.

3.5 Durchschnittsalter der Beschäftigten [C]

$$Durchschnittsalter\ der\ Beschäftigten = \frac{\Sigma\ Altersjahre\ aller\ Mitarbeiter\ zum\ Stichtag}{Gesamtzahl\ aller\ Mitarbeiter}$$

Das *Durchschnittsalter der Beschäftigten* ist wenig aussagefähig. Diese Kennzahl wird regelmäßig zur vertiefenden Ursachenanalyse verwendet. Ergänzende Informationen liefert die Kennzahl bei folgenden Entwicklungen:

■ Veränderungen der Personalkosten bei unverändertem Stellenplan

■ Veränderungen in den krankheitsbedingten Fehlzeiten (qualitativ und quantitativ)

■ Hohe Fluktuationsraten in bestimmten Altersgruppen

■ Projektlaufzeiten

3.6 Fluktuationsrate [B]

$$[\,Formel\ 1\,]: Fluktuationsrate = \frac{\Sigma\ Neu\ eingesetzte\ Mitarbeiter\ i.e.P.}{Gesamtzahl\ aller\ Mitarbeiter\ i.e.P.} * 100$$

$$[\,Formel\ 2\,]: Fluktuationsrate = \frac{\Sigma\ Ausgeschiedene\ Mitarbeiter\ i.e.P.}{Gesamtzahl\ aller\ Mitarbeiter\ i.e.P.} * 100$$

Die *Fluktuationsrate* kann unter Anwendung beider obiger Formeln berechnet werden. Können alle in einer Periode vakant gewordenen Stellen noch in selbiger wieder nachbesetzt werden, herrscht Ergebnisgleichheit. Gibt es jedoch Abweichungen zwischen der Zahl der Abgänge und der Neueinstellungen, kommt es zu unterschiedlichen Ergebnissen. In diesem Fall können und sollten beide Kennzahlwerte miteinander verglichen werden. Übersteigt die nach Formel 2 berechnete Fluktuationsrate die gemäß Formel 1 berechnete, so hat die Organisation einen Nettoverlust an Personal hinnehmen müssen. War dieser Personalabbau nicht geplant, sollten aufbauend auf einer Ursachenanalyse für diesen Rückgang an Personal personalpolitische Maßnahmen geplant und umgesetzt werden.

Tritt der umgekehrte Fall ein, wurden in der betrachteten Periode zusätzliche Arbeitsplätze geschaffen.

Abschließend soll darauf hingewiesen werden, dass die gemäß der Formel 1 berechnete Form der Fluktuationsrate gemeinhin auch als *Neueinstellungsquote* bezeichnet wird. Die weiteren Aussagen zur Kennzahl gelten unabhängig von der verwendeten Formel.

Die *Fluktuationsrate* korreliert direkt mit der *durchschnittlichen Betriebszugehörigkeit*. Besonders kritisch ist es zu bewerten, wenn die Fluktuationsrate in einem engen Zeitraum (z.b. 6 – 8 Monate) plötzlich bei mittlerer Betriebszugehörigkeit (4 – 10 Jahre) erheblich ansteigt. Dieser Sprung deutet regelmäßig auf ein elementares Problem (z.b. Führungsdefizite) der Organisation hin. Nimmt bis zu diesem Zeitpunkt die *durchschnittliche Betriebszugehörigkeit* laufend zu, setzt diese nach einem solchen Fluktuationssprung auf niedrigerem Niveau wieder an. Beobachtbar ist eine solche Entwicklung beispielsweise beim Ausscheiden von Führungskräften, wenn diese das Gesicht einer Organisation geprägt haben. Nicht beobachtbar ist diese Entwicklung, wenn das *Durchschnittsalter der Beschäftigten* sehr hoch liegt (> 45 Jahre) und eine hohe *durchschnittliche Betriebszugehörigkeit* (> 10 Jahre) zu verzeichnen ist.

Die Fluktuationsrate ist regelmäßig Schwankungen unterworfen. Kritisch sind diese Schwankungen nur im oben genannten Fall oder bei einem feststellbaren Generationswechsel. Im letzteren Fall geht nicht nur Wissen verloren, sondern oftmals auch eine Identität der Organisation. Wenn sich aufgrund der Altersstruktur in der Organisation ein solcher Generationswechsel abzeichnet, bedarf es einer prospektiven Planung der Fluktuation unter Zuhilfenahme der *Fluktuationsrate* und/oder der *Altersstrukturquote*.

Mit der Fluktuationsrate lassen sich auch Rückschlüsse auf die Prozess- und Ergebnisqualität der Leistungserbringung und die Mitarbeiterzufriedenheit ziehen.

Die Prozessqualität wird beeinflusst, da eine hohe Fluktuation zwangsläufig zu einer immer neuen Einarbeitung von Mitarbeitern führt. Damit steigt auch die Fehlergefahr. Bei einer sehr hohen Fluktuation kann es sogar zu einem fast vollständigen Wegfall der Einarbeitungszeit kommen.

Beeinträchtigt wird die Ergebnisqualität überall dort, wo der persönliche Bezug ein wesentlicher Faktor für die vom Kunden subjektiv wahrgenommene Ergebnisqualität ist. Bei einem stetigen Wechsel der Mitarbeiter lässt sich dieser Bezug nicht mehr ausreichend aufbauen. So kann es sogar bei gleicher Struktur- und Prozessqualität zu einem Sinken der subjektiv wahrgenommenen Ergebnisqualität kommen.

Zudem müssen neue Mitarbeiter im Team integriert und damit auch Vertrauen zwischen den Beteiligten aufgebaut werden. Bei zu hoher Fluktuation wird dieser Prozess stetig unterbrochen, was in der Folge zu einer sinkenden Mitarbeiterzufriedenheit führt. Oftmals entsteht dann eine Abwärtsspirale durch die gegenseitige negative Beeinflussung von Zufriedenheit und Wechsel in der Mitarbeiterschaft.

3.7 Neueinstellungsquote [B]

Vgl. hierzu die Ausführungen zur Formel 1 zur Berechnung der Fluktuationsrate.

3.8 Krankheitsbedingte Fehlzeitenquote [A]

$$Krankheitsbedingte\ Fehlzeitenquote = \frac{krankheitsbedingter\ Personalausfall\ (Std.)}{Sollarbeitsstunden} * 100$$

Die *krankheitsbedingte Fehlzeitenquote* (Kurzform: Fehlzeitenquote) gehört zu den bekanntesten Personalkennzahlen. Da für diese Kennzahlen sehr viele empirische Daten vorliegen, sind Vergleichswerte gut erhältlich. Quellen hierfür sind das statistische Bundesamt sowie die Krankenkassen.

Über die wirtschaftliche, organisatorische, personelle und qualitative Aussage gibt die Fehlzeitenquote im Zusammenhang mit der Personalkostenquote sowie der Fluktuationsrate Auskunft. Im Rahmen eines Benchmarkings lassen sich über die Vergleiche der genannten Kennzahlen sehr aussagekräftige Rückschlüsse auf die Situation in der Organisation ziehen.

Soll über die krankheitsbedingte Fehlzeitenquote eine indirekte Messung der Mitarbeiterzufriedenheit bzw. Motivationslage erfolgen, werden die in den Zähler einfließenden krankheitsbedingten Fehlzeiten auf die Kurzzeiterkrankungen beschränkt.

3.9 Überstundenquote [B]

$$Überstundenquote = \frac{\Sigma\ Mehrarbeitsstunden\ /\ Überstunden}{\Sigma\ Planarbeitsstunden\ (gem.\ Arbeitsverträge)} * 100$$

Die *Überstundenquote* gehört ebenfalls zu den bekannten Kennzahlen. Deren Aussagefähigkeit wird jedoch erst durch einen laufenden Zeitreihenvergleich sowie durch ein Benchmarking oder Betriebsvergleich erreicht. Steigt die Überstundenquote oder hält sie sich konstant auf hohem Niveau, zeichnet sich ein abzeichnendes Personal- und Kostenproblem an, da es sich bei aufbauenden Überstunden der Mitarbeiter im Grunde um Arbeitszeitdarlehen der Mitarbeiter an die Organisation handelt. Werden diese „zusätzlichen" Personalkosten in der Kostenrechnung nicht erfasst, ist das Betriebsergebnis in jedem Fall kritisch zu hinterfragen. Um den tatsächlichen Erfolg abschätzen zu können, müssen in diesem Fall die ausgewiesenen Überstunden mit einem durchschnittlichen Personalkostensatz bewertet werden.

Sich regelmäßig wieder bereinigende Überstundenkontingente einer Organisation können ein Indikator für eine flexible Personaleinsatzplanung sein. Tritt diese Bereinigung jedoch immer zu bestimmten Stichtagen auf, weist eine solche Entwicklung auf eine Auszahlung von aufgelaufenen Überstunden hin. In diesem Fall muss ein Abgleich der budgetierten Personalkosten erfolgen. Sofern das Personalkostenbudget eingehalten ist, sind scheinbar Stellen nicht besetzt. In diesem Fall ist kritisch die nachhaltige Mitarbeiterzufriedenheit zu untersuchen, da die Mitarbeiter übermäßig belastet sein können.

Wird mit der Vergütung das Personalkostenbudget überschritten, ist letztendlich ein Personalüberhang vorhanden. Dann sind die vorhandenen Strukturen und Abläufe auf eine Effektivitäts- und Effizienzsteigerung zu untersuchen. Ziel ist nicht der nominale Stellenabbau, sondern die Reduzierung von Mehrarbeit, so dass mit dem vorhanden Personal die Leistungen erbracht werden können.

3.10 Fortbildungstage je Mitarbeiter [B]

$$Fortbildungstage\ je\ Mitarbeiter\ = \frac{\Sigma\ Fortbildungstage\ i.e.P.}{Gesamtzahl\ aller\ Mitarbeiter\ (Vollzeitstellen)}$$

Die Kennzahl ermöglicht eine grundsätzliche Aussage über die Stellung von Fort- und Weiterbildung in der Organisation. Durch einen Soll-/Ist-Abgleich lässt sich zudem erkennen, ob die Führungskräfte und Mitarbeiter die zur Verfügung gestellten Bildungsmöglichkeiten auch tatsächlich nutzen. Da es sich um einen Durchschnittswert für alle in die Berechnung einbezogenen Mitarbeiter handelt, empfiehlt es sich, die Berechnung auf einzelne Mitarbeitergruppen zu beziehen. So wird deutlich, ob bestimmte Mitarbeitergruppen in der Nutzung der Bildungsmöglichkeiten unter- bzw. überrepräsentiert sind.

3.11 Mitarbeiter-Fortbildungsquote/Weiterbildungsquote [C]

$$[Formel\ 1]:\ Mitarbeiterfortbildungsquote\ = \frac{\Sigma\ Mitarbeiter\ mit\ wahrgenommener\ Fortbildung\ i.e.P.}{Gesamtzahl\ aller\ Mitarbeiter}*100$$

$$[Formel\ 2]:\ Mitarbeiterfortbildungsquote\ = \frac{Gesamtzahl\ der\ Weiterbildungstage\ i.e.P.}{\Sigma\ Planarbeitstage\ i.e.P.}*100$$

Mit der Mitarbeiterfortbildungsquote lässt sich feststellen, ob bei bestimmten Mitarbeitergruppen oder sogar bei einzelnen Mitarbeitern eine Konzentration der Fortbildungsinanspruchnahme vorliegt. Die Kennzahl ist nur bei der Betrachtung von Mitarbeitergruppen und einem internen Organisationsvergleich aussagefähig. Die Mitarbeiterfortbildungsquote dient damit zur vertiefenden Analyse der Fortbildungstage je Mitarbeiter.

Sollte die Kennzahl nach der Formel 2 ermittelt werden, sind die Weiterbildungs- und die Planarbeitstage einer Periode aller Mitarbeiter zu kumulieren.

Ist eine Konzentration feststellbar, sollte eine ABC-Analyse der Bildungsinanspruchnahme durchgeführt werden.

3.12 Fortbildungswirkungsquote [C]

$$Fortbildungswirkungsquote\ = \frac{Anzahl\ der\ umgesetzten\ Verbesserungsvorschläge}{Anzahl\ der\ Fortbildungstage\ im\ Zeitraum\ X}*100$$

Die Kennzahl dient der Messung des Wirkungsgrades der betrieblichen Fortbildungsmaßnahmen. Dazu werden die umgesetzten Verbesserungsvorschläge als Resultanten der Fortbildungsaktivitäten zu den Fortbildungstagen eines definierten Zeitraumes relativiert. Besonders im Zeitreihen- und Unternehmensvergleich ist die Aussagekraft der Kennzahl hoch.

3.13 Fortbildungsstrukturquote [C]

$$Fortbildungsstrukturquote = \frac{Anzahl\ der\ Fortbildungstage\ mit\ dem\ Thema\ X}{Anzahl\ aller\ Fortbildungstage} * 100$$

Die Kennzahl dient der Analyse des Fortbildungsangebotes im Unternehmen. Damit können Schieflagen in der Weiterqualifikation der Mitarbeiter im Sinne einer einseitigen und/oder unsachgemäßen Themenauswahl identifiziert werden.

Die Kennzahl sollte jedoch immer im gesamtunternehmerischen Kontext interpretiert werden. Sind z.B. Qualitätsthemen durch gesetzgeberische Interventionen zwingend an die Mitarbeiter zu vermitteln, verwundert ein diesbezüglich hoher Kennzahlwert nicht. Von einer bedenklichen Einseitigkeit kann in diesem Fall nicht ausgegangen werden

3.14 Fortbildungskosten je Mitarbeiter [C]

$$Fortbildungskosten\ je\ Mitarbeiter = \frac{\Sigma\ Kosten\ der\ Fort\text{-}\ und\ Weiterbildung\ (intern\ /\ extern)}{Gesamtzahl\ aller\ Mitarbeiter}$$

Diese absolute Kennzahl weist die Höhe der Bildungsinvestition je Mitarbeiter aus. Auch hier ist eine mitarbeitergruppenbezogene Analyse sowie ein Zeitreihenvergleich am aussagefähigsten. Begleitend müssen in jedem Fall die Mitarbeiter-Fortbildungsquote sowie die Fortbildungstag je Mitarbeiter betrachtet werden. Gerade dann, wenn eine Konzentration auf bestimmte Mitarbeiter(gruppen) feststellbar ist, können sich erhebliche Nachholbedarfe in den anderen Gruppen entwickeln, die entweder durch eine andere Schwerpunktsetzung abgearbeitet werden können aber auch zu deutlich steigenden Fortbildungskosten führen können.

Für die Personalakquise ist die Kennzahl sehr gut geeignet, sofern sie ausreichend hoch ausfällt. Sie stellt schließlich den Wert der Mitarbeiter dar, den die Organisation weiter steigern will.

3.15 Personalkosten je Mitarbeiter (-gruppe) [B]

$$\emptyset\ Personalkosten\ je\ Mitarbeiter\ (\text{-}gruppe) = \frac{\begin{array}{c} Personalkosten \\ (der\ Mitarbeitergruppe) \end{array}}{\begin{array}{c} Zahl\ der\ Vollzeitstellen \\ (der\ Mitarbeitergruppe)\ i.e.P. \end{array}}$$

Gerade für die Entgeltverhandlungen spielen Durchschnittswerte der Mitarbeitergruppen eine wesentliche Rolle. Aber auch im Benchmarking werden diese Daten regelmäßig verglichen. Durch den direkten Bezug auf bestimmte Tätigkeitsbereiche oder andere Gruppierungsmerkmale ist diese durchschnittliche Personalkostendarstellung erheblich aussagefähiger als ein Vergleich über alle Mitarbeiter einer Organisation. Im Rahmen eines externen Vergleichs muss jedoch die Zuordnung der Mitarbeiter in die jeweilige Vergleichsgruppe einheitlich erfolgen, da sonst kaum vergleichbare Daten erhältlich sind.

Alternativ kann auch eine Berechnung auf Basis nur eines Vollzeitäquivalentes erfolgen. Dann sind im Zähler die gesamten Bruttopersonalkosten über alle Mitarbeitergruppen hinweg anzusetzen. Im Nenner erscheint analog die Gesamtzahl aller Mitarbeiter in Vollzeitäquivalenten ohne Rücksicht auf ein bestimmtes Gruppierungsmerkmal.

Dienstleistungen hängen immer in besonderer Weise von der Verfügbarkeit des Personals ab. Das Betreuungspersonal kann seine Produktivität durch Technik und Maschineneinsatz nur begrenzt erhöhen und letztlich wird Leistungszeit des Personals verkauft. Die Arbeitszeit des Personals kann daher als gemeinsame Bezugsbasis für die gesamte Branche angesehen werden.

Die Personalkosten pro Vollzeitäquivalent spiegeln die Tarifstrukturen, den Personalmix und Personalkostenanteile des jeweiligen Unternehmens wider. Der Produktionsfaktor Personal ist der zentrale Leistungs- und Kostentreiber des Unternehmens.

3.16 Abrechenbare Zeit je Mitarbeiter [B]

$$\varnothing\ Abrechenbare\ Zeit\ je\ Mitarbeiter = \frac{Gesamte\ abrechenbare\ Zeit\ i.e.P.}{Mitarbeiter\ (Vollzeitstellen)\ i.e.P.}$$

Diese Kennzahl setzt den Leistungstreiber „abrechenbare Zeit" in Relation zum Kostentreiber Personal. Gleichwohl können auch andere Leistungstreiber wie z.B. Pflegetage herangezogen werden.

Bei Hinzunahme von Zeitwerten wird die Kennzahl besonders in Bereichen von Interesse sein, in denen Stundenkontingente mit den Kostenträgern abgerechnet werden (siehe ambulant betreutes Wohnen). Sie ist gleichsam Grundlage für die Bildung bzw. Ableitung der Kennzahlen *Erlös je Mitarbeiter* und des *Leistungsertragskoeffizienten*.

3.17 Leistungsertrag/Erlös je Mitarbeiter/Vollzeitäquivalent [B]

$$\varnothing\ Erlös\ je\ Mitarbeiter = \frac{Gesamterlös\ /\ Zuordenbarer\ Erlös}{Mitarbeiter\ (Vollzeitstellen)\ i.e.P.}$$

Diese Kennzahl dient neben einer Wirtschaftlichkeitsbetrachtung auch der innerbetrieblichen Kommunikation der Produktivität. Sofern nur einzelne Organisationsteile analysiert werden sollen, ist der den im Nenner eingerechneten Mitarbeitern zurechenbare Erlös zu betrachten.

Die Erlöse pro (Vollzeit-) Mitarbeiter spiegeln Entgeltniveaus, Ertragsmix, aber auch indirekt die Anteile der abrechenbaren Arbeitszeit wider. Es empfiehlt sich zur vertiefenden Analyse des Kerngeschäfts, hier nur Leistungserträge, nicht aber außerordentliche Erträge (wie Spenden) zu berücksichtigen. In diesem Fall spricht man auch vom Leistungsertrag pro Mitarbeiter.

3.18 Leistungsmarge je Mitarbeiter/Leistungsertragskoeffizient [A]

$$\varnothing\, Leistungsmarge = \frac{\varnothing\, Erl\ddot{o}s\, je\, Mitarbeiter}{\varnothing\, Personalkosten\, je\, Mitarbeiter} * 100$$

Die Mitarbeitermarge gehört ebenfalls zu einer der wesentlichen Kernkennzahlen der Rentabilitäts- und Produktivitätsbetrachtung in den Organisationen. In einem Zeitreihenvergleich lässt sich sehr gut nachvollziehen, wie sich Kosten und Erlösveränderungen in Bezug auf die spezifische Personalstruktur der Gesamtorganisation oder einzelner Bereiche entwickeln. Wird grafisch nicht nur die Ø Leistungsmarge, sondern auch die Entwicklung der Ø Erlöse je Mitarbeiter sowie der Ø Personalkosten je Mitarbeiter dargestellt, lässt sich zeitgleich eine Ursachenbetrachtung durchführen.

Werden im Nenner die bewerteten tatsächlichen Personalleistungen zum Ansatz gebracht, kann eine sehr detaillierte Aussage über die reale wirtschaftliche Entwicklung einer Organisation abgeleitet werden. So kann bei gleicher Produktivität der Mitarbeiter die Rentabilität deutlich sinken, wenn z.B. Kostenträger durch reale und/oder nominale Entgeltabsenkungen die Erlöse beeinflussen.

Die *Leistungsmarge der Mitarbeiter* – aber auch die *Erlöse je Mitarbeiter* – sollte bei einer Kennzahlenanalyse immer zusammen mit der Überstundenentwicklung sowie der Fehlzeitenquote betrachtet werden. Weitere in diesem Zusammenhang zu betrachtende Kennzahlen sind: durchschnittlicher Erlös je Kunde, Kundenfluktuation, Administrationsquote und Casemix.

3.19 Kunden je Mitarbeiter [C]

$$Kunden\, je\, Mitarbeiter = \frac{Zahl\, der\, Kunden\, i.e.P.}{Zahl\, der\, Mitarbeiter\, i.e.P.}$$

Ausgewiesen wird das nominale Verhältnis der zu betreuenden Kunden je Mitarbeiter. Die Kennzahl dient regelmäßig zur vertiefenden Analyse der Auswirkungen der Leistungsanforderung an die Mitarbeiter. Bekanntermaßen sinkt die Betreuungsleistung eines Kunden nicht proportional mit einer Veränderung der Leistungsgruppe, in der er eingestuft ist. Im ambulanten Leistungsbereichen ist sogar regelmäßig eine zunehmende Schere zwischen der Entwicklung des Casemix und der Kunden je Mitarbeiter feststellbar. Sinkt der Umfang der Einzelleistung, die aus einer durchschnittlich niedrigeren Einstufung der Kunden in Leistungsgruppen folgt, dann muss zur Auslastung der vorhandenen Personalkapazität die Zahl der Kunden steigen. In diesen Fällen steigt bei gleichen Gesamterlösen die Arbeitsbelastung der Mitarbeiter an, da subjektiv eine höhere Leistungsdichte durch steigende Hausbesuche wahrgenommen wird.

3.20 Führungsumfang [C]

$$Führungsumfang = \frac{Zahl\ der\ Mitarbeiter\ eines\ Bereichs\ (Köpfe)}{Zahl\ der\ Führungskräfte\ eines\ Bereichs}$$

Der Führungsumfang (auch Führungstiefe) stellt dar, wie viele Mitarbeiter eine Führungskraft im Durchschnitt betreuen muss. An dieser Kennzahl wird die Problematik des vermehrten Einsatzes von Teilzeitkräften für das Management besonders deutlich. Bei gleicher Stellenzahl kann bei zunehmender Teilzeitquote der Führungsumfang entsprechend steigen. Geht man von einem idealen Wert von 12 Mitarbeitern je Führungskraft aus, kann dieser bei einer hohen Teilzeitquote mehr als verdoppelt werden. Zu prüfen ist dann, ob Führungsaufgaben tatsächlich noch wahrgenommen werden können. Im Zweifel hebt der sich aus einer solchen Problematik entstehende Führungsbedarf, der durch zusätzliche Führungskräfte befriedigt wird, die Produktivitätsvorteile von Teilzeitkräften wieder auf. Daher ist anhand des *Führungsumfangs* bei grundsätzlichen Veränderungen in den Beschäftigungsumfängen der Mitarbeiter auf die reale Wahrnehmung von Führungsaufgaben zu achten und eine kritische Grenze der Teilzeitquote vorab zu definieren.

3.21 Freistellungsquote Leitungskräfte [C]

$$Freistellungsquote\ Leitungskräfte = \frac{Arbeitszeitanteil\ für\ Führungsaufgaben\ eines\ Bereiches\ i.e.P.}{Gesamtarbeitszeit\ der\ Führungskräfte\ eines\ Bereiches\ i.e.P.}$$

Überall dort, wo Führungskräfte in die eigentliche Leistungserbringung (Kernleistungen) aktiv eingebunden sind, werden regelmäßig Freistellungsanteile vereinbart. Diese sollen sicherstellen, dass für Führungsaufgaben, wie beispielsweise Mitarbeitergespräche, Zielvereinbarungen, entsprechend Freiräume geschaffen werden. Im Rahmen eines Vergleichs der Plan- und Istwerte dieser Kennzahl lässt sich eine Aussage treffen, ob die Führungsaufgaben im vereinbarten Umfang tatsächlich durchgeführt wurden.

3.22 Altersstrukturquote [C]

$$Altersstrukturquote = \frac{Anzahl\ der\ Mitarbeiter\ (in\ Köpfen)\ einer\ Alterskohorte\ i.e.P.}{Gesamte\ Mitarbeiterzahl\ (in\ Köpfen)\ i.e.P.} *100$$

Besonders vor dem Hintergrund des demografischen Wandels und eines anhaltenden Fachkräftemangels in der Sozialwirtschaft ist das oberste Ziel einer jeden Organisation der Aufbau und der Erhalt eines adäquaten Mitarbeiterstammes. Die Analyse der Belegschaft im Hinblick auf ihre Altersstruktur gewinnt dabei immens an Bedeutung. Sie hilft die Betroffenheit einer Organisation von den demografischen Risikofaktoren zu quantifizieren.

Die *Altersstrukturquote* bildet das Fundament einer solchen Altersstrukturanalyse, indem sie beschreibt, wie hoch der prozentuale Anteil der Mitarbeiter ist, die ein bestimmtes Alter haben.

Zur Berechnung der Kennzahl bedarf es zunächst der Strukturierung bzw. Clusterung der Belegschaft in definierte Alterskohorten, d.h. je nach ihrem erhobenen Alter werden die Mitarbeiter einer Alterskohorte zugeordnet. Die Ober- und Untergrenzen der Alterskohorten können dabei frei vom Analysten gewählt werden. Es kann z.b. eine Kohortenbreite von 9 Jahren gewählt werden: unter 25 Jahre, 25-34 Jahre, 35-44 Jahre, 45-54 Jahre und 55 Jahre und älter.

Die Altersstruktur einer Organisation lässt sich im Anschluss an die Berechnung der kohortenspezifischen *Altersstrukturquoten* auch grafisch aufbereiten (z.b. in Form eines Balkendiagrammes; dabei werden auf der Ordinate die *Altersstrukturquote* und auf der Abszisse die einzelnen Alterskohorten abgetragen). Der Wert dieser Kennzahl für das Management erhöht sich zudem durch die mögliche Einbettung in ein Benchmarking, dabei sollte auf eine einheitliche Kohortenbreite bei den Vergleichsunternehmen geachtet werden.

Die Anwendbarkeit der *Altersstrukturquote* ist keineswegs auf die Gesamtunternehmensebene beschränkt. Soll z.b. ergänzend die Betroffenheit spezifischer Leistungsangebote oder Betriebsstätten von demografischen Risiken quantifiziert werden, bietet sich eine Bildung dieser Kennzahl auf Bereichsebene ebenso wie für bestimmte Mitarbeitergruppen oder Qualifikationen (z.b. Pflegekräfte) an.

Schließlich ist die Prognose von altersstrukturellen Szenarien und ihrer Auswirkungen auf Basis dieser Kennzahl möglich. Dazu wird die Entwicklung der kohortenspezifischen *Altersstrukturquoten* durch lineare Extrapolation der aktuellen Mitarbeiteralter im Zeitverlauf betrachtet. So kann z.b. prognostiziert werden, in welchem Zeitraum mit einer großflächigen Verrentung des Personals zu rechnen ist.

Eine auf diese Weise durchgeführte Analyse der Altersstruktur bildet wiederum die Grundlage für die Ableitung von personalpolitischen Handlungsmaßnahmen und ihrer Umsetzung.

3.23 Personalbeschaffungskosten nach Beschaffungswegen [B]

$$\text{Personalbeschaffungskosten pro Einstellung des Beschaffungsweges } X = \frac{\text{Gesamtkosten für den Beschaffungsweg } X \text{ i.e.P.}}{\text{Anzahl d. Einstellungen über den Beschaffungsweg } X}$$

Die Effizienz und die Effektivität von Personalbeschaffung sind bedingt durch das Spannungsverhältnis von sich verschlechternden Refinanzierungsbedingungen einerseits und nachlassendem Fachkräfteangebot andererseits ein zentraler Erfolgsfaktor. Im Kern des Interesses steht somit auch die Identifikation des effizientesten Beschaffungsweges.

Diese Kennzahl ermöglicht dies durch einen kompetitiven Vergleich der genutzten Beschaffungswege.

Sie bietet somit Anhaltspunkte für die Bewertung von Beschaffungswegen bezüglich ihrer Akquisitions-, Selektions- und Aktionswirkung. Diese Bewertung stellt gleichsam eine Basis für die Planung und Kontrolle der Personalbeschaffungsprozesse dar.

Bei der Interpretation der Ergebnisse sind allerdings auch andere Einflussgrößen wie die Arbeitsmarktsituation oder das Unternehmensimage zu berücksichtigen. Es ist daher eine laufende, zeitraumbezogene Überwachung notwendig, um Schwankungsursachen identifizieren zu können. Dies gilt ebenso für die Berechnungskomponenten dieser Kennzahl:

Ein Anstieg des Kennzahlwertes ist in jedem Fall kritisch zu bewerten. So kann dies z.B. auf steigende Kosten für die Nutzung eines Beschaffungsmediums oder aber rückläufige Einstellungszahlen infolge nachlassender Akquisitionswirkung des Beschaffungsweges hindeuten. Im ersten Fall ist je nach der Entwicklung in anderen Beschaffungswegen eine Neuwahl des bevorzugten Mediums vorzunehmen. Im letzteren Fall sollte die Effektivität der gesamten Personalbeschaffung mithilfe des *Personaldeckungsgrades* verifiziert werden, da eine qualitative Aussage auf Basis rein absoluter Einstellungszahlen nicht möglich ist.

Ein sinkender Kennzahlwert deutet indes auf fallende Kosten für das Beschaffungsmedium oder aber steigende Einstellungszahlen hin.

Im Nenner der Berechnungsformel kann neben der Anzahl der Einstellungen auch die Anzahl der über einen Beschaffungsweg realisierten Vorstellungen und Bewerbungen verwendet werden.

Im Zähler erscheinen ausschließlich Kosten für externe Dienst- und Serviceleistungen, die zum Zwecke der Personalbeschaffung in Anspruch genommen wurden. Darunter fallen z.B. Kosten für die Teilnahme an einer Recruitingmesse oder für das Erstellen einer Web- oder Printanzeige. Werden diese Leistungen in Eigenregie durchgeführt, ist eine Bewertung mit einschlägigen Verfahren der Gemeinkostenschlüsselung (z.B. durch eine Prozesskostenrechnung) vorzunehmen. Entscheidend ist dabei, dass lediglich Kosten angesetzt werden, die in direktem Zusammenhang mit dem untersuchten Beschaffungsweg stehen. Kosten der Personalauswahl (z.B. Bewerbungsgespräche, Assessment Center etc.) und anderer unterstützender und/oder nachgelagerter Prozesse sind an dieser Stelle nicht zu berücksichtigen. Sie finden Eingang in die *Personalbeschaffungskosten pro Eintritt*.

3.24 Personalbeschaffungskosten pro Eintritt[282] [B]

$$Personalbeschaffungskosten\ pro\ Eintritt = \frac{Gesamtkosten\ der\ Personalbeschaffung\ i.e.P.}{Anzahl\ der\ Einstellungen\ i.e.P.}$$

Die *Personalbeschaffungskosten pro Eintritt* stellen eine Maßgröße für die Höhe des Personalrekrutierungsaufwandes einer Periode dar. Im Unterschied zu den *Personalbe-*

---

282 Schulte 2011, S. 193.

schaffungskosten nach Beschaffungswegen setzt diese Kennzahl allerdings auf Gesamtunternehmensebene an.

Sie inkludiert im Zähler die Summen der (externen) Kosten aller Personalbeschaffungswege, die ohne Probleme in der Erhebung ermittelt werden können. Zusätzlich dazu werden hier jedoch auch Kosten mit einbezogen, die innerhalb der Organisation zum Zwecke der Personalrekrutierung anfallen.

Dabei handelt es sich regelmäßig um Verwaltungskosten, die mehrheitlich Personalkosten sind. Deren einwandfreie Zurechnung zum Personalbeschaffungsprozess ist aufgrund der Tatsache, dass es sich hier um Gemeinkosten handelt, nicht ohne weiteres möglich. Eine Personalstundensatzberechnung für Verwaltungsmitarbeiter und die Veranlassung von Prozessaufschreibungen kann erste Abhilfe schaffen. In diesem Falle haben alle Verwaltungsmitarbeiter die zum Zwecke der Personalrekrutierung gearbeitete Zeit zu dokumentieren. Anschließend erfolgen eine Bewertung mithilfe des berechneten Stundensatzes sowie eine Kumulation der so berechneten anteiligen Verwaltungskosten.

Ist in der Organisation bereits eine Prozesskostenrechnung implementiert, die den Personalbeschaffungsprozess abbildet, so kann dieser Schritt entfallen. Die einfach ableitbaren Verwaltungskosten sind dann ohne weiteres in die Kennzahlberechnung überführbar.

Die Kennzahl ermöglicht eine Abbildung der Intensität des Auswahlprozesses und/oder der Arbeitsmarktlage. Um diesen Aspekt differenzierter beleuchten zu können, ist die Berechnung auf der Ebene einzelner Mitarbeitergruppen möglich.[283] Ein hoher Kennzahlwert impliziert folglich einen sehr intensiven Rekrutierungsprozess.

Bezüglich der Interpretation von Schwankungen gelten die Aussagen zu den *Personalbeschaffungskosten nach Beschaffungswegen*: Abweichend ist lediglich zu bemerken, dass bei einem im Zeitverlauf steigenden Kennzahlwert auch auf Ineffizenzen in der Verwaltung geprüft werden muss.

3.25 Personaldeckungsgrad[284] [B]

$$Personaldeckungsgrad = \frac{Anzahl\ der\ Neueinstellungen\ i.e.P.}{Anzahl\ der\ benötigten\ Mitarbeiter\ i.e.P.}*100$$

Der *Personaldeckungsgrad* ist eine zentrale Maßgröße für die Beurteilung der betrieblichen Personalbeschaffungsaktivitäten im Hinblick auf ihren Erfolg.

Er liegt bei 100 Prozent, wenn alle vakanten Stellen im Betrachtungszeitraum neubesetzt werden konnten. Ein Kennzahlwert von unter 100 Prozent kann mehrere Ursachen haben. Kann eine ungünstige Arbeitsmarktsituation ausgeschlossen werden, liegen die Ursachen zumeist im innerbetrieblichen Personalbeschaffungsapparat, dem Arbeitgeberimage und/oder den gewählten Beschaffungswegen.

---

283 Vgl. ebenda.
284 Vgl. ebenda, S. 195.

Durch den Einsatz dieser Kennzahl wird eine umfassende Kosten-Nutzen-Analyse der Personalbeschaffung erst möglich, da die bisher bekannten input- bzw. kostenorientierten Kennzahlen (Vgl. *Personalbeschaffungskosten nach Beschaffungswegen* sowie *Personalbeschaffungskosten pro Eintritt*) um eine outputorientierte Sichtweise erweitert werden.

3.26 Personalentwicklungsquote[285] [B]

$$Personalentwicklungsquote = \frac{\Sigma \, Personalentwicklungskosten \; i.e.P.}{Gesamtpersonalkosten \; i.e.P.} * 100$$

Die *Personalentwicklungsquote* liefert einen Maßstab zur Bewertung der Intensität der Personalentwicklung in einer Organisation. Da es sich bei den Aktivitäten um eine Aufwertung bzw. Investition in das gebundene Humankapital handelt, drückt diese Kennzahl den Investitionsanteil an den Personalkosten aus.[286]

Da Personalentwicklung sich im Wesentlichen aus Aus- und Weiterbildung zusammensetzt, sind die Kosten für beide Bereiche im Zähler miteinzubeziehen. Konkret bedeutet dies:

Jedwede zurechenbare Kosten für Fort- und Weiterbildungsmaßnahmen wie externe oder interne Seminare oder Schulungen, Ausbildungsvergütungen und Arbeitsentgelte für ausgefallene Arbeitszeiten.

Zum Zwecke einer vertiefenden Analyse bietet sich hier eine Berechnung für einzelne Mitarbeitergruppen an, um Entwicklungsbedarfe differenziert darstellen zu können.

3.27 Ausbildungsquote[287] [B]

$$Ausbildungsquote = \frac{Anzahl \, der \, Auszubildenden \; i.e.P. \, (Köpfe)}{Gesamte \, Mitarbeiterzahl \; i.e.P. \, (Köpfe)} * 100$$

Die Ausbildungstätigkeit einer sozialen Organisation ist von enormer Relevanz für ihre Altersstruktur. Vor dem Hintergrund zunehmend alternder Belegschaften wird die Ausbildung ein zentraler Pfeiler bei dem Vorhaben, ein kritisches Fachkräfteniveau auch zukünftig zu sichern. Die Ausbildungsquote visualisiert in diesem Kontext den Anteil der Auszubildenden an der Gesamtbelegschaft zum Analysestichtag. Ein hoher Kennzahlwert impliziert einen hohen Anteil Auszubildender an der Gesamtzahl der Mitarbeiter.

Die Interpretationsmöglichkeiten dieser Kennzahl werden im Rahmen von Benchmarkings oder innerbetrieblichen Zeitreihenanalysen erweitert. Zudem ist ein Soll-Ist-Vergleich möglich.[288] Dazu bedarf es einiger Vorüberlegungen.

---

285 Vgl. ebenda, S. 227.
286 Vgl. ebenda.
287 Ebenda, S. 222.
288 Vgl. ebenda.

Ausgangspunkt ist der Personalbedarf einer Organisation. Dieser kann mithilfe der Altersstruktur (Vgl. dazu die *Altersstrukturquote*) sowie der Fluktuation (Vgl. dazu die *Fluktuationsrate*) beschrieben bzw. quantifiziert werden. Der Bedarf beschreibt somit eine Personalunterdeckung, mithin eine positive Differenz zwischen der Anzahl der benötigten und der vorhandenen Mitarbeiter.

Dieser Bedarf ist neben Neueinstellungen nur durch die Ausbildung zu decken, indem Auszubildende übernommen werden (inwiefern dies erfolgt, verdeutlicht die *Übernahmequote*).[289] Eine kritische Ausbildungsquote im Sinne eines Sollwertes ergibt sich somit aus einer zukünftigen Personalunterdeckung unter Berücksichtigung der Erfolgschancen auf dem Arbeitsmarkt. Die folgende Beispielrechnung soll dies verdeutlichen:[290]

Ein Wohnheim hat am Erhebungsstichtag 16 Mitarbeiter (Köpfe). Im folgenden Jahr wird mit einer Personalunterdeckung von 6 Mitarbeitern gerechnet, da durch Fluktuation und Verrentung 6 Mitarbeiter bei unveränderter Gesamtmitarbeiterzahl ausscheiden werden. Über Rekrutierungsmaßnahmen auf dem Arbeitsmarkt können 4 Mitarbeiter mit Beginn des folgenden Jahres verpflichtet werden. Die übrigen 2 Mitarbeiter müssten somit auf selbst ausgebildete Kräfte entfallen, die im folgenden Jahr ihre Ausbildung beendet haben werden. Somit müsste das Wohnheim aktuell mindestens 2 Auszubildende im letzten Lehrjahr haben. Der Zielwert der Ausbildungsquote für Auszubildende im letzten Lehrjahr liegt aktuell damit bei 12,5%, sofern eine vollständige Übernahme der Auszubildenden unterstellt wird.[291]

3.28 Übernahmequote[292] [B]

$$\text{Übernahmequote} = \frac{\textit{Anzahl der übernommenen Auszubildenden i.e.P.}}{\textit{Anzahl der Mitarbeiter mit beendeter Ausbildung i.e.P.}} * 100$$

Die Wichtigkeit der betrieblichen Ausbildung vor dem Hintergrund von Fachkräftemangel und demografischem Wandel wurde bereits im Rahmen der *Ausbildungsquote* thematisiert.

Inwiefern die Ausbildungstätigkeit einer sozialen Organisation dazu beiträgt, Szenarien der zukünftigen Personalunterdeckung zu verhüten, lässt sich mithilfe der Übernahmequote umfassend darstellen. Sie gibt Aufschluss darüber, wie viel Prozent der in einem Jahr fertig ausgebildeten Mitarbeiter im Betrieb übernommen werden. Zur langfristigen Sicherung eines hohen Fachkräfteanteils bedarf es neben der Ausbildung als solches der Übernahme und Bindung (Vgl. dazu die *Fluktuationsrate*) der ausgebildeten Fachkräfte.

---

289 Vgl. ebenda.
290 Dabei wird die Ausbildungsquote noch spezifischer auf Ebene der Ausbildungsjahre der Auszubildenden dargestellt.
291 Es gilt: (2/16)*100 = 12,5%. Da auch im folgenden Jahr mit maximal 16 Mitarbeitern geplant wird, liegt auch der Wert der globalen Ausbildungsquote (über alle Auszubildenden hinweg, unabhängig vom Lehrjahr) bei 12,5%, da Auszubildende in einem früheren Stadium irrelevant sind. Dort wird mit einer Ausbildungsquote von 0% geplant.
292 Schulte 2011, S. 223.

Die Interpretationsmöglichkeiten dieser Kennzahl vergrößern sich durch Soll-Ist-Vergleiche und Zeitreihenanalysen. In jedem Fall sind die Gründe für das Ausscheiden von ausgebildeten Mitarbeitern zu erfassen.

3.29 Realer Lohnsteigerungsindex [C]

$$\textit{Realer Lohnsteigerungsindex} = \left(\left(\frac{\textit{Ø Bruttolohn im Jahr n}}{\textit{Ø Bruttolohn im Jahr n - x}}*100\right) - 100\right) - \left(\left(\frac{\textit{Verbraucherpreisindex im Jahr n}}{\textit{Verbraucherpreisindex im Jahr n - x}}*100\right) - 100\right)$$

Der reale Lohnsteigerungsindex gibt an, wie sich die ausgabenwirksamen Bruttopersonalkosten im Vergleich zur Geldentwertung in einem ausgesuchten Betrachtungszeitraum verhalten haben.

Dies ist deshalb von enormer Bedeutung, da Personalkosten tendenziell den größten Ausgabenposten in sozialwirtschaftlichen Unternehmen darstellen. Liegt ein positives Ergebnis vor, so sind die Bruttolöhne stärker gestiegen, als durch Geldentwertung bei ihnen „gespart" wurde. Ein negatives Ergebnis suggeriert hingegen, dass mehr Geldwert vernichtet wurde, als durch eine nominale Erhöhung der Bruttolöhne kompensiert wurde. Dies entspricht auf Arbeitnehmerseite einem Reallohnverlust.

3.30 Fachkraftquote [C]

$$\textit{Fachkraftquote} = \frac{\textit{Anzahl der Pflegefachkräfte in VZÄ i.e.P.}}{\textit{Anzahl aller Mitarbeiter in VZÄ i.e.P.}}*100$$

Die Fachkraftquote gibt an, wie groß der Anteil der Fachkräfte an der gesamten Mitarbeiterschaft ist. Welche Art von Arbeitsverhältnissen jeweils in Nenner und Zähler einbezogen werden, obliegt dem Analyst. Zu Benchmarkingzwecken sollte an dieser Stelle jedoch auf eine einheitliche Definition des Fachkräftebegriffs geachtet werden.

Eine hohe Fachkraftquote ist in erster Linie Indiz für eine hohe Fachlichkeit und damit Qualität der angebotenen Leistungen. Dennoch birgt eine hohe Fachkraftquote immer auch das Risiko von Fixkostenremanenzen und Inflexibilitäten im Personaleinsatz. In der Praxis ist daher die Erarbeitung eines Kompromisses aus Flexibilität und Qualität eine große Herausforderung.

4. Kennzahlen für die Dimension der Prozesse

4.1 Reaktionsdauer Anfrage [B]

$$\textit{Ø Reaktionsdauer Anfrage} = \frac{\textit{Σ Zeitspanne zw. Anfrageeingang und Entscheid aller Anfragen i.e.P.}}{\textit{Zahl der Anfragen i.e.P.}}$$

Im Wettbewerb um Belegung ist die Reaktionsdauer auf eine Anfrage eine der entscheidenden Prozesskennzahlen, die eine direkte Erlösbeeinflussung zur Folge hat. Zu spezifizieren ist je nach Tätigkeitsbereich einer Organisation, was eine Anfrage und was eine Entscheidung ist.

Die *Reaktionsdauer auf Anfrage* wird regelmäßig zur vertiefenden Analyse bei Belegungsproblematiken genutzt.

4.2 Dauer Zusage – Aufnahme [B, teilweise A]

$$\varnothing \; Dauer \; Zusage \text{-} Aufnahmen = \frac{\Sigma \; Zeitspanne \; zw. \; Zusage \; und \; Aufnahme \; i.e.P.}{Zahl \; der \; Aufnahmen \; i.e.P.}$$

Gerade dort, wo eine schnelle Aufnahme wettbewerbs- und erfolgsentscheidend ist, ist die Kennzahl regelmäßig zu analysieren. Dies gilt sowohl für stationäre wie ambulante Dienstleistungen aber auch für Beratungsstellen. Auch bei der Frühförderung ist diese Kennzahl regelmäßig in Analysen einbezogen.

Organisationen, die in integrierenden Versorgungsstrukturen arbeiten, erheben diese Kennzahl permanent. In einem solchen Fall handelt es sich um eine A-Kennzahl.

4.3 Dauer Beschwerdereaktion [C]

$$\varnothing \; Dauer \; Beschwerdereaktion = \frac{\Sigma \; Zeitspanne \; zw. \; Beschwerdeeingang \; und \; Kontakt \; mit \; Beschwerdeführer}{Zahl \; der \; Beschwerden \; i.e.P.}$$

Die Dauer der Beschwerdereaktion spiegelt nicht nur die Güte des Prozessmanagements wieder, sondern ist auch Ausdruck des Selbstverständnisses einer Organisation im Umgang mit Beschwerden. Im Zähler geht dabei die Zeitspanne ein, die die Organisation benötigt, mit dem Kunden einen persönlichen Kontakt aufzunehmen und verbindlich eine erste Antwort zu geben. Eine bloße Eingangsbestätigung zählt hierzu regelmäßig nicht. Eine endgültige Erledigung der Beschwerde wird aber auch nicht gefordert, da deren Bearbeitung auch einen längeren Zeitraum in Anspruch nehmen kann. Dies wird in der Kennzahl *Dauer der Beschwerdeklärung* ausgedrückt.

4.4 Dauer Beschwerdeklärung [C]

$$\varnothing \; Dauer \; Beschwerdeklärung = \frac{\Sigma \; Zeitspanne \; zw. \; Beschwerdeeingang \; und \; endgültiger \; Erledigung}{Zahl \; der \; Beschwerden \; i.e.P.}$$

Gemessen wird die durchschnittliche Zeitspanne zwischen Eingang der Beschwerde und deren abschließender Klärung. Für einen internen und externen Vergleich ist diese Kennzahl aus qualitativer Sicht sehr aufschlussreich, da sie indirekt Entscheidungsstrukturen wiederspiegelt.

4.5 Zahl der Pflegevisiten pro Tag [B]

$$Zahl \; der \; Pflegevisiten \; pro \; Tag = \frac{\Sigma \; Pflegevisiten \; i.e.P.}{Kalendertage \; i.e.P.}$$

Mit der Kennzahl wird transparent gemacht, wie häufig die verantwortlichen Betreuungs- und Pflegekräfte einen Abgleich zwischen Planung und Dokumentation anhand eines Kundenkontakts wahrnehmen. Im Qualitätsmanagement wird diese Zahl genutzt, um Standards für diesen Abgleich zu setzen. Mit einem Soll-Ist-Abgleich wird damit zugleich die Einhaltung der vereinbarten Standards überprüft.

4.6 Zahl der Zielpunkte je Tour [B]

$$Zahl\ der\ Zielpunkte\ je\ Tour = \frac{\Sigma\ der\ Ziele\ aller\ Touren}{Zahl\ aller\ Touren}$$

Die Tourenplanung ist für auslieferungsorientierte Leistungen, beispielsweise bei der mobilen Versorgung, aber auch bei mobiler Leistungserbringung (z.b. ambulante Pflege) bedeutend für den unternehmerischen Erfolg. Gerade bei einem Vergleich verschiedener Leistungsbereiche mit vergleichbarer Aufgabenstellung ist diese Kennzahl relevant, um den unternehmerischen Erfolg vertiefend zu analysieren. Zudem lässt sich bei einigen Dienstleistungen auch eine grundsätzliche Aussage über die Nachfrage treffen (z.b. mobile Versorgung). Ergänzend kann überprüft werden, wie flexibel eine Ressourcenanpassung möglich ist. Verändert sich beispielsweise das Ergebnis der Kennzahl analog einer Veränderung der Nachfrage, die sich insgesamt an einer Veränderung der Zielpunkte darstellen lässt, ist die Organisation auf den ersten Blick scheinbar nicht in der Lage, vorhandene Kapazitäten der veränderten Nachfrage anzupassen.

4.7 Fahrzeit zwischen den Zielpunkten [B]

$$\emptyset\ Fahrzeit\ zwischen\ den\ Zielpunkten = \frac{\Sigma\ Fahrzeiten\ aller\ Touren\ i.e.P.}{\Sigma\ Zielpunkte\ der\ Touren\ i.e.P.}$$

Die Länge der Fahrzeiten zwischen den einzelnen Zielpunkten bestimmt wesentlich den unternehmerischen Erfolg, da regelmäßig die Refinanzierung dieser Zeiten über Fahrtpauschalen oder andere Vergütungen unzureichend ist. Je kürzer die Fahrzeiten zwischen den Zielpunkten im Durchschnitt sind, desto besser ist der Refinanzierungsgrad der erbrachten Leistungen. Zudem sinkt erfahrungsgemäß die Verspätungswahrscheinlichkeit aufgrund von Verkehrsproblemen.

Somit stellt die Kennzahl einen wesentlichen Indikator zur Wirtschaftlichkeitsbetrachtung aber auch zur Güte der Tourenplanung dar.

4.8 Ø Fahrzeit je Tour [C]

$$\emptyset\ Fahrzeit\ je\ Tour = \frac{\Sigma\ Fahrzeiten\ aller\ Touren\ i.e.P.}{\Sigma\ Zahl\ der\ Touren\ i.e.P.}$$

Mit der durchschnittlichen Fahrzeit steht ein weiterer Indikator der Tourenplan zur vertiefenden Kennzahlenanalyse zur Verfügung. Sie dient schwerpunktmäßig einer wirtschaftlichen Betrachtung der Leistungserbringung, kann aber auch in Einzelfällen eine Aussage zur Auslastung vorhandener Fahrzeugkapazitäten liefern. Aus wirtschaftlicher Sicht sind Fahrzeiten oftmals unzureichend refinanziert. Je höher die durch-

schnittliche Fahrzeit ist, desto größer ist der nicht refinanzierte Kostenteil für die An-
und Abfahrten.

Sehr kurze Fahrzeiten können in einigen Dienstleistungsbereichen ein Indikator für unzureichende Fahrzeugauslastung sein. Als Beispiel kann die mobile Verpflegung genannt werden, sofern die eingesetzten Fahrzeuge nicht für andere Leistungen genutzt
werden. Da der Hausbesuch in der Regel sehr kurz ist, wird die Gesamtdauer der Tour
wesentlich von der Fahrzeit der Tour bestimmt.

4.9 Ø Tourendauer [B]

$$\text{Ø Tourendauer} = \frac{\Sigma \text{ Zeiten der Dauer aller Touren i.e.P.}}{\Sigma \text{ Zahl der Touren i.e.P.}}$$

Die Tourendauer wird regelmäßig betrachtet, um die Auslastung der vorhandenen
Fahrzeug- und Personalkapazitäten zu analysieren.

4.10 Fakturierungsdauer [C]

$$\text{Ø Fakturierungsdauer} = \frac{\text{Zeit zwischen Eingang der Rechnungsdaten und Rechnungsausgang}}{\text{Zahl der Rechnungen i.e.P.}}$$

Entscheidend für den Vorfinanzierungsaufwand und die Liquiditätssteuerung ist in vielen Organisationen die Dauer zwischen der Vorlage der abrechnungsfähigen Unterlagen und dem tatsächlichen Rechnungsausgang. Dabei muss individuell in jeder Organisation definiert werden, ab welchem Bearbeitungszeitpunkt die Unterlagen als ab-
rechnungsfähig gelten. Differenziert werden muss zwischen Rechnungsdaten, die eine
sofortige Abrechnung gegenüber einem Zahlungspflichten ermöglichen und denen, für
die eine gesonderte Genehmigung oder Bewilligung abgewartet werden muss. Somit
werden in der Praxis zwei Kennzahlen gepflegt und oftmals mit den jeweiligen Rech-
nungsvolumina zusammen ausgewiesen.

4.11 Betreuungskontinuität (ambulanter Pflegedienst) [C]

$$\text{Betreuungskontinuität} = \frac{\Sigma \text{ Durchführungshäufigkeiten der definierten Tour X i.e.P.}}{\Sigma \text{ Eingesetzte Vollzeitäquivalente auf der Tour X i.e.P.}}$$
$$(\textit{inkl.Mehrfachnennungen})$$

Die Betreuungskontinuität gibt an, wie lange ein Vollzeitäquivalent -rechnerisch be-
trachtet- an einem Stück auf einer Tour eingesetzt wird. Zur Verdichtung der Daten
auf Gesamtunternehmensebene ist das arithmetische Mittel der routenspezifischen
Kontinuitäten zu berechnen.

Diese Kennzahl spiegelt die Fähigkeit des Pflegedienstes wieder, den Versorgungspro-
zess so zu gestalten, dass die Etablierung einer Beziehung zwischen Pflegendem und
Klienten ermöglicht wird. Ein geringer Ausprägungswert dieser Kennzahl deutet demnach auf eine hohe Mitarbeiterfluktuation auf einer Tour hin, was den Beziehungsaufbau erschwert und folglich die Individualität der Pflegeleistung negativ beeinträchtigt,

da Kundenwünsche später erkannt und befriedigt werden. Durch die sachlogische Verbindung zur Tourenplanung spiegelt diese Kennzahl indirekt ebenso die Qualität der Pflegedienstleitung wieder. Idealerweise wird diese Kennzahl nur für regelmäßig stattfindende Touren berechnet.

Letztlich bleibt zu beachten, dass es sich hierbei um einen simplifizierte, rechnerische Betrachtung handelt, deren Ergebnis zuweilen unrealistisch anmutende Werte annimmt. Dies hat rechnerische Gründe und schränkt die Interpretationsmöglichkeiten besonders im Rahmen des Benchmarkings nicht ein.

4.12 Pflegedokumentationsfehlerquote [C]

$$Pflegedokumentationsfehlerquote = \frac{\Sigma \; Patienten \; mit \; mindestens \; x \; Fehlern \; in \; der \; Leistungsdokumentation \; i.e.P.}{\Sigma \; Versorgte \; Patienten \; in \; einer \; Periode} *100$$

Diese Kennzahl gibt Aufschluss über die Güte der Pflegedokumentation in einem sozialen Unternehmen. Besonders im Benchmarking ist sie von besonderer Aussagekraft.

Nach der Definition des Fehlerbegriffs und der Festlegung eines quantitativen Fehlergrenzwertes x werden alle Dokumentationsmappen erfasst, die diese Grenze treffen oder überschreiten. Durch den Bezug auf die Gesamtheit aller versorgten Patienten kann dann ermittelt werden, wie fehlerhaft die Dokumentationsvorgänge auf Gesamtunternehmensebene, oder aber in Wohnbereiche oder Abteilungen sind. Da die Dokumentation Grundlage von Abrechnung und Pflege-/Leistungsplanung ist, ist der Stellenwert dieser Kennzahl als entsprechend hoch einzuschätzen. Auswertungen dieser Kennzahl können Basis für Mitarbeitergespräche und vertiefende Fehleranalysen sowie Ansatzmöglichkeit für ein Qualitätsmanagementsystem sein

4.13 Patientengruppenbezogene Reklamationsquote [C]

$$Reklamationsquote = \frac{\Sigma \; Reklamationen \; innerhalb \; der \; Patientengruppe \; i.e.P.}{\Sigma \; Dokumentierte \; bzw. \; abgerechnete \; Leistungen \; in \; der \; Patientengruppe \; i.e.P.} *100$$

Diese Kennzahl zeigt, wie hoch der Anteil an reklamierten Leistungen in einer bestimmten Patientengruppe ist.

Die Reklamationsquote erlaubt Urteile über die Zufriedenheit der Klienten mit den pflegerischen Leistungen. Um Fehlerquellen und organisationalen Lernbedarf besser lokalisieren zu können, ist es sinnvoll, die Reklamationsquote für im Vorfeld geschichtete, homogene Patientengruppen zu berechnen (es bieten sich hier Pflegestufen oder Hilfebedarfsgruppen, aber auch individuelle Unterteilungen z.B. nach Art der Leistungen an). Auf diese Weise werden zielgruppenspezifische Bedürfnisse und Qualitätskriterien besser und früher erkannt. Auch diese Kennzahl kann im Rahmen eines Qualitätsmanagementsystems verwendet werden. In jedem Fall muss diese Analyse der Reklamationen Hand in Hand gehen mit einem effektiven Beschwerdemanagement, sodass eine Rücksprache mit Kunden und/oder Angehörigen über den Grund für die Reklamation möglich ist. Denn anders als im produzierenden Gewerbe sind bei sozialen Dienstleistungen zumeist sehr subjektive Wahrnehmungen ausschlaggebend für die Zufriedenheit mit einer Leistung.

5. Kennzahlen für die Dimension Kunden/Klienten

5.1 Casemix [A]

$$CM = \frac{\Sigma\,(Abrechnungstage^* \; Leistungsgruppe\,1\;bis\,n)}{Gesamtzahl\,der\,Abrechnungstage}$$

Leistungsgruppe = Pflegestufe, Behandlungsgruppe oder Hilfebedarfsgruppe/Leistungstyp

Für die Pflegestufe 0 ist ein Leistungsgruppenwert von 0,5 anzusetzen.

Beispiel: Pflegeheim, 80 Plätze, durchschnittlicher Monat mit 30 Tagen, 100 % abrechnungsfähige Auslastung

	Pflegestufe (Leistungsgruppe)		
	I	II	III
Bewohner	20	50	10
Abrechnungstage	600	1500	300

$$CM = \frac{1^*\,600 \;+\; 2^*\,1500 \;+\; 3^*\,300}{2400} = 1,88$$

Die Bezeichnung des Casemix und des Casemix-Indexes wird hier identisch verwendet.

In ambulanten und stationären Einrichtungen ist der Casemix die zentrale Kennzahl für die Erfolgssteuerung. Der Casemix beschreibt den Durchschnittswert aller Leistungsgruppen, die in einer Einrichtung während einer Periode angefallen bzw. abgerechnet wurden. Leistungsgruppen bilden unterschiedliche Behandlungs-, Pflege- und/ oder Betreuungsumfänge der Klienten ab. Typischerweise verwendet wird der Casemix im Krankenhaus, in der Altenpflege und der Eingliederungshilfe. In letzterer kann der Casemix nur dann berechnet werden, wenn mit Hilfebedarfsgruppen und Leistungstypen eine Differenzierung von Leistungsbedarfen erfolgt.

Klassischerweise wird der Casemix immer dann betrachtet, wenn die Differenzierung von Leistungsgruppen auch entgeltrelevant ist, sich also somit Preisgruppen bilden. Verändert sich der Casemix bei konstanter Gesamtauslastung, so verändert sich die Erlösstruktur bei weitestgehend konstanten Strukturkosten. Daher hat der Casemix eine so zentrale Steuerungsfunktion erhalten. Nicht mehr die Auslastung alleine, sondern die Entgeltstruktur bei einem bestimmten Auslastungsgrad ist entscheidend für Erfolgssteuerung.

Eine relevante Veränderung der Kostenstruktur lässt sich bei steigendem oder sinkendem Casemix nur durch eine Steuerung der Personalkosten realisieren. Steigt der Casemix, und damit auch regelmäßig der vergütete Leistungsumfang, kann die floatende Personalkapazität steigen. Bei sinkendem Casemix erfolgt die Anpassung in umgekehrter Richtung. Dabei handelt es sich allerdings um eine rein monetäre Betrachtung. In vielen Fällen ist ein steigender Behandlungs-, Pflege- oder Betreuungsbedarf feststellbar, der jedoch erst später zu einer Veränderung des Entgelts führt. Sofern eine solche Lücke zwischen der fachlich notwendigen Leistungsumfänge und der entgeltrelevanten Leistungsgruppen auftritt, wird durch die zeitverzögerte Veränderung des Casemix ein weiteres Indiz der Ergebnisbeeinflussung abgebildet.

Verändert sich der Casemix, ist also immer zu überprüfen, wie sich der Leistungsumfang des Personals verändert hat (Auf-/Abbau von Stunden der Arbeitszeitkonten, Stundenumfang von Aushilfen etc.). Sind keine Arbeitszeitkonten eingerichtet, ist parallel die Entwicklung der Überstunden bzw. Mehrarbeitsstunden zu betrachten. Bei steigendem Casemix und konstanten Leistungsumfängen des Personals kann ein qualitatives Problem durch den Zeitreihenvergleich signalisiert werden. Nicht nur unzureichende Betreuungsleistungen fallen darunter, sondern auch die Belastungen des Personals. Steigende Fehlzeiten und/oder Fluktuation können die Folge sein.

Ein sich verändernder Casemix deutet zudem auf notwendige Ambulantisierungen von Leistungen hin, insbesondere in der Eingliederungshilfe. Sinkt der Casemix, kann der Leistungsumfang regelmäßig nur bei den Individualleistungen verändert werden. Bei den sogenannten Gruppenleistungen ist eine Reduktion des Leistungsumfangs dagegen nur schwer möglich. Da in der Regel die Gruppenleistungen bei niedrigen Hilfebedarfsgruppen (Leistungsgruppen) nur unzureichend finanziert werden, wird deren Finanzierung vorwiegend aus den höherpreisigen Gruppen betrieben. So bricht bei sinkendem Casemix diese Querfinanzierung sukzessive ein und führt zum beschriebenen Ergebnisrückgang. Kann bei den Individualleistungen noch eher über veränderte Leistungsumfänge des Personals gesteuert werden, bedeutet bei den Gruppenleistungen ein sinkender Casemix die grundsätzliche Infragestellung der Angebote. Damit kann sich eine ganze Einrichtung und sogar eine Organisation in ihrem Selbstverständnis verändern.

In der ambulanten Pflege kann der Casemix ebenfalls berechnet werden, wenn die Kunden durchgehend die Sachleistungen ohne Kombileistungen in Anspruch nehmen. Anstatt der Abrechnungstage kann auch die Zahl der Einsätze in der jeweiligen Pflegestufe verwandt werden. Ein steigender oder sinkender Casemix gibt in diesem Fall auch Auskunft über eventuell auftretende Probleme bei der Tourenplanung sowie der Kunden- und Mitarbeiterzufriedenheit: je länger ein Einsatz dauert, desto weniger An-/Abfahrten sind notwendig und desto geringer ist die Stressbelastung der Mitarbeiter während einer Tour. Zudem steigt regelmäßig die Kundenzufriedenheit bei längeren Präsenzzeiten der Pflegekräfte. Da diese in der Regel bei höheren Pflegestufen länger sind, steigt somit auch die Zufriedenheit mit dem Pflegedienst. Sollten mehr als 20 % der Kunden Kombileistungen in Anspruch nehmen, ist auf die Ermittlung des Casemix zu verzichten, da der Aussagewert für die operative Steuerung relativ gering ist. In diesem Fall liefert der Casemix eine Information über den Kundenmix.

Aus dem obigen Beispiel wird deutlich, dass der Casemix in der Beispieleinrichtung in der ersten subjektiven Betrachtung im Bereich der Pflegestufe II liegen wird. Die Berechnung ergibt einen Wert von unter 2. Kommt es zu einer Verschiebung der Pflegetage zwischen der Pflegestufe I und III, werden die deutlichsten Veränderungen festzustellen sein.

Variante		Pflegestufe (Leistungsgruppe)			CM
		I	II	III	
A	Bewohner	20	50	10	1,88
	Abrechnungstage	600	1500	300	
B	Bewohner	25	50	5	1,75
	Abrechnungstage	750	1500	150	
C	Bewohner	10	50	20	2,13
	Abrechnungstage	300	1500	600	

Tabelle 61: Casemix und Pflegestufe[293]

Die Berechnung kann analog mit Hilfebedarfsgruppen und Leistungstypen in der Eingliederungshilfe erfolgen.

Der Casemix gehört damit in jedes regelmäßige Berichtswesen.

5.2 Pflege-/Betreuungspersonal je Bewohner [C]

$$\text{Pflege- bzw. Betreuungspersonal je Bewohner} = \frac{\text{Zahl der Vollzeitstellen}}{\text{Bewohnerzahl}}$$

Gewichteter Schlüssel $(_g)$

$$\text{Pflege- bzw. Betreuungspersonal je Bewohner}_g = \frac{\text{Zahl der Vollzeitstellen}}{\Sigma\,(\text{Bewohnerzahl* Leistungsgruppe 1 bis n})}$$

Beispiel zum gewichteten Schlüssel

Pflegeheim, 80 Plätze, durchschnittlicher Monat mit 30 Tagen, 100 % abrechnungsfähige Auslastung, 80 Vollzeitstellen in der Pflege/Betreuung

---

293   Quelle: eigene Darstellung.

Pflege-/Betreuungspersonal je Bewohner = 1

Variante		Pflegestufe (Leistungsgruppe)			Personal je Bew.$_g$
		I	II	III	
A	Bewohner	20	50	10	0,53
B	Bewohner	25	50	5	0,57
C	Bewohner	10	50	20	0,47

Tabelle 62: Betreuungspersonal je Bewohner[294]

Die ungewichtete Kennzahl ist der mathematische Ausdruck des häufig verwandten Stellenschlüssels. Wird die gewichtete Variante gewählt, ist diese nicht mit der ungewichteten Grundversion der Kennzahl vergleichbar.

Bei der gewichteten Variante ist insbesondere die Veränderung im Zeitverlauf relevant. Die Veränderung kann dabei durch einen veränderten Personalstand, bemessen in Vollzeitstellen, oder durch eine Verschiebung in der Bewohnerstruktur verursacht werden.

Die Kennzahl Pflege-/Betreuungspersonal je Bewohner ist eine qualitative Größe zur Abbildung von Strukturqualität. Je höher der Wert, desto besser ist das Personal-/Bewohnerverhältnis.

Wird der Leistungsumfang des Betreuungs-/Pflegepersonals gemessen, z.B. in Form einer Arbeitszeiterfassung, lässt sich ein tatsächlicher Soll-/Ist-Abgleich durchführen. Dabei werden die Planstunden mit den Ist-Stunden verglichen, indem beide Werte einfach in Vollzeitstellen, entsprechend der arbeitsvertraglichen Regelungen, umgerechnet werden.

5.3 Pflege-/Betreuungszeit je Bewohner [C]

	Gesamtarbeitszeit des Pflege-/Betreuungspersonals einer Einrichtung
./.	Arbeitszeit für bewohnerferne Tätigkeiten
=	Bruttobetreuungszeit
./.	Indirekte, bewohnerbezogene Tätigkeit
=	Nettobetreuungszeit

$$Betreuungszeit\ brutto\ bzw.\ netto = \frac{(Netto\,/\,Brutto)\ Betreuungszeit}{Bewohnerzahl}$$

Zur Ermittlung dieser Kennzahl wird ausgehend von der insgesamt zur Verfügung stehenden Arbeitszeit der Anteil abgezogen, der keinen direkten oder indirekten Bewohnerbezug hat. Unter diesen Teil fallen beispielsweise alle administrativen Tätigkeiten,

---

294 Quelle: eigene Darstellung.

Besprechungen und Fortbildungen. Planung- und Dokumentation dagegen sind indirekte Bewohnerzeiten.

Wird eine elektronische Leistungserfassung durchgeführt, lassen sich die entsprechenden Werte einfach und sehr genau ermitteln. Sofern diese Messung nicht kontinuierlich, sondern nur innerhalb von bestimmten Stichprobenzeiträumen (z.B. einmal pro Jahr für vier Wochen) erfolgt, ist eine jährliche Auswertung dieser Kennzahl ausreichend.

Wird keine elektronische Leistungserfassung durchgeführt, bedarf es einer manuellen Ermittlung der Werte. Relativ einfach sind diese für bewohnerferne Tätigkeiten ermittelbar, z.B. über die Auswertung von Besprechungs- und Projektplanungen. Die indirekten, bewohnerbezogenen Tätigkeiten lassen sich genau nur mittels einer papiergebundenen Zeiterfassung bestimmen. Sofern diese nicht durchgeführt werden kann, bedarf es einer Schätzung für einen Analysezeitraum. In jedem Fall sollte ein Stichprobenzeitraum gewählt werden, für den die Daten ermittelt werden (z.B. einmal jährlich für vier Wochen).

Während die Kennzahl *Pflege-/Betreuungspersonal je Bewohner* die Strukturqualität abbildet, handelt es sich bei der Kennzahl der *Pflege-/Betreuungszeit je Bewohner* um eine Kennzahl der Prozessqualität. Je höher der Wert, desto höher wird in der Regel die wahrgenommene Qualität aus Sicht der Kunden sein.

5.4 Kundenfluktuationsrate [B]

$$Kundenfluktuationsrate = \frac{Zahl\ der\ Neukunden}{Gesamtkundenzahl} * 100$$

Die Kundenfluktuation muss je nach Einrichtungstyp unterschiedlich analysiert werden.

In Einrichtungen der Alten- und Eingliederungshilfe kann über die Kundenfluktuation eine Aussage über die Arbeitsbelastung des Personals getroffen werden. Da Aufnahme- und Entlassungsprozesse sehr zeitintensiv sind, auch hinsichtlich der notwendigen intensiveren Betreuung des Neukunden, sinkt bei steigender Kundenfluktuation auch die rechnerisch zur Verfügung stehende Betreuungszeit je Bestandskunde.

Ergänzend ist die Kundenfluktuation eine Kennzahl des Risikomanagements und bedarf dort einer Aufnahme als Frühwarnindikator. Je höher die Kundenfluktuation ist, desto größer ist das Risiko nicht belegter und damit nicht abrechnungsfähiger Plätze. Wenn die Wiederbelegungsdauer im Durchschnitt 2,5 Tage beträgt, sind in einer 80-Platz Einrichtung bei einer Kundenfluktuation von 2,5 % drei Tage nicht abrechungsfähig.

- 80 Plätze * 2,5 % Kundenfluktuation = 2 Fluktuationsplätze;
- 2 Fluktuationsplätze * 2,5 Tage der Wiederbelegung je Platz = 5 Nichtbelegungstage.
- 5 Nichtbelegungstage./. 2 abrechnungsfähige Tage = 3 nicht abrechnungsfähige Tage

Eine sich verändernde Kundenfluktuation kann zudem eine Einrichtung in ihrem Selbstverständnis und ihrer Außendarstellung komplett verändern. Dies haben in den letzten Jahren die stationären Pflegeeinrichtungen schon erleben können. Die Verkürzung der Verweildauern wird auch zukünftig noch weiter zunehmen und hier zu grundsätzlichen Veränderungen bei der Frage von Bezugsarbeit mit den Bewohnern führen.

In den stationären Einrichtungen der Eingliederungs- und Jugendhilfe wird eine vergleichbare Entwicklung einsetzen. Ausgangspunkt für diese Entwicklung ist jedoch die zunehmende Durchlässigkeit der Betreuungsangebote und der Druck der Kostenträger, schneller in teilstationäre und ambulante Betreuungsangebote zu überführen. Dabei wird der Bewohner regelmäßig jedoch weiterhin eine Leistung der gleichen Organisation erfahren, allerdings durch eine andere Einrichtung.

Für alle Organisationen ist dabei eine Unterscheidung notwendig, nach:

■ einrichtungsspezifischer Kundenfluktuation und

■ organisationsspezifischer Kundenfluktuation.

Durch den Abgleich der einrichtungsspezifischen mit der organisationsspezifischen Kundenfluktuation lässt sich erkennen, ob der Kunde „verloren" geht oder das vorhandene aufeinander abgestimmte Angebot nutzt und der Organisation erhalten bleibt. Notwendig ist die Differenzierung zur Bewertung von Akquisekosten.

5.5 Durchschnittliche Verweildauer [B]

$$
\text{Durchschnittliche Verweildauer} = \frac{\text{Zeitraum zwischen Aufnahme und Entlassung}\ (\text{in Monaten, Wochen oder Tagen})}{\text{Zahl der Fluktuationskunden}}
$$

Neben dem Casemix gehört die durchschnittliche Verweildauer zu den relevanten Kennzahlen für die strategische Steuerung. Wie weiter oben beschrieben, gibt es einen direkten Zusammenhang zu der Kennzahl „Kundenfluktuationsrate". Je kürzer die Verweildauer, desto höher muss die Fluktuationsrate sein, damit eine ausreichend hohe Belegung der Einrichtung gewährleistet wird.

Mit beiden Kennzahlen lässt sich der Belastungsgrad des Personals sowie die „innere Unruhe einer Einrichtung" abbilden. Steigende Fluktuationsraten und sinkende Verweildauern deuten auf eine kontinuierliche Spitzenbelastung des Personals für den Aufnahme- und Entlassungsprozess hin.

Steigt die Kundenfluktuation bei sinkender durchschnittlicher Verweildauer an, bedarf es einer Überprüfung folgender Fragestellungen:

■ Gewährleisten komplementäre Angebote den Verbleib des Kunden in organisationseigenen Leistungsstrukturen (Vollsortiment)?

■ Sind die Aufnahme- und Entlassungsprozesse hinsichtlich Effektivität und Effizienz optimiert?

■ Wie verändert sich das „Gesicht" und die „Kultur" der Einrichtung und der Gesamtorganisation?

■ Wie muss das vorhandene Einrichtungskonzept angepasst werden?

■ Wie verändert sich das betriebswirtschaftliche Ergebnis, wenn durch kürzere Verweildauern die hohen Aufwände für Aufnahme- und Entlassung kaum mehr im Regelbetrieb refinanziert werden können?

Gerade die konzeptionellen Auswirkungen sollten Anlass zur Verknüpfung des betriebswirtschaftlichen und fachlichen Controllings sein.

Bei komplementären Angeboten, wie z.B. Essen auf Rädern oder Hausnotruf ist die durchschnittliche Verweildauer, auch Nutzungszeit genannt, ebenfalls eine der zentralen Kennzahlen für die Ergebnissteuerung und die Bewertung des Akquiseaufwandes. Einfließen sollte diese Kennzahl in den beiden genannten komplementären Leistungsbereichen in die Zielvereinbarungen und die Bemessung der erfolgsabhängigen Vergütung.

5.6 Durchschnittsalter der Bewohner/Kunden [C]

$$Durchschnittsalter\ der\ Bewohner\ bzw.\ Kunden = \frac{\Sigma\ Einzelalter\ der\ jew.\ Bewohner}{Zahl\ der\ Bewohner}$$

Das Durchschnittsalter der Bewohner/Kunden ist für die strategische Steuerung einer Einrichtung eine sehr elementare Kennzahl. Nicht nur durch Veränderungen der Verweildauern und des Casemix, sondern auch die Altersstruktur prägen die Kultur und das Konzept der Einrichtung oder eines komplementären Angebots. Daher muss diese Kennzahl immer in Verbindung mit dem Casemix und der durchschnittlichen Verweildauer betrachtet werden.

5.7 Auslastungsquote in den Kundengruppen (Pflegestufen, HBG) [C]

$$Auslastungsquote\ in\ Kundengruppen = \frac{Ist - Abrechnungstage\ der\ jew.\ Kundengruppe[1]}{Plan - Abrechnungstage\ der\ jew.\ Kundengruppe} * 100$$

[1] Kundengruppen können sein: Pflegestufen, Hilfebedarfsgruppen, sonstige Clusterungen von Kundengruppen

Es gelten prinzipiell die zum Casemix getroffenen Aussagen zum Einfluss sich verändernder Kundenstrukturen in den Einrichtungen. Mit der Auslastungsquote in den Kundengruppen wird die Güte der Belegungssteuerung gemessen. Je geringer die Abweichung, desto besser sind die vorhandenen, in die Planung eingeflossenen Ressourcen, vor allem Personalkapazitäten, ausgelastet worden. Gerade bei Verschiebungen der Auslastung zwischen einzelnen Kundengruppen kann es dabei zu erheblichen Ergebnisveränderungen kommen.

Parallel betrachtet werden sollten bei der Analyse immer die Personalkostenquote sowie der Casemix.

5.8 Höherstufungsquote [C]

$$Höherstufungsquote = \frac{Zahl\ der\ Kunden\ mit\ einer\ Höherstufung}{Gesamtkundenzahl} * 100$$

Die Kennzahl wird überall dort verwendet, wo die Einstufung in bestimmte Kundengruppen erlösrelevant ist. Mit der Höherstufungsquote lassen sich mehrere Aspekte abmessen:

a) Dokumentationsqualität: je besser in der Dokumentation Veränderungen erfasst werden, desto höher ist die Deckungsgleichheit zwischen Betreuungs-/Pflegeaufwand und den entsprechenden Erlösen.

b) Planungsqualität: werden Veränderungen in den Einstufungen laufend beantragt, lässt sich die geplante Auslastungsquote in den jeweiligen Kundengruppen besser erreichen.

Sinkt die Verweildauer, also der Kundenumschlag in der Einrichtung oder Organisation, ist bei der Sollwert-Festlegung zu berücksichtigen, dass die Höherstufungsquote regelmäßig sinkt. Die Aufgabe der regelmäßigen Überprüfung der Dokumentation auf einen Höherstufungsbedarf tritt etwas in den Hintergrund. Die Aufgabe der Belegungsstruktursteuerung nimmt dann im Aufnahmemanagement eine wesentliche Rolle ein. Dies ist dann auch bei Zielvereinbarungen entsprechend zu berücksichtigen.

5.9 Zuweiserabhängigkeitsquote [C]

$$Zuweiserabhängigkeitsquote = \frac{Zahl\ der\ Zuweiser\ (mit\ zusammen\ mehr\ als\ 40\ \%\ der\ Zuweisungen)}{Gesamtzahl\ der\ Zuweiser} * 100$$

Viele Einrichtungen und Dienstleister im Gesundheits- und Sozialwesen sind von wenigen direkten oder indirekten Zuweisern abhängig. Bei zunehmendem Wettbewerb der Leistungsanbieter untereinander, aber auch der sektorenübergreifenden Öffnung von Angebotsstrukturen, ist die Zuweiserabhängigkeit eine der zentralen strategischen Kennzahlen. Es handelt sich dabei im Grunde um das Ergebnis einer A-B-C Analyse der Zuweiser im Sinne einer „Lieferantenfunktion".

Die Abhängigkeit von bestimmten Zuweisern, wie z.B. bestimmten Ärzten, Verwaltungsstellen, Krankenhäusern, Jugendämtern etc. spiegelt auch deren Marktmacht wieder. Je höher die Abhängigkeit, desto geringer sind bei zunehmenden wirtschaftlichen Druck auf die einzelnen Anbieter die eigenen Gestaltungsmöglichkeiten, z.B. bei der Kundenauswahl im Rahmen der Belegungssteuerung.

Je geringer die Zuweiserabhängigkeitsquote ist, desto mehr Druck können diese auf eine einzelne Einrichtung zur Aufnahme auch sehr kostenintensiver Kunden ausüben. Betrachtet werden müssen in einem solchen Fall immer die Entwicklung des Casemix sowie die Verweildauer.

5.10 Durchschnittliche Essenszahl [A] – nur für mobile Essenslieferanten oder für Betreutes Wohnen

Variante 1 – je Kunde/Bewohner

$$\text{Durchschnittliche Essenszahl je Kunde} = \frac{\text{Zahl der Essen}}{\text{Kundenzahl}}$$

Variante 2 – in einem Bewertungszeitraum

$$\text{Durchschnittliche Essenszahl je Tag o. Woche} = \frac{\text{Zahl der Essen}}{\text{Tage/Wochen des Bewertungszeitraums}}$$

Bei einer Variante 3 wird spezifisch für mobile Essenslieferanten im Nenner die Tourenzahl und im Zähler die Gesamtzahl der ausgelieferten Essen eines Tages oder einer Woche ins Verhältnis gesetzt.

Mit der *durchschnittlichen Essenszahl je Kunde* (Variante 1) erfolgt eine Erfolgsmessung für mobile Essenlieferanten. Je mehr Essen die Kunden in einem Bewertungszeitraum im Durchschnitt abnehmen, desto besser ist die Refinanzierung von Vorhalte- und Lagerkosten. Auch der Akquiseaufwand sowie die Kosten für die Katalogerstellung und -verteilung sinken bei steigender *durchschnittlicher Essenszahl je Kunde*.

Auch mit der *durchschnittlichen Essenszahl je Tag/Woche* (Variante 2) lässt sich die Auslastung des mobilen Essenlieferanten bewerten. Je höher die Zahl, desto geringer ist der Strukturkostenanteil am Essenspreis.

Die Variante 3 – durchschnittliche Essenszahl je Tour – ermöglicht eine Bewertung des Refinanzierungsgrades der Auslieferungskosten. Neben den variablen Kosten der Auslieferung spielen bei der Ausgestaltung der Auslieferung der Fixkostenanteil für die Fahrzeugvorhaltung sowie die Personalkosten eine zentrale Rolle (Strukturkosten der Auslieferung). Je höher die Essenszahl je Tour, desto geringer ist der Strukturkostenanteil je ausgeliefertem Essen.

5.11 Regionaler Auslastungsgrad [C]

$$\text{Regionaler Auslastungsgrad} = \frac{\text{Zahl der Pflegebedürftigen in einer Zielregion}}{\text{Verfügbare Heimplätze in der Zielregion}} * 100$$

Der regionale Auslastungswert gibt an, wie das Verhältnis von Pflegebedürftigen (im Sinne des Pflegebedürftigkeitsbegriffes des SGB XI) in einer Region zu den dortigen Heimplätzen ist. Diese Kennzahl wird von der Bundesregierung in der regelmäßig erscheinenden Pflegestatistik verwendet und eignet sich daher besonders für die Betrachtung regionaler Märkte, wie es in der PEST-Analyse mithin der Fall ist.

Sie dient zur Bestimmung des regionalen Potenzials an Pflegebedürftigen in einer Region unter Berücksichtigung bereits aufgebauter Versorgungskapazitäten und ist daher besonders bei geplanten Markteintritten von großer Bedeutung. Da diese Kennzahl jedoch nur Menschen einbezieht, die einer Pflegestufe zugeordnet sind, sollten parallel demografische Kennzahlen zur Altersstruktur der örtlichen Bevölkerung herangezogen werden. Beides liefert ein hinreichend fundiertes Bild für die künftige Entwicklung des Marktvolumens. Neben einer Potenzialanalyse ist durch diese Kennzahl eine Urteilsbildung über die Konkurrenz in der Zielregion möglich. Dabei wird angenommen, dass eine niedrige Auslastung einen höheren Konkurrenzdruck impliziert.

5.12 Cross-Selling-Quote [C]

$$Cross\text{-}Selling\text{-}Quote = \frac{\textit{Bereits in den letzten x Jahren mit anderen Angeboten versorgte Neukunden einer Leistung in der Periode}}{\textit{Gesamte Neukunden einer Leistung in der Periode}} * 100$$

Die Cross-Selling-Quote gibt an, wie viel Prozent der Neukunden einer Periode auf solche Kunden entfallen, die bereits andere Angebote des Trägers in Anspruch genommen haben.

Sie gibt Aufschluss darüber, wie breit ein (Komplex-)Träger das Kundenpotenzial ausschöpfen kann, das er bereits hat. Dies geschieht durch die Analyse des aktuellen Neukundenpools auf dessen Struktur. Ein hoher Kennzahlwert lässt demnach auf Zufriedenheit bei den Kunden mit den anderen (z.B. ambulanten) Angeboten schließen, was wiederum besonders im stationären Bereich das Auslastungsrisiko mindert (der Träger wird im stationären Bereich sein eigener Zuweiser). Dennoch ist auch Vorsicht geboten, da eine hohe Abhängigkeit von Bestandskunden entstehen kann, die kaum wünschenswert ist. Daher ist eine integrierende Betrachtung mit Ergebnissen einer PEST-Analyse zwingend vorzunehmen. Bei konstantem oder steigendem Marktvolumen suggeriert ein Anstieg dieser Kennzahl somit einen Rückgang des Anteils von Neukunden, die zum ersten Mal Leistungen des Trägers abrufen. Diese sollte Anlass zur Überprüfung der Marketingstrategie sein. Umgekehrt kann im Falle eines Rückganges des Marktvolumens durch Cross-Selling „Luft zum Atmen" gewonnen werden, um strategische Schritte z.B. im Kapazitätsabbau einzuleiten. Ausgehend von dieser Kennzahl können in einer vertiefenden Darstellung Kundendeckungsbeiträge oder ABC-Analysen auf Kundenebene durchgeführt werden, um die Abhängigkeit von einzelnen Kunden darstellen zu können. Zudem ist eine weitere Untergliederung nach Angeboten möglich, indem im Zähler nur bestimmte Kundengruppen mit einbezogen werden (z.B. Anzahl der Kunden, die bereits vom ambulanten Pflegedienst betreut wurden).

6. Kennzahlen für die Dimension Administration

6.1 Verwaltungskostenquote [B]

Die Höhe der Verwaltungskosten ist immer ein Streitpunkt, intern wie extern. Nach außen, weil die Kostenträger kaum mehr bereit sind, höhere Verwaltungskosten in den Entgelten zu berücksichtigen, auch wenn der bürokratische Aufwand kontinuierlich steigt. Im Innenverhältnis sind die Verwaltungskosten immer ein Streitpunkt mit den Leistungsbereichen.

Zwar stellt sich die Formel relativ einfach dar, dennoch liegt auch bei dieser Kennzahl die Tücke im Detail:

$$Verwaltungskostenquote = \frac{Verwaltungskosten}{Umsatz} * 100$$

Wie weiter oben beschrieben, ist in einem ersten Schritt zu definieren, was dem Umsatz zugerechnet wird.

In der Bestimmung der Verwaltungskosten liegt der kritische Punkt. Vorab lässt sich feststellen, dass die Verwaltungskostenquote eine der spannendsten Kennzahlen für einen Betriebsvergleich bzw. ein Benchmarking ist. In der Praxis zeigt sich jedoch, dass die Kennzahl nur selten bei einrichtungsübergreifenden Vergleichen aussagefähig ist.

Die in einer zentralen Verwaltungsstelle entstehenden Kosten lassen sich gut erfassen. Jedoch sind die Aufbauorganisationen der einzelnen Organisationen so unterschiedlich, dass es in den Verwaltungsbereichen sehr unterschiedliche Leistungsumfänge gibt. Am Beispiel Personal & Fortbildung lässt sich diese Problematik sehr gut darstellen.

Hat beispielsweise die Organisation A eine zentrale Personalentwicklung sowie einen Fort- und Weiterbildungsbereich, so kann die Organisation B darauf verzichten. Bei der letzteren Organisation werden diese Aufgaben von den Führungskräften in den Einrichtungen mit wahrgenommen. Würde man nun nur die offensichtlichen Verwaltungskosten miteinander vergleichen, so käme man auf sehr unterschiedliche Werte und wahrscheinlich zum augenscheinlichen Rückschluss, dass Organisation A die Verwaltung aufgebläht hat. Eine Aussage über die Effizienz der zentralen Verwaltungsleistungen ist damit aber überhaupt nicht möglich.

Die einfachste Lösung wäre, die Verwaltungsarbeiten der Führungskräfte zu bewerten und im Rahmen des Berichtswesens separat auszuweisen. Sofern keine Leistungserfassung erfolgt, lässt sich der Verwaltungsaufwand nur abschätzen, wobei die Schätzwerte oftmals nicht nur unscharf, sondern falsch sind. Sofern also keine Leistungserfassung (Zeiterfassung) erfolgt, ist ein Vergleich der Verwaltungskosten nicht so einfach anhand der ausgewiesenen Werte möglich. Es bedarf also einer differenzierteren Betrachtung im Kontext weiterer Kennzahlen, um eine Aussagefähigkeit zu erreichen.

Eine andere Alternative ist in Betriebsvergleichen und Benchmarking die Berechnung der Verwaltungskosten anhand der Verwaltungsbereiche, die bei allen Beteiligten analog vorhanden sind. In Bezug auf die klassischen Administrationsstrukturen lassen sich somit Interpretationen durchführen. Jedoch werden die Wechselbeziehungen der verschiedenen Verwaltungsbereiche untereinander per kostenrechnerischer Definition ausgeschlossen, so dass eine mehr oder weniger große Unschärfe entsteht.

Zudem kann ein differenzierter Ausweis der Verwaltungskostenquote erfolgen, z.B. in folgender Form:

Verwaltungskostenquote gesamt = xy %

darunter:

Geschäftsführung	= aa %
Rechnungswesen	= bb %
Personalverwaltung	= cc %
Controlling	= dd %
Qualitätsmanagement	= ee%

.....

Sofern bei einem Betriebsvergleich einzelne Organisationen keinen separaten Bereich zur Bearbeitung von Verwaltungsaufgaben vorhalten, haben sie über diese Methodik Anhaltswerte. Interne Bearbeitungslösungen müssen sich hinsichtlich der Effektivität und Effizienz an diesen Werten messen lassen. So ist eine gute Abschätzung möglich, ob und wie sich eine Zentralisation oder Dezentralisation von Verwaltungsleistungen rechnet.

Neben den eher personengebundenen Verwaltungskostenzuordnungen ist zu prüfen, wie mit bestimmten Sachkosten hinsichtlich der Einrechnung in die Verwaltungsleistungen umgegangen wird. Teilweise werden Versicherungsprämien der Fahrzeuge den Verwaltungskosten zugerechnet. Aber auch der Einbezug von Schulungs- und Weiterbildungskosten können das Bild erheblich verfälschen.

Die Ermittlung der Verwaltungskostenquote in den Einrichtungen ist analog zu betrachten. Auch hier muss genau die Zuordnung der Verwaltungsleistungen beachtet werden. Besonders spannend bei der Datenermittlung ist dabei in der Praxis, wie viele einfache Verwaltungsarbeiten bei den Führungskräften „nebenbei" angesiedelt werden. Wird im Rahmen einer Leistungserfassung einmal dieser Anteil bemessen, ergeben sich extrem hohe Verwaltungskosten gerade dann, wenn keine Verwaltungsstelle vorgehalten wird.

6.2 Detailanalyse der Verwaltungskosten [alle C]

Sind die Verwaltungskosten wie oben beschrieben bestimmt, lassen sich vielfältige Detailbetrachtungen vornehmen.

$$Verwaltungskosten\ je\ Kunde = \frac{Verwaltungskosten}{Kundenzahl}$$

$$Verwaltungskosten\ je\ Pflegetag = \frac{Verwaltungskosten}{Pflegetage}$$

$$Verwaltungskosten\ je\ Mitarbeiter\ (Kopf) = \frac{Verwaltungskosten}{Mitarbeiter}$$

$$Verwaltungskosten\ je\ VZ\text{-}Stelle = \frac{Verwaltungskosten}{Vollzeitstellen}$$

Durch den Vergleich der Verwaltungskosten je Vollzeitstelle und der analogen Kopfbetrachtung wird eine Aussage über den Führungsaufwand möglich. Insbesondere eine hohe Teilzeitquote in der Mitarbeiterschaft kann die Verwaltungskosten im Vergleich zu einer adäquaten Vollzeitstellenbesetzung steigen lassen. In der Analyse sollte die Personalverwaltungsquote zeitgleich betrachtet werden.

6.3 Personalverwaltungskostensatz je Mitarbeiter (Kopf) [C]

$$Personalverwaltungskostensatz\ je\ MA\ (Kopf) = \frac{Personalverwaltungskosten}{Mitarbeiter\ (Köpfe)}$$

Mit dem Personalverwaltungskostensatz je MA lässt sich der notwendige Verwaltungsumfang für die zentrale Leistungsressource Personal ermitteln. Besondere Bedeutung gewinnt die Kennzahl bei Betriebsvergleichen, bei der Prüfung eines Outsourcings der Personalverwaltung sowie der Bewertung der spezifischen Kosten für Teilzeitbeschäftigungen (inklusive der geringfügig Beschäftigten).

Regelmäßig lässt sich in den Organisationen feststellen, dass eine Steigerung des Anteils der teilzeitbeschäftigten Mitarbeiter auch eine Erhöhung der Personalverwaltungskosten nach sich zieht. Begründet ist dies durch die Erkenntnis, dass der Personalverwaltungsaufwand unabhängig vom Beschäftigungsumfang ist. Für die Entwicklung des Personalverwaltungsaufwandes ist somit die Veränderung der absoluten Mitarbeiterzahlen relevant. Steigt der Teilzeitanteil bei konstanter Stellenzahl, nimmt der Personalverwaltungsaufwand entsprechend zu.

Bei der Vorbereitung von Entgeltverhandlungen ist diese Kennzahl in jedem Fall im Rahmen eines internen Betriebs- und in einem Zeitreihenvergleich zu analysieren. Kritisch in diesem Zusammenhang ist der zunehmende Druck der Kostenträger auf die Entgelthöhen und damit auch auf den Anteil der Verwaltungskosten. Bei steigendem Anteil von Teilzeitbeschäftigten kommt es dann zu erheblichen Kostensteigerungen im Personalbereich, wenn die vorhandenen Kapazitäten für die steigende Arbeitsbelastung nicht mehr ausreichen. So kann sich eine Kostenfalle entwickeln. Bei wesentlichen Veränderungen der Mitarbeiterzahlen durch eine Schwerpunktsetzung auf teilzeitbeschäftigte Mitarbeiter ist die damit einhergehende Kostenveränderung in jedem Fall zu betrachten.

In Betriebsvergleichen hilft diese Kennzahl bei der Analyse der Gründe voneinander relevant abweichender Verwaltungskostenquoten unterschiedlicher Organisationen. Gerade dann, wenn in den Betriebsvergleichen nicht eindeutig zwischen Stellenzahlen und Mitarbeiterzahlen unterschieden wird, kann über die Kennzahl ansatzweise über die ermittelten Vergleichswerte überprüft werden, wie hoch der Mitarbeiteranteil mit Teilzeitbeschäftigung ist.

Zunehmend gewinnt das Outsourcing von Personalverwaltungsarbeiten an Bedeutung. Die Dienstleistungen gehen dabei über die reine Abrechnungsleistung der bekannten Zentralen Gehaltsabrechnungsstellen (ZGAST) hinaus und umfassen im Rahmen des Full-Services in der Regel alle Arbeiten rund um die Personalverwaltung, also inklusive der Aktenführung und des Bescheinigungswesens. Vergleicht man nun den Personalverwaltungskostensatz der eigenen Organisation mit den Preisen entsprechender Dienstleister, lassen sich Rückschlüsse auf Effizienzsteigerungspotenziale in der eigenen Personalverwaltung ziehen. Bei dieser Bewertung ist immer zu berücksichtigen, dass es um Abweichungen von mehr als zehn Prozent des eigenen Kostensatzes geht.

6.4 Zahl der Personalfälle je Mitarbeiter Personalverwaltung [C]

$$Personalfallzahl\ je\ Mitarbeiter\ Personalverwaltung = \frac{Mitarbeiterzahl\,(K\"opfe)}{Stellenzahl\ Personalverwaltung}$$

Diese Kennzahl dient der Bewertung der Effizienzsteigerungspotenziale der Personalverwaltung. Je nach Tarifsystem schwanken die Fallzahlen erheblich. Im Vergleich zu anderen Organisationen sollten immer die Beschäftigungsumfangstrukturen sowie die Fluktuationsquoten in die Analyse einbezogen werden. Gerade die Arbeiten bei Personalzu- und -abgängen belasten die Personalverwaltung erheblich und wirken sich direkt auf die bearbeitbaren Personalfallzahlen aus. Wird eine neue Software für den Personalbereich angeschafft, ist immer zu prüfen, wie sich die Investition auf die Personalfallzahlen auswirkt.

$$Personalabrechnungsf\"alle\ pro\ Verwaltungsstelle = \frac{Anzahl\ Abrechnungsvorg\"ange\ i.\,d.\ Personalverwaltung}{Stellenzahl\ Personalverwaltung}$$

Alternativ kann auch auf den einzelnen Abrechnungsvorgang abstrahiert werden. Wird die Kennzahl nach der zweiten Formel berechnet, kann die Arbeitsbelastung der Mitarbeiter in der Personalverwaltung quantifiziert werden. Die dazu benötigte Zahl der Abrechnungsvorgänge ist aus Prozessaufschreibungen oder Auswertungen der EDV-Systeme zu entnehmen. Ferner sind die Aktivitäten hinter dem Begriff des Abrechnungsvorganges genau zu definieren.

Zusätzlich wird eine Effizienzüberprüfung möglich, indem ein Abgleich mit der Entwicklung der Mitarbeiterzahl (in Köpfen) vorgenommen wird. Da die Zahl der Abrechnungsvorgänge mit der Zahl der Köpfe und nicht mit der Zahl der Stellen in einer Organisation korreliert, stellt sich bei einer zunehmend von geringfügig Beschäftigten und Teilzeitarbeitnehmern geprägten Arbeitnehmerstruktur ein höherer Kennzahlwert und somit eine höhere Arbeitsbelastung ein. Diese Überlegung kann Basis für die Formulierung von Grenzwerten für diese Kennzahl im Rahmen der Kapazitätsplanung für die Personalverwaltung sein. Demnach kann z.B. ein Wert festgelegt werden, ab dem Neueinstellungen oder aber Outsourcingmaßnahmen ergriffen werden.

Dabei sollte die monetäre Komponente, z.B. durch den *Personalverwaltungskostensatz*, mit berücksichtigt werden.

6.5 Zahl der Buchungsfälle je Mitarbeiter im Rechnungswesen [C]

$$Buchungsfälle\ je\ Mitarbeiter\ ReWe = \frac{Buchungsfälle}{Stellenzahl\ Rechnungswesen}$$

Um eine Leistungsbewertung der Mitarbeiter im Rechnungswesen zu erhalten, wird regelmäßig die Zahl der Buchungsfälle betrachtet. Gerade bei Kapazitätsbewertungen sollte diese Kennzahl immer herangezogen werden, beispielsweise wenn sich die Kundenzahlen wesentlich verändern.

Fast immer stellt man keine Variabilität der Buchungsfälle bei einem sich verändernden entgeltrelevanten Case-Mix fest. Daher ist die Zahl der Buchungsfälle auch immer ein Indikator für einen konstanten Administrationsaufwand bei sich verändernden kundenbezogenen Erlösen.

6.6 IT-Kosten-Quote [C]

$$IT - Kosten - Quote = \frac{\begin{pmatrix} Softwarewartung\ +\ Kosten\ Hardware^{*} \\ +\ Personalkosten\ für\ EDV\text{-}Aufgaben \\ +\ externe\ EDV\text{-}Kosten\ +\ Kosten\ für\ Schulungen \end{pmatrix}}{Umsatz} * 100$$

* Abschreibungen, Leasing, Miete

Die IT-Kosten-Quote sagt aus, wie hoch der Anteil der Kosten für Informationstechnologien (IT) am Umsatz ist. Der zunehmende Einsatz von Informationstechnologien verändert auch die damit verbundenen Kosten. Nicht der Technologieeinsatz als solches ist somit zu bewerten, sondern dessen Wirkung auf die Prozesse. Je optimaler diese durch den IT-Einsatz werden, desto eher wird sich die Investition rentieren.

Mit der IT-Kosten-Quote wird eine laufende Bewertung aller anfallenden IT-Kosten ermöglicht. Nicht nur die einmaligen Einführungskosten werden dabei betrachtet, sondern auch die laufenden internen und externen Kosten.

Grundsätzlich ist immer eine qualitative und quantitative Bewertung des Einsatzes von Informationstechnologien notwendig. Als Bewertungsgrundlage können dabei die laufenden IT-Kosten dienen. Bei der qualitativen Bewertung muss betrachtet werden, ob sich beispielsweise Auswirkungen auf die Leistungserbringung für den Kunden ergeben. Diese Bewertung darf nicht vor einer Investitionsentscheidung fallen. Vielmehr zeigt sich in der Praxis, dass unzureichende Schulungen in den genutzten Programmen große Zeitfresser sein können. Steigende IT-Kosten können somit negative Auswirkungen auf die direkten Betreuungszeiten am Kunden haben.

Bei der quantitativen Bewertung wird der monetäre Rationalisierungseffekt bewertet. Am einfachsten erfolgt dies in der zeitgleichen Betrachtung von Kennzahlen der Personaldimension. Mit dem Einsatz von Hard- und Software soll in der Regel der steigende

Planungs- und Steuerungs- sowie Verwaltungsaufwand abseits der Ausweitung von Stellenzahlen bewältigt werden. Folglich müssen diese konstant bleiben, vorrangig im administrativen Bereich.

Besonders aussagefähig ist die IT-Kosten-Quote bei einer abteilungs-, bereichsbezogenen oder tätigkeitsbezogenen Betrachtung, z.B. für die Personalabteilung, das Rechnungswesen, für den Wohnbereich oder die Dienstplanung.

Als korrespondierende Kennzahl sind im Vergleich immer zu betrachten:

- Personalkostenquote,
- Betreuungszeit je Kunde (Bewohner, Patient),
- Verwaltungskostenquote.

7. Kennzahlen für die Werkstatt für Behinderte Menschen

7.1 Beschäftigungsgrad in den Leistungsgruppen [A]

$$Beschäftigungsgrad\ je\ Leistungsgruppe = \frac{\begin{array}{c}Zahl\ der \\ in\ einen\ Auftrag\ eingebundenen \\ behinderten\ Mitarbeiter \\ einer\ Leistungsgruppe\end{array}}{\begin{array}{c}Zahl\ aller\ behinderter\ Mitarbeiter \\ der\ Leistungsgruppe\end{array}} * 100$$

Diese Kennzahl wird regelmäßig für die gesamte WfbM und die einzelnen Gruppen ausgewiesen. Der Beschäftigungsgrad wird, entsprechend des besonderen integrativen Ansatzes der Werkstatt, nicht aus nominalen Kapazitäten von Mensch und Maschine bezogen. Vielmehr reicht in diesem Zusammenhang eine Darstellung des Anteils der Mitarbeiter, der in die Auftragsbearbeitung eingebunden ist.

Bedeutung gewinnt diese Kennzahl zurzeit aufgrund der sich weiterhin abzeichnenden Auftragsstrukturveränderung. Daher erfolgt ein Ausweis je Leistungsgruppe. Einfache Arbeiten nehmen tendenziell ab, so dass gerade bei weniger leistungsfähigen behinderten Mitarbeitern ein zu geringer Beschäftigungsgrad entsteht. So können in einer Gruppe sehr unterschiedliche Beschäftigungsgrade auftreten, je nach Auftragsstruktur und der damit einhergehenden Anforderung an die behinderten Mitarbeiter.

Zur Steuerung und zur Abbildung des Zielerreichungsgrades der Kernaufgabe der WfbM wird daher der durchschnittliche Beschäftigungsgrad je Leistungsgruppe als Indikator genutzt.

7.2 Beschäftigungsgrad in Produktionsbereichen [B]

$$Beschäftigungsgrad\ je\ Produktionsbereich = \frac{\begin{array}{c}Zahl\ der\ in\ einen\ Auftrag \\ eingebundenen\ behinderten \\ Mitarbeiter\ des\ Produktionsbereichs\end{array}}{\begin{array}{c}Zahl\ aller\ behinderter\ Mitarbeiter \\ des\ Produktionsbereiches\end{array}} * 100$$

Die Veränderung der Auftragsstruktur macht eine zeitnahe Betrachtung des Beschäftigungsgrades notwendig, um die Zielerreichung des Kernauftrags der WfbM abzubilden. Wird in den Produktionsbereichen ein hohes Maß an Flexibilität abzuarbeitender Aufträge, auch aus anderen Bereichen gepflegt, so kann der Beschäftigungsgrad durchgehend hoch sein, auch wenn die Auftragslage im Kernleistungsbereich eines Produktionsbereiches eher gering ist.

7.3 Terminüberschreitung [A]

$$Terminüberschreitungsquote = \frac{Produktionserlöse\ aus\ Aufträgen\ mit\ Terminüberschreitungen\ i.e.P.}{Gesamtproduktionserlöse\ aller\ Aufträge\ i.e.P.} * 100$$

Mit der Terminüberschreitungsquote lässt sich analysieren, wie gut die Produktionsplanung funktioniert. Auch das Risiko des Auftragsverlustes wird über die Kennzahl abgebildet.

7.4 Auftragsreichweite [A]

$$Auftragsreichweite = \frac{Auftragsbestand}{Produktionserlöse\ der\ letzten\ 12\ Monate} * 360$$

Die Auftragsreichweite gibt an, wie viele Tage der Auftragsbestand in die Zukunft reicht. Der Auftragsbestand wird zum Monatsultimo in Höhe des zu erwartenden Umsatzes festgestellt. Die Reichweite des Auftragsbestandes ist insbesondere bei zunehmend schwierig werdender Liquidität von maßgeblicher Bedeutung. Daher wird die Kennzahl überall dort eingesetzt, wo ein hoher Eigenfertigungsanteil vorliegt oder der Materialeinkauf in eigener Regie erfolgt.

Eine Verringerung der Auftragsreichweite deutet auf ein zunehmendes Liquiditäts- und Ergebnisrisiko hin, wenn auch kurzfristig abzuarbeitende Aufträge die entstehende Lücke nicht mehr schließen können.

7.5 Dauerauftragsquote [B]

$$Dauerauftragsquote = \frac{Produktionserlöse\ Daueraufträge\ und\ wiederkehrende\ Aufträge}{Gesamtproduktionserlöse} * 100$$

Wird keine Auftragsreichweite berechnet, wird der Erlösanteil aus den wiederkehrenden oder den durchlaufenden Aufträgen ermittelt. Das Risiko der zu geringen Beschäftigung sinkt durch diesen vorgeplanten Auftragsanteil entsprechend, steigert jedoch in vielen Fällen auch die Abhängigkeit von bestimmten Auftraggebern.

7.6 Auftraggeberabhängigkeit [C]

$$Auftraggeberabh\ddot{a}ngigkeit = \frac{\Sigma \text{ Produktionserlöse mit den Auftraggebern,}}{\text{Zahl der Auftraggeber,}}$$
$$\frac{\text{die zusammen 40 \% der Gesamtproduktionserlöse beauftragen}}{\text{die zusammen 40 \% des Gesamtproduktionserlöses beauftragen}}$$

Je höher der Wert ist, desto abhängiger ist die Werkstatt von wenigen Auftraggebern. Auftragsausfälle, Zahlungsunfähigkeit und zunehmender nationaler und internationaler Wettbewerb können die WfbM wirtschaftlich negativ beeinflussen.

7.7 Durchschnittsproduktionserlös je Auftraggeber [C]

$$\emptyset \text{ Produktionserlös je Auftraggeber} = \frac{Gesamtproduktionserlöse\ i.e.P.}{Zahl\ der\ Auftraggeber\ i.e.P.}$$

Der *Durchschnittserlös je Auftraggeber* wird regelmäßig als ein weiterer Indikator zur Bewertung der Abhängigkeit von bestimmten Auftraggebern aber auch zur Bewertung nicht ausgeschöpfter Auftragspotenziale genutzt. Insbesondere wenn der durchschnittliche Erlös je Auftraggeber sehr gering ist, können durch eine intensivere Kundenbetreuung oftmals zusätzliche Aufträge akquiriert werden. Somit können geringe Durchschnittserlöse auf eine zu geringe Bedeutung der Auftragsakquise und der Kundenbetreuung hinweisen. Typischerweise liegen in strukturschwachen Regionen die durchschnittlichen Erlöse niedriger als in den Ballungszentren.

Bei externen Vergleichen ist zudem eine Auftraggeberkategorisierung nach Produktionsbereichen sehr aufschlussreich.

7.8 Durchschnittliches Auftragsvolumen [B]

$$\emptyset \text{ Produktionserlös je Auftrag} = \frac{Gesamtproduktionserlöse\ i.e.P.}{Zahl\ der\ Aufträge\ i.e.P.}$$

Das *durchschnittliche Auftragsvolumen* gibt eine Information über die Kontinuität der Arbeit für die Mitarbeiter der Werkstatt. Bei hohen Werten sinkt regelmäßig der Zeitanteil für die Arbeitsvorbereitung, die Einweisung sowie die Herstellung von Vorrichtungen. Zudem ermöglichen größere Auftragsvolumina eine breitere Partizipation von weniger leistungsfähigen Mitarbeitern auch bei kurzfristig zu bearbeitenden Aufträgen.

7.9 Eigenfertigungsanteil [B]

$$Eigenfertigungsanteil = \frac{Produktionserlöse\ aus\ Eigenfertigung}{Gesamtproduktionserlöse} * 100$$

Mit dem Eigenfertigungsanteil kann die WfbM ein zweites Standbein zur Auslastung vorhandener Ressourcen aufbauen. Zudem ermöglicht die Eigenfertigung die spezifische Berücksichtigung des integrativen Auftrages der WfbM, da darauf abgestellte Produkte und Dienstleistungen angeboten werden. Die Abhängigkeit von externen Vorgaben kann verringert werden. Allerdings birgt die Eigenfertigung auch erhöhte Risiken, beispielsweise durch die eigene Materialwirtschaft. Mit steigendem Eigenfertigungsanteil steigt somit regelmäßig auch der Planungs- und Steuerungsaufwand. Berücksichtigt werden muss dieses bei der Bemessung der Zeitressourcen der Arbeitsvorbereitung. Zur Ausweitung des Eigenfertigungsanteils ist im Produktmarketing der Vertrieb zu planen und zu steuern. Notwendigerweise müssen in diesem Kontext Vertriebskapazitäten eingerichtet oder ausgebaut werden.

7.10 Auftraggeberfluktuation [B]

$$Auftraggeberfluktuation = \frac{Zahl\ der\ Auftraggeber\ mit\ keiner\ Bestellung\ nach\ einem\ Zeitraum\ von\ x\ Monaten\ i.e.P.}{Zahl\ aller\ Auftraggeber\ i.e.P.}$$

Die Auftraggeberfluktuation hat wirtschaftliche wie auch teilweise qualitative Aussagekraft. Aus der wirtschaftlichen Sicht ist ein konstant wechselnder Auftraggeberbestand problematisch, vor allem wegen den notwendigerweise höheren Erstakquisekosten. Erst mit den Folgeaufträgen sinkt der Akquisitionskostenanteil je Auftrag. Ist die Auftraggeberfluktuation in einer begrenzten Periode, beispielsweise einem Jahr, hoch, kann dies auf ein qualitatives Problem hinweisen, da die Auftraggeber der WfbM nicht lange treu bleiben.

8. Kennzahlen für die Dimension Waren- und Materialwirtschaft

Im Lager steckt Geld, ist eine alte Kaufmannsweisheit. Dies gilt auch für die Waren- und Materialwirtschaft des Sozialmarktes. Relevant ist die Waren- und Materialwirtschaft vor allem in der WfbM mit Eigenfertigung bzw. eigenem Materialeinkauf, im Catering (Gemeinschaftsverpflegung) sowie dort, wo höhere Lagerbestände an Pflege- bzw. Medizinbedarf vorgehalten werden.

8.1 Durchschnittlicher Lagerbestand [B]

$$\emptyset\ Lagerbestand = \frac{\Sigma\ Jahresanfangsbestand\ +\ n\ Monatsendbestände}{n\ +\ 1}$$

Klassisch wird der durchschnittliche Lagerbestand auf ein Jahr im Rahmen der Bilanzanalyse berechnet. Für eine stetige Nachverfolgung der unterjährigen Entwicklung im Lager können zwei Methoden genutzt werden:

- Variante 1 – wie in der Formel dargestellt: unterjährig werden ausgehend von der Summe des per Inventur festgestellten Jahresanfangsbestands des Lagers die Monatsendbestände hinzuaddiert und durch die Zahl der Monate (+1) dividiert.
- Variante 2 – Wert aus der Materialwirtschaft: Materialwirtschaftsprogramme erfassen die Lagerzu- und -abgänge laufend und können den aktuellen Lagerbe-

standswert tagaktuell ausweisen. Viele dieser Programme berechnen einen rechnerischen durchschnittlichen Lagerbestand automatisch.

8.2 Lagerumschlag [C]

$$Lagerumschlag = \frac{Warenverbrauch\ i.e.P.}{\varnothing\ Lagerbestand\ i.e.P.}$$

Durch die Division des Warenverbrauchs einer Periode (eines Jahres) durch den durchschnittlichen Lagerbestand wird der Lagerumschlag ermittelt. Ausgewiesen wird, wie oft der durchschnittliche Lagerbestand in der zu analysierenden Periode erneuert wurde. Man spricht auch von der Häufigkeit, in der das Lager „gedreht" wurde. Je häufiger dies der Fall ist, desto geringer ist die Gefahr der Kapitalbindung durch zu hohe, nicht verbrauchbare Lagerbestände.

8.3 Lagerdauer in Tagen [B]

$$Lagerdauer\ in\ Tagen = \frac{365}{Lagerumschlag}$$

Die Kennzahl gibt an, wie schnell die Ware das Lager im Durchschnitt wieder verlässt. Damit kann die Kapitalbindung im Lager und der Vorfinanzierungsaufwand für die Preiskalkulation gut bemessen werden. Wird die Lagerdauer in Tagen für bestimmte Warengruppen getrennt ermittelt, lassen sich im Abgleich mit Lieferfristen auch die Risiken einer nicht rechtzeitigen Nachbestellung bewerten. Sofern über den Großhandel die Risiken nicht abgefedert werden können, werden für die kritischen Warengruppen regelmäßig höhere Werte zu erwarten sein.

9. Kennzahlen für die Dimension Hauswirtschaft

9.1 Lebensmitteleinsatz je Essen [B]

$$Lebensmitteleinsatz\ je\ Essen = \frac{Lebensmitteleinstandskosten}{Zahl\ der\ abgegebenen\ Essen}$$

Der *Lebensmitteleinsatz je Bewohner* ist eine Untermenge dieser Kennzahl. Dafür wird im Nenner die Zahl der abgegebenen Essen durch die Bewohnerzahl verändert. Ebenfalls wird regelmäßig der Lebensmitteleinsatz je Pflege- oder Betreuungstag gemessen.

Es empfiehlt sich eine regelmäßige differenzierte Betrachtung nach bestimmten Lebensmittelgruppen, wie z.B.

- Fleischeinsatz,
- Milchprodukte,
- Convenience-Produkte.

Marktpreisveränderungen und die Reaktion darauf durch die Hauswirtschaft bzw. Küche lassen sich so gut nachverfolgen.

Mit dem *Lebensmitteleinsatz* wird eine variable Kostengröße für die Hauswirtschaft verfolgt. Daher bedarf es immer dann einer regelmäßigen Messung, wenn keine Festpreise für eine längere Belieferungsperiode vereinbart worden sind.

9.2 Lebensmitteleinsatz je Pflegetag/Betreuungstag [B]

$$Lebensmitteleinsatz\ je\ Pflege\text{-}\ bzw.\ Betreuungstag = \frac{Lebensmitteleinstandskosten}{Pflege\text{-}\ bzw.\ Betreuungstage}$$

Mit der Kennzahl *Lebensmitteleinsatz je Bewohner* lässt sich hervorragend die Qualität der Planung und Steuerung in der Hauswirtschaft/Küche verfolgen. Sinkt die Zahl der Pflege-/Betreuungstage, z.b. durch Abwesenheiten oder nicht besetzte Plätze, steigt der Satz je Tag, wenn auf der Einkaufsseite nicht entsprechend gegengesteuert wurde.

Parallel betrachtet werden muss immer die Kennzahl *Verpflegungskosten je Pflege-/Betreuungstag*. Mit beiden Kennzahlen lässt sich nachverfolgen, ob der verhandelte Verpflegungssatz eingehalten wird und wo bei Abweichungen die Ursachen zu finden sind.

9.3 Verpflegungskosten je Pflege-/Betreuungstag [C]

$$Verpflegungskosten\ je\ Pflege\text{-}\ bzw.\ Betreuungstag^1 = \frac{Gesamtkosten\ Catering}{Pflege\text{-}\ bzw.\ Betreuungstage}$$

[1] auch Verpflegungskostensatz

Die *Verpflegungskosten je Pflege-/Betreuungstag* stellen den internen Abgabepreis dar. Enthalten sind die variablen und fixen Kosten der Küche. Der Verpflegungskostensatz ist insbesondere zur Vorbereitung von Entgeltverhandlungen relevant, aber auch zur laufenden Prüfung der Einhaltung vereinbarter Kostengrößen. Als externer Benchmark kann für die Organisation oder Einrichtung der Einkaufspreis bei Fremdbelieferung herangezogen und mit dem Verpflegungskostensatz verglichen werden.

Bei einem externen Vergleich, zum Beispiel bei einem Betriebsvergleich oder Benchmarking aber auch bei einem Preisvergleich, ist immer zu hinterfragen, ob die Auslieferungskosten zu den Auslieferungsstellen im genannten Verpflegungskostensatz enthalten sind. Nur so lässt sich ein tatsächlicher Vergleich herstellen.

9.4 Entsorgungskosten je Pflegetag [C]

$$Entsorgungskosten\ je\ Pflege\text{-}\ bzw.\ Betreuungstag^1 = \frac{Entsorgungskosten}{Pflege\text{-}\ bzw.\ Betreuungstage}$$

[1] auch Entsorgungskostensatz

Aufgrund immer weiter steigender Anforderungen an die Abfallentsorgung steigen regelmäßig auch deren Kosten. Mit einem Entsorgungsmanagement und einem gezielten Einkauf lassen sich die Entsorgungskosten regelmäßig beeinflussen. Damit gehören die

Entsorgungskosten zu den variablen Kosten und sind regelmäßig zu verfolgen, wenn eine Abrechnung nach Gewicht erfolgt.

Neben den Gesamtentsorgungskosten (ohne Abwasser) werden auch folgende Entsorgungspositionen differenziert betrachtet:

■ Lebensmittelentsorgung (Speiseabfälle),

■ Sondermüll,

■ Sondermüll zur Desinfektion.

9.5 Wäschekosten je Pflegetag [C]

$$Wäschekosten\ je\ Pflege\text{-}\ bzw.\ Betreuungstag^1 = \frac{Wäschegesamtkosten}{\begin{array}{c} Pflege\text{-}\ bzw.\ Betreuungstage \\ (Abrechnungstage) \end{array}}$$

[1] auch Wäschekostensatz

Die Wäschekosten je Pflege-/Betreuungstag gehören ebenfalls zu den variablen Kosten, die sich jedoch in der Regel nur über einen längerfristigen Zeitraum verändern. Auch bei Fremdvergabe sind die Wäschekosten regelmäßig im Berichtswesen nachzuverfolgen. Werden die Leistungen intern erbracht und mit externen Kostensätzen verglichen, müssen in die Gesamtkostenermittlung neben den Personal- und Waschmittelkosten auch die Strom- und Wasserverbräuche, die kalkulatorischen Mieten sowie die Wartungskosten und die Abschreibung für die Gerätschaften einfließen.

In Entgeltverhandlungen wird der Wäschekostensatz je Abrechnungstag ebenfalls gerne als Vergleichsmaßstab genutzt. Hier ist erfahrungsgemäß drauf zu achten, ob der Wert pro Bewohner oder je Abrechnungstag ermittelt wurde.

10. Kennzahlen für die Dimension fachliche Leistungsplanung

10.1 Negative-Planungsquote [C]

$$Negative\text{-}Planungsquote = \frac{Kunden\ ohne\ erfolgte\ Planung\ i.e.P.}{\Sigma\ Kunden\ i.e.P.} * 100$$

Planung hier = Betreuungs-, Maßnahmen-, Hilfe-, Pflegeplanung oder andere kundenbezogene Planungen der Leistungen

Gemessen wird der Kundenanteil, der nach einem definierten Zeitraum noch keiner Planung unterliegt. Gerade im externen und internen Vergleich lassen sich damit unterschiedliche Herangehensweisen an Planungsverfahren hinsichtlich der Leistungserbringung abmessen. Bei der Wahl einer kurzen Periode lässt sich gut bewerten, ob Schwankungen in der Kundenfluktuation zu einer Veränderung der negativen Planungsquote führen. Sofern diese auftreten, lassen sich Belastungsspitzen im Leistungsbereich nachweisen.

10.2 Zielerreichungsquote [C]

$$Zielerreichungsquote = \frac{Kunden\ mit\ Zielerreichung\ i.e.P.}{\Sigma\ Kunden\ i.e.P.}*100$$

Die Zielerreichungsquote ist ein Indikator für die Erreichung der in der Leistungsplanung definierten Ziele. Sie stellt keine direkte Aussage über die Güte der Arbeit dar. Vielmehr dient diese Kennzahl regelmäßig dazu, eine differenzierte Einflussanalyse vorzunehmen, wenn sich signifikante Schwankungen ergeben.

So kann sich beispielsweise eine sinkende Zielerreichungsquote aus vom Kostenträger veranlassten Maßnahmenabbrüchen ergeben. Die Auswirkung wird gemessen, nicht die Schuldfrage.

10.3 Überprüfungsquote [B]

$$Überprüfungsquote = \frac{Zahl\ der\ überprüften\ Dokumentationen\ i.e.P.}{\Sigma\ Dokumentationen\ i.e.P.}*100$$

Mit der *Überprüfungsquote* (auch Dokumentationsquote) lässt sich feststellen, wie hoch das Risiko unzureichender Dokumentation bei externen Prüfungen oder auch im haftungsrechtlichen Sinne ist. Eingesetzt wird die Kennzahl in der Praxis regelmäßig als Indikator zur Überprüfung festgelegter Qualitätsstandards einer Organisation und damit auch zur Zielvereinbarung. Der gewählte Zeitraum sollte regelmäßig nicht länger als drei Monate betragen. Sinnvoll ist zudem eine hierarchische Differenzierung. Die Überprüfungsquote nimmt von unten nach oben (bottom up) in der gleichen Betrachtungsperiode ab.

10.4 Abweichungsquote [C]

$$Abweichungsquote = \frac{Zahl\ der\ überprüften\ Dokumentationen\ mit\ Abweichungen\ i.e.P.}{\Sigma\ Dokumentationen\ i.e.P.}*100$$

Gemessen wird der Anteil der Dokumentationen, die eine Abweichung von der Planung aufzeigen, ohne dass eine Leistungsveränderung oder eine Planungsanpassung dokumentiert sind. Sie stellt somit einen ergänzenden Indikator zur Überprüfungsquote dar. Zudem lässt sich mit der Abweichungsquote darstellen, welchen Stellenwert die Dokumentation in der Organisation oder in einzelnen Bereichen hat.

10.5 Überprüfungszeitraum [B]

$$\varnothing\ Überprüfungszeitraum = \frac{\Sigma\ Zeitraum\ zw.\ zwei\ Dokumentationsprüfungen\ i.e.P.}{Zahl\ der\ geprüften\ Dokumentationen\ i.e.P.}*100$$

Dargestellt wird die durchschnittliche Dauer zwischen den Prüfungen einer Dokumentation. Auch diese Kennzahl wird regelmäßig als Indikator für festgelegte Qualitätsstandards genutzt und ist somit ebenfalls Bestandteil von Zielvereinbarungen.

11. Kennzahlen für die Dimension Ehrenamtlichkeit

11.1 Leistungsanteil Ehrenamtliche [C]

$$Leistungsanteil\ Ehrenamtliche = \frac{Leistungsstunden\ Ehrenamtliche}{Gesamtleistungsstunden\,(Haupt\text{-}/\,Ehrenamtliche)}*100$$

Viele Bereiche des Sozialwesens würden ohne ein ehrenamtliches Engagement nicht funktionieren. Trotz politischer Bekenntnisse zum bürgerschaftlichen Engagement sind viele Tätigkeiten aus unterschiedlichen, meist fremdbestimmten Gründen heraus, nicht einfach durch ehrenamtliche Mitarbeiter zu erbringen. Ehrenamtlichkeit prägt aber auch das Gesicht von sozialen Einrichtungen und Organisationen.

Daher ist die Kennzahl *Leistungsanteil Ehrenamtliche* sowohl eine strategische wie operative Kennzahl. Strategisch, da die Kultur der Organisation sich verändert, wenn sich die Werte signifikant verschieben. Aber auch im Risikomanagement wird die Kennzahl eingesetzt, wenn der ehrenamtliche Leistungsanteil sehr hoch ist (> 30 Prozent). Eine Verringerung der von Ehrenamtlichen erbrachten Leistungsstunden hat in diesen Fällen einen Ersatz durch hauptamtliches Personal zur Folge. Damit würde regelmäßig auch eine Kostensteigerung einhergehen, die den wirtschaftlichen Erfolg negativ beeinflussen kann.

Operativ spiegelt die Kennzahl oftmals die Leistungsfähigkeit der Organisation im Vergleich zu Wettbewerbern wieder. So können in Pflegeheimen viele sozialbetreuerische Aufgaben aufgrund des Kostendrucks nur durch Ehrenamtliche erbracht werden. In einem Hospiz ist die gesamte Leistungserbringung ebenfalls von ehrenamtlichen Mitarbeitern abhängig. So würde eine Veränderung der Kennzahl nach unten oftmals auch eine Verringerung der Platzzahl zur Folge haben.

Mit dieser Kennzahl lassen sich auch neue Formen des ehrenamtlichen Engagements abbilden. Diese sind geprägt durch geringere Bindung an eine Organisation und eher projektbezogene Arbeiten von ehrenamtlichen Mitarbeitern. Da diese Zeiten ebenfalls erfasst werden können, fließen diese Zeiten auch in die Kennzahl ein. So können sich unter anderem auch Organisationen mit sehr unterschiedlichen Konzepten der Einbindung Ehrenamtlicher miteinander vergleichen.

11.2 Durchschnittliche Leistungszeit [C]

$$Durchschnittliche\ Leistungszeit\ je\ Ehrenamtl. = \frac{Leistungsstunden\ Ehrenamtliche}{Zahl\ der\ Ehrenamtlichen}$$

Neben dem Leistungsanteil im Gesamten ist unter unternehmerischen Aspekten immer zu verfolgen, wie hoch die durchschnittliche Leistungszeit je Ehrenamtlichen ist. Wie beim hauptamtlichen Personal auch, bedeutet jede tätig werdende Person Führungs- und Überwachungsarbeit und auch einen besonderen persönlichen Betreuungsaufwand. Sehr geringe Leistungsstunden je Ehrenamtlichen können somit aufgrund des hohen Führungs- und Betreuungsaufwandes zu hohen Kosten beim hauptamtlichen

Leistungspersonal führen. Letztendlich kann der ehrenamtliche Einsatz auch unwirtschaftlich werden.

11.3 Zugehörigkeitsdauer [C]

$$Zugehörigkeitsdauer = \frac{\Sigma\ der\ Zugehörigkeitsmonate\ (\text{-}jahre)}{Zahl\ der\ Ehrenamtlichen}$$

Der Grad der Zufriedenheit mit dem ehrenamtlichen Tätigkeitsfeld lässt sich gut an der *Zugehörigkeitsdauer* eines Ehrenamtlichen messen. Auch wenn neue Formen der ehrenamtlichen Arbeit weniger mit der Mitgliedschaft in einem Verein verknüpft sind, wäre es für eine Organisation kontraproduktiv, wenn eine hohe Fluktuation ehrenamtlicher Mitarbeiter festzustellen wäre. Zum einen ist diese Fluktuation kostensteigernd, aufgrund der Einweisungs- und Einarbeitungsarbeiten des Leitungspersonals, zum anderen wird kaum eine Identifikation mit der Organisation, für die der Ehrenamtliche tätig, ist erreicht.

Literaturverzeichnis

Bauer, E., Sander, G. und von Arx, S. (2010). *Strategien wirksam umsetzen: Das Handbuch für Non-Profit-Organisationen.* Bern: Haupt.

Beck, G. (1999). *Controlling. 2. Auflage.* Augsburg: Ziel.

Bruhn, M. (2003). *Qualitätsmanagement für Dienstleistungen. 4. Auflage.* Berlin, Heidelberg, New York, Hongkong, London, Mailand, Paris, Tokio: Springer.

Bruhn, M. und Stauss, B. (Hrsg.) (2000). *Kundenbeziehungen im Dienstleistungsbereich.* Wiesbaden: Gabler.

Buchna, J. (2010). *Gemeinnützigkeit im Steuerrecht: Die steuerlichen Begünstigungen für Vereine, Stiftungen und andere Körperschaften – steuerliche Spendenbehandlung.* Walsrode: efv.

Corsten, H. (2001). *Dienstleistungsmanagement. 4. Auflage.* München, Wien: Oldenbourg.

Cowell, D. (1984). *The Marketing of Services.* London: Heinemann.

Croizer, M. und Friedberg, E. (1979). *Macht und Organisation: Die Zwänge kollektiven Handelns.* Königstein: Athenäum.

Eisenreich, T., Halfar, B. und Moos, G. (2005). *Steuerung sozialer Betriebe und Unternehmen mit Kennzahlen.* Baden-Baden: Nomos.

Engelhardt, W., Kleinaltenkamp, M. und Reckenfelderbäumer, M. (1993). Leistungsbündel als Absatzobjekte – Ein Ansatz zur Überwindung der Dichotomie von Sach- und Dienstleistungen. In: *Zeitschrift für betriebswirtschaftliche Forschung, Nr. 45,* S. 395-426.

Fließ, S. (2001). *Die Steuerung von Kundenintegrationsprozessen: Effizienz in Dienstleistungsunternehmen.* Wiesbaden: Gabler, Dt. Univ.-Verl.

Fließ, S. (2006). *Prozessorganisation in Dienstleistungsunternehmen.* Stuttgart: Kohlhammer.

Freiling, J. und Gersch, M. (2007). Kompetenztheoretische Fundierung dienstleistungsbezogener Wertschöpfungsprozesse. In: Bruhn, M. und Stauss, B. (Hrsg.), *Wertschöpfungsprozesse bei Dienstleistungen – Forum Dienstleistungsmanagement.* Wiesbaden: Gabler, S. 71-94.

Gänßlen et al. (2012). *Grundsatzposition des Internationalen Controllervereins (ICV) und der International Group of Controlling (IGC).* Wörthsee, St. Gallen.

Görres, S. (1999). *Qualitätssicherung in Pflege und Medizin. Bestandsaufnahme, Theorieansätze, Perspektiven am Beispiel des Krankenhauses.* Bern, Göttingen, Toronto, Seattle: Hans Huber.

Graumann, M. (2008). *Kostenrechnung und Kostenmanagement.* Wiesbaden: Deutscher Genossenschafts-Verlag.

Graumann, M. (2011). *Controlling. Begriff, Elemente, Methoden und Schnittstellen.* Düsseldorf: IDW.

Haberstock, L. (1998). *Kostenrechnung 1. 10. Auflage.* Berlin: Erich Schmidt.

Halfar, B. (2009). Controlling in sozialwirtschaftlichen Organisationen. In: Arnold, U. und Maelicke, B. (Hrsg.), *Lehrbuch der Sozialwirtschaft. 3. Auflage.* Baden-Baden: Nomos, S. 664-681.

Halfar, B. et al. (2010). *Wirkungsorientiertes NPO-Controlling. Leitlinien zur Zielfindung, Planung und Steuerung in gemeinnützigen Organisationen.* (International Group of Controlling, Hrsg.) Freiburg, Berlin, München: Haufe.

Halfar, B. (2011a). Wirkungsorientiertes Controlling in sozialwirtschaftlichen Organisationen. In: König, J., Oerthel, C. und Puch, H.-J. (Hrsg.), *Sozial wirtschaften – nachhaltig handeln/ ConSozial 2010.* München: Allitera-Verlag, S. 188-195.

Halfar, B. (2011b). *Die Ineffizienz hybrider Organisationen.* Unveröffentlichtes Manuskript.

Halfar, B., Löwenhaupt, S. und Rinklake, T. (2010). Erkenntnisse und Irritationen durch Benchmarking. In: Reiss, H.-C. (Hrsg.), *Steuerung von Sozial- und Gesundheitsunternehmen.* Baden-Baden: Nomos, S. 219-239.

Horak, C. (1995). *Controlling in Nonprofit-Organisationen. Erfolgsfaktoren und Instrumente.* Wiesbaden: DUV.

Horváth & Partners. (2000). *Das Controllingkonzept: Der Weg zu einem wirkungsvollen Controllingsystem.* Orig.-Ausg., 4. Auflage. München: Beck.

Horváth, P. (1998). *Controlling. 6. Auflage.* München: Vahlen.

Horváth, P. (2009). *Controlling. 11. Auflage.* München: Vahlen.

Hungenberg, H. (2004). *Strategisches Management in Unternehmen: Ziele – Prozesse – Verfahren. 3. Auflage.* Wiesbaden: Gabler.

Jäger, U. (2010). *Managing Social Businesses. Mission, Governance, Strategy and Accountability.* New York: Palgrave.

Jung, R., Bruck, J. und Quarg, S. (2011). *Allgemeine Managementlehre. Lehrbuch für angewandte Unternehmens- und Personalführung. 4. Auflage.* Berlin: Erich Schmidt.

Kleinaltenkamp, M. (2001). Begriffsabgrenzungen und Erscheinungsformen von Dienstleistungen. In: Bruhn, M. und Meffert, H. (Hrsg.), *Handbuch Dienstleistungsmanagement: Von der strategischen Konzeption zur praktischen Umsetzung.* Wiesbaden: Gabler, S. 27-50.

Kreidenweis, H. und Halfar, B. (2012). *IT-Report für die Sozialwirtschaft 2012.* Eichstätt: Katholische Universität Eichstätt-Ingolstadt, Fakultät für Soziale Arbeit, Arbeitsstelle für Sozialinformatik.

Krey, A. und Nerdinger, F. (2006). Mitarbeiter-Performance im Servicekontakt – Partizipatives Produktivitätsmanagement (PPM) als Instrument des Dienstleistungscontrolling. In: Bruhn, M. und Stauss, B. (Hrsg.), *Dienstleistungscontrolling – Forum Dienstleistungsmanagement.* Wiesbaden: Gabler, S. 135-156.

Küpper, H.-U. (2005). *Controlling. Konzeption, Aufgaben, Instrumente. 4. Auflage.* Stuttgart: Schäffer-Poeschel.

Leibenstein, H. (1978). *General X-efficiency Theory and Economic Development.* New York, London: Oxford University Press Inc.

Loidl-Keil, R. und Laskowski, W. (Hrsg.). (2005). *Evaluationen in sozialen Integrationsunternehmen: Konzepte, Beispiele, Erfahrungen.* München, Mering: Hampp.

Luhmann, N. (2000). *Organisation und Entscheidung.* Wiesbaden, Opladen: Westdeutscher Verlag.

Maleri, R. (2001). Grundlagen der Dienstleistungsproduktion. In: Bruhn, M. und Meffert, H. (Hrsg.), *Handbuch Dienstleistungsmanagement: von der strategischen Konzeption zur praktischen Umsetzung.* Wiesbaden: Gabler, S. 125-148.

Meyer, A. (1991). Dienstleistungs-Marketing. In: *DBW-Die Betriebswirtschaft*, Nr. 2, S. 195-209.

Meyer, B. (2011). *Rechnungslegung sozialer Nonprofit-Organisationen: Grundlagen, Untersuchungsergebnisse, Empfehlungen.* Zürich, Basel, Genf: Schulthess.

Moos, G., Konrad, M. und Reichenbach, R. (2011). *Controlling in der Sozialwirtschaft. Ausbaustand und Perspektiven.* Bochum.

Moos, G. und Peters, A. (2008). *BWL für soziale Berufe.* München: Ernst Reinhardt.

Moos, G., Rothermel, U., Konrad, M. und Titz, K. (2013). *Controlling in kommunalen Jugend- und Sozialhilfeverwaltungen. Ausbaustand und Perspektiven.* Freiburg: Lambertus.

Ouchi, W. (1980). Markets, Bureaucracies and clans. In: *Administrative Science Quarterly*, Nr. 25, S. 12-141.

Pape, U. (2011). *Grundlagen der Finanzierung und Investition. Mit Fallbeispielen und Übungen. 2. Auflage.* München: Oldenbourg.

Peters, H. (2006). *Wirtschaftsmathematik. 2. Auflage.* Stuttgart: Kohlhammer.

Parasuraman, A., Zeithaml, V. und Berry, L. (1985). A Conceptional Model of Service Quality and Its Implications for Future Research. In: *Journal of Marketing*, Nr. 49, S. 41-50.

Reckenfelderbäumer, M. (2005). Konzeptionelle Grundlagen des Dienstleistungscontrollings – Kritische Bestandsaufnahme und Perspektiven der Weiterentwicklung zu einem Controlling der Kundenintegration. In: Bruhn, M. und Stauss, B. (Hrsg.), *Dienstleistungscontrolling – Forum Dienstleistungsmanagement.* Wiesbaden: Gabler, S. 31-51.

Reckenfelderbäumer, M. (2009). Die Gestaltung der Kundenintegration als Kernelement hybrider Wettbewerbsstrategien im Dienstleistungsbereich. In: Bruhn, M. und Stauss, B. (Hrsg.), *Kundenintegration – Forum Dienstleistungsmanagement.* Wiesbaden: Gabler, S. 213-234.

Reichmann, T. (2011). *Controlling mit Kennzahlen: Die systemgestützte Controlling-Konzeption mit Analyse- und Reportinginstrumenten.* München: Vahlen.

Reichwald, R., Piller, F., Ihl, C. und Seifert, S. (2009). *Interaktive Wertschöpfung: open innovation, Individualisierung und neue Formen der Arbeitsteilung.* Wiesbaden: Gabler.

Schellberg, K. (2011a). *Betriebswirtschaft für Sozialunternehmen.* Augsburg: Ziel-Verlag.

Schellberg, K. (2011b). Auf der Suche nach der gemeinsamen Währung: Der SROI als Konzept der Wertschöpfungsmessung in Sozialunternehmen. In: Wendt, W.-R. (Hrsg.), *Sozialwirtschaftliche Leistungen. Versorgungsgestaltung und Produktivität*. Augsburg: Ziel, S. 237-254.

Schnell, R., Hill, P. und Esser, E. (2008). *Methoden der empirischen Sozialforschung*. München: Oldenbourg.

Schöffski, O. und v.d. Schulenburg, J.-M. (Hrsg.) (2002). *Gesundheitsökonomische Evaluationen: mit 42 Tabellen*. Berlin, Heidelberg, New York, Barcelona, Hongkong, London, Mailand, Paris, Tokio: Springer.

Schubert, B. (2000). *Controlling in der Wohlfahrtspflege*. Münster, Hamburg, London: Lit.

Schulte, C. (2011). *Personal-Controlling mit Kennzahlen*. München: Vahlen.

Seibel, W. (1992). *Funktionaler Dilettantismus: Erfolgreich scheiternde Organisationen im "Dritten Sektor" zwischen Markt und Staat*. Baden-Baden: Nomos.

Simon, H. (1981). *Entscheidungsverhalten in Organisationen: Eine Untersuchung von Entscheidungsprozessen in Management und Verwaltung*. Landsberg am Lech: Moderne Industrie.

Stampfl, N. (2011). *Die Zukunft der Dienstleistungsökonomie: Momentaufnahme und Perspektiven*. Berlin, Heidelberg: Springer.

Thommen, J.-P. und Achleithner, A.-K. (2006). *Allgemeine Betriebswirtschaftslehre*. Wiesbaden: Gabler.

Tornow, H. (2005). Wirkungsorientierte Steuerung der Sozialen Arbeit. In: *NDZ, Nr. 8*, S. 1-5.

Wagner, B. und Halfar, B. (2011). Soziales wirkt. Teil II: Wirkungsorientiertes Controlling. In: *BfS-Informationen*, Nr. 11, S. 13-16.

Wall, F. und Schröder, R. (2006). Customer Perceived Value Accounting als zentrale Komponente des Dienstleistungscontrollings. In: Bruhn, M. und Stauss, B. (Hrsg.), *Dienstleistungscontrolling-Forum Dienstleistungsmanagement*. Wiesbaden: Gabler, S. 113-131.

Watzlawick, P. (2013). *Anleitung zum Unglücklichsein. Taschenbuchsonderausgabe*. München, Zürich: Piper.

Weber, J. (1993). *Einführung in das Controlling*. Stuttgart: Schäffer-Poeschel.

Weber, J. (2004). *Einführung in das Controlling. 10. Auflage*. Stuttgart: Schäffer-Poeschel.

Wöhe, G. (1993). *Einführung in die Betriebswirtschaftslehre*. München: Vahlen.

Zdrowomyslaw, N. und Kasch, R. (2002). *Betriebsvergleiche und Benchmarking für die Managementpraxis: Unternehmensanalyse, Unternehmenstransparenz und Motivation durch Kenn- und Vergleichsgrößen*. München, Wien: Oldenbourg.

Zeithaml, V., Leonard, B. und Parasuraman, A. (2000). Kommunikations- und Kontrollprozesse bei der Erstellung von Dienstleistungsqualität. In: Bruhn, M. und Stauss, B. (Hrsg.), *Dienstleistungsqualität. Konzepte – Methoden – Erfahrungen. 3. Auflage*. Wiesbaden: Gabler, S. 117-144.

Autorin und Autoren

Halfar, Bernd

Geboren 1955, Dr. rer. pol., Promotion 1986, Professuren und Forschungszeiten an verschiedenen Hochschulen in Deutschland, Italien und Russland, seit 2004 Professor für Sozialökonomie an der katholischen Universität Eichstätt-Ingolstadt. Seit 1990 Partner einer Unternehmensberatung, Mitglied in Aufsichtsräten sozialwirtschaftlicher Unternehmen.

Moos, Gabriele

Geboren 1965, Dr. rer. pol., Dipl.-Volkswirtin. Studium der Volkswirtschaftslehre an der Universität Trier. 1995 Promotion an der Universität der Bundeswehr München. Danach mehrjährige Tätigkeit als Geschäftsführerin bei einem großen Träger der Behindertenhilfe in Nordrhein-Westfalen. Seit September 2000 Professorin für Sozialmanagement am RheinAhrCampus in Remagen. Zudem 1. Vorsitzende der Deutschen Gesellschaft für Management und Controlling in der Sozialwirtschaft. Aufsichtsratstätigkeit in verschiedenen Unternehmen in der Sozialwirtschaft. Mitglied des Arbeitskreises „Ökonomie im Gesundheitswesen" der Schmalenbach Gesellschaft für Betriebswirtschaft e.V.

Schellberg, Klaus

Professor für Betriebswirtschaftslehre für Sozialunternehmen an der Evangelischen Hochschule Nürnberg, seit 2001 Partner einer Unternehmensberatung, seit 2007 Mitglied des Diözesansteuerausschusses der Diözese Eichstätt, Mitglied des Fachausschusses Sozialmanagement des Hochschulverbands Distance Learning (HDL), Gründungs- und Vorstandsmitglied der Bundesarbeitsgemeinschaft Sozialmanagement/Sozialwirtschaft.